高齡學

黃富順、楊國德　著

五南圖書出版公司 印行

修訂版序

　　人口高齡化是全世界一致的趨勢，是全球普世的現象。高齡人口快速的增加，對整體社會的影響，至深且廣，受到全球的關注，尤其是臺灣社會，面臨嚴峻少子化的挑戰，高齡化的腳步顯得又快又急，此一問題更受重視。高齡社會的快速來臨，了解老人、認識老人已成為每個國民必修的功課與必具的常識。

　　高齡學是一門專門研究老化，了解老人的新興學門，在面對社會快速的高齡化現象，其受重視的程度正與日俱增，目前全國高等校院中，已有約五十個學校開設高齡相關的系所或學程，進行對高齡學術的研究或高齡社會人才的培育工作，蔚為風尚。

　　高齡學主要研究的內容，包括生理、心理、社會的老化，人口高齡化的現象及其產生的問題與解決途徑。因此，它與社會人口的改變及高齡化的進程關係密切。本書自2011年出版以來，荷承社會各界的熱愛，先後經過二刷，而這四、五年來社會人口結構已有新的變化，且新的學術研究成果、理論或新的問題亦不斷推陳出新。有鑑於此，乃決定進行修訂，以提供讀者最新的資訊。

　　此次，修訂重點有三：(1)更正及分析最新的統計數據，將最新統計數字予以更新進行分析；(2)將新的學術研究成果納入；(3)將原內容加以修訂、調整，使之更便於閱讀理解。基於上述三點，修訂的範圍幾遍及全書各章，尤其是第二章涉及人口結構或改變的部分，幾乎整章做了全面的調整與修訂，其他各章或涉及數據調整、文字修訂或增加新的內容，以達到提供新知，便於閱讀與理解的目的。

　　本書的修訂再版，首先感謝本書另一位作者楊國德教授的全力配合，並感謝本學會李孟穎秘書在打字、校務工作的付出。此外，更感謝五南圖書出版公司楊董事長榮川、楊總經理士清、王總編輯翠華的卓見，以負責的精神配合本書的修訂再版，非常感謝他們的支持與協助。作者才疏學淺，疏漏之

處，再所難免，敬祈國內外專家學者惠予指正。

黃富順　誌於
朝陽科技大學銀髮產業管理系
2016年4月

序

全球灰色化（graying world）是世界一致的趨勢，無論是開發中及已開發國家皆然，只是已開發國家發生的時間較早，開發中國家發展較遲而已。我國在此一人口老化浪潮的侵襲之下，其表現亦不遑多讓，無論在老化程度及速度上，近年來均有飛躍的進展。今年（2011年）底，我國老人人口已達249萬人，高齡人口在整體人口中所占的比率達10.75%。我國的人口老化程度，雖然尚無法與日本、歐美等先進國家相比，但在速度上，卻以極快的步伐在追趕。1994年我國老人人口達7%的「高齡化社會」指標，預估至2017年將達14%的「高齡社會」指標，2025年將達20%的「超高齡社會」指標。換言之，由高齡化社會至高齡社會，在先進國家如法國歷經115年，瑞典花了85年，美國走了73年，才能達成，我國卻只花24年。故我國面臨此種人口老化的洗禮，其速度之快，值得國人正視與因應。

老人人口的快速增長，其對社會的影響是全面的，深遠而巨大，包括：財政、經濟、政治、商業、行業、建築、教育、家庭等幾乎無一倖免。此種影響，往往稱之為「銀髮革命」，雖聽不見槍砲聲，聞不到煙硝味，但卻靜靜的、全面的進行，極宜因應。人口高齡化，除了對社會各層面造成巨大的衝擊之外，其另一重要的影響，就是每個人接觸老人的機會大增，目前約為1：10，6年後將增至1：7，14年後攀升至1：5。因此，了解老人、認識老人，將為每一個社會成員的重要課題。

壽命的延長，帶來了大量的高齡人口，這在歷史上是空前的。過去所謂「人生七十古來稀」，在今天的社會中，已成為「人生百歲也不稀」，這種壽命快速的增長是過去所沒有的，因此，高齡者如何面對老化，了解老化，維護身心的健康，做好高齡生活的規劃，正是當前高齡者在高齡生活中所面臨的重要課題。

人口的老化，所帶來的衝擊與影響，不僅表現在個體的老化層面，而且也顯現在集體的高齡化現象。不論是個體的老化或集體的高齡化，均會對個

體及社會集體帶來挑戰與衝擊，亦極宜正視，採取因應策略，才能使個人達到健康老化、成功老化、活躍老化；也才能使社會建立親老、敬老、悅老的和諧社會，而使個體和社會持續的成長與進步，達到永續生存與發展。

　　基於上述，有關對老化與老人知識的探討，在我國快速高齡化聲中，已是一門重要而迫切的學門，而為全民所必具的基本知能。有鑑於此，本書作者乃就國際發展經驗、台灣社會發展現況以及未來社會發展趨勢，撰寫本書，期望透過本書，能讓社會大眾進一步認識老化與老人，了解個體的老化與集體的高齡化現象及其問題，採取因應措施，使個體能健康愉快，並進而實現「建立不分年齡，人人共享的社會」。

　　本書共分為16章，除第一章緒論及最後一章「高齡學與未來」外，全書計分為三大部分，第三至五章，屬於理論的層面，分別闡述生理、心理與社會老化的現象與理論；第六章至第十一章係有關個體老化層面的探討，包括：認知發展、自我與人格發展、心理健康與心理失常、工作、休閒、退休與居住安排、家庭與人際關係及角色發展等；第十二章至第十四章，係屬社會高齡化的因應部分，分別探討社會政策與社會福利、健康促進與照護、教育型態與教育活動等，第十五章則為高齡國際組織與合作交流，介紹重要的國際高齡組織及其所辦理的各項活動。在第一章緒論的部分，則探討高齡學的意義、性質、範圍、任務、緣起、發展與趨勢等，作為開啟探討高齡學的一把鑰匙；第十六章，則探討未來發展趨勢，包括：未來全球人口高齡化現象與政策挑戰、科技發展與老人、未來社會的老人、及未來高齡學的重要議題等。

　　本書的撰寫，除盡量將高齡學有關的重要議題納入，並兼重個體老化與集體高齡化的層面外，全書在撰寫時，特別把握兩項原則：國際化及提出因應的措施。在國際化方面，在撰寫每一章節中，均相當強調國際發展現象，及先進國家發展情形及經驗的介紹。在第十五章，並特別提出高齡國際組織與合作交流之相關事宜，作為我國發展情形的比對、驗證及趨勢的引導，以期達到「思考全球化、行動在地化」的目的；在因應措施方面，在每一章節的撰寫中，除介紹各項老化現象外，並特別提出因應與調適的策略，以供讀者參考，協助個人採取適當的因應策略，而達到成功老化與活躍老化的地

步，進而建立康樂和諧的社會。這是本書撰寫時，貫穿全書的兩項原則，也是本書要強調的特色所在。

　　本書係由我個人及楊國德教授二人合作撰寫，第一、二、四至十一、十六等十一章係由我個人負責撰寫；第三、十二、十三、十四、十五等五章係由楊國德教授撰寫。在撰寫時，雖極力注意各章內容的完整與充實，以及秉諸國際化與在地因應措施的提出，但因學驗有限，雖勉力撰就此書，受限於時間及能力，疏漏之處，在所難免，仍請國內外方家指正爲感。

　　本書能夠順利出版，首應感謝五南圖書出版公司楊董事長榮川慨允協助，其次要感謝五南圖書出版公司陳副總編輯念祖的居間奔走協調，也感謝與我一起撰寫的楊國德教授，受到我多次的敦請，在時間有限的情形下，奮力將其研究心得提供出來，以饗讀者。最後要感謝成人及終身教育學會的諭澤、宛穎、怡君等爲本書所作的打字、校對及彙整工作，使本書得以完成，無任感荷。

黃富順　謹識

2011年9月於玄奘大學

目錄

索引 463

第一章　緒　論

人口高齡化是全世界一致的趨勢，無論是已開發國家或開發中國家皆然，只是已開發國家發生的時間較早較快，開發中國家發生的時間較晚而已。由於高齡人口迅速的增加，老人或老年的問題必然受到重視，連帶展開對老人或老化問題的研究。有關高齡問題的探討愈來愈受重視，發展迅速，且成果逐漸豐碩。

台灣人口結構的老化現象，雖尚無法與先進國家相比，但老化的速度卻以驚人的步調進行，亦即老化程度尚不及先進國家，但老化速度卻有過之，堪稱世界最快的國家之一，因此，有關老人或老化的問題，已在社會中顯現，將帶來嚴重的衝擊與影響，極待提出對策以因應之。本書即在探討老人及老化的相關問題，並提出適當的對策以因應之。本章緒論分為四部分，第一節探討高齡學的意義與性質；第二節分析高齡學的範圍、任務與作用；第三節則探討高齡學的緣起、發展與趨勢。

第一節　高齡學的意義與性質

本節探討高齡學的意義、名詞的使用與性質，以釐清有關高齡學的一些基本理念，而為後續探討分析的基礎，茲分述如下：

一、高齡學的意義

對老年及其相關問題的探討，可說淵遠流長，至少已有三、四千年的歷史。無論中外，在數千年前，即在探索和追求長生不老之祕，如秦始皇時代，即曾延攬術士至宮中提煉長生不老之丹，並指派徐福率三千童男女前往東瀛扶桑三島求取長生不老之術，但這只是一些思想的火花，並未延續。近代科學意義的高齡學，則來自西方，至20世紀方嶄露頭角。在學術領域的研究上，此一學門的出現是較晚的，因此，它是一門年輕的學科。

　　高齡學（Gerontology）一詞，又稱老年學，其英文名稱「Gerontology」是由希臘字「Geron」加「Logos」所組成。「Geron」的字根係來自希臘文，意指老人（old man），而「Logos」則係指「學科」。而高齡學的前驅老人醫學（Geriatrics）的字根，則來自希臘文的「Geras」，係指老年（old age）之意。古希臘稱元老官爲「Gerontes」，稱耆老或衰老爲「Gerontie」，稱老人集團爲「Gerontology」。在西方，研究老年始自希臘，如古希臘的哲學家蘇格拉底、亞里斯多德都有相應的論述。故其後對老人或老化的研究，就採用「Geronto」作爲學門的名稱（鄔滄萍，1999）。

　　最早創設高齡學名詞的學者是俄國的麥奇尼柯夫（Elie Metch-nikoff）。他在1903年創立此名詞，持生理學的立場研究人類的老化。他認爲腸胃腐敗是衰老及疾病的主因，若使腸胃健全，即可緩和老化，延年益壽，此理論現在看來當有所偏頗。後其學生柯洛可維斯基（V. Koron-chovsky）在1906年正式創立專門研究老人的高齡學。將其老師理論加以發揚（沙依仁，1996）。1944年，美國老年學學會（The Gerontological Society）成立，正式使用高齡學（Gerontology）一詞爲會名，將此學科的名稱固定下來。

　　由上述的探討，可知高齡學應是研究老人的一門學科，但隨著歷史的演進，高齡學研究的範圍也不斷擴展，具有現代科學意義的高齡學，其研究的內涵不斷地擴大，包括了老化過程和老人的問題，既探討個體也探討群體老化的形成和發展的規則，以及由此而產生的一系列問題，已非單純從個體的立場出發探討老人的問題而已。故高齡學可以界定爲研究人類個體與集體的高齡化過程及其產生問題的學科。依此而言，高齡學的涵義有：

　　（一）高齡學研究的客體是人類的高齡化，即研究老人及其老化的過程、現象及此一過程發展的規律與問題。高齡學係專門以老化爲研究對象的學科，迄今爲止，無論是自然科學和社會科學均尚無一個專門以老化爲研究對象的學科。

　　（二）高齡學研究的對象，包括個體與群體兩種，即高齡學不僅研

究個體的老化現象及其所產生的問題，也研究群體的老化現象及其問題。人類的個體和群體的老化，密切相關但仍有不同。個體的老化會帶來生命的休止，群體的高齡化則不會導致人類的滅絕，它是人類發展與進步的結果。個體的老化一直向前，不會返老還童，具有不可逆轉性，但群體的高齡化則可以繼續向前，也可以年輕化。

個體的老化受生物規律的制約，但群體（人口）的高齡化主要受社會規律的制約。研究人類的老化，兩者缺一不可。就老年期的發展而言，在20世紀中葉之前，高齡學的研究幾乎都局限於個體，其後，老年學拓展到研究人口的高齡化現象，這是此一學門發展的必然結果。

（三）高齡學研究的性質涵蓋動態與靜態兩種，它既研究老人，也研究老化的過程與問題。老人的問題是一種靜態的社會現象，老化的過程則是一種發展規律與準則，是一種隨時間而改變的動態現象，即在某一段時間的變化狀態。

（四）高齡學研究的範圍兼及現象、過程、問題與對象，亦即高齡學在探討老人其老化現象發生的過程及其問題與對策。老人及老化的產生必然會帶來一些衝擊與問題，如何加以因應，就是對策的問題。對策當然也包括個體與群體兩種。只探究高齡化的問題，而不提出因應與對策，失去高齡學的應用價值。

二、高齡學名詞的使用

究竟「Gerontology」一詞的學名應採用何者較宜，也有進一步釐清的必要。所謂名不正，則言不順。經常可以看到的名詞，包括「老人學」、「老年學」、「老齡學」、「高齡學」等，由前述的探討，可知現代科學意義的老年學，其探討的範圍，包括了個體與群體的老化過程與發展準則，故採用「老年」一詞，係指老年階段的時間，而發展則係指一段時間某一現象的變化狀態，即有探討「發展規則」的意思。故「老年」一詞的使用，較「老人」更能符合此一學門的涵義；其次，再從人類生活而

言，老化是一種複雜而非單一的過程，會帶來正向或負向的結果。年齡增長可累積豐富的生活知識，既了解自己，也了解他人，既懂人性，亦知物性，而能增長智慧，達到統整圓滿。晚年生活也可以享受沒有壓力和負擔的自由時光，擺脫世俗的價值和規範，達成潛能的開發與自我的實現，故晚年如同彩霞滿天，璀璨輝煌；但老化也會帶來一連串的失落，失去生理、心理的能力，失去美麗外貌、工作和收入，喪失社會網絡與地位，失去親人，故老年也可能是貧窮和不幸的日子。當我們將老化的研究焦點，放在一群「成功老化」的人身上，看到他們健康良好、生命力旺盛、生活滿意度高，就會增強對老人的正面形象；但反之，對老化的探討將目光放在老人的疾病、貧窮、孤獨、沮喪或社會角色的失落時，就會強化老人的負面形象，將老化視爲問題的根源，老人成爲社會的弱勢族群，是社會的問題，因此，逃避老化、拒絕老化的態度就出現了。當前有關老人的研究，經常著眼在病理老化、問題老化的思維模式，將焦點放在「問題老人」的身上，對多數的老人往往欠缺眞正的了解，無視於老人旺盛積極的生命力，容易造成對老人的汙名化、邊緣化的現象。因此，在日常生活中，老人（the elderly）就成爲羞恥、貶抑的符號，這就是許多高齡者不希望被稱爲「老人」的原因。西方老年學者，甚至有意的避免使用「老人」一詞，而以老年「the aged」代之，故「Gerontology」宜譯爲「老年學」，而非「老人學」，畢竟「老年」只是一種變化，而非災難（邱天助，2007）。

　　由上述探討可知，基於老年學的研究，包括個體及群體兩部分，及爲避免對老人刻板化的符號偏見，採用「老年學」一詞，應較「老人學」爲優。但基於「老」字本身，在中文的意思，往往會有衰敗、退化、減退、能力的喪失等，與「老」在一起的詞彙往往以負面居多，如：老態龍鍾、老眼昏花、老牛拖車、老狗玩不出新把戲、老調重彈、徐娘半老等。一般常用來描述人生歷程的用語是「生老病死」、「老」即與「病」、「死」緊密相連，意指老接著是病與死，似乎拒絕「老」，就可逃避病與死，這些就是「老」字所帶來的負面含意。故爲避免「老」字所帶來的負面印象，本書採用「高齡學」一詞，蓋個體的年齡有高有低，這是一種客觀的

事實，採用「高」字本身沒有價值判斷的意味，只是一種對年齡客觀的陳述。但「老」字則會引發負面的意涵，年齡大並非必然是衰敗的象徵。此即爲俗話說「棺材是裝死人的，不是裝老人的」的眞義所在。這是本書以「高齡學」爲名，捨去「老年學」或「老齡學」、「老人學」名稱的主要原因。

三、高齡學的性質

高齡學是一門新近發展的學科，就此學門的發展而言，它具有下列二項特性。

（一）高齡學是探究人類「高齡化」現象、過程與問題

人類的高齡化（aging），包含個體及集體兩種，已如前述。Aging（或Ageing）一詞[1]的譯名以何者爲宜？「高齡化」或「老化」這兩個名詞，是一般在社會中，相當熟悉，使用最多，也常交互爲用。在談到「個體」年齡增長所帶來的現象，常使用「老化」一詞，如生理老化；而在談到人口現象時，則往往使用「高齡化」一詞，如高齡化社會。然針對高齡學研究的客體—「aging」，究以「高齡化」或「老化」何種譯名爲宜，亦有必要加以釐清。就「Ageing」一詞的原意而言，係指年齡或歲數的增加。就群體的老化而言，人類社會的成員具有各種年齡的結構存在，其平均年齡可以提高，也可以降低，這種群體年齡結構的變化，平均年齡的提高或增長，並不意味其組成份子的老化或衰老。故高齡學既研究人類社會結構的狀態與改變，使用「高齡化」應優於「老化」；其次，再就個體年齡增長所帶來的變化而言，也不一定是衰敗或退化。衰敗或退化往往是從生理層面出發，指生理功能隨年齡增長的退化或衰退的狀況，然則個人隨年齡的增長，也可以越睿智、越成熟，越懂人性與物性，即在心理與社

---

[1]　Ageing是英國傳統的用法，美國則簡化爲Aging。1998年聯合國建議使用Ageing。

會層面，亦有增長的情形。若單就生理功能的變化而言，不同個體隨著年齡增長的衰老速度與現象，並不相同，它不是普遍而同步的老化現象。使用「老化」一詞，似指每個人在老年均會同步產生生理、心理、社會的退化或衰退現象，易致誤解。故就個體而言，使用「高齡化」一詞，亦更屬適切。唯一般在社會中，「老化」已經是耳熟能詳的一個用詞。語言是一種習慣，故使用「老化」來表示個體的老化現象，應可接受。但群體的現象，則不宜使用「老化」，準此而言，高齡學所要研究的是人類的「高齡化」現象，應可確立。

（二）高齡學是一門科際整合（multidisciplinary）的學門

　　高齡學既屬探討人類的個體和群體的高齡化現象和過程，高齡化的現象與過程，包括生理、心理、社會的層面。就生理現象而言，它就涉及生理學、醫學、生物學、生命科學、護理學等學門；就心理層面而言，它涉及心理學、精神病學、靈性學、輔導與諮商等層面；就社會的層面而言，它涉及社會學、人口學、政治學、經濟學、教育學、社工、社會福利、法學等層面，甚至是哲學的知識亦不可或缺。因此，它是一種科際整合的學門。有關高齡化的研究，需要集合各學科的專家進行綜合性的探討始克竟其功。近年來，有關高齡化現象的研究，類皆由不同學科領域的專家學者，組成跨領域的研究團隊，來進行綜合而交叉的研究，而不僅是這些學門知識集合拼盤而已。

第二節　高齡學的範圍、任務與相關學門

　　高齡學為研究人類個體與群體的高齡化現象、過程與問題，為進一步釐清高齡學研究的內涵，本節特就其範圍、任務與相關學門作進一步的探討，俾對高齡學的內涵能有更清楚的了解。

一、高齡學的範圍

高齡學以探討個人及群體的高齡化現象，分析言之，其涉及的主要層面包括如下：

（一）生理老化（physical aging）

從生理層面而言，隨著年齡的增長，人體的各種器官與功能就會呈現逐漸衰敗的現象，最終導致生命的結束。個體自有生命開始，不斷地向前發展邁向成熟，事實上，這就是一種逐漸走入老化的過程。因此，有些學者主張發展與老化，應可視爲同義詞。人類的發展從生理上而言，由稚弱而成熟，終至退化。隨著年齡的增長，在外在及內在系統均不斷呈現改變，包括：頭髮變稀疏、變灰，皮膚失去彈性、乾裂、硬化並起皺紋，視聽能力減退，齒牙動搖脫落等，這些現象的改變正是高齡學所要探討生理層面的改變。一般認爲生理老化的現象，是一種正常的老化，乃不可避免，每個人都會發生，只是發生的時間有早有晚，發生的層面各不相同而已。近代醫學和營養學的研究則不斷地告訴我們，這些生理改變的現象，雖不能避免卻可以延後，即個人雖不能「抗老」，但可以「延老」，只要有良好的生活習慣，如：注意飲食營養、休閒運動、良好睡眠品質、戒除菸酒，即可延緩老化的發生。

（二）心理老化（psychological aging）

從心理的層面而言，隨著個體年齡的增長，在人格、智力、記憶及自我概念等，也會有某種程度的改變。在人格方面，年齡增加，人格的類型較少變化，但對特定事件的看法則會有所不同；就智力而言，隨著年齡的增長，流質智力呈現減退現象，而晶質智力則顯現增長的現象，相對地，智慧也會隨生活歷練、經驗的累積而提升；就記憶力而言，則普遍呈現衰退的現象。在自我概念方面，隨著年齡的增長，老年人對自我形象及自我能力感，均會隨著內外生理現象的改變，及社會與其互動的觀念而有所調整。

（三）社會老化（social aging）

社會層面的老化，包括工作、人際互動、社會活動的參與及宗教信仰等。隨著年齡的增加，仍有些老人繼續工作或作部分時間的工作，或從事志工，以發揮餘光餘熱。高齡者有重返職場的願望與能力，但普遍而言，由於受到年齡歧視（agism）的影響，老年工作者往往處於較不利的地位。在人際互動上，則隨著退休、親友的凋零，人際網絡有減少之趨勢。但老年所交的朋友，卻是發自內心、無私無我，往往是可以分享內心深處感覺的人。高齡期的朋友越多，越會使高齡者生活滿意度提高。至於社會活動的參與，也會隨健康及體力的衰退而呈現減少的現象，但新一代的老人，尤其是嬰兒潮時代所出生的人，現已開始邁入高齡階段，這些新熟年往往教育程度高，健康良好，熱心參與社會活動，此一現象說明了新一代高齡者，在社會活動的參與上，可能與其上一代有別，將會打破過去對高齡者從社會活動中撤退的刻板化印象。

（四）人口老化（population aging）

人口結構的改變，會帶來社會群體的高齡化現象。高齡學會受到重視係來自老年人口的大量增加，因此，人口學的探討與高齡學的發展密切相關。

（五）老年人社會問題

老年人口的大量增加，引發了老年人口的社會問題，包括：社會政策、社會參與、經濟安全、教育與學習、社會福利、社會工作、居住安排、安養照護、休閒娛樂及再就業等問題。這些問題的解決，也是高齡學探討的範圍。人口高齡化影響最深的是社會問題，故社會學者比其他領域學者更關心老人問題，早期即藉由符號互動理論[2]，關切個體晚年的生

---

[2] 符號互動理論，主張人與人之間，以具有意義的符號（symbol）而產生互動。人的觀念與看法，來自個人與社會互動的一種解釋。人們的互動行為不斷在修改調整，社會也不斷變動。觀點與行為是人類行為的重要因素。其基本假定主要有三：(1)人對事物所採取的行動是以這些事物對人的意義為基礎；(2)這些事物的意

活，其後由功能論觀點分析老年人的社會調適，最後由二者整合出撤退理論和活動理論，對老年社會與心理作有系統的探討。

二、高齡學的任務

　　高齡學的產生是經濟成長、社會進步、人類壽命延長的結果。壽命的延長是人類經數千年的努力所累積下的成果，是人類重大的成就之一。但是人口增多，必然會對整個社會產生衝擊影響，如未能好好因應，就會造成社會嚴重的問題。西方先進國家的財政人員就說：「老年就像一顆大的炸彈，會把國家的財政炸一個大缺口。」因此，高齡研究主要的任務，就在於高齡人口大量增加之後，如何使經濟能持續成長，社會能繼續進步，並進而使老年人的生活得到保障，使社會走入一個真正的「不分年齡，人人共享的社會」。分析言之，高齡學的任務，主要有下列四項：

　　（一）使社會進入高齡化後，社會得以持續進步：社會上高齡人口大量增加，社會在養老的負擔上必然增加。如何在大量老人出現後，社會仍能持續運作，生產機制持續進行，社會資源得到公平的分配，使老年人不會成為相對貧困的族群，社會能全面發展，這是高齡學的重要任務之一。

　　（二）使生產力持續提高，經濟得以繼續發展：高齡人口大量增加，年輕具勞動力的人口必然相對減少，生產萎縮，勞動縮減，勢必會影響到經濟的下滑。在日本及歐洲等已進入高齡社會的國家發現，其經濟成長以9%的速度縮減（王晶，2000）。因此，高齡學的探討，就在希望整體社會在老年人口大量增加後，經濟仍能良性運作，社會的儲蓄得以保持並持續累積。

　　（三）使高齡人口的生活品質不斷提高：高齡學要研究個體在高齡生涯中，可以健康長壽的途徑，在社會中不受歧視，能在尊嚴、獨立、自

義來源於個體與其同伴的互動，而不存在於這些事物本身之中；(3)當個體在應付他所遇到的事物時，他通過自己的解釋去運用和修改這些意義。

主、參與的前提下度過晚年的生活，使其生活品質能隨社會的發展而不斷
的提高。

　　（四）避免代間的衝突：社會上高齡人口大量增加之後，由於社會
資源的限制，難免會有代間緊張的現象出現。如何讓不同代間得以相互了
解、相互學習，老年人發揮潛力，讓優秀的文化得以傳承，也能讓年輕的
文化思維融入高齡者的生活中，而使不同代間相互融合，實現「不分年
齡，人人共享的社會」，這也是高齡學的主要任務之一。

三、高齡學的相關名詞

　　與高齡相關的學門，常見的包括社會老年學（Social Gerontology）、
教育老年學（Educational Gerontology）、健康老年學（Healthy Gerontol-
ogy）、老年生物學（Biology of Aging）、老年人口學（Demography of
Aging）、老年心理學（Psychology of Aging）、老年經濟學（Economics
of Aging）等。這些相關的學門主要可歸分為兩大類：一類為高齡學的分
支，如社會老年學、教育老年學、健康老年學等；另一支從不同學門來研
究老年或老化的學科，如老年生物學、老年人口學、老年心理學、老年教
育學等。這些學科均屬於各學門的分支，係從各學門的立場探討老年與老
化的問題。屬於高齡學研究的分支科學，與從某一學門研究老年或老化的
學科，其不同點在於範圍、對象與研究階段的不同。例如社會老年學，係
從社會科學的角度來研究人類高齡化的成果，其研究的對象，既包括人類
社會個體的研究，也包含對群體的研究。它從人類老化的全部過程進行研
究，而不僅限於老年的生命階段而已。但老年社會學的研究，則僅從社會
學的範圍進行老化的研究，主要的對象為群體，不包括個體，且對老化或
老年的探討，往往局限於老年的階段，這是兩種學科的不同所在。

第三節　高齡學的緣起、發展與趨勢

　　高齡學的產生來自大量的高齡人口的出現。高齡人口的大量出現，則與經濟發展、社會進步、醫藥水準提高、公共衛生改善、壽命得以延長等密切相關。人類進入20世紀後，對於瘟疫等大流行的疾病已能加以控制，又避免了戰爭的發生，故在20世紀後，人口穩定成長，高齡人口快速而大量的增加，這是高齡學產生的背景因素，故高齡學萌芽是20世紀的產物。高齡學的發展一直要到1980年代大量的高齡人口出現之後。目前研究老化及老人的高齡學，已在先進國家成為一門普及且受關注的學科。高齡學將成為21世紀重要學科之一。本節探討高齡學的發展，分為三部分進行：一為發展過程，另一為發展趨勢，最後為大學高齡學課程的開設等。茲分述如下：

一、發展的過程

　　高齡學的發展，可以歸分為以下4個時期：

（一）1900年以前的探索期

　　有關對老人或老化的研究，其相關思想的提出，無論中西方都有相當長久的歷史。就我國情形而言，自有文化記載以來，我國在公元前的《內經》所謂的「生長壯老已」和「生長化收藏」，就是有關人類和植物生命過程的科學性描述。在我國歷史上，為追求長生不老，秦始皇曾找術士在宮中煉丹及派人尋求長生不老之術，最令人印象深刻。在西方，有關老化的探討，可以近溯到古代希伯來、希臘和羅馬時期，有關老年人生理、病理與護理的描述。如古希臘名醫希波克拉坦（Hippocrates, 460-377B.C.）被稱為「醫學之父」，就提出有關老年期生理和病理的觀點。古羅馬的政治家和演說家西塞羅（Marcus Tullius Cicero, 106-43B.C.）主張人只要得到滿足，身心又有訓練的機會，人類的智慧就能保持到老年，此一觀點具有深遠的影響。古代對老人的論述，常帶有宗教的色彩和階段性。無論東

西方,這種自發追求長生不老、企求返老還童的心理,均屬古自有之。古代這種對老化的研究,由於受到自然和社會知識的限制,其研究者通常是醫生及哲學家等。

至中世紀,研究老年生理、病理的學者增多,人類對老化的知識又向前邁進,但此時期仍受到宗教、神權的宰制。至16世紀,才開始擺脫宗教迷信的束縛。近代科學對老化的研究,可以說從培根(Francis Bacon, 1861-1926)開始,有很多學者進行老年生理、病理學的探討,提出了研究成果,人類對老化的知識乃逐漸累積。16世紀至19世紀對老化的研究有很大的進步,社會開始關心老年人的問題,學術界也完全擺脫宗教的影響。

(二)1900-1940年的萌芽期

人類在工業革命之後,貧富的差距擴大,小家庭普遍,醫藥發達,教育普及,壽命延長,老人問題也愈來愈嚴重。對老化的科學研究,至今為止約為百年。有很多的學門,如生物學、心理學和社會學很早就對人類的老化感到興趣,但直到高齡學成為一個獨立的學問,始對老化過程作系統性的探討。高齡學首先誕生於歐洲。因在19、20世紀之交,歐洲在醫藥的發展較之美國更為進步。

自1890年代開始,至1940年代之間,對老化的研究,側重於老年醫學、老年生物學和老年臨床醫學方面的探討。生物學家開始積極投入衰老本質的研究。1903年,在法國巴黎巴斯德研究所(Pasteter Institute)工作的俄籍生物學家麥奇尼柯夫(Eile Metchnikoff)首先創立「高齡學(Gerontology)」一詞,其學生柯洛可維斯基(V. Koronchovsky)將其推廣。1909年,奧地利維也納的醫師那斯契(Ignatz Leo Nascher)首創老年醫學(Geriatrics)一詞,他試圖將疾病和衰老加以區分。其後,世界各地有關研究老人或老化的專著、論文及相關組織紛紛興起。1912年,美國紐約成立了第一個老年醫學會(The Society of Geriatry)。1908年,梅諾(Minot)的研究,發現老化與細胞組成有關,老人的細胞與年輕人不同。1938年,法國出版了第一本老人的調查報告,德國出版了高齡學

刊物。1939年，英國成立了專門研究高齡學的老年學會。1942年，美國成立了「美國老人醫學學會」（The American Geriatric Society）。1945年，美國成立高齡學學會（The Gerontological Society）的專業團體，從事老人生理、心理、醫學、社會及其他老人問題的研究，並發行刊物。

（三）1940至1990年的成長期

對老化的大規模研究，始自1940年代以後，從40年代至60年代，此時期對老年或老化的研究，開始萌芽滋長。世界各先進國家的大學和研究機構，先後開始成立有關老年或衰老的研究機構，並成立老年學的學會或組織。其中影響力最大的，當推美國在1945年首先成立的高齡學學會（Gerontological Society of America, GSA），從事老年生物學、老年臨床醫學、老年行為、老年社會問題的研究，並發行《老年學期刊》（*Journal of Gerontology*）及《老年學家期刊》（*Journal of Gerontologist*）。《老年學期刊》創刊於1946年，專門刊登有關生物學、心理學、社會科學、社會福利事業等有關老人和老化的研究，並介紹世界各國老年學的組織與活動。1988年此刊物分為二，即老人學之生物暨醫學期刊及老人學之心理暨社會學期刊，顯示老人學的發展方向。《老年學家期刊》則專門探討應用研究的問題、人口福利及老年學家所關心的公共政策問題的討論。此兩種刊物的發行，對高齡學作大力的推廣，而使其發展更趨成熟。此外，該學會並舉辦無數次研討會，每年均辦理「老年科學年會」（GSA's Annul Scientific Meeting），提供不同專業的人對老化研究的交流互動機會，對高齡學的發展影響甚大。至此，高齡學的學名正式確立，而融入了不同領域的學者，研究範圍也從醫學、生物學擴展到心理學、社會科學等領域。此時期的特色，在於民間及學術界相互結合，匯集力量從事高齡學的研究、出版期刊及專書等，因而引起美國聯邦政府注意，開始研訂政策與制訂法案，解決老人的問題，也促進高齡學的發展。1950年，在比利時列日市成立了「國際老年學學會」（International Association of Gerontology），使老年學的學術研究得到空前的發展。

在研究方面，對生理、心理、社會老化的研究於1950年代末期及

1960年代初期影響最大。1946年,美國國家衛生研究院(National Insti-
tutes and Health)於巴爾的摩(Baltimore)市立醫院成立老人學研究中
心,由老人醫學家史脫克(Nathan Stock)所領導,由國家提供經費,採
用橫斷面研究法進行多項生理老化的研究。其後納入認知、人格和社會心
理的探討。研究對象也擴及健康老人、女性及少數民族。研究方法亦採取
縱貫的研究,每二年進行追蹤測試,此即為著名的巴爾的摩縱貫面的老化
研究(Baltimore Longitudinal Studies of Aging),提供許多有價值的正常
老化資訊。

　　此一期間,有三所大學對高齡學的發展扮演了相當重要的角色,確定
了高齡學科際整合學門的性質。一為杜克大學(Duke University)於1955
年成立的老化研究中心,由布希(Ewald Busse)醫生所領導的中樞神經
系統功能的老化研究,甚具貢獻。他並於1995年在杜克大學成立了「大
學老化委員會」(University Council on Aging),也開啓了正常老化的
長期研究(Duke Longitudinal Studies of Normal Aging)。因此,1957年
杜克大學被美國國家健康研究院(the National Institutes of Health)指定
為老化研究的五個區域中心之一。另一為南加州大學(The University of
Southern California),主要的負責人是柏倫(J. E. Birren)。他組織多個
領域的專家,從事神經系統老化的研究。南加州大學不僅著重老化的研
究,並且著重在高齡學的教育,成立了達衛斯高齡學學院(The Leonard
Davis School of Gerontology),成為第一所提供高齡學學位的大學。另一
個為芝加哥大學所成立的研究中心,係由哈維赫斯特(R. J. Havighurst)
所領導,專注於社會層面老化的研究。

　　1950年,美國國家安全機構(National security Agency)首次召開
老年人口問題的會議,並自1961年後,每隔10年召開一次「白宮老年
會議」(White House Conference on Aging),研擬解決老人問題的對
策。1965年,美國通過「美國老人法案」(The Older Americans Act,
OAA)。1974年,美國成立國家老化研究所(National Institute on Aging,
NIA)。此一機構的成立,是美國老人政策的新里程碑,表示政府及社會
已認定老化研究的重要性,必須作系統的科學研究。

　　1970至1990年間，先進國家相繼成立重要的老化研究機構，以美國為首，其他如德國、荷蘭、加拿大、瑞典、英國、芬蘭、法國、義大利、日本、澳大利亞、以色列及匈牙利等，亦均設立研究老化的相關機構，且獲致相當的成果，目前仍持續擴大進行中。1962年，日本東京大學醫學院是日本第一個把老年學獨立設系的學校。1991年日本的81個醫學院中，有13個設有老年醫學科。日本老年學學會（The Japanese Gerontological Society）成立於1999年，現約有六千多個會員。此一時期，並開始進行縱貫性的世代追蹤研究，探索成長、發育、老化的各種相關指標，提供較具說服力的研究成果。

（四）1990年至今發展期

　　1990年後，高齡學的研究趨勢轉向老年醫學、老年社會照顧、老年與社會病理學等層面，有關高齡學的探討朝向科際整合的方向進行。依據美國國家老人委員會（National Council on Aging）出版的《老年學摘要》指出，1990至1999年最受重視的研究是老年醫學及相關臨床議題，其次為老年精神官能醫療研究，再次為機構及非機構的照顧、老年社區服務、代間關係、政府、法律和政策、臨終與死亡等。2000年以後，老年學研究更明顯走向科際整合的方向進行，很多著名而長期的有關老化的研究，即整合了醫學、護理、心理、社會、社工、教育等不同領域的專家相互合作，一起工作，共同探討有關老化與老人的問題。

　　經由上述的探討，可知老人問題於1940年代後開始受到重視。早期的研究，明顯偏向生理學與心理學，新近的研究則朝向科際整合發展。高齡學是一種科際整合的學門，任一學科均無法獨自有效解決老化的問題，它包括了遺傳學、生理醫學、心理學、政治學、社會學、教育學等多種學科的理論與概念。

二、發展趨勢

由上述對高齡學發展過程的簡要敘述，可以歸結高齡學發展的趨勢如下：

（一）由醫學、生物學走向科際整合的研究

有關高齡學的探討，早期係由醫學、生物學開始，從生理的角度出發研究個人生理層面的老化過程，其後加入了心理學的層面，探討有關智力、人格、記憶、自我概念等的老化情形，再進入社會、法律的層面，有關照護服務、住宅安排、社會福利、社會工作、代間關係及政府政策等，很明顯朝向科際整合的方向進行。

（二）由對個體老化的探討走向群體高齡化的研究

早期高齡學的研究，係探討個人老化的過程，尤其側重在生理的層面，如有關人的老化與胃腸功能的衰老、細胞成長的關係等的論述；其後社會上老人人口增多，大量的高齡人口出現，探討的焦點則兼及於群體高齡化的問題與對策，如照護服務、社會福利與社會工作、代間關係、政府的社會政策等。有關群體高齡化問題的探討，呈現越來越重要的趨向，各種專著、研究報告、論文及白皮書等不斷提出，蔚為風潮。

（三）由對老人的研究轉移至高齡化的探討

高齡學（Gerontology）一詞的字根，來自希臘文「Geron」，其意為老人，故早期的高齡學研究側重在老人的身上，後逐漸擴及個體何以會老、老的成因及其發展規律，這是有關個人老化的層面，其後的研究轉向整體社會，尤其有關對策的部分，涉及到整個社會的問題，如代間衝突的解決、照護與安養的安排、社區服務與社會工作等，均為全體社會的問題。對於人口高齡化所引發的問題，需要從兒童做起，在健康、財富的儲蓄和倫理道德方面都要未雨綢繆，否則就會出現「小時候你把我放在托兒所，老了我就把你丟到養老院」的悲劇。另一方面，要保持健康長壽，除需破除一些反科學、迷思、愚昧的觀念與刻板化的印象，積極建立正確的觀念與作法外；它同時要獲得社會老、中、青等不同代的人支持與努力，

這些都是社會群體高齡化的問題，因此，高齡學的研究重點由老人擴及至高齡化。

（四）研究重心由歐洲轉移到美國

對於高齡學的研究，早期係由歐洲開始，包括俄國、法國、德國、英國等，均有不少學者、醫師及研究機構投入，獲致相當的成果。但至1940年代以後，高齡學研究則轉移至美國，尤其是1945年，美國高齡學學會的成立，網羅不同學科的專家加入，開始近代科際整合的研究，並出版期刊，刊登相關的研究結果，不斷地將高齡學的研究成果宣導，廣爲周知，興起了高齡學的研究熱潮。至今有關高齡學的研究，仍以美國爲首。美國有關高齡學的研究機構，除國家成立的「老化研究所」（National Institute on Aging）外，也有幾所大學有類似的研究機構，頗富盛名，包括：杜克大學（Duke University）、巴爾的摩大學（Baltimore University）、南加州大學（University of Southern California）、芝加哥大學（University of Chicago）及布蘭德斯大學（Brandeis University）。一時之間，美國已儼然成爲高齡學研究的重鎮，執此一領域的牛耳。

由上述的探討，可知高齡學的研究，係由醫學、生物學到科際整合，由個體到集體，由對老人到高齡化，由歐洲擴及到美國。高齡學發展至今，提供了不少的研究成果，使人類更能掌握高齡化的原因、發展規律、問題，也更能提出因應的對策，其功不可滅。但高齡學發展至今，仍有許多的內容尚未被探討或仍不清楚，如：高齡化與經濟發展的關係如何？高齡者的潛能如何？人類衰老的奧祕何在？人的生存環境對高齡者健康與生活的影響如何？如何保持老年人情緒穩定與心理的平衡？這些仍然欠缺實證性的資料（鄔滄萍，1999）。因此，高齡學仍將不斷地持續發展，不斷地創新與進步，在21世紀中，高齡學的研究必將更加受到重視，未來新的發展將可預期。

三、大學高齡學課程的開設

對於高齡學知識的需要，反映在大學及教學、培訓機構開設此一學門的課程之上。其主要的原因，在於老年人口的增加，老年福利和事業相對的增多，需要大批老年醫療和護理人才，以及政府老年工作的主管部門、協調機構、老年人的相關組織、老年產業等均需要此方面的工作人員和管理人員，因此，導致各國設置老年學學士、碩士及博士學位的大學和研究所日漸增多。

另外，由於老年人口的增加，老年人想了解自己如何適應老年，具有老年學的相關知識，乃成為老年相關教育機構的首選課程。美國在此方面的起步最早，在1970年代前後，大學、學院開設老年學課程的大學部、研究所、研討班、研習班、電視課程等，如雨後春筍。1976年，美國高等教育老年學會（The Association of Gerontology High Education, AGHE）的調查發現，開設老年學相關課程的學校已達1275所，其中27%是大學、29%是四年制學院、33%是社區學院，其餘為函授或職業學校。至1980年代初期，社區學院中，已有一半開設一至數門的老年學相關課程。目前美國高齡學較著名的機構為美國國家老化研究所及前述的5所大學──杜克、巴爾的摩、南加大、芝加哥、布蘭德斯等。在國際上，主要的研究機構為國際高齡學學會（International Association of Gerontology, IAG）以及國際老化研究聯合會（International Federal of Research on Aging, IFRA）。IAG於1950年於比利時的列日市（Liege, Belgium）成立，專注於老年學的研究，2005年加入老年醫學，成為國際老年學與老年醫學會（International Association of Gerontology and Geriatrics, IAGG），進行老年學及老年醫學之研究，以促進老年學及老年醫學之發展與應用，加強國際交流，增進老人發展和健康為其使命。2016年共有團體會員70個，個人會員45,100人，分布於64個國家，祕書處總部設於南韓首爾市。

台灣由於老人人口快速增加，大學校院開設高齡學課程者至2000年後，已日趨普遍。大專校院設置老人相關的系所、科或學程者日漸增多，至2016年，已達51校，其中設置學程者，共有11校，包括台灣大學、長

庚大學、輔仁大學、實踐大學、高雄醫學大學、中國醫學大學、中山醫學大學、輔英科技大學、台南科技大學、南台科技大學、美和技術學院等，類皆屬於健康照護方面的專業；設置系所科專業者則有30校院，主要包括健康照護、福利福祉、事業管理等三大領域，其中屬於健康照護者計有13校（台北護理大學、台北醫學大學、長庚大學、亞洲大學、開南大學、弘光科技大學（老人照護科）、中台科技大學、長庚技術學院、亞東技術學院、美和技術學院、馬偕護理專校、仁德醫護管理專科學校、康寧大學等）；屬於福利福祉者有5校（弘光科技大學、南開科技大學、稻江科技暨管理學院、大同技術學院、高美醫護管理專科學校）；屬於事業或服務管理者計有10校院（嘉南藥理大學、朝陽科技大學、明新科技大學、金門科技大學、美和技術學院、台中科技大學、經國管理學院、育英護理專科學校、崇仁醫護管理專科學校、台南護理專科學校）；屬於教育類者1所（中正大學）；屬於老年學者1所（成功大學）。

　　從這些大專校院所設置的系所科看，主要目的在培養高齡社會發展下，服務老人的專業人才，而真正從事高齡學方面研究者，僅有成功大學設置的老年學研究所及實踐大學所設置的老人學學分學程。成功大學老年學研究所於2007年成立碩士班，每年招生15名，課程較偏向老年醫學方面。

　　隨著老年人口快速的增加，近年來老年學已發展出一些科技整合的老年學理論，而且在長期性研究方法的發展已漸獲有共識，顯示高齡學已逐漸成為一種專業的學門和學科，以整合的觀點進行老化和老人的研究，未來發展可期。

第二章　人口結構的高齡化與因應

　　高齡學是研究老人及老化的科學，因此，它的發展與獲得重視，與大量的老人人口出現有關，也就是說人口結構快速的老化，正是高齡學發展的最重要因素。本章探討人口結構高齡化的現象，第一節說明全球人口的發展與分布、第二節探討全球人口高齡化的現象、第三節探究我國人口結構高齡化的現象、第四節分析人口結構高齡化的影響與因應。

第一節　全球人口的發展與分布

　　本節旨在探討全球人口的發展、趨勢及分布情形。茲分別說明如下：

一、全球人口的發展情形

　　人口的增加是漫長的人類歷史演化過程，也是人類適應環境能力增強的結果。人類憑藉聰明的大腦及靈活的雙手，而得以克服惡劣的自然環境侵襲，以及各種野獸的威脅，而得以生存發展與茁壯。故人口的增長，是人類努力的成果，也是人類適應能力增強的佐證。依據人口學者的估計，在一百萬年前地球上的人口大約為12萬5千人左右。在30萬年前，也只有大約100萬人。人口增加的速度是緩慢的，此一時期出生率雖不低，但死亡率亦高，故人口成長遲緩，有些時候，遇到特殊的因素，死亡人數突增，人口數還有減少的現象（蔡文輝，2008）。

　　在西元2年，全球人口約為2億。全球人口快速增加的現象，約發生於17世紀工業革命之後。蓋因工業革命之後，科技進步，人類的生活水準提高，同時農業的改良，糧食生產倍增，醫藥水準的進步，降低了死亡率，因而，促使世界人口有快速的發展。在工業革命初期的1650年，全球人口約為5億，其後200年間增長了一倍，至1850年增為10億。隨後人口急速增加至1945年，約為23億，1980年達到44億，2000年已達60億，

至2009年達到68億，2011增至70億，2015年達到73億，2030年預估將達85億，2050年將達97億，2100年將達112億。自1950至2100年世界人口成長預測如圖2-1-1所示。

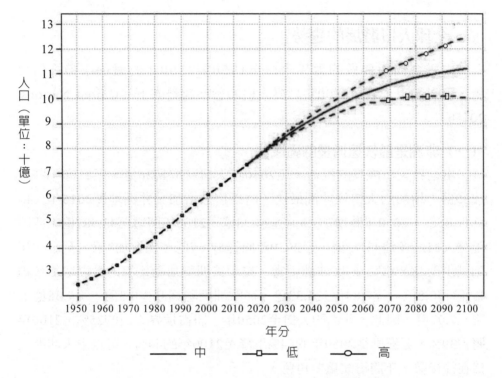

圖2-1-1　1950至2100年世界人口成長趨勢

資料來源：United Nations, 2015a:2。

　　依2015年聯合國經濟社會事務部人口局（Population Division, Department of Economic and Social Affairs）的統計，全球60歲以上老人所占比率最高的是日本，占總人口的33.1%；其次為義大利，占28.6%；再次為德國的27.6%，其餘依次為葡萄牙（27.1%）、希臘（27.0%）、保加利亞（26.9%）、克羅埃西亞（25.9%）、拉脫維亞（25.7%）、馬爾他（25.6%）、瑞典（25.6%）；而比率最低的10個國家為卡特（2.3%）、阿拉伯聯合大公國（2.3%）、科威特（3.4%）、甘比亞（3.7%）、布吉

納法索（3.8%）、烏干達（3.8%）、安哥拉（3.8%）、查德（4.0%）、
馬利（4.0%）等。

二、全球人口發展的趨勢

由聯合國所作做的世界人口自1950至2100年的發展趨勢推估分
析，可以發現未來至2100年世界人口的發展趨勢如下（United Nations,
2015b）：

（一）非洲是最快速增長的區域

由世界人口成長的推估，至2050年人口將成長26億，至2100年將增
加39億，增加的人口以非洲最快，將以倍數增加，非洲地區2015年人口
為11.86億，2050年將增加1.3倍達24.78億，2100年將增至43.987億。亞洲
現在人口最多達43.93億，至2050年將達52.67億，僅增加8億，至2100年
則減少至48.89億，約與非洲相當。拉丁美洲與加勒比海則微幅增加各約
1.5億和0.8億，達7.84億及4.33億，而歐洲則略為減少0.3億，從7.38億下
降至7.07億。因此，非洲的人口至2050年，將占世界人口的25%，2100年
將占39%，亞洲則從2050年的54%下降至2100年的44%，可見未來非洲人
口在往後數十年將扮演重要角色。

（二）歐洲人口將趨於減少

從2015年至2050年間，有48個國家預估人口數將逐漸減少，有些國
家將減少至15%以上，如日本、匈牙利、羅馬尼亞、保加利亞、克羅埃西
亞、拉脫維亞、立陶宛、塞爾維亞、烏克蘭、摩爾多瓦、波士尼亞和黑賽
哥維納（波斯尼亞）等。所有歐洲國家的婦女生育率現皆低於人口的替代
水準（2.1），且已有多年的歷史，故未來人口將呈現減少的現象。

（三）人口增加僅限於少數國家

至2050年人口持續增加的國家，主要歸因於生育率高的國家，集中
在非洲及人口眾多的國家，包括印度、奈及利亞、巴基斯坦、剛果民主共

和國、衣索比亞、坦桑尼亞、美國、印尼和烏干達等。其中值得注意的是印度，在七年內的人口數將超過中國，成爲世界人最多的國家。至2015年中國人口約爲13.8億，而印度爲13.1億，至2022年，兩國人口數將達14億，至2030年，印度人口將持續成長至15億，2050年將達17億，而中國的人口至2030年將仍保持穩定，其後則將逐漸減少。

（四）生育率的高低決定人口的增減

全球各國未來人口的增減，取決於婦女生育率的高低，全球各地生育率的高低，約可分爲三大類。第一類低生育率的地區，即總生育率低於2.1的地區，現有46%的人口住在這些國家，包括歐洲、北美、20個亞洲國家，17個拉丁美洲和加勒比海地區國家，3個在大洋洲及1個在非洲，最嚴重的低生育率國家爲中國、美國、巴西、俄羅斯、日本和越南；第二類爲中生育率地區，即婦女的生育率在2.1至5之間，亦有約46%的人口住在這些地區。中生育率的國家主要爲印度、印尼、巴基斯坦、孟加拉、墨西哥和菲律賓等；第三類爲高生育率地區，即生育率超過5以上，全球計有21個高生育率的國家，19個在非洲，2個在亞洲，其中最高的是奈及利亞、剛果民主共和國、坦桑尼亞、烏干達和阿富汗等。

（五）全球壽命呈現延長的現象

全球人類的生命期在近年來有增長的情形，自2005至2015年，約增長3年，從67歲增至70歲。主要增長地區是非洲，約增加6年。至2015年，非洲人的生命期約爲60歲，亞洲爲70歲，拉丁美洲和加勒比海爲75歲，歐洲和大洋洲77歲。北美洲爲79歲。至2050年，全球生命期預估可達77歲，2100年可達83歲。生命期的增加，主要是人類免疫缺陷病毒（Human Immunodeficiency Virus, HIV）的減少及其他傳染疾病感染的有效控制。

（六）國際人口呈現移動的現象

由於經濟和社會發展的因素，或受到難民潮的影響，會產生國際人口移動的現象，這對接納地區的勞動人力有補充與填補的作用。從1950至2015年，主要的移入地區爲歐洲、北美和大洋洲，而主要的移出地區

則爲非洲、亞洲、拉丁美洲及加勒比海地區。從2000年至2015年，每年移至歐洲、北美和大洋洲者平均爲280萬人。從所得情形來看較爲準確，即高收入國家每年從低、中所得國家移入的人口平均約410萬人。此種從中、低所得國家移居高所得國家的人口移動型態已達半世紀之久，未來這種移往南半球（global south）的現象仍將持續。

（七）全球60歲以上人口呈現快速增加的現象

由於生育率的下降及壽命的延長，全球老人人口快速增加，這種人口高齡化的發展是一種普世的現象。至2015年，全球60歲以上老人人口達到9億，占全球人口的12%，60歲以上老人人口的年成長率爲3.26%。以歐洲的比率最高，達24%。但此種人口快速老化的現象，全球皆然。至2050年，全球除非洲以外，60歲以上老人人口都將達1/4以上，60歲以上老人人口至2030年預估將達14億，2050年達21億，2100年將增至32億。老年人口的快速增加，將會增加工作者的負擔，以潛在支持率（potential support ratio, PSR，指20-64歲者與65歲以上人口數的比）計算，非洲至2015年爲12.9，亞洲爲8.0，拉丁美洲及加勒比海爲7.6，大洋洲爲4.8，歐洲北美爲4.0以下，日本爲2.1，爲世界最低的國家。至2050年，7個亞洲國家，24個歐洲國家，4個拉丁美洲及加勒比海國家，其PSR值將降至2以下，對國家財政、健康照護，以及社會安全制度都是嚴峻的挑戰。

三、全球人口的分布情形

至2015年，全球人口達到73.49億，男性占50.4%，女性占49.6%，年齡中位數爲29.6歲，60歲以上占12%。如以洲別而論，亞洲最多，達43.93億，占59.78%；其次爲非洲有11.86億，占16.14%；再次爲歐洲，有7.38億人，占10.04%；其餘依次爲拉丁美洲及加勒比海，有6.3億，占8.62%；北美洲爲3.58億人，占4.87%；大洋洲有0.39億人，占0.5%（United Nations, 2015a）。如以國別而言，以中國最多，達13.76億人

口，其次為印度的13.11億，再次為美國的3.22億、印尼的2.18億、巴西的2.08億、巴基斯坦的1.89億、奈及利亞的1.89億、孟加拉的1.82億、俄羅斯的1.43億、日本的1.27億（United Nations, 2015a）。

這10國中，中國及印度即占了36.56%，其餘8國，包括美國、印尼、巴西、巴基斯坦、孟加拉、奈及利亞、俄羅斯及日本等，共占22%。大多數的國家人口都很少，以2015年估計在全球230個國家中，有76%的國家人口數在2,000萬人以下，這些國家的人口只占全球的11%。

至2022年，預估印度的人口將超越中國成為全球人口最多的國家，這兩國也將占全球人口的36%。至2050年，有3個低度開發的國家──孟加拉、衣索比亞和剛果民主共和國的人口將躋身全球人口最多的十大國家之林。屆時至2050年，全球人口最多的國家將是印度、中國、奈及利亞、美國、印尼、巴基斯坦、巴西、孟加拉、剛果民主共和國及衣索比亞等，將是世界前十大人口最多的國家。

第二節　全球老年人口的分布及發展趨勢

人口的高齡化是全世界一致的情勢，無論是已開發或未開發國家皆然。人口的高齡化，一方面來自壽命的延長，導致老年人口增多，同時也因為15歲以下年輕族群的減少，因此，老人在整個人口的比例就相對增高。對於老人的標準，一般採取二種指標，即60歲或65歲。目前採取60歲為標準者全球約有65至70個國家，而以65歲為標準者約有45至50個國家（United Nations, 2015b）。本節探討全球老人的分布及發展趨勢，茲分析如下。

一、全球老人人口的分布

依聯合國經濟社會事務部人口局2015年的統計，目前全世界60歲以

上的老人，估計爲9億，約占世界人口的1/12。茲就這些老人的分布情形
說明如下：

（一）居住地區

　　目前這9億的60歲以上老人中，約2/3住在開發中國家。估計至2030
年，將增至14億，2050年將增至21億，屆時將占世界人口的1/5。以分
布的國家而言，以住在中國大陸最多，達2.01億人，其次爲印度，達
1.16億人，再次爲美國，達6,655萬人，其餘依次爲日本（4,187萬）、
俄羅斯（2,873萬）、巴西（2,439萬）、德國（2,227萬）、印尼（2,119
萬）、義大利（1,710萬）、法國（1,624萬）。其中亞洲地區約居半數
（56.4%），達5億；住在歐洲地區，占19.56%，達1.76億；住在北美
洲，占8.3%，達0.75億；住在拉丁美洲及加勒比海約占7.7%，達0.57億；
住在非洲地區占7.9%，達0.71億；住在大洋洲占0.7%，約650萬人。

　　以所占人口比率的高低而言，則以住在已開發國家較多，例如歐洲地
區，60歲以上老人所占的比率約爲1/4，北美洲約占1/5，在亞洲、拉丁美
洲及加勒比海地區，約占1/9；在非洲地區，則爲1/20。但開發中國家今
後老化的速度，將高於已開發國家。至2030年，60歲老人增長最快的爲
拉丁美洲及加勒比海地區，增長率將爲71%。

（二）年齡分配

　　依年齡的不同，老人可再區分爲老人、老老人（高高齡者the oldest
old）及人瑞。如以60歲爲老人的基準，老老人則爲80歲以上者；如以65
歲爲基準，則高高齡者爲85歲以上者；人瑞則爲百歲以上者。在60歲以
上的高齡者中，以80歲以上的高高齡者（the oldest old）在整個人口結構
中，爲最快速成長的一群。2015年，80歲以上的老人約爲1.25億，約占
全部60歲以上老人的14%；至2050年，將增至4.34億，占21%。成長約3
倍，約每5個老人中有一人是爲80歲以上。在80歲以上的老人中，又以百
歲以上的人瑞成長更快，2009年全球人瑞約爲45.4萬人，至2050年，預估
將增至410萬人，成長9倍。嬰兒潮世代的老人，活過百歲，將創歷史新
高，以美國爲例，2000年每50名老人有一個是人瑞，至2025年，比例將

下降為26：1（黃久秦等譯，2012）。日本至2015年人口為12,692萬人，百歲人瑞達61,568人，其中女性53,728人，占87.3%，男性為7,840人，占12.7%，男女比例1:7。估計至2016年，80歲以上人口將達1,028萬人，占8.1%，百歲人瑞可達7萬人，其中男性約1萬人，女性約為6萬人，男女之比為1:6，是全球高高齡及人瑞比率最高的國家（日本總務省統計局，2016）。台灣的百歲人瑞，據2015年的調查，共有3,043人，其中女性1,582人，男性1,461人，男女比例為9:10（魏忻忻，2015）。台灣人瑞的成長速度在世界上也是名列前茅，成長率直逼日本。

（三）男女比例

由於每一個年齡階段，婦女的預估生命期均高於男性，至2015年平均約高於4.5歲。就全球60歲以上的老人而言，男性少於女性。2015年，女性老人約占54%，80歲以上占61%。60歲以上男女比例為86：100，2050年則60歲升至89：100及80歲升至73：100。就全球而言，性別比例差距，最大在歐洲，60歲以上男女之比為73：100；80歲以上為51：100。而亞洲則較為平衡，60歲以上的比例為91：100；80歲以上為70：100。未來預估男性的平均壽命會有增加的趨勢，除非洲外，兩性男女比將愈趨近。故至2050年80歲以上，女性老人將下降至58%。

（四）鄉村都市的比例

都市地區老人的成長率比鄉村地區快。從2000年至2015年，都市地區增加68%，而鄉村地區則僅增加25%，故都市地區老人增加較快。住在都市地區的老人，在2000年時占51%，2015年住在都市地區的老人成長至58%。都市地區成長快，主要原因為人口的都市化和較少危險因子之故。

（五）老人的平均餘命

生命期的增加是全球一致的趨勢。自1950至2015年，人類生命期的增長已超過20年，達到平均70歲的壽命。至2015年止，全球60歲以上老人平均預估可以再活20.2年。最高的是大洋洲，60歲平均餘命為23.7年，北美為23.5年，最低的非洲為16.7年。

（六）健康狀況

老人的健康狀況相當歧異，失能的嚴重性與普及性是評估老人健康的重要指標。2013年，老人失能的時間約為9年。在生命期較長的國家，失能的年限有增長的情形，但失能者的比率卻低於生命期較短者。2013年，歐洲地區平均失能年限為9年，但76歲時失能比率只在12%以下；在非洲失能雖只有平均8年，但58歲時的失能比率則為14%。故老年的健康照顧相當重要。導致60歲以上婦女失能的重要因素是憂鬱症，其次為聽力喪失、頸背疼痛、失智症及關節炎等。老年男性則以聽力喪失為主因，其次為頸背疼痛、跌倒、慢性肺功能障礙及糖尿病等。

（七）年金制度

大多數已開發國家，領取養老金（pension）的年齡，男性通常是65歲或更高，而女性通常稍低於65歲。在開發中國家，強迫退休年齡約在55至60歲之間，開發中國家強迫退休年齡較低，正顯示了其社會安全體系的不足與較低的生命期。為因應人口老化的新趨勢，很多中、低收入的國家已逐漸擴展養老金的體系，建立非自付式的社會安全基金制度，而很多高所得國家則正在進行年金制度的改革，包括提高領取年限，減少支給或增加自付比率等。就全球而言，約有一半的人已達到年金給付年齡，卻無法領取，自我的支償率顯然不足，又以婦女較為嚴重，因其參與勞動市場比率較低，或從事自我雇用的工作或無償的家庭工作，領取丈夫死後的年金給付成為他們收入的唯一來源。

（八）老年人口在勞動市場的參與率

2015年，65歲以上勞動市場的參與率，男性為30%，女性為15%。高國民所得的國家，老人在勞動市場的參與率較低。在已開發國家，65歲以上，無論男女性在經濟活動上仍然積極活躍者，只占24%；在開發中國家，則有47%。就老年婦女而言，在已開發國家中，仍活躍在經濟活動上者為14%；但在開發中國家，則為24%。開發中國家的老人，晚年仍然持續在勞動力市場上，因其國家的社會安全系統未能涵蓋他們或因其退休金較低之故。

　　在歐洲、大洋洲和北美洲，老人勞動市場的參與率自1991年後就逐漸下降，預估未來將逐漸增加。反之，在亞洲、拉丁美洲和加勒比海地區、非洲等地，老年男性的勞動市場參與率卻呈下降趨勢；而所有地區的老年婦女的參與率卻自1990年代初有逐漸增加的趨勢。

（九）老年撫養比

　　所謂老年撫養比（扶老比）一般係指15至64歲的人口與65歲以上人口的比例。這是一種人口老化的指標，也是老年人口的依賴比。在1950年老年撫養比為12：1，至2009年，則降為9：1，預估至2050年，將再降至4：1。老年撫養比的高低，對社會安全制度（養老金及公共健康）具有重要的意義，也是工作人口奉養老年家庭成員數的重要指標。依我國國家發展委員會（2014）的推估，2015年日本的扶老比為2.3：1，為世界各國扶老比最高的國家，美國為4.4：1，台灣則為5.9：1。

二、全球人口高齡化的特徵與發展趨勢

　　人口高齡化，是全世界一致的趨勢。聯合國為促使全球各國正視人口高齡化的現象，自1970年後先後召開了三次國際人口的會議。第一次在1974年，舉行有關人口發展問題的國際會議，指出人口高齡化對經濟和社會的影響，以及人口老化對人類是一種挑戰，也是一種機會。第二次則是1999年聯合國大會第21屆特別會議，並通過了〈國際人口與發展會議行動綱領〉（The Programme of Action of the International Conference on Population and Development），指出各國都必須正視未來幾十年人口高齡化的重大影響。第三次為2002年聯合國在西班牙馬德里召開的第二次世界高齡問題大會，通過〈馬德里高齡問題國際行動計畫〉（The Madrid International Plan for Action on Ageing），呼籲各國正視21世紀世界文化、經濟與人口的事實，尤其是開發中國家的需要和看法。

（一）人口高齡化的特徵

2009年，聯合國經濟社會事務部人口局發布〈2009年世界人口高齡化〉（World Population Ageing 2009）的報告。此份報告指出人口高齡化的重要特徵如下：

1. 人口高齡化是空前的

在人類歷史上尚未發生類似的情形。全球60歲以上人口比率的增加，是前所未有的，相伴而生的是15歲以下人口及勞動人口（15至59歲）比率的下降。至2045年，老年人口將首次超過15歲以下的兒童數，但在已開發國家此一現象的發生係在1998年，二者有時間先後的不同。

2. 人口高齡現象是普遍的

它對全球每個國家均有影響。人口高齡化主要來自生育率的降低，這是一種普世現象，因而導致幼年人口的下降、老年人口呈穩定上升的趨勢。這種現象對不同世代間及世代內的平等與團結均有直接的影響。

3. 人口高齡化的影響是深遠的

它對人類生活各層面均有重大的影響與意義。在經濟層面，人口高齡化對經濟成長、儲蓄、投資、消費、勞動力市場、養老金、稅收和代間轉換均產生衝擊。在社會層面上，人口高齡化影響家庭的組成、生活的安排、房屋需求、遷移趨勢、傳染病和健康照顧需求。在政治方面，人口高齡化會形塑投票型態和影響政治代表性的問題。

4. 人口高齡化將持續，歷久不衰

自1950年以來，60歲以上老人的比率穩定成長，從1950年的8%上升至2009年的11%，至2050年，預估將達22%。由於老年人口的死亡率持續下降，而生育率持續低落，故老人人口的比率勢將持續上升。

5. 人口高齡化趨勢具不可逆轉性

由於生育率持續低迷，人口的發展將難於恢復到過去的水準，因此，目前仍居於多數的年輕人口很快的在21世紀中將成為少數，故人口高齡化的趨勢大體上將不會逆轉。

（二）人口高齡化的重要趨勢

聯合國在2015年人口老化的報告書中，也提出了人口高齡化的重要趨勢為：

1. 老年人口至2050年將成長2.3倍

至2015年，60歲以上的老人為9億，至2030年將達14億，至2050年，預估將達21億，因此，再過35年，老人人口將出現2.3倍的成長，此一現象將再度複製1950至2000年成長3倍的現象。

2. 未來15年內，全球老人將以每年4.2%的速率成長

從2000年至2015年，全球60歲以上老人，以2.3%的速率增長，在過去15年間，以每年4.2%的比率成長，達到16.5%。老人人口比率成長最快的地區是北美洲（4.6%），其次為歐洲（3.6%）。但未來15年內，即至2030年，各地區成長率約略相同，歐洲為5.7%，亞洲為5.6%，拉丁美洲為5.6%，北美洲為5.6%。

3. 開發中國家人口高齡化的速度較已開發國家為快

因此，開發中國家較沒有時間作人口高齡化的調適，且其人口高齡化的發生時間，係在其社經發展水準較低之時，其調適的相對空間較小。例如老人人口從7%至14%，法國要花115年，瑞典85年，澳洲73年，美國69年，但中國只需34年，泰國只要23年就達到。巴西預估為25年，哥倫比亞22年。從2000年至2015年，老人人口比率增加最高的國家為日本（9.9%）、馬爾他（9.3%）、芬蘭（7.3%）、韓國（7.2%）、台灣（6.7%）。未來至2030年，老人人口比率增加最多的國家為古巴（12.8%）、韓國（12.7%）、香港（12.3%）、台灣（12.1%）、澳門（11.4%）、泰國（11.2%）、新加坡（9.9%）、幾乎均為開發中國家。

4. 潛在支持率（potential support ratio, PSR）持續下降

1950年的PSR為12%，至2009年已降為9%，2015年歐洲、北美為4以下、日本為2.1。預估至2050年，已開發國家將下降至2以下。此一現象對現在的工作者在繳交養老金上有重要的影響，未來他們的負擔較重，對國家財政、健康照護及社會制度是一項嚴峻的挑戰。

5.婦女仍將持續為老年人口的主體

至2009年，60歲以上女性比男性多6,600萬；就80歲以上者而言，女性約為男性的2倍；就百歲以上而言，女性約為男性的4至5倍，故婦女將持續為老年的多數人口。

6.在較低度開發國家，老人文盲比率仍然普遍

在開發中國家，估計65歲以上的老人，約有半數為文盲，僅有40%的老婦人及2/3的老年男人具有基本的識字技能。在已開發國家，其識字率則相當普遍。

總之，由於生育率的降低以及壽命的延長，全球大多數國家均出現了人口高齡化的現象。這種史無前例的人口變化，已開發國家在19世紀就已發生，新近始在開發中國家出現。未來，人口的高齡化速度將更加快速，特別是在開發中國家，他們調適的時間較少，故政府應如何採取有效的策略以面對挑戰，及利用高齡化所帶來的機會，回應社會將是未來各國政府的重要課題。

第三節　我國人口高齡化現象及未來發展

人口的高齡化是世界一致的趨勢，我國在此種人口全球灰色化（graying world）的浪潮下，自然亦出現人口結構朝高齡方向發展的趨勢，而且伴隨我國少子化程度的嚴重，我國人口高齡化的趨勢更為快速，這是當前我國社會所面臨的嚴肅課題，極待因應。

一、我國人口高齡化的現象

由於社會的進步、經濟的發展，我國在人口結構上最重要的改變，就是少子化與高齡化的發生。這兩種現象互為因果，相伴而生。

（一）少子化

　　我國近30年來由於社會不婚、晚婚、晚育及少育的現象，導致婦女生育率的下降，新生嬰兒數逐漸減少。1980年前，我國每年出生嬰兒數，高達40萬人以上，其後逐年下降，至1998年已跌至30萬以下，在進入2000年後，更呈急遽下降的現象。2001年，新生嬰兒數爲28.8萬人，至2008年下降爲19.9萬人，2010年更大幅縮減兩萬多人，該年出生嬰兒數爲166,886人，2015年再微升至23,598人（內政部，2016a）。總之，近十年約在20萬上下移動，亦即自2000後，約下降10萬人左右。新生嬰兒數減少，將使勞動人口縮減，經濟下滑及國力的下降，其影響深遠。以下爲我國2005年至2015年新生嬰兒數統計表。

表2-3-1　2005年至2015台灣新生嬰兒數統計表

年度	人數	年度	人數
2005-2007	20萬人以上	2012	229,481
2008	198,733	2013	199,113
2009	191,310	2014	210,383
2010	166,886	2015	213,598
2011	196,627		

資料來源：內政部，2016a。

　　嬰兒出生數的減少，主要爲婦女生育率的下降。在婦女總生育率方面，2014年的生育率1.17（內政部，2015b），雖較2010年的0.89有所提升，但與相關國家相比，仍屬最低。表2-3-2爲2014年我國婦女總生率與相關國家的比較。

　　由表2-3-2可知，2014年台灣的婦女總生育率與相關國家相比，亦屬最低之一，只比新加坡的0.8高。故少子化的情形，爲台灣高齡化速度加快的重要原因。

表2-3-2　2014年台灣與相關國家婦女總生率的比較

國別	總生育率	國別	總生育率
台灣	1.17	丹麥	1.73
日本	1.4	荷蘭	1.78
韓國	1.25	法國	2.08
新加坡	0.8	德國	1.43
瑞典	1.88	義大利	1.42
挪威	1.86	美國	2.01
芬蘭	1.73		

資料來源：內政部，2016b；劉永祥，2015。

（二）高齡化

在生命期另一端，壽命不斷延長，也是台灣高齡化進程快速的另一重要因素。由於經濟的發展，社會的進步，醫療水準的提高，公共衛生的改善，造成生命不斷地延長，老人人口快速的增長，老年人口比率不斷向上攀升。在壽命延長方面，至2014年，台灣地區人民平均壽命為79.84歲，其中女性平均為83.19歲，男性為76.7歲（內政部，2016c），65歲以上老人人口至2016年2月已達2,969,778人，占12.64%（內政部，2016d）。

（三）高齡社會發展情形

台灣人口結構由於面臨少子化和高齡化的結果，使得台灣社會快速邁向高齡社會。世界衛生組織（World Health Organization, WHO）曾經提出三個指標用以衡量高齡社會發展的情形：

1. 高齡化社會（aging society）：指65歲以上的人達到總人口數的7%。台灣社會已於1993年達到。
2. 高齡社會（aged society）：指65歲以上的人達到總人口數的14%。台灣社會預估將於2018年達到。
3. 超高齡社會（super aged society）：指65歲以上的人達到總人口數的20%。台灣社會預估將於2025年達到。

　　台灣至2016年2月老年人口占12.64%，故台灣社會目前為高齡化社會，正邁向高齡社會中，由於台灣社會偏高的少子化現象，加上壽命不斷向後推移，使得台灣社會在邁向高齡社會的進展中，速度相當地快。即從高齡化社會走向超高齡社會，法國要用上156年，瑞典要花128年，英國要費時98年，美國也歷經89年，而台灣社會只需32年，如此快的速度不但超英趕美，也快過目前全世界老化程度最高的國家日本。台灣人口的老化速度，比英國快7.3倍，比美國快2.9倍，也比日本快1.6倍。日本是當前世界最高齡化的國家，至2015年12月日本65歲以上老人人口達3,399萬人，所占比率高達26.8%（日本總務省統計局，2016）。台灣社會的高齡化程度，雖無法與日本相比，但追趕的腳步卻有過之而無不及。表2-3-3為台灣高齡社會發展速度與其他相關國家的比較。

表2-3-3　相關國家高齡化社會進展速度比較表

區分 國家 達到 年分	65歲以上人口比率			經過年數		
	7%	14%	20%	7%-14%	14%-20%	合計
韓國	1999	2017	2026	18	9	27
新加坡	1999	2019	2026	20	7	27
台灣	1993	2017	2025	24	8	32
日本	1970	1994	2005	24	11	35
中國	2000	2025	2035	25	10	35
德國	1932	1972	2009	40	37	77
加拿大	1945	2010	2024	65	14	79
義大利	1927	1988	2008	61	20	81
美國	1942	2014	2031	72	17	89
英國	1929	1975	2027	46	52	98
瑞典	1887	1972	2015	85	43	128
法國	1864	1990	2020	126	30	156

資料來源：修改自鎌田實、辻哲夫、秋山弘子、前田展弘（2013）。

二、未來台灣人口高齡化的發展

未來台灣人口高齡化的發展，將取決於總人口數的成長。

（一）總人口數的成長

總人口數的成長主要在於婦女的生育率及壽命的延長。婦女的生育率未來至2036年將維持在1.1左右。過去50年來，台灣婦女生育率呈現長期下滑，人口成長由正轉負，勢不可避免。人口負成長最快預估將於2019年發生。在壽命的延長方面，推估將持續增長，推估至2036年男性將延長至81歲，女性上升至87.7歲（國家發展委員會，2014）。在此兩因素的影響下，未來人口結構將會產生變化。

（二）未來人口結構的變動趨勢

未來三階段（幼年指14歲以下，青壯年指15至64歲，老年指65歲以上）人口將產生快速的變化。青壯人口於2015年達到高峰，2016年開始減少，幼年人口持續減少，老年人口持續增加，兩者曲線交會於2016年。2016年為台灣老人人口首次多於幼年人口，老化指數將突破100，人口年齡的中位數也將超過40歲。其變動情形如圖2-3-1及圖2-3-2。

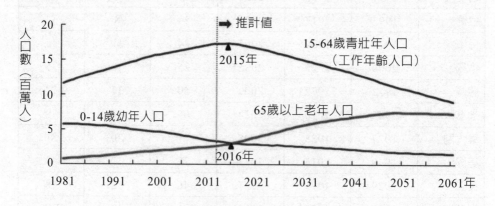

圖2-3-1　未來我國三階段人口變動趨勢

資料來源：國家發展委員會2014：9。

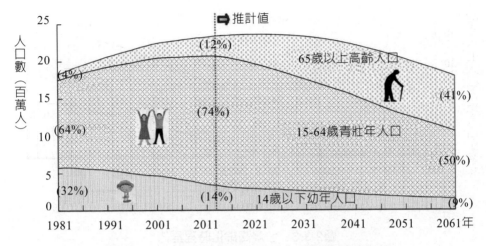

圖2-3-2 未來我國三階段人口年齡結構變動趨勢

資料來源：國家發展資料委員會2014：10。

台灣未來在此項人口結構的發展下，50年後高齡人口將由2014年的12%成長至2061年的41%，青壯人口將同時由74%減至50%，幼年人口亦將由14%減少為9%。亦即50年後幼年人口將從2014年底的326萬人，至2061年下降至155萬人，青壯人口將由17,734萬人下降至904萬人，減幅50%，老年人口將由2014年的281萬增至735萬人，增幅2.6倍，其影響至深且遠，宜及早因應。

（三）未來高齡社會的發展

未來由於少子化的快速，加上高齡浪潮的襲捲，我國未來高齡社會的發展非常快速，較先進國家有過之而無不及。國家發展委員會推估我國未來社會高齡化的進程如圖2-3-3。

圖2-3-3顯示台灣在1993年進入高齡化社會，預估至2018年，老人人口將達14.6%，進入高齡社會，至2025年老人人口將達20.1%，正式成為超高齡社會的一員，由高齡化社會至超高齡社會，費時32年，其速度相當快。

由圖2-3-3所示，未來老年人數自2014年至2025年將快速成長，成長

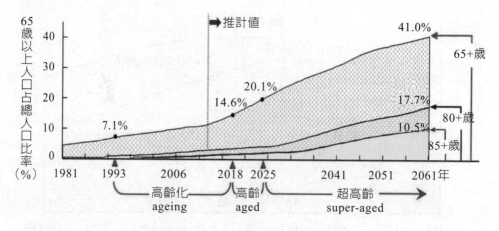

圖2-3-3　台灣高齡化時程推估

資料來源：國家發展資料委員會2014：14。

率超過4%，至2025年後人數將大幅成長，至2061年後達到735萬人。在老人人口中，2014年65歲至74歲占56%，75歲至84歲占33%，85歲以上占12%。50年後（2061年）則結構改變，65歲至74歲比率下降為38%，75歲至84歲則升至36%，85歲以上則倍增至26%，如圖2-3-4所示：

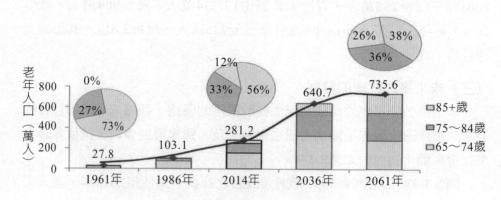

圖2-3-4　未來我國老年人口年齡結構變動趨勢

資料來源：國家發展資料委員會2014：15。

老化指數將由2016年的100，升至2061年的473，屆時老年與幼年人

口的比為5：1，年齡的中位數亦將由40歲上升至2061年的58.7歲。扶老比（PSR）由2014年的5.6：1下降至1.1：1（國家發展委員會，2014：15）。

　　註：扶老比為生產能力者與老人的比。一般有三種算法：一為以15歲至64歲為工作人口，65歲以上為老人人口；二為以20-64歲為工作人口，65歲以上為老人人口；三為以24歲至69歲為工作人口，70歲以上為老人人口。本處採第二種方式計。

第四節　人口高齡化對社會的影響與因應

　　前述聯合國人口局對世界人口高齡化的調查指出，人口高齡化現象是普遍的，其影響是深遠的，它將持續進行，歷久不衰，是人類歷史上從未發生的事件。因此，人口高齡化對人類社會的影響久遠而廣泛，它是一種挑戰，也是一種機會，極宜正視，採取適當的策略以因應之。它將是各國在21世紀中所面臨的重大課題之一。本節探討人口高齡化的影響及因應如下。

一、人口高齡化對社會的影響

　　聯合國人口局2009年對世界人口高齡化的調查指出，人口高齡化對人類生活各層面均有重大的衝擊與意義存在，它在經濟、社會及政治等層面均有相當深遠的影響。茲就國家財政、經濟、政治、建築、醫療保健、教育、消費、商業行為及家庭等層面的衝擊，分述如下：

（一）國家財政負荷加重

　　老年潮的結果，最直接而龐大的壓力就是國家財政負擔的加重。財政負擔的加重，反映在養老金、健康照護及社會照顧等三方面。在養老金

方面，由於老人人口的增加，使政府在養老金方面的財政支出快速成長，成爲財政上的一項沉重的負擔。例如日本是世界人口老化最快速的國家，政府在養老金的支出，在1995年占國內生產毛額的6.6%，至2030年預估將升至13.4%，約成長兩倍。德國養老金的支出，也將從國內生產毛額的11.1%提升至16.5%。義大利則將從13.3%升高至20.3%（王晶，2000）。

在健康照護花費方面，由於老年人健康較差，慢性疾病普及率高，長期臥病的失能者，需要照護者也增多，這些醫藥照護上的支出，也相當龐大，幾乎與養老金的支出相當。根據經濟發展合作組織（Organization for Economic Co-operation and Development, OECD）的估計，光是人口老化一項，七大工業國的公共健康支出，至2003年，會從國內生產總額的6%提高到9%至12%。就美國而言，中長期照護的支出，約占國內生產總額的4%。對台灣而言，60歲以上的人，89%有一種以上的慢性病，72%的人有兩種。依此推估，目前台灣地區老人需要不同程度長期照護者至少17萬2,000餘人，占老人人口的8.2%，其所費不貲（林萬億，2004）。

在社會福利的支出方面，由於老人人口增加，在福利支出上也是沉重的負擔。老人需要多種社會照顧與服務，如老人住宅、到宅服務、家事協助、餐飲服務、交通接送服務、休閒娛樂安排、心理諮商、居家安全、財務管理、法律協助等。在已開發國家，政府在老年福利方面的承諾，約需花費國內生產毛額的9%至12%，約爲美國在國防方面支出的3到5倍（王晶，2000）。日本十多年前因爲高齡社會的衝擊，政府支付年金給退休國民及醫療費的增加，至90年代後政府支出不斷膨脹，至2010年8月國債規模累積至904兆日圓（相當新台幣335兆）。再因少子化關係，至2050年，日本人口估計要減至8千萬人。這樣少數的下一代，要擔負上一代所遺留的龐大債務，更讓日本人不敢生小孩（陳世昌，2010）。故老年潮的結果，將使政府財政負擔加劇，這些無疑均將加重工作者的負擔，造成國家財政上的大災難。

（二）經濟成長的下降

高齡社會，帶來了老人人口的增加，也帶來了年輕勞動人口的縮

減、生產的萎縮、儲蓄的減少、勞動力的緊縮，這些自然影響生產力的下降，因此，生產毛額也會縮小，造成經濟成長的下滑。例如至2020年代，日本和歐洲，工作年齡的人口將以每年1%的速度減縮，其商品和服務的總生產量會呈現長期性的減低，國內生產毛額也會逐年下降。美國社會保險局也預測，美國實質國內生產毛額的成長，將會從1980年的2.5%跌落到2020年代的1.4%。其原因主要來自就業率成長緩慢之故。1980年每年就業率為1.5%，至2020年將跌落到0.1%（王晶，2000）。另依經濟合作發展組織（OECD）的估計，一個國家開始進入高齡化社會，實質國民生產淨額（GDP）成長率將降低0.35%-0.75%（聯合報，2011）。這對國家是不可承受之重，將反映在每個人的身上。

　　另外，由於老人在總人口中的比率增加，老年人口的依賴比逐漸上升。1960年前，在已開發國家之工作人口與老人人口的比例一直維持6.8：1；至2030年預估將下降至2.5：1。此一現象將帶來年輕工作者的壓力與負擔，工作年齡的人口將承受無與倫比的經濟負擔。在2000年，已開發國家的工作納稅人與非工作領受年金者的比率約為3：1；至2030年，此一比例將跌落1.5：1。德國及義大利則會跌得更低，達到1：1（王晶，2000）。台灣則自2014年的5.6：1，至2061年，將下降至1.1：1。中國大陸由於實施一胎化政策，對老年人的照顧，將成為許多獨生子女的沉重負擔。估計至2050年，平均一個勞動人口，要贍養一個退休人員。如果一胎化持續下去，到了第三代可能會出現一對年輕人贍養12個老年人的局面（於慧堅，2004）。在經濟上如何負擔，精神上如何支撐，將是一個大問題。工作者負擔趨重，將影響整個經濟的發展，使其呈現靜止或衰退的現象。

（三）在政治方面，重視老人相關的政策

　　社會上老人人口增加以後，這些老人自然關心他們的津貼與福利。政府的施政為迎合越來越多的老人需求，必然在政策上增加老人津貼與福利方面的支出。而老人數量增多後，這些新一代的老人，健康良好，教育程度高，他們會結合成一個團體來影響國家的政策，要求更多的公共預算，

這是顯而易見的現象。而年輕人面對他們未來必須支付的龐大稅賦，是否仍舊保持漠不關心的態度，或者兩代間會爲了有限的資源而展開爭奪戰，此一現象是否會在不久的未來發生，仍待觀察。

（四）商業及消費行為的改變

老年人口增長帶動行業的消長及消費行爲的改變，老人市場（mature market）正在全球發展。日本是世界人口最高齡化的國家，發現逐漸喪失的行業，包括醫院小兒科、玩具業、一般教育及年輕的房地產買者；而高唱凱歌的是護士、寵物業、休閒旅遊以及宗教信仰，美國的旅遊業，老人已占75%的市場（Tirrito, 2003）。隨著老年潮的來臨，會帶動幾項行業的新概念。首先是有關健康照顧的行業，將是未來最興盛的。此一部分包括老人醫學服務、手術（如白內障）、藥劑、功能性醫藥及多項特殊製造業，包括修復業、視力、聽力輔助器、胰島素注射及人工關節等；其次爲與老年人相關的專業興起，包括家庭顧問、房地產顧問、老人相關立法及老人醫藥學；再次，爲有關回復青春的行業或產品，亦將大發利市，如化妝品、染髮劑、整形美容，以及特殊健康的訓練和設備都可能快速的成長；再者，家庭維修和個人服務亦將快速成長。大規模各式各樣的個人服務業，從雜貨店購物到家庭維修，將如雨後春筍般的誕生；最後則爲葬禮服務業，亦將引領風騷。有關墓地、葬儀社以及葬禮的相關產品和服務，將更爲擴張。

基於老年人口的增多，也帶來了無限的商機。因新一代的中老年人，將是大多數社會上財富的擁有者，例如：日本50至64歲以上的人口，其個人金融資產，就占全日本個人資產的72%，50至60歲世代，其每人實際儲蓄額平均分別爲1,136萬與2,029萬日圓，高居各年齡層之冠。因此，光是嬰兒潮世代退休，就會引爆15兆日圓的銀髮商機。故擁抱銀髮商機將是未來企業界與消費市場的主流。目前在日本最受高齡者青睞的商機，主要爲時間消費型商品，如旅遊、電影、學習型商品，以及高額商品，如不動產、金融、住宅等。日本目前最時興的銀髮商機爲（林孟儀，2007）：

1.旅遊商機

一生辛勞、忙碌工作的日本銀髮族，老年有錢又有閒，為好好補償自己過去的辛勞，經常把旅遊當成慶祝退休的消費首選，因而引發無限的旅遊商機，包括國內及國外以銀髮族為對象的各種旅遊方案風起雲湧，甚受歡迎。

2.益智商機

由於害怕罹患老人痴呆症，各種益智遊戲機及腦力鍛鍊遊戲軟體，內容從簡單的算術、拼圖到腦筋急轉彎都有。如任天堂推出的DS掌上型遊戲機及「NDS Lite」，均甚受歡迎。

3.學習商機

包括音樂及電腦等，不斷向老年人招手，形成無限的商機。例如山葉音樂教室，推出50歲以上才能參加的鋼琴、薩克斯風、小提琴等課程，甚至研發獨創的「easy guitar」，使老年人更易於上手。此外，自2006年，甚多家庭電腦網路公司興起，結合全日本各地約300個連鎖教室，開設55歲以上的電腦相關課程。

4.美容商機

日本高齡者對假髮、去皺、除斑、抗老、美容整型的消費，也呈現急遽增長的趨勢。

5.照護科技商機

日本為因應高齡社會的到來，研發機器人的照護機器取代人力短缺的現象，從家事到養護各種餵食均有，是老人的最佳幫手。包括遠距醫療、老人照護、餵食機器、異常監視、家事服務等。

6.社群商機

為45至65歲人士架設的社群網網站快速興起。如雅虎就開闢一個「Yahoo Second Life」的園地，每月有840萬人次瀏覽。

7.寂寞商機

為消除老年人的空巢寂寞，日本企業界也研發會撒嬌的玩具貓、會笑的機器海豹、會滴淚的娃娃等具有療癒作用的玩具。

當人口老化後，也會帶動消費行為的轉型，年輕家庭的消費者要求

降低，從整形手術到流行服飾、廚房器具、新家的用具等的消費需求會下降；而老年人可能買的東西則大為增加，從心臟藥品、眼科藥品到休閒旅遊等。許多的事業，如高等教育、化妝品業到運動業，都要針對老年人的需要重新包裝他們的產品。美國零售業經濟，最近已將其焦點從年輕人移轉到中老年人身上。目前市場賣出的染髮劑已遠比嬰兒奶粉多。藥房販賣不同年齡的尿片，老年人海上之遊的小冊子也取代了孩童夏令營的廣告。過去市場專家口中的「黃金消費者」是年輕人，現已逐漸被「黃金老人」所取代，因為他們的財富與人數正一起成長中。高齡化社會，其消費行為會逐漸從製造業產品轉移到對個人的服務上。

（五）房地產業的調整

老化迅速的已開發國家，其人口呈快速縮減，因此，21世紀的房地產需求與20世紀會有相當大的不同。對新房宅、新辦公室空間及新產品的設備需求都會縮減。過去在嬰兒潮時代的新屋需求，是小家庭的3房2廳，目前老人公寓、老人社區、養身村等的需求，正急速增長中，成為市場的新寵。日本是世界最長壽的國家，65歲以上老人已達26.8%，他們認真積極生活，喜好自由自在安排自己的生活，不和子女同住。不和子女同住幾已成為日本元氣老人的新趨勢，養老院成為日本老人的最終歸宿，故市面上從零圓至3億日圓的各種養老院都有，有提供看護的養護中心，也有給健康老人住的養老院（陳免、孫容萍，2008）。台灣台塑集團在林口所規劃的台塑養生文化村，占地34畝，可以容納4000戶，是一處擁有完整生活機能和400床社區醫院的安養機構。台灣地區2004年起興起的換屋買盤，就有2至3成來自退休族或屆齡退休的族群。因此，老年潮不只影響了建築業的走向，也波及了房地產業的興衰。未來老人生活社團的居所與養老院的建造，將是一項有利的商機。

（六）教育重點的轉移

老年潮的來臨，直接波及教育界。由於嬰兒出生率的降低，各級學校入學學生減少，學校的減班、併校將是不可避免的現象。依行政院經建會（2010）推估，未來10年國中入學年齡人口減少最多，減幅達29%；大

學入學人數將在20年後大幅下降至18.3萬人，減幅高達43%；衝擊高教政策。少子化現象對學校的影響，首先從小學開始，其後逐級而上，均無一倖免。但面對生命的另一端，由於老人人口快速增加，老人教育機會的提供，將是一項急遽的需求。因此，各種類型的老人教育有如雨後春筍紛紛崛起，如旅遊學習、海外研習、老人寄宿所活動、第三年齡大學、長青學苑等，其型態越來越多樣，參與人數倍增，將帶動高齡學習的另一番氣象。其對正規教育的衝擊，顯而易見，大學校院的灰色化，將是不可避免的趨勢，小學改為老人活動中心或老人學習中心，已在若干已開發國家出現。整體教育的重點將會從公共教育中的兒童，轉移到較大年紀的工人企業訓練及退休者的終身學習活動上。

（七）家庭結構窄化、代間增長及家庭的崩解

老年潮的來臨，使得家庭外型窄化、變長，而形成家庭革命。由於少子化的影響，家庭中的下一代旁枝很少，加上壽命的延長，每一代變得很長。每個人的系譜樹只有樹幹，沒有樹枝，形成所謂的支竿家庭（bean-pole family）的型態。祖父母多過子女，四代同存的家族將變得很稀鬆平常。由於社會變遷，他們很難住在同一屋簷下，而是分散各地，所謂四代、五代同堂的大家庭已很難存在。這種型態的轉變，其影響是前所未見的。大家庭所扮演的社會化在互相幫助的角色正逐漸萎縮，其結果尚難預見，卻引領我們航向不可知的未來。家庭的窄化及代間的增長，將使家庭成員很難同時兼顧到要養育孩童、照顧老年人及支援有困難的成員，家庭的功能逐步喪失之中。故人口的高齡化，對家庭的衝擊與影響是相當巨大的，它帶來了家庭革命，帶領我們走向不可知的未來。

此外，人口老化的結果，也帶來家庭的裂解，由於日本退休年金條例自2007年4月修訂生效，經濟弱勢的一方在離婚時可以分享對方的退休金，最高達到半數，造成老齡離婚的高潮，也使家庭產生裂解。日本人口從2005年起開始負成長，家戶數反而增加，1.2億的人口卻有超過5千萬戶，平均每戶只有2.5人，包括獨居老人、夫妻、單親、雙親與孩子的核心家庭等日漸增多，家庭型態多樣化，家庭成員變得更加分散（張慧英、

黃芳菁，2007）。

　　由於銀髮社會的快速來臨，雖聽不到槍炮聲，聞不到煙火味，它對整個社會的衝擊，也是靜悄悄的，但是其威力卻相當強大，稱之為「銀髮革命」，誠不為過，這是社會的一種無聲的革命，宜及早因應。

二、人口高齡化的因應

　　高齡化社會的來臨，對整個社會的影響是全面而深遠的，是人類歷史上所未有的經驗。各國為因應高齡社會所帶來的衝擊，均有相關的法令政策提出，日本政府更設置「少子化大臣」以資因應。面對我國的生育率遞降，內政部於2008年提出「人口政策白皮書」，2013年再做修正，提出高齡化社會的對策，包括：強化家庭和社區照顧及健康體系、保障老年經濟安全與促進人力資源再運用、提供高齡者友善之交通運輸與住宅環境、推動高齡者社會參與及休閒活動、完善高齡教育體系等五大對策。2015年衛生福利部復研訂「高齡社會白皮書」，提出健康生活、幸福家庭、活力社會及友善環境等四大面向，包括11項策略及28個具體方向，是否會對台灣高齡社會的來臨提供有效的對策及因應，仍待觀察。茲就高齡社會所帶來的衝擊，應如何因應，提出下列十項供參：

（一）鼓勵生育，減緩人口負成長現象

　　高齡化社會的現象，肇因於人口生育率的減少及壽命的延長。生育率的減少，將導致人口的負成長，影響國家的永續生存與發展。日本的總生育率至2005年降至1.25的最低點。面臨此種快速少子化現象，前日本首相小泉純一郎曾說：「如果以1996年的出生率與死亡率為基準的話，至2100年，日本人口會從1億2千多萬降至4,900萬人。如照此下去，3,000年時，將剩500人，直到3,500年，將只剩1人。」（楊瑪利、黃漢華、林孟儀，2007：145），屆時不需要戰爭或瘟疫，日本就會亡國滅種了。

　　由於我國婦女生育率的快速滑落，目前已達全球最低國家之一，因

此，我國人口負成長現象可能在2019年提前到達。2014年我國的婦女生
育率爲1.17，依國家發展委員會（2014）的推估，估計最快將於2019年達
到人口的零成長，此後即進入負成長的現象。因此，爲避免人口快速的萎
縮，即宜迅速採取各種有效的策略，以消除晚婚、不婚、遲育、少育的現
象。

（二）採取延後退休制度，以因應財政的困難

　　高齡人口增多，政府花費在醫療保健、照護服務以及老人年金、退
休金等的支出大爲增加，將使政府財政不堪負荷，甚至造成破產。有鑑於
此，在高齡化社會日趨嚴重的西方國家，他們的財政專家早就注意到人口
高齡化對政府財政的影響，而提出各種不同的因應措施，其中被認爲最有
效的策略就是採取延後退休制度，因爲高齡者每延後一年退休，政府財政
的支出相應減少一年，並且尚可向持續在勞動市場工作的老人，課以應繳
交的稅收，形成一面減少支出，一方又增加收入的雙獲利局面。因此，近
年來，西方高齡化程度較高的國家，紛紛採取延後退休的制度，成效良
好。

　　我國立法院已修法通過公務員領取月退的門檻，由75制提高到85
制。英國更準備取消退休制度，因爲大家已經不能靠下一代奉養，只能靠
自己（賴昭穎，2010）。

（三）推動銀髮產業，維持社會經濟活力

　　人口快速的高齡化，其對產業的影響，已勢不可擋。由於少子化的結
果，有關以嬰幼兒爲主要對象的產業，均逐步下滑，面臨轉型或難逃結束
的命運。小兒科與婦產科嚴重萎縮，日前報載，醫院裡已有「四大皆空」
的說法，即過去傳統所謂的「四大科」──內外兒婦科，由於少子化現
象，就診人數大幅減少，已面臨空空如也的現象，甚至還有未來要出國開
刀的說法（陳靜茹，2010）。例如台東聖母醫院，由於少子高齡化的現
象，早在多年前就將婦產科停掉，空間改做安養中心，結果供不應求，得
登記排隊等候床位出缺。過去台東地區，半數以上的小孩都在聖母醫院出
生，因此，該院被稱爲「嬰仔病院」，但半世紀過去了，聖母醫院婦產科

不敵少子化及高齡化衝擊，在6年前吹起熄燈號，轉型安寧養護，2010年更成立老人日照中心跨足「老人照護」領域，限額30名，每人每月最高收費13,000元（具重度殘障者），推出沒幾天就額滿，還有人排隊等候補（羅紹平，2010）。

反之，由於高齡人口的增加所帶來的銀髮市場，正生機勃勃，商機無限。估計日本銀髮市場，每年有百兆日圓的規模（陳免、孫蓉萍，2008）。包括休閒旅遊、生涯學習、高齡者適用的科技產品、美容美髮、照護等。就台灣社會而言，銀髮產業依據工研院產經中心的推估，不論是健康照護、照護用醫療器材以及保健食品，未來產值每年有近20%的成長率（陳免、孫蓉萍，2008）。由於高齡社會降臨，未來台灣的銀髮商機，正趁勢崛起，最夯的商機，包括：出遊、代步、健檢、照護、陪伴、美觀等六大項。其中光是健康照護服務產業，在2008年就已超過1千億元，至2015年更將突破4千億元（莊芳，2008）。

由於高齡化社會來臨，老人商機無限，成人尿布、營養品、行動輔具銷售量增加。據醫療器材業者表示，近兩年來，光是輪椅業績就成長2成。放大版的手機、書籍等，銷售量也增加；網路近年來已出現老人商品專門店。業者表示，老人家行動或肢體不方便，就得使用行動生活輔具、單手拐、四腳拐、輪椅或馬桶椅、洗澡椅等，銷售量近年來急遽上揚。在網路上，也已出現「樂活銀髮網」專賣各式保健食品、餅乾及家庭老人用品，如衛浴用品、臥室專用便器等（洪敬洤、謝梅芬、吳佩玲、曾增勳，2010）。因此，高齡相關產業勢將崛起，商機無限。如何開發高齡相關產品及服務，規劃更具國際視野的「養老經濟市場」，以維持高齡社會的經濟活動，將是未來在產業方面需要調整轉型的地方。

（四）鼓勵高齡人口，投入勞動市場的行列

由於少子化的影響，至2016年我國的老化指數達100%，即社會中老年人口與幼年人口之比例為1：1。依國家發展委員會2014年的推估，工作人口（指15至64歲的人口），占總人口數的比率在2014年為74.1%，至2061年將下降至50.4%，約為總人口數的一半（國家發展委員會，

2014）。在扶養比（扶幼比＋扶老比）方面，2014年為35%，至2061年將增為98.6%。如僅就青壯人口對老年人口的扶養負擔而言，2014年為5.6：1，至2061年將降為1.1：1。因此，少子化的結果，直接影響勞動人口的減少，對整體經濟有相當大的影響。

面對此種現象，其解決的重要途徑就是鼓勵高齡人口再投入勞動市場。此種現象，在日本已經發生。依據日本厚生省統計，至2015年，日本勞動人口將減少405萬人，政府已規劃從三方面著手，以資挽救，包括：(1)將飛特族（Freeter）拉回為全職員工，可增加80萬人；(2)使家庭婦女增加就業，可找回130萬人；(3)讓老人再就業，可達50萬人（楊瑪利、黃漢華、林孟儀，2007）。台灣社會人口正呈現快速的老化現象，未來此一趨勢將不可避免。面對未來勞動力的缺口，極宜有計畫的鼓勵高齡者重回市場，一則填補缺口，二則使高齡者仍能發揮餘光餘熱，對社會持續貢獻，展現生命的價值，就是高齡者所樂於從事的工作。故高齡者重回勞動市場，正是創造社會雙贏的行動策略。

（五）鼓勵高齡者從事志工，推動人力服務銀行制度

由於社會的快速高齡化，高齡人口大量增加，這些新一代的高齡者教育程度高，健康良好，經濟有保障，因此很想持續回饋社會，除前述可以有計畫的使其再投入勞動市場外，另一可行的途徑就是鼓勵其擔任志工，讓其豐富經驗及人生智慧，能有所傳承與貢獻。近年來，我國高齡志工不斷地攀升，已顯現此一趨勢。依據衛生福利部2013年志願服務的調查統計，50歲以上的高齡志工有109,005人，65歲以上高齡志工為28,891人，高齡志工增加的幅度達10.49%（游麗裡，2015），居各年齡層志工增加率之冠。社會需要志工的投入，展現社會溫暖、溫馨與良善的一面，這正是人類社會光輝的表現，也是人性良善高度昇華的顯現。當然，高齡者要再投入志工的行列，亦須加以有計畫的訓練，才能使其儘快上手，發揮實效。在高齡社會下，人力服務銀行制度的推行，應可有計畫全面開展，以建立全民志工的社會。

（六）創新高齡學習機制，提供高齡者學習機會

研究發現高齡者願意參與學習活動者達60%（黃富順、林麗惠、梁芷瑄，2009）。唯實際參與學習人數，據教育部委託暨南國際大學所進行的一項調查研究，發現我國65歲以上實際參與學習活動的人口比率僅11.4%（吳明烈、李藹慈、賴弘基，2009）。在有意願參與與實際參與之間，有甚大的落差，顯見高齡學習機會的提供，有待加強。對於高齡學習機會的提供，應朝多元化的方向發展，因為高齡者不是一種人，而是一群異質性相當大的群體，每一種學習機制只能及於部分的人，而非全部。近年來，教育部對推動樂齡學習頗為積極，廣設樂齡學習中心、樂齡大學、培訓高齡自主學習團體帶領人等，已漸朝此方向推展，值得肯定。但光靠政府的力量是不夠的，如何啟動民間的力量加入推動的行列，亦屬當務之急。因為政府的力量終究是有限的，而民間的力量則是無窮的。

此外，高齡人口由於社會的變遷，他們已不再是一群體弱多病、經濟弱勢的族群。戰後嬰兒潮所出生的嬰兒，如今已逐漸步入老年。這一波新一代的高齡者或新熟年，他們具有四大特徵：即教育程度高、健康良好、經濟有保障及參與學習活動的動機強烈。面對新一波高齡者的到來，在學習機制、學習方式、學習內容上均應有新的思維，包括：鼓勵大學加入高齡學習推動的行列、建立結構較完整的學習制度（如學年制、學分學位制等）以及發展網路學習等，尤其在內容上應包括概念性、知識性、運動性及休閒性等四種領域，而非局限於傳統的休閒娛樂性、養生保健等層面，才能迎合新一代高齡者的學習需求。

（七）消除社會對老人負面形象與偏見

過去由於老年人處於弱勢，包括身心、社會及經濟層面等均較為不利，因此，社會一般人普遍存在著對老人的負面形象，進而形成偏見，或產生歧視的行為。如認為老人體弱多病、行動不便、不具活動力，老人嘮叨、固執、僵化、保守、不能變通、沒有彈性，老人是社會的寄生蟲、不事生產、是已經過去的人物、沒有價值的人等。在就業上，就產生排斥老人的現象，在工作上對老人採取差別的待遇。這種對老人的偏見，不但與

當前社會老人的實際情形相去頗遠，而且無助於和諧社會的建立。蓋新一代的老人，已如前述他們具有四大特徵，活力十足，積極參與社會各種活動，均非1930年代以前出生的老年人可比。面對社會這種對老年人仍普遍存在的負面形象，政府及民間宜有計畫的宣導，讓民眾正確了解老人、認識老人。尤其媒體的力量無窮，無遠弗屆，宜多藉助各種平面及電子媒體加強宣導老人的積極面與價值面，不但可以提升老年人的自我形象、自我效能，而且更能促進社會的融合，而達到一個「不分年齡，人人共享社會」的實現。

（八）實施全民老化教育，促進對老人的認識與了解

由於我國社會人口結構的快速高齡化，個人接觸老人的機會，已從過去的50：1，提升至目前的8：1，2025年後將快速攀升至5：1，2061年後將達到2.5：1。因此，了解老人、認識老人，將是高齡社會中每個個體所必具備。在邁向高齡社會中，全民對老人或老化議題的了解，已屬刻不容緩，極宜儘早規劃付諸實施。在學校教育方面，中小學宜將有關老化或老人的知識融入相關課程中，以期形塑對老人的正面態度，尤其兒童時期，是態度形成的關鍵期，因此，對老人相關知能的傳授，應自小學開始；在大學校院方面，宜廣泛開設「高齡學」課程，並將其列為通識教育的科目，以教導大學生有關老人或老化的知識。在家庭教育方面，父母應先具有正確的老人或老化的相關知識，透過家庭的薰陶與啟迪，以奠定子女「了解老人，尊重老人」的良好基礎，並多規劃安排祖孫間的活動，讓子女有直接接觸祖父母的機會；在社會教育方面，宜鼓勵各種社教機構、成人進修學校及社區大學等開設相關的課程；並鼓勵媒體多報導老化相關的知能，以多元多樣的管道，促進全民對老人及老化的認識。

（九）促進世代交流，共建融合的社會

社會本為各種不同年齡的人組合而成，不同世代間交流與接觸，本為社會應積極進行的活動。面對高齡社會的快速來臨，老人人口不斷增多，依國家發展委員會（2014）的推估，指出我國社會至2016年65歲以上的老人人口與14歲以下人口的比率，將趨相等，其後老人人口將首度超過

14歲以下的人口數。人口年齡的中位數，至2016年為40歲，至2034年左右，年齡中位數將達50歲，2061年再升高為58.7歲，即45年後，全國將均有一半的人年齡在60歲以上。因此，社會上老人人口增加，不同世代間交流與分享益加重要。世代交流與接觸機會的提供，不但可以增加彼此的認識與了解，而且可以相互學習成長，年輕人可以學習高齡者的經驗與智慧，老年人也可以向年輕人學習新觀念與新科技的知能。不同世代間的交流與分享，是社會進步的原動力，也是社會共融的基本要素。政府相關部門宜掌握此項社會脈動，在政策上多鼓勵辦理世代交流的活動，包括代間教育、家庭共學、祖孫互動、老人與年輕人互學等，以促進社會的融合，而使社會和諧與永續發展。因此，營造社會悅老親老的氣氛，將高齡化知識納入全民教育，並提供世代交流，以形塑長幼共融的社會，亦為高齡化社會下，全民的重要課題。

（十）樂活銀齡，儘早規劃

　　生命期的延長，個體將有漫長的高齡期，可以長達30、40年之久。在這種漫長的高齡中，如何過得愉快健康，是每個高齡者最關心的事。人生有多個黃金時代，只要能過得健康快樂，就是黃金生涯。此種快樂的黃金期，如何得來？它需要主動的規劃與安排，而非坐等。因此，高齡者要具有生涯規劃的知能，吸取養生保健的知識，充實生活的內涵，參與學習活動，培養正當的興趣與嗜好，以樂活高齡期，這是每個高齡者所應為與當為的事情。而退休金的準備，亦為現代高齡者的重要課題。究竟退休金要準備多少？很難有定論，因為每個人不知道自己要活多久，每個人要過的退休生活也不一樣。如以「所得替代率」作粗淺的評估，假設目前薪水每月8萬元，退休後每月要花4萬元，退休後生命期預估30年，在不加計通貨膨脹因素下，至少要準備720萬元（孫中英，2010）。總之，高齡生涯要樂活，需要不斷吸取新知，與時俱進，做好退休準備，要多與社會接觸，才能智慧長青。

第三章　生理老化現象與理論

　　人到老年期，生理結構會產生很大的改變，老化過程直接影響老年人的生理系統和日常生活功能。基本上，老化是人體正常及自然的現象，因老化所引起的身體、心理、社會互動上的改變，需要我們加以了解。由於老化是人生重要的成長及發展過程，是人類必經的生理現象，有必要加以分析與探究。

　　在高齡學研究的各層面中，生理學研究是最具基礎與優先性的。隨著生物科技及醫藥衛生的發展，平均壽命不斷增加，對高齡者在生理的改變與理論上的探究日增，相對的因應之道也進步許多。以下就高齡學據以發展的生理學基礎進行討論，主要包括生理老化的現象、生理老化的理論、生理老化的因應等三大部分，茲分三節說明如下。

第一節　生理老化的現象

　　生理老化（physiological aging）是每一個體均需經歷的過程與人生課題，無法逃避。生理老化隨著時間改變，人體生理自然產生變化之歷程，又稱爲身體老化（physical aging）。同時，生理老化與改變，使得原有的機能退化，日常生活功能會受到影響。加上醫藥與科技的進步使人類壽命延長，老年期占了人生的1/3，更有必要對生理改變多加認識，以關切生理機能隨年齡增加而趨於退化之現象。

　　基本上，生理改變的現象概分爲一般生理改變、感覺系統改變及老化病理現象等三大項，以下分別加以說明。

一、一般生理改變的現象

　　一般生理改變的現象，主要有外在及內在生理之別。外在生理改變是最容易感受到身體外觀上的改變，例如皮膚皺紋、白髮等；內在生理改變，則是肌肉骨骼、心血管循環、呼吸、消化、泌尿排泄、免疫、生殖、

內分泌等系統的退化。以下分別從外在生理、內在生理變化加以歸納分析（楊國德，2008）。

（一）外在生理的改變

老化過程在身體外表留下可以觀察的線索，這些改變明顯發生在皮膚、臉部的皺紋上，肌肉減少、鬆弛、甚而產生萎縮等。個體在身體外表的改變主要有下列幾項：

1.皮膚的改變

老化過程中出現皮膚乾枯、皺褶、厚度變薄及顏色改變。因為隨著年齡增長，皮膚細胞的纖維慢慢失去彈性，皮下脂肪及水分流失，表皮組織減少，真皮層的膠原纖維數減少且變硬，皮膚厚度僅年輕時的80%（Spirduso, 1995）。其次，過度日晒的影響，太陽的紫外線會傷害皮膚表面具有彈性的纖維，使肌膚產生皺褶、乾燥以及硬化的現象。

2.毛髮的改變

老化使得頭髮、鬍鬚、臉毛及體毛有了變化。毛髮變白是正常老化的現象，首先會出現於髮鬢兩邊，然後慢慢地擴展至整個頭皮範圍，繼而影響鬍鬚及其他身體部分的毛髮。隨著年齡增長，身體的毛囊數目會遞減，減慢毛髮的生長以及減少毛髮的密度。

3.臉部的改變

老化在臉部所形成的第一指標就是前額皺紋的出現，隨著年齡增長，逐漸增加其他的皺紋，如眼尾紋、嘴邊至鼻子的笑紋、蹙眉的額紋等。另外，眼袋的產生也漸明顯，因為眼部皮膚下垂及脂肪堆積所致。加上臉部肌膚變乾、變硬使皺紋更加明顯，此種變化很容易觀察得到。

4.牙齒的改變

隨著年齡增長，牙齒逐漸鬆動的現象，也是顯著的特徵。老年人因牙周病掉牙、缺牙的情形，與牙齒保健、家庭經濟與生活環境有關，沒有牙齒者就有半數以上（Sandmire, 1999）。牙齒老化過程會使牙髓萎縮與纖維化，琺瑯質因磨損而變薄，牙齦血流量少而較蒼白，使咀嚼產生不便，進而對營養的攝取及人際互動都產生影響。

5. 其他外表的改變

除了上述明顯的變化外，隨著年齡增長，身高逐漸減少、中廣身材及體重增加，到中老年時說話聲音變弱、速度變慢、沙啞及咬字不清，以及婦女胸部下垂等等現象，也都是不可避免的。

（二）內在生理的改變

至於內在生理方面，雖然從外表不易察覺，可是身體內部的各種器官系統，隨著年齡的增加，在功能上亦產生改變，其退化現象對健康、慢性病的影響相當深遠。主要重點包括肌肉骨骼、心血管循環、呼吸、消化、泌尿排泄、免疫、生殖、內分泌等系統，其變化情形說明如次。

1. 肌肉骨骼系統的變化

個體的活動主要依靠肌肉、骨骼和關節的功能，肌肉骨骼系統的老化，使動作較為困難、緩慢或產生疼痛。肌肉方面，隨著年齡增加，肌肉細胞數目減少，因而逐漸萎縮及鬆垮，而肌肉力度下降，70歲時的力量僅有25歲時的65-85%，到達80歲時，則剩下一半（Hooyman & Kiyak, 2010）。而骨骼的老化，一般骨質在25-30歲時達最高峰，從39歲開始慢慢下降，大概50歲左右女性停經之後，骨質下降的速度增加。另外，關節會變僵硬，加上軟骨變薄、潤滑液減少、韌帶失去彈性，使得關節活動度變差，伴隨疼痛的情形，膝蓋與髖部會顯得稍微彎曲，各種動作與走路步伐會逐漸遲緩（Ebersole & Hess, 2007）。

2. 心血管循環系統的變化

身體各部位的器官組織都有賴心血管循環系統輸送血液及養分，才得以維持生命及生活機能，當心臟、血管由於老化造成結構上的變化，其影響至為深遠。首先，心臟由於老化在結構的改變主要有兩方面，一是心臟肌肉的彈性纖維減少而變硬，二是心臟脂肪持續累積。因此，心臟的體積減少、心肌逐漸脂肪化、喪失彈性、膠原蛋白增加，血液填滿時間增長，75歲時血液填充速度僅約25歲時的一半（Klausner & Schwarz, 1985）。其次，血管方面，彈性纖維也減少，其中5-10%的肌肉纖維因老化產生脂褐質（lipofusion）會取代纖維構造（Hooyman & Kiyak, 2010）。所以，

使得血管失去彈性，變得衰弱並且導致靜脈曲張（varicosities），血管壁附著脂質、膽固醇，造成所謂的動脈粥狀硬化（atherocherosis），阻力增加而血壓上升，血液在循環系統中無法暢通。

3.呼吸系統的變化

　　呼吸系統的運作也是生命存在的主要特徵，隨著年齡增長，呼吸系統的變化十分顯著，且速度相當快。由於老化的影響，肺肌肉失去彈性，呼吸的效率降低，肺活量（vital capacity）會慢慢下降，此一吸收氧氣最大的能力，70歲時平均下降量為50%（Hooyman & Kiyak, 2010）。不過，有運動習慣的男性肺活量的退化速度較慢。同時，在身體系統中，對外界的汙染及感染病菌，呼吸系統會受到最大的影響，使得分辨呼吸系統的變化因素較複雜，有些是由於老化，也有不少是其他病理或環境因素所導致。

4.消化系統的變化

　　從口腔、食道、胃腸到肝胰臟的消化系統，與營養供給及生活機能的發揮息息相關。隨著年齡增長，消化系統運作的速度逐漸緩慢，提供營養的品質漸削弱，影響食欲及活力。這些變化發生在不同部分，包括唾液分泌減少，導致口乾，咀嚼時出現不適；食道活動力降低，吞嚥較難、食物延緩進入胃部；胃部肌肉退化及消化液成分的改變，導致食物延遲排空，食欲降低（Hooyman & Kiyak, 2010）。至於腸道部分，大、小腸會萎縮，蠕動變慢，延長糞便滯留時間。隨著年齡增長，肝臟的質量會減少、肝臟血液的流動亦會減慢，在排解藥物方面也受影響。

5.泌尿排泄系統的變化

　　新陳代謝是健康的重要機能，身體產生的廢物、毒素必須經由泌尿及排泄系統的排尿、排便及排汗加以消除。隨著年齡增長，上述系統的腎臟、膀胱等功能會退化。首先，腎臟的重量與體積縮減，腎絲球數量減少、過濾率降低，代謝功能變差。其次，膀胱的容積減小，失去50%的容量（Hooyman & Kiyak, 2010），加上彈性變差，造成頻尿及尿失禁現象。另一方面，膀胱的收縮力下降，排尿以後膀胱裡殘餘的尿增多。至於腸道萎縮、蠕動慢，影響排便，皮膚硬化影響排汗，也都造成排泄系統的

問題。

6.免疫系統的變化

人體對抗外來細菌、病毒侵略端賴免疫系統的作用，免疫系統會產生抗體，以維持身體正常功能。隨著年齡增長，淋巴球的功能會降低，抗體的水準下降，使得抵抗病菌的反應減弱，甚至誤認及攻擊自體細胞，自我調節能力大受影響。另外，白血球的數目也會隨年齡而減少，抵抗力更差，造成感染及嚴重疾病的機會日漸增加。

7.生殖系統的變化

生殖系統有男女性之分，老化會影響其結構與功能。在男性方面，睪丸變柔軟、容積減少，精蟲數降低。又因尿道周圍的攝護腺增生，隨年齡而增大，至70歲時約增大2倍（黃富順、陳如山、黃慈，2006）。在女性方面，更年期後卵巢功能停止，雌激素和黃體激素分泌量急速減少，性器官及組織萎縮，乳房也逐漸鬆弛、扁平。這些生殖系統的變化會產生性欲減低的傾向，但不會影響正常的性活動。

8.內分泌系統的變化

內分泌系統是由製造各種荷爾蒙的組織和細胞所組成，對身體機能的維持相當重要。這個複雜且精細的激素調節系統，內分泌腺體會隨年齡增長而萎縮，分泌激素量會減少。主要的內分泌腺有腦下垂體、甲狀腺、副甲狀腺、胰臟、腎上腺及胸線等，負責分泌各種激素荷爾蒙。隨著年齡增長，許多荷爾蒙分泌量減少，濃度也下降。如甲狀腺功能降低，人體基礎代謝率隨之降低，適應力受影響；胰島素衰退，使代謝飲食中葡萄糖的能力降低，造成血糖濃度升高；胸線與免疫系統有關，胸線萎縮T細胞的功能減弱，容易罹患疾病；性荷爾蒙中雌激素的減少，會導致骨質流失及引致心血管疾病與阿茲海默症的風險（Hooyman & Kiyak, 2010）。

二、感覺系統改變的現象

除一般生理改變外，感覺器官系統的老化衰退也值得重視。人類依靠

感官與外在世界互動，隨著年齡增加，感覺器官產生相當大的變化，而且
有些退化也較早。感覺器官包括視覺、聽覺、嗅覺、味覺、觸覺、痛覺及
運動覺的能力，除生理功能的意義，在社會功能及社交活動的意義上更是
重要，對其功能退化的現象應多加認識。以下從老化過程有關感覺系統改
變的現象說明如次。

（一）視覺系統的改變

老化過程造成視覺系統的改變是明顯的，主要有兩方面：一為視覺器
官的結構性變化，因年齡增長，眼睛器官與組織的結構性變化會影響視覺
刺激的接受能力。二為視覺訊息處理歷程的改變，主要是視野的縮小、視
力的減退和深度知覺的降低，影響視覺訊息處理的歷程。

（二）聽覺系統的改變

環境中種種訊息的獲得不是靠視覺，就是依靠聽覺，聽覺系統的改
變會影響溝通互動的進行。個體年齡漸長，外耳、中耳及內耳產生結構性
的改變，接受和解釋聲音的能力會下降。聽力喪失的原因大多是內耳的改
變，聽覺訊息的處理也因年齡增大而變慢。內耳還有負責平衡的系統，年
齡漸長也開始退化，平衡感及其他反應能力變差，跌倒的情形會增加。

（三）其他感覺系統的改變

日常生活中，嗅覺與味覺也提供個體很多訊息，而隨著年齡漸長兩
者也開始退化，且嗅覺比味覺衰退要明顯，對食欲的影響乃日漸顯現。另
外，在身體各處分布有觸覺和痛覺的接受器，隨著年齡增長其敏感度及功
能也呈現衰退，對溫度的變化及各種刺激現象，逐漸缺乏反應。同時，四
肢活動及身體姿勢主要依靠運動覺及平衡感，隨著老化的過程，運動覺及
平衡感會退化，進而影響個體的社會活動。

（四）神經系統的改變

上述感覺器官的運作，還需要大腦、神經系統的反應才能竟其功。亦
即感覺（sensation）是利用感覺器官來接受訊息，而知覺（perception）
是比感覺還高的能力，將所接受到的感覺訊息交由大腦處理而形成知覺。

人類大腦是由上百億的神經元（neurons）、神經細胞以及神經膠質所構成，神經膠質細胞是用以協助神經元以及神經細胞的運作。隨著老化，人類會喪失神經元以及神經膠質細胞，大腦的重量減輕，血流量減少，腦細胞和神經元的樹突減少，神經間的訊息傳導速度會變慢，這些改變都會影響我們認知及動作功能。

三、老化病理的現象

　　隨著年齡增長，發生疾病的機率增加。因為老化不是疾病，但是許多疾病伴隨人體老化而生，例如阿茲海默症、帕金森氏症、骨質疏鬆、退化性關節炎、肌肉萎縮、尿失禁、視力減弱、牙齒退化、荷爾蒙失調、疼痛等等，這些都是組織、器官或生理系統退化的現象，在前面已有所說明。

　　此外，很多老年人的死亡，係由於慢性病所造成，最常見的是關節炎、高血壓和糖尿病（黃富順、陳如山、黃慈，2006）。加上身體機能變差，遭受意外事件的風險增加，造成的後果也比較嚴重，形成複合式的疾病。若對照國人十大死因來看，包括惡性腫瘤、心臟疾病、腦血管疾病、糖尿病、事故傷害、肺炎、慢性肝病及肝硬化、腎炎腎症候群及腎性病變、高血壓性疾病及自殺，也呈現逐漸累積到病症爆發而死亡的情形。

　　從另外的角度來看，老化的產生可分為主因老化及次級老化兩項。主因老化是每個人都會發生，普遍而不可避免，可能來自基因的構造，故稱為生物性老化或正常老化。這種老化現象可以觀察或察覺，例如頭髮變灰稀、視力減退、聽力衰退、行動變慢等。次級老化則並非年齡造成，也不是普遍必然的現象，可採取適當的因應措施以避免或防患之。

　　因此，就老化的病理現象而言，正常老化不是疾病，很多疾病是次級老化所造成的。針對老化的相關疾病，可由早期診療延緩其退化，或以天然或人工組織進行更換，以修復損傷。若能平時保健預防、早期診斷與治療，就可以提升老年生活品質，減少疾病的發生以節省各種醫療支出。

第二節　生理老化的理論

　　了解了上一節有關生理老化的現象後，本節要探討如何解釋這些現象的生理老化理論。根據Strehler（1986）的說法，生理老化理論必須符合以下四個前提，才是可被接受的理論：其一、過程必須具有普遍性，即各種生物體都必須經歷同樣的現象。其二、此過程的發生必須是有害的，會造成生理功能的衰退。其三、此過程必須是漸進的，也就是功能的喪失隨著時間而逐漸發生。其四、功能喪失必須是內因性的（自然發生），沒有辦法由有機體本身加以矯治或更正。

　　依照這樣的規準，可以篩選出目前經常引用的生理老化理論來加以分析。而且大體上，生理老化的理論概分為兩種主要類型：程式論和累積論，前者主張老化是源自基因系統，特定的基因會導致生物的改變，最終導向死亡。後者認為老化是生活累積的結果，個體在生活中遭遇各種變化經年累月對生理損害，引起功能衰退或喪失。由此可分別說明生理老化現象與歷程的某些部分，也凸顯老化的複雜性（黃富順、陳如山、黃慈，2006）。

　　所以，在此區分生理老化的理論取向通常包括上述先天與後天、遺傳和環境、預設的程式或是事件的累積等等不同觀點。以上述所列的條件來說，先天、遺傳、預設的程式是較具普遍性的，正是目前生物科技要加強探究加以解釋的；至於後天、環境、事件的累積涉及個人與社會的差異性，經由生理醫學分析討論，或可進一步尋求改善，也是健康促進及醫療照護值得努力克服的重點。以下就這兩種取向分別加以說明。

一、先天遺傳基因之理論取向

　　此一理論取向以先天遺傳的基因程式為基礎，說明老化過程的規律性和預測性，強調個體生命與發展由遺傳基因所控制。此種程式論主張老化是自然現象，認為在人類的各器官中，原本就潛伏老化因子，只要到達

一定年齡，老化現象就會自然浮現，主要的理論內容包括基因遺傳理論、細胞分裂理論、免疫系統理論、新陳代謝理論等（李宗派，2004；隋復華，2004a）。

（一）基因遺傳理論

正如長壽基因論認爲個體的基因會影響其衰老與壽命長短，父母高壽者，子女長壽的可能性較高，而父母壽命較短者，子女長壽的機率就較低。生物之繁衍有賴基因遺傳來促成，每一種生物也都呈現一定的最大生命期，如狗、貓爲20-30年，人類爲120年。既然壽命長短是由遺傳基因所決定，個人要活到最高齡端視有無長壽基因。而且只要有少數之基因，5個或10個基因帶有長壽之特徵，就會促進個人活到人瑞之歲數。此一效果可透過許多代之延續，追尋到遺傳基因。而針對百歲老人之研究，發現他們有較高水準程度之抗氧化劑，較低度之自由基在血液中活動，比一般人少了20-30歲之水準。長壽之基因，規範特殊細胞之抗氧化劑或抗氧化酵素系統，主要作用爲破壞過氧化氫和自由基，保護細胞不被氧化破壞。然而遺傳賦與之長壽基因不一定保證人們活到100歲，後天的生活型態以及個人行爲因素之配合更是重要。

（二）細胞分裂理論

從細胞生物學研究發現，正常細胞有再製功能以維持身體的生長與發展，此種內在結構是基因密碼的一部分。但細胞分裂再製的功能有其上限，逐漸會衰退形成老化的現象，此種細胞分裂之上限學說即稱爲海富利克限制（Hayflick limit）。1962年，當科學家忙於討論自由基存在於生物系統時，海富利克（Leonard Hayflick）觀察到人體細胞有一種上限的分裂能力，大約可達到50次，最後細胞碎裂由吞噬作用消除掉。而且這個過程是不能逆轉的，當抽取細胞加以冷凍（在分裂20次後），一旦解凍，那些細胞會「記得」已分裂20次了，只能再分裂30次。因而生物有機體之壽命似乎出現一種規律的生物時鐘，在受孕時就由基因安排，事先已設定這生命可持續多少次就要自動停止。因此，不管人類壽命一直在增加，我們的最高壽命還是停留在120歲左右之上限。根據此一理論，人體

細胞分裂會碰到一個極限，而無法再提升，並且老化發展過程按照一定的程序而來，針對這種現象也有老化生理時鐘理論的說法。

與此相關的即為染色體終端理論的研究，又稱為細胞老化說。從人體細胞染色體上發現，生物時鐘有可能置放在染色體末端，基因遺傳物質就在細胞核內，人體之23對染色體，每對都包含染色體端粒。這些端粒，如同鞋帶上之膠狀保護帽，在細胞分裂時扮演很重要之角色。每次細胞複製時，染色體終端就會變小一點點，一直到細胞分裂50次之後，變成微小斷片。染色體終端為一種計時之機械裝置，限制細胞再進一步之分裂，就是細胞壽終正寢之記號。有了基因DNA分子結構之發現，又進一步解釋染色體終端縮小可能導致細胞老化。當細胞不斷分裂，染色體終端變短，影響與改變細胞表達基因密碼之方式，導致細胞老化。

可見，細胞分裂理論強調老化是由於基因物質耗盡，細胞分裂的功能衰退所致。提出一般人細胞分裂約為40至60次，但個體之間有所不同，且分裂能力隨年齡增加而下降。

（三）免疫系統理論

免疫系統是人體用以抵抗外來病毒和細菌，使自己免於受到危害的身體機能，這種有機體的免疫細胞或其所產生的抗體，是正常組織的免疫反應，也是身體抵抗疾病最主要之防衛系統。此一免疫系統會製造抗體保護身體，消滅入侵的病毒和細菌。科學家發現免疫系統在青年期到達高峰，而後逐漸衰退。吳爾福德（R. Walford）提出老化免疫學理論，認為伴隨年齡增加，保護身體免於感染的能力逐漸下降，而且免疫系統的失序情況增多。例如胸腺或青春腺體在免疫系統就扮演非常重要的角色，尤其胸線是調節免疫細胞分化成熟的主要器官，由主控身體免疫功能的基因來觸發胸線分泌的增減。但人體在30歲以後，胸線逐漸衰退，到60歲以後血中就難檢測出胸線生成素了（隋復華，2004a）。所以，免疫系統理論認為個體的免疫系統在其青春期之後，會隨著年齡的增長而開始衰退，而保護身體免於感染的能力逐漸降低，自我免疫功能減弱，個體的器官功能開始產生衰敗。

（四）新陳代謝理論

正如老化時鐘理論強調個體的老化具有程序性結構的變化，如時鐘般有週期性。隨著年齡增長，製造荷爾蒙的內分泌系統會逐漸喪失功能而產生老化。

生物老化是一個漸進的現象與過程，但老化的速度並不相同。新陳代謝理論強調生物體的新陳代謝能量是固定的，新陳代謝速率與老化速度有關。吳爾福德也提出熱能限制理論與老化過程之關係，他基於多年之長壽方案研究，由動物實驗觀察到動物壽命長短與其採用之營養物質有密切關係。如果給予高營養、低熱能之食物，可遲緩動物老化之過程。如果一個人使用一種熱能限制之養生法，也會降低體重逐漸達到一種新陳代謝之正常效能，這樣可以提供最好的健康與壽命。而從動物的實驗發現，減少老鼠40%的熱量攝取，壽命會增加約30%。不少行動遲緩的動物，新陳代謝率比較低，壽命比較長，例如陸龜。但也並非所有消耗熱量少、行動慢的生物就能活得久，仍有待進一步探討。所以，後來對粒腺體的研究（Lemme, 2002）也發現，粒腺體是產生95%新陳代謝能量的物質，但粒腺體在呼吸作用中會被破壞，因而細胞的功能會下降及損害，這些都有助於建構新陳代謝的理論與研究。

二、後天結構損傷之理論取向

除了先天遺傳基因決定外，生物老化也在後天環境中累積而來。此一理論取向強調身體機能的損害是由於生活中日積月累的結果，主張要避免老化受損，要增強身體的修補機能，延緩身體功能的急遽衰退。此類理論認為老化是由日常生活的關係而導致個體身體產生一些未預期之改變，從而造成身體機能的衰敗，生命速率論及廢物堆積論主要的理論內容包括耗損理論、交錯結理論、損傷修補理論、自由基理論等（李宗派，2004；隋復華，2004a）。

（一）耗損理論

耗損理論認為生物機能因日常折磨或過度使用，使身體耗損導致病態。人類身體會損傷，腐蝕細胞的能力，使其無法適當作用。磨損或退化持續進行，若超出身體能力（細胞能力）去修補時，便開始老化過程。此一理論強調老化正是細胞分子經年累月運作，開始失去應有之功能，產生故障、破損，最後導致細胞逐漸損失。

與此相關還有殘渣堆積理論，指出老化現象係身體內細胞累積殘渣物質所造成。身體新陳代謝會堆積有毒物質，若沒排出體外，最後危害正常細胞之功能。細胞緩慢退化過程中，隨著年齡的增長而積聚增多，常常以殘質的形式存在，於皮膚或內部器官堆積。由於新陳代謝之作用，使個體身體細胞逐漸堆積脂褐質，妨礙細胞正常功能發揮，導致細胞死亡。脂褐質會堆積在神經、心臟之肌細胞以及老化皮膚中。值得注意的是，此種傷害來自於過度使用及誤用，但要累積到某一功能受損時，才會被發覺。另外，從生命速率論來看，每個生物體自有生命開始，體內有一定的能量供其消耗，一旦用盡，生命也就結束。

（二）交錯結理論

交錯結可以使大分子物質交結成為網狀，改變分子的作用，使其硬化不再發揮功能，例如免疫系統上交結抗體和細胞的現象。交錯結理論是1942年由伯克斯坦（J. Bjorksten）所提出，認為分子聯結分子之交錯結逐漸累積，會瓦解分子之活動，傷害細胞功能，組織失去彈性，器官退化。例如皮膚角質化、體內膠原物質造成白內障、血管栓塞等。體內血糖多了，引起糖尿病，這些慢性高濃度之血糖，使身體老化速度明顯增快（李宗派，2004；隋復華，2004a）。因為交錯結為介於不能修補的分子之間的穩定結，有改變分子的作用，使其硬化不再產生功能，隨著年齡增長，交錯逐漸累積，使其器官運作受損而造成老化。

（三）損傷修補理論

損傷修補理論主張老化過程係由遺傳基因藍圖之損傷所引起。基因學家阿米氏（Bruce Ames）認為細胞本身可修補99%以上之細胞變異點，但

是每日在身體內有成千之錯誤並未得到修補更正，導致許多堆積之分子碎屑，變成製造蛋白質之錯誤，加快老化速度。有些學者稱這種現象為細胞突變說，以及基因成分修補說等相關理論（李宗派，2004）。

　　另外，也有虛假重建理論之說法，認為身體繼續不斷地修建身體器官遭受損傷的部分，細胞修補過程中，開始產生假裝的重建材料。這些材料會危害到細胞之修建，並減弱了細胞功能，猶如使用劣等、低品質之建材來修補房屋。這些都是由於身體細胞染色體之輪流更迭，引起交錯序列的作用所導致的結果，影響到老化的現象與過程。

（四）自由基理論

　　自由基理論是由哈曼（Denham Harman）於1954年所提出，主張大部分老化的現象乃自由基所造成。早先並不受重視，到1960年代，許多研究才確認哈曼之理論學說。根據自由基理論，當營養素進入體內，經過消化及吸收，最後進入新陳代謝的循環中，並透過粒腺體與氧氣的作用，產生了各種能量，提供人體生存及活動之用途，以維繫生命之延續。但在新陳代謝的過程中，會產生一種非常不穩定而且相當活躍的分子，稱為自由基。這整個過程都跟氧有關係，又稱氧化作用，其過程與鐵遇到氧而生鏽的過程相似。一般的原子需擁有偶數的電子才會穩定，而自由基少一個電子，變成非常不穩定，必須奪取鄰近細胞的電子，來使自己變成安定，因此自由基會去攻擊鄰近細胞並迫害細胞，甚至啟動細胞內的自殺基因，引起細胞死亡（李宗派，2004；隋復華，2004a）。

　　前已提及，人體內的正常細胞平均能分裂50次，然後細胞就會死亡，但因為細胞同時也有複製的功能，可以再生，讓人體機器得以繼續正常運作；當細胞遭受到自由基攻擊，就好比鐵暴露在空氣中久了會生鏽一樣，產生氧化。鐵生鏽了，表示開始耗損，漸漸會被腐蝕；人體衰老的過程就是氧化作用，讓我們體內細胞生鏽的物質就是自由基。如果受損生鏽的細胞太多，修補的機能來不及，器官和組織會失去功能，產生病變，呈現老化的現象，最後終於死亡。當人年紀越來越大，細胞折損的越來越多，身體功能很自然地就會大不如前。根據研究，人只要一過30歲，

便開始步向老化之路,許多器官的功能以每年6.25%的速度衰退,多數人在40歲時的器官功能可達80%,50歲時剩70%,到70歲時僅剩35%(李宗派,2004)。自由基會對細胞及器官造成傷害,不過,人體有製造抗氧化物的能力來清除自由基,減輕人體的損傷,但隨著年齡增加,此項功能逐漸喪失。

由上面的討論看來,從先天的基因遺傳到後天結構損傷修補,都有助於了解老化的成因,並加以克服,彌補造成的問題與缺陷,具有相輔相成的作用,也促使兩種理論取向產生匯流之可能性。例如長壽基因研究,指出抗氧化劑在長壽基因之演化過程中扮演重要角色,同時提醒大家檢視老化之結構損傷理論。而哈曼之自由基理論,認為細胞老化係一種結果,就是自由基對細胞生物化學產生機制之傷害,而且長時間之堆積氧化損壞物,對基因藍圖的損傷,也是由於自由基毒素之增加所致。綜合而之,前一取向著眼於基因系統引起的老化,某些特定基因被認為會導致生物的改變,而最終導向死亡;後一取向著眼於在生活中個體會遭遇許多偶發的內在與外在事故,經年累月以後會對生理造成損害,引起身體功能的衰退或喪失。不論是以哪種角度解釋生理老化現象,隨著醫學科技的發展,人類生理老化許多未知或未定之奧祕也逐漸解開,相關理論也不斷地在檢證或更新之中。

因此,從中可以找出遺傳基因與老化過程之接觸點,同時揭示更重要的抗氧化劑之角色。雖然,基因理論與自由基理論是兩個不同取向的觀點,但同樣在說明身體老化現象,一個站在基因賦予之先天性理論,一個站在結構損傷之後天性理論,一起探究相同之老化現象。所以,當自由基引發之氧化損傷,開始時發生在分子細胞之中,再擴張到身上各個部門,就像水池之波浪,向外推展,牽涉到組織與器官,使得有機體本身氧化損傷與退化疾病之產生,遺傳基因藍圖及結構修補功能一同受損傷,這就是必須了解的身體老化現象與過程,同時提供吾人了解老年生理的特性及其因應之道。

第三節　生理老化的因應

　　面對生理老化與改變的現象，個體必須加以正視，並採取因應措施，藉以延遲現象的產生或減緩其帶來的負面影響。而從生理老化理論與研究的發展，促進當前生物科技的推展，特別是實務上應用於延緩老化的成效亦日漸彰顯。生物科技已被世界的經濟學家視爲明日的新興工業，未來對人類老化的研究與應用將更爲蓬勃發展。本節乃針對上述這兩大面向，分別說明生理老化的因應之道。

一、對生理改變的適應

　　隨著老化的發展，生理上的改變包括外表、內在系統、感覺系統都受到影響，主要的因應及調適重點如下：

（一）正視生理改變對心理的影響與調適

　　由於外表的改變，看起來「老了」、是個「老人」，對個人的自我概念、自我認同及職業上的安全感都有影響。尤其是婦女，遭受差別待遇的情形增加，更有嚴重的失落感。加上內在及感覺系統的退化，使得動作緩慢、反應遲緩、社會互動有障礙、疾病逐漸產生等等，都會增加消極悲觀等負面情緒，對心理的衝擊與影響不小。因此，必須正視以上的發展與影響，及早了解及認識此種處境。

　　最重要的是建立正確的「老化」觀念，在心理及生活上加以調適與因應，包括：

1. 面對與接受老化的事實，是最重要的調適原則。建立老化是正常而不可避免的觀念，且現在是值得珍惜的，對現狀越感到滿意，越能保有當前尙能運用的身體機能。因此，要盡量充實生活的內涵，充分運用身體活動的機會，提供感官接觸外在世界的美好事物。懷著豁達開朗的心境，擴展更寬廣的人際互動關係，如此可以活得健康有意義，與人和樂相處，互助合作成功老化。

2. 面對生理老化的現象，生活起居環境可以略作調整，以符合安全、便利、實用的需要，同時生活型態及行為習慣也可以加以因應。例如運動、飲食營養以及睡眠，對因應生理老化就是非常重要的議題。運動可以增進關節的彈性、肌肉骨骼的協調、增強心血管功能和肺活量等機能，要多進行有氧運動，如太極拳、健走等。飲食習慣與健康關係密切，高齡者往往忽視飲食營養的均衡，除了建立觀念與習慣外，家人及社區更要相互關照與協助。至於睡眠方面，要養成規律的睡眠習慣，白天參與各類活動，晚上身心放鬆，透過良好睡眠調整身體機能。

（二）對外表改變的適應

由於年齡增長帶來外表及外貌的改變，其適應之道包括：(1)對於臉部、皮膚老化，避免風吹日晒，注意飲食及生活作息，由內而外滋潤保養；(2)對於毛髮的改變，保持內分泌正常，也可善用帽飾裝扮；(3)身高的變化，注意正確姿勢，防止鈣質流失；(4)中廣增胖的現象，避免過多飲食及脂肪堆積，多運動健身；(5)對於牙齒保健，注意正確潔牙及飲食習慣；(6)對於胸部的改變，採取防範措施及支持性用品。

（三）對內在系統改變的適應

身體內部各種系統的改變與退化，亦必須及早因應及調適，重點包括：(1)對肌肉的變化，要有適當的運動，並持之以恆；(2)對骨質改變的問題，多攝取含鈣食物，注意運動及適度日晒，尤其婦女停經後的保健；(3)對心血管循環系統方面，注意飲食及運動，避免高血壓及血管阻塞；(4)在呼吸系統上，避免抽菸及空氣汙染，加上規律的運動，增進肺部機能；(5)在消化功能上，可採少量多餐，注意補充水分及纖維素，活動抒壓及少服藥物；(6)在生殖系統的改變上，仍可正常進行性活動，夫妻相互體貼包容；(7)對生理系統衰退帶來的疼痛不適，宜多加了解及克服，定期健康檢查，及早發現疾病及早治療，加上適當持續的運動及放鬆身心，追求有品質的老年生活。

（四）對感覺系統改變的適應

　　隨年齡增長，感覺及知覺也有所改變，需要採取一些因應措施，重點包括：(1)面對視覺的改變，要增加視覺訊息的質量，在環境上加以調整及安排，如增加照明度、避免強光、增加對比、注意場所照明及配戴眼鏡等；(2)在聽覺的改變方面，避免吵雜環境、善用材料減少噪音、面對面說話、注意溝通質量、配戴助聽器、採用耳蝸嵌入接收器等；(3)在嗅、味覺的改變上，注意細嚼慢嚥、增加天然重口味食物、自行添加調味料、戒除抽菸等；(4)至於觸、痛覺的改變，注意各種異常訊息、溫度變化的因應，多關心多防範；(5)在運動覺及平衡感的變化上，注意防滑設計及扶手，多以醒目的顏色加以標示；(6)對神經系統的改變，在提供各種訊息時，刺激強度及數量增加，延長接收的時間及次數。

　　所以，面對生理老化的現象，提供老年人學習的設計也要有所調適與因應。主要原則包括：(1)適度增加高齡者感官刺激的強度：因應其感官功能的衰退，在視聽等感官接受內容，要達到適度大與強的刺激設計；(2)增加高齡者適應與反應的時間：為了讓高齡者感受被重視，要兼顧其需要較長的時間來因應；(3)鼓勵高齡者依自己速度參與活動：由於個別差異大，必須依照個別需求的進度參與活動；(4)安排符合高齡者需要的教育環境：包括桌椅高度、空間地點、場所溫度、課程長短、活動種類、交通與動線安排等；(5)因應高齡者感官的情境設計：主要重點為考量教室照明度、配合視聽教材、座位安排、文字圖片的顏色選擇、避免噪音干擾、講授的速度、分組活動的互助安排等。

二、對生理老化的延緩

　　人類之老化現象到底可以避免或是不可以避免呢？為什麼我們會面臨衰老？為什麼有些人在他們的人生早期就罹患心臟病、癌症或糖尿病等等慢性疾病，有些人一生中很少感染疾病且能夠維持健康活到100歲以上。凡此種種，不管是先天遺傳或是後天環境影響，都是生物科技必須尋求解

答與有待克服的問題。

　　前節也提到，人一出生就開始老化，老化的成因有二：第一是先天性基因遺傳；第二是後天環境的影響，各種汙染、紫外線、輻射、壓力都將形成有形無形的影響，雖說基因圖譜已為人類研究老化開啟另一扇窗，如何調適、取得最好的位置來預防老化，仍為今日最重要的課題。生理老化是生理上的改變，形成器官系統的功能變化，如肺臟、心臟及循環系統等受到影響。造成生理老化的原因，係隨著有機體自然老化，細胞繁殖現象的變遷與減少，逐漸影響到個人的器官效能與活動能力。

　　因此，這些生理老化現象主要是功能的老化，為了讓功能維持與改善，必須有相對應的策略與科技，茲說明如次。

（一）延緩老化的新策略

　　經由前一節的理論與研究，對老化有了更多的了解，進而必須加以應用，以期延緩老化增進身體健康。尤其抗老化的方法是逐漸發展出來，人體內的荷爾蒙系統是由內分泌系統所建構的，而這個系統是由許多負責製造並將各種不同的荷爾蒙送到體內各部位的腺體所組成的。一旦這些荷爾蒙被送出去之後，它們便開始執行指導體內所有細胞活動的任務，因此它們控制著人體許多功能，包括生殖系統、免疫系統及新陳代謝系統等。所以如有任何一種荷爾蒙的濃度過低時，人體的機能就會異常，如感到疲倦、體重增加、沒有精神、性欲不振以及罹患重大疾病，如糖尿病、心臟病、中風、癌症及肥胖症。

　　因此，生物科技的研究了解這些現象，進而研發內分泌產品來應用。因為這些荷爾蒙除決定人體身心整體健康狀況外，亦扮演著老化生理時鐘的角色，控制人體何時發育，該於何時表現何種身心功能的機制。如10-14歲時，荷爾蒙告訴人體是青春期的時刻到了，應該大量製造促進性成熟的荷爾蒙；在壯年時，則發布人體正值強壯、活力及年輕的時光；但到了40、50歲後人體的荷爾蒙也走了大半輩子，它本身也開始感到力不從心，從而影響人體開始走上老化之路。人體荷爾蒙基準是在25到30歲達到最顛峰，以後便開始下降。剛開始時逐漸減少，所以影響輕微，感受

不到。一旦邁進40歲以後，那感受就開始強烈，即便我們生活方式依然健康無礙，但已不再像過去一般精力充沛。體重會不斷增加，白頭髮一根一根冒出來，肌膚開始變皺等，正代表整個荷爾蒙系統已經開始衰弱了，也代表老化已加速來臨（李宗派，2004；隋復華，2004b）。

　　就生物基因的角度來看，生命的真義是繁衍後代及善盡養育的職責，所以在20-40歲需要擁有強壯健康的身體，才能完成這項神聖的任務。等到40歲以後任務完成，人體變得無用處，荷爾蒙系統就開始失去正常的機能，開始老化。現在運用基因工程及產品，可以彌補此等需要。又如人體在新陳代謝的過程中，蛋白質與葡萄糖會引起作用而結合在一起，這結合物的黏性很高，會吸引鄰近的蛋白質而變成一團糟的黏稠物質。由於細胞無法處理這些物質並丟出體外，而使細胞內堆積並塞滿這些黏稠物質，導致細胞終於失去重建機能，造成細胞逐漸瓦解，這就是細胞老化的原因。

　　所以，上述氧化與焦糖化是兩個重要的老化過程，它們會聯手摧殘人體。葡萄糖所衍生出來的這些物質又會跟其他化學物質起反應，製造更多的自由基，而自由基又可加快焦糖化。同時它們會攻擊細胞的抗氧酵素，使它們靜止不活躍而導致更多的自由基。在1970年代，科學家注意到一些沒有好好控制血糖的糖尿病患者，他們的血紅素上黏有葡萄糖，也就是說他們的血紅素已受到焦糖化作用，這證明沒有控制血糖的糖尿病患者，似乎都有加速老化的現象。許多老化的現象，如白內障、動脈硬化、心臟病、中風、肝硬化及關節硬化等，都在糖尿病患者身上較早出現。

　　由此看來，當荷爾蒙分泌減少，抗氧化能力下降，為延緩老化必須讓荷爾蒙平衡，抗氧化能力提升，以免器官退化及身體機能退化。另一方面，當自由基過多，使得細胞損傷，為延緩老化必須消滅自由基，活化細胞，使器官系統維持最佳狀態，提升免疫力，以減少免疫系統下降的老化現象。

　　由於人體每天都會產生自由基來殘害細胞，所以人體的設計，就跟抗氧化（抗自由基）有關，執行這些任務，就落在抗氧化劑身上，透過抗氧化劑將這些自由基轉換成無害的物質，如此就能減輕人體的損傷。自由基

是老化的主要元兇，因此抗氧化能力的高低，就與壽命的多寡息息相關，抗氧化能力越強，人就活得越久。以下就是為延緩老化可運用的抗氧化劑，以及各類荷爾蒙。例如：

(1) 抗氧化劑：是人體本身就具有的一種抗氧化防禦機能，如超氧化物歧解酶（SOD）、麩胱甘汰過氧化酶及過氧化氫分解酶等三種，但隨著歲月的增長，上述防禦機能會日漸衰退，加速老化；因此只好求其次，由體外補充抗氧化劑，如維生素C及E、胡蘿蔔素、銀杏等（李宗派，2004；隋復華，2004b）。

(2) 超級荷爾蒙：能促進活力，增強性欲，恢復記憶力，強化免疫系統，克服壓力，嚴防心臟疾病，減少脂肪，治療停經症候群，撫平皺紋，治療乾眼症和紅斑性狼瘡，修復燒燙傷，由腎上腺及大腦皮質所製造，是荷爾蒙的前驅體。

(3) 褪黑激素：延年益壽，保持青春活力，增強性功能，重建胸腺，加強免疫系統，強效抗氧化劑，對抗壓力，克服癌症，改善睡眠，治療時差，古老印度神祕主義者稱松果腺，為人體第三眼，可維持人體生命力，生生不息，防老抗癌，延緩老化。

(4) Beta胡蘿蔔素、維他命C及E、硒、鋅、銀杏、綠茶、乳薊草：由食物來加以補充，讓體內產生抗氧化劑，也加強其他荷爾蒙的作用。

(5) 生長激素：回復健康，返老還童，青春之源，主要燃燒脂肪及重建肌肉張力，促進免疫系統，加強心臟功能，協助控制力所引起的傷害，強化腎上腺功能，促進肝臟分泌另一種荷爾蒙類胰島素因子，可重新活化細胞及身體內重要器官系統，甚至將逐漸減小的器官變回正常尺寸，係由腦下垂體所製造的。

(6) 孕稀醇酮：增進記憶力，促進思緒集中能力，克服無力感，緩和關節炎症，由膽固醇衍生出來，在人體的大腦及腎上腺皮質產出。

(7) 動情激素：號稱荷爾蒙革命之母，緩解停經症候群，預防心臟病，重建健全的性功能，預防老人痴呆症，促進思考能力，預防骨質疏鬆，降低大腸癌的危險，防止牙齒脫落，改善皮膚品質，在女性體內由卵巢、腎上腺及孕婦胎盤中製造。

(8) 黃體激素：女性身上的撫慰劑，預防子宮癌，天然鎮靜劑，促進滿足感，加強動情激素的作用，緩解停經症候群，刺激新骨質形成，治療神經病變，人體內孕婦的胎盤、腎上腺及黃體（破裂的膿泡）內三處分泌出的。

(9) 睪酮素：男性體內的睪酮素可增加性衝動，重新強壯的肌肉張力，振奮人力，預防骨質疏鬆，促進記憶力，降低血中膽固醇的濃度，預防心臟病，是由睪丸製造的。女性體內也會產生睪酮素，能增加性欲，緩解停經症候群，補充精力，強化骨骼，克服憂鬱，是腎上腺及卵巢製造的。

(10)甲狀腺荷爾蒙：不具長壽遺傳基因的人，應該多使用抗氧化劑，並改變生活方式來克服先天之基因缺失。因此要選擇健康的生活方式，適當的飲食習慣與身心運動，使用自然之抗氧化劑，補充能劑（補充能量）作為全身細胞的燃料，加強免疫系統，維持體溫，是身體中頸部喉結下方的蝴蝶狀腺體分泌出，每年製造不到一茶匙的甲狀腺荷爾蒙，受腦下垂體指揮。

（二）延緩老化的新科技

基因研究與生物科技的蓬勃發展，為延緩老化帶來最新的技術。不管癌症、慢性病、老年疾病都可能有更好的預防和治療。民眾留住青春的渴望也越來越濃，看看不斷冒出的抗老化相關產業就可了解。最新科技希望對延緩老化有更進一步的貢獻，主要方向如下（李宗派，2004）：

1.基因治療

預測壽命最好的指標之一便是父母。父母長壽，小孩通常也是。因此，壽命多少與遺傳自父母的基因有關。基於這個理由，科學家開始尋找是否真有讓生命長久的長壽基因，然後再將此基因植入體內，延長生命時鐘或是治好遺傳疾病。

為尋求基因治療，除排定人類基因圖譜，科學家也在其他生物進行研究，發掘長壽基因，以促使生物的生命力增長，且適應環境的能力較強。而在實驗生物發現的長壽基因，人類身上也有。

事實上，許多長壽基因在體內真正的職責似乎是藉清理自由基，達到延緩老化的作用。有的基因增壽的效果可能是參與調整新陳代謝，延長生命。這些在上節的生物老化理論與研究中都奠立了一些基礎。例如與限制熱量飲食有關的長壽基因，不只在動物，科學家也著手直接從人的身上找尋長壽的祕密。

有些針對百歲人瑞的研究，發現控制輔蛋白A和抗血管生成酵素的兩種基因與延緩老化可能有關。科學家研究這群老人，以及他們70幾歲的兒女，試圖找出長壽基因。雖然這些觀念看似簡單，但即使是一些耳熟能詳的疾病，基因治療離實際運用於臨床還有一大段距離，而實際運用在延緩老化或增加壽命的時間還要更久。但這是趨勢，許多專家猜測，當此等老化之謎全數解開之日，與老化有關的基因應不是數以千計，而僅是少數。屆時至少知道該修補與治療的基因所在。

2.幹細胞研究

無論自古傳下來的民俗療法童子尿，或是打胎盤素、活細胞，運用的人都相信，以年輕補老舊，必可收到美容強身效果。使用幹細胞修補體內受損細胞也是源自類似的想法。因為幹細胞是最年輕的細胞，特別是還沒被定型，有潛力發展成各種不同功能的細胞。

幹細胞是被寄予厚望的明日之星。不管是心臟細胞、血液細胞、神經細胞，幹細胞可以發展成200種不同功能的細胞，依靠的是各細胞中3萬個基因的開與關，以命令其發展為特定細胞的指令。科學家在2000年底只能讓幹細胞變成10種預定的細胞，但不到半年，已可變成100種。

不像基因治療遙遙無期，使用幹細胞治癒老化的疾病似乎指日可待。美國相關公司即大膽猜測，利用幹細胞治療，頂多再3-5年就可進行到人體試驗階段。使用這種「再生醫學」的治療，可以修補原本已受損的細胞，恢復正常功能。

例如帕金森氏症的病人，外科醫師也獲准在病人腦內植入用幹細胞發展的新細胞，恢復原有的功能，如停止顫抖。美國和英國的科學家都已證實這樣的治療在老鼠身上有效。除了這個病症外，這種像活泉的細胞，也可散播它的青春和活力到與老化有關的阿茲海默症、心臟病、糖尿病，或

是一些神經性疾病、自體免疫疾病，還有脊椎損傷等等。

雖然這種方法似乎大有可爲，而且即將實現，但卻遭遇極大的倫理困境。大部分的國家對使用胚胎幹細胞都有諸多爭議，尤其是爲了產生更多的幹細胞而做人工胚胎。成人體內也有幹細胞，而且近來的研究顯示，它們也有潛力發展成各式各樣的細胞。

不過，若是一次需要使用上百萬個幹細胞的治療，就顯得捉襟見肘。爲了避開使用人類胚胎幹細胞的爭議，科學家思考可否改用動物來源的幹細胞，解決倫理爭議。哈佛大學醫學院的研究員曾成功將豬的胚胎幹細胞轉移到一位帕金森氏症病人腦內。這些細胞在病人腦內成熟，並且可分泌多巴胺。不過，這是病人因其他疾病死亡後，解剖他的腦部才得知的效果。但運用動物幹細胞，雖然避開了使用人類胚胎的爭議，但這個方法又造成不同品種生物是否可以混合的倫理爭議。

3. 癌症的治療

進入中老年，也許可以不在意眼角多幾條魚尾紋，或是腰圍又粗了一吋，但是聽到每四個人就有一人會得癌症，可就無法如此輕鬆面對。癌症令人心生畏懼，甚至更令人害怕的是，治療本身對身體和生活品質造成的衝擊。

其中名聲最糟的，恐怕非化學療法莫屬（簡稱化療）。化療就像是個勇猛但莽撞的士兵，只顧往前衝，也不管是敵人──癌細胞，或是自家人──健康細胞，均殺個片甲不留。有鑑於此，新的抗癌藥物無不希望只殲滅癌細胞本身，留下健康的細胞，讓治療更溫和更人性化。

醫藥專家想出的好點子之一，就是先替癌細胞穿上與正常細胞不同的外套。如此一來，病人體內的免疫系統就會認清敵我雙方的差別，進而攻擊癌細胞。另一種戰術便是切斷敵方後援。癌細胞的生長也需要血液供給，若是切斷癌細胞上的血管，就像切掉軍糧補給，讓軍人不戰而敗。許多具抑制血管生成作用的藥物，現在紛紛再上戰場，接受抗癌試驗。

還有一招便是直接切斷癌症增加兵援的生路。有些癌細胞，例如造成慢性骨髓白血病的癌細胞，會產生一種蛋白質，就像傳令兵，通知癌細胞開始分化、複製，壯大軍容。若是能阻止這種蛋白質的訊號傳遞，叫細胞

增生的命令無法傳給細胞核，癌細胞反而會啓動自殺程式。

美國食品暨藥物管理局（Food and Drug Administration, FDA）於2001年核准上市的新藥，就是運用這種原理治療慢性骨髓白血病。雖然接受治療的病人中有癌細胞完全消失的個案，但研究也顯示，早期慢性骨髓白血病對藥物的反應較好，而晚期的病人常在治療6個月內就產生抗性。

基因科技也爲癌症治療帶來一線曙光。許多癌症的形成，可能肇因於會產生抑癌作用的基因遭破壞。因此，新的抗癌藥物可以只針對抑癌基因已遭傷害的癌細胞做攻擊。例如對頭頸癌治療效果不錯的藥物，主攻對象就是抑癌基因遭破壞的癌細胞。

此外，因90%的癌細胞都有端粒（與細胞複製有關），科學家猜測這可能是讓癌細胞無限制生長的原因。因此他們正積極尋找製造端粒基因，再加以對抗的方法。這些瞄準標的攻擊的抗癌新藥，也許一時仍無法達到完全根除癌細胞的目的，有些藥甚至尚在動物實驗階段，但肯定的是，它們不會帶來全面的破壞性。醫療科技讓我們逐漸了解老化和長壽的祕密，也找出治療疾病的新希望。雖然答案尚未完全揭曉，至少我們知道可以期待什麼，又該接受什麼。

上述的發展爲人類帶來無窮的希望，不僅壽命得以延長，生命的品質也更加提升。這對高齡者個人及社會都具有重要的意義，活得越長，了解越多，因而享有越多，品質越好。

綜合以上，本章針對高齡學據以發展的生理學基礎進行歸納，主要包括生理老化的現象、生理老化的理論、生理老化的因應等三大部分。在生理老化的現象方面，探討一般生理改變、感覺系統改變及老化病理現象等三大項；在生理老化的理論方面，分別有先天遺傳基因之理論取向，包括基因遺傳理論、細胞分裂理論、免疫系統理論、新陳代謝理論等，以及後天結構損傷之理論取向，包括耗損理論、交錯結理論、損傷修補理論、自由基理論等；在生理老化的因應上，則對生理改變的適應，以及對生理老化的延緩策略與科技加以說明。期盼隨著生物科技及醫藥衛生的發展，對生理的改變與理論上的探究，增進對生理老化的因應與品質。

第四章　心理老化現象與理論

　　個體的老化，表現在生理、心理及社會三方面。生理的老化，包括外表及內在二部分，這是他人觀察個體是否老化或老化程度的最明顯部分，也是個體自我覺察是否老化的最重要指標。一般人概念中的老化，往往係指生理的老化部分，事實上，老化也有心理及社會的層面。邱天助（2002）的研究指出，以生理退化界定老人者占49.3%，以社會認知及社會角色界定者占38.5%，以心理退化認定者，占12.4%。心理的老化係指個體對變老的心理感覺及現象；而社會的老化，通常係指個體在社會層面的改變過程及現象。個體在時間的推移中，產生了生理及心理的老化，這是一個無可迴避的客觀狀態，每一個人都會發生。在生理與心理老化出現後，其直接的結果就是個體與社會互動或關係的改變，故生理老化會導致心理的老化，這二者的變化又會導致社會的老化，如參與社會活動欲望的減弱、上進心不足、安於習慣、害怕改變，從而退出勞動市場或從社會活動撤離。本章探討高齡學的心理基礎，主要在探討心理學目前對有關心理老化的研究結果，其次探討心理老化的相關理論，以了解心理老化的現象與原因，再次提出面對心理老化如何因應與調適。茲分三節說明如下。

第一節　心理老化的現象

　　個體心理老化係來自個體生理老化的結果。個體因生理的老化，使其感覺與知覺產生變化，智力與記憶能力出現了改變，在人格與情緒上做了調整，以及對心理健康產生影響，這些都是心理老化的重點所在，本書將另有專章探討。一般所謂心理的老化，是指個體在逐漸變老的過程中，所相伴而生的心理反應，亦即個體對老化的一種心理感受以及對自我感覺到老化的心理表現方式。

一、對「老」的心理感覺

個體何時感覺到自己「老」了，沒有人能指出確切的時間點。因生理老化的過程，是緩慢而靜靜、持續的進行。個體對「老」的感覺，一定要等到各種內、外在生理的變化持續而多面向的發生之後，引起自己的察覺，直至超過了閾限（threshold）後，才會承認自己「老」了。對於個體在何種情況下，才會感覺自己老了，或承認自己「變老」了，美國成人發展心理學家懷特伯恩（Whitbourne, 1999）曾提出「生理老化與自我認同的多重閾限模式」（The Multiple Threshold Model of Physical Aging Identity）來加以說明。他指出老化的過程不斷挑戰自我的穩定感。老化的多重閾限模式就在說明年齡改變與自我認同、因應過程、調適結果及與年齡有關的行為改變關係。在此模式中，所謂閾限值（threshold）係指個體因年齡改變而被迫承認「老」的時間點。在此一閾限未達到前，個體並不承認自己已「老化」（aging）了或是「老了」（old），或甚至已有「老化」的現象出現後亦不承認。而一旦跨過了閾限，個體就會承認老化所帶來的功能喪失，而開始改變自我認同，來加以適應。

在此模式中，所謂「多重」（multiple）係指老化過程與身體的每一個系統（system）有關，故沒有單一閾限可以導致對老化的自我認同。個體可能會對某種功能的改變，如動作，感覺到「老」；但對其他的層面，如視力或智力功能，並不覺得老，或仍覺得年輕。是否會跨過閾限，一方面需視老化過程的實際影響；或它對某特定而重要的功能產生的影響。活動力對個體而言，可能尚非重要，因個體重要的樂趣來源，尚可因靜態的閱讀活動而得到。故活動力的改變，如與視力或記憶的喪失相比，可能與個體對環境的適應或自我認同沒有多大的關聯，對個體適應與能力有重要影響的改變，才會對自我認同有所影響。而且個體間達到閾限的能力各有不同，有些人快；有些人面對年齡的改變，影響相當小，甚或否認，個體到達閾限的時間點是相當有彈性的。導致個體自我認同的改變，通常來自外貌、活動性及內在系統的變化等三部分。懷特伯恩的自我認同與生理老化的多重閾限模式如圖4-1-1所示。

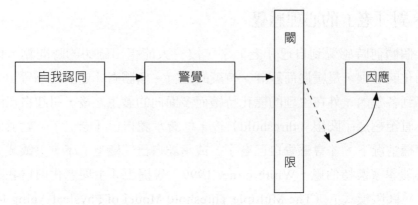

圖4-1-1　懷特伯恩的自我認同與生理老化的多重閾限模式

資料來源：Whitbourne, 1992: 92。

個體感覺到老或老化，是相當主觀的，上述懷特伯恩就指出個體間有相當大的差異存在。如以實足年齡而論，美國心理學家圖克曼（T. Tuckman）曾進行老年自我感覺的研究。他指出自我感覺「老」的年齡；在60歲的占17%，70歲的占38%，80歲的占54%；而且85歲以上的高齡者仍自我感覺是中年人的竟還有30%，感覺自己還是年輕人的占11%（鄔滄萍，1999）。可見對老的自我感覺的年齡，在個體間有相當的差異存在。在我國方面，邱天助（2002）曾以立意抽樣訪談498位各年齡階層的民眾，在認為幾歲是老人方面，整體反應以60歲（26.7%）及65歲（21.7%）居多，但不同年齡者的看法有所不同。與老年距離較遠的年齡層，有將老年提早界定的趨勢；而臨界法定老年的年齡層，有將老年延後界定的趨勢；身處法定老年層者，反而有將老年擴大的趨勢。如40歲以下者，反應55歲或60歲為老人者的比率，在各年齡層中最高。而65歲以上者，則反應以60歲、65歲或70歲才是老人者比率較高。他認為年輕人（21至40歲）這種將老年提早界定的現象是「排斥邏輯」的作用，或稱之為「年輕人的老年排斥」。中年人（41至60歲）將老年延後界定的現象是「中年人的老年焦慮反彈」，將自己與老年區隔；而老年人（65歲以上）將老年擴大的趨勢，則是「吸納邏輯」作用，屬於「老年人的族群泛化」，旨在擴

大族群類化他人，並自我肯定。此種解釋或有參考的價值存在。

二、心理老化的表現

　　心理老化主要係受生理老化的影響，而產生的一些心理現象。生理老化，一般而言，類皆因外在或內在系統造成一些機能的衰退，而產生功能的退化與不足。此種反應以消極與負面的居多。至於心理老化所表現出來的現象究竟如何？歷來有各種的說法，歸結而言，正向與負向兩種影響都有，亦即生理的老化，類皆爲負面居多，而心理的變化，則可能兩者兼具。

（一）正向的表現

　　由於歲月的推移、經驗的累積，對個體會有正面的影響。一般反應在情緒與智慧兩方面。在情緒方面，越老越穩定，越能對自己的情緒加以掌握，不衝動，達到所謂平心靜氣、平順溫和的狀態。在智慧方面，一般認爲越老越顯睿智，而有智慧的產出。智慧是一種來自經驗與生活淬鍊的結晶，可以應用於實際生活中的一種智能。它可以表現在各種生活層面上，包括判斷力提升、解決問題能力的增強。所謂越老越懂人性，越了解物性；越老越能洞悉因果，越能掌握事件的脈絡。智慧與老化的關係，一直受到關注，我國俗諺有云：「家有一老，如有一寶」、「嘴上無毛，辦事不牢」、「薑是老的辣」等，均在說明年長者是具有智慧的人，也有很多民間的傳聞或生活軼事都指出智慧是老年人的特徵。

　　在實證性研究中，也有很多的研究發現年齡與智慧的發展有關（Ardelt, 2000; Baltes & Smith, 1990）。柏提斯和史密斯（Baltes & Smith, 1990）兩人曾進行相關研究，發現有智慧的人中，多數爲老人，但老人不一定有智慧。丹尼爾及其同事（Denny, Dew & Kroupa, 1995）曾進行有關一般民眾對智慧看法的研究，要求受試者舉出他們所認識有智慧的人，幾乎所有不同年齡的受試者，所提出的人員都比他們自己的年齡大，顯示一般人認爲年齡與智慧有關的看法，確實普遍存在。由此可知，老年

人由於有較豐富的生活經驗，較有解決兩難困境的經驗，有淬鍊解決問題的能力，故較有可能長出智慧，應係事實。

（二）負向的表現

心理老化既來自生理的老化，而生理的老化，又類皆為消極、負面的居多。因此，心理老化屬於消極、負向的部分亦屬不少。如就得（gain）與失（loss）的觀點而言，一般的研究類皆指出老年期失多得少。當人生在「得」的時候，往往顯現高興、快樂、愉悅的心理與情緒；反之，面臨「失」的時候，就會顯現灰心、失望、抑鬱等負面的情緒。個體進入老年期，通常被視為走入「喪失時期」，將不斷面臨健康的喪失、動人容貌的消褪、經濟獨立性的失去、同輩親友的凋零、動作能力的減退、家庭及社會地位的喪失、智能與生動情感的衰退等，這些改變，均會導致老年人負向的心理與情緒的出現。一般而言，老年人所顯現的負向心理與情緒可以歸納為三部分：

1.自我概念的改變

由於外在及內在系統的改變，以及各種組織功能的減退、能力的喪失，因而會影響老年人對自我的看法，一旦超越了閾限後，個體或別人就會認定自己是老人。這種自我概念的改變，對其心理與行為有重要的影響。在心理上會影響其自信心與自尊心，使其信心不足，導致其不敢嘗試新的事物。自尊心減弱會使老年自覺無法與年輕人相比，參與社會活動的意願低落，從而逐漸與社會群體分離，斷絕人際來往，走入自我封閉的生活方式。

2.認知功能的減退

由於流質智力的減退，影響老年人的學習力，會使老年人的學習意願低落，因而學習動機減退；尤其是記憶力的衰退，所謂「越老越記不住」，老年人的記憶力不好，是社會中一般人相當普遍的概念，事實上，記憶力的確與年齡有關，研究也證實年齡越大，記憶力越差（Cavanaugh & Blanchard-Fields, 2002）。老年人在訊息的進入、保存及檢索上確有若干程度的困難，因此，老年人在認知功能的表現，會有減退的現象。

3. 人格情緒的改變

　　在有關人格的研究中，發現個體在變老的過程中，會伴隨一些人格上的改變，包括越來越內向化、中性化（即同時兼具兩性人格特質者）、越來越場地依賴、越外控傾向（Reedy, Birren & Schaie, 1982; Schaie & Willis, 2002; Whitbourne, 2008）。有關老年人的性格特徵，日本學者金子與德國學者馬姆尼克（Mumnichs）等人曾分別進行探討，發現不論東西方，老年人的性格表現有頗多類似的地方，包括：(1)自我中心；(2)內向性；(3)保守性；(4)好猜疑、忌妒心強；(5)固執，欠缺堅韌性與靈活性；(6)適應力衰退；(7)嘮叨，怨天尤人，牢騷滿腹；(8)愛管閒事；(9)依賴性大；(10)有抑鬱傾向（鄔滄萍，1999）。上述的探討，並非指老年人都具有這些特徵，而是具備其中的一、二項或幾項而已，且輕重程度不一。我們一般常指老人固執、僵化、保守、嘮叨、猜疑、易怒等，與前述的研究，有不謀而合之趨勢。

第二節　心理老化的理論

　　理論係指一組相關的假設，具有邏輯性，用以解釋某種現象產生的原因、過程以及結果，因此，理論也具有預測性。有關老化理論的探討，在生理層面上，可以了解人類生物老化的原因與現象，提供預防老化的方法；在心理層面上，可以了解老人的心態、認知、思考、學習動機、情緒及人格的發展；社會層面上的探討，著重在了解及解釋社會互動、社會制度與價值觀對老化過程適應的影響。為了解心理老化的原因、過程及心理老化的結果，有必要進行相關理論的探討，一般在心理老化常提到的理論有艾利克遜（E. H. Erikson）的心理社會發展危機論、佩克（R. C. Peck）的發展理論、認知行為理論（Cognitive-Behavior Theory）、訊息處理理論（Information Processing Theory）、社會情緒選擇理論（Socio-emotional Selectivity Theory）、認知情緒發展理論（Cognitive Affective

Development Theory）、差異情緒理論（Differential Emotions Theory）及分離情緒功能主義者理論（Discrete Emotions Functionalist Theory）等。艾利克遜的理論，從人生整體的發展，論述到老年期的發展危機；佩克的發展論，則從發展任務的觀點，提出老年期的發展任務。認知行為理論和訊息處理論則在說明老年期認知能力的衰退現象。社會情緒選擇理論、差異情緒理論及分離情緒功能主義者理論，旨在從不同的觀點來闡明老年期的情緒狀況。由於心理老化所涉及的層面甚廣，因此，目前已發展出來的理論，均能說明個體某一心理現象的老化情形，各有所偏重，但尚無一種理論可以解釋所有心理層面的老化過程與現象。紐豪斯夫婦（Robert Neuhaus & Ruby Neuhaus）指出「既有的老年學理論，沒有一個能適合解釋所有的老年現象；因此，老化可能是好幾種原因造成的；也可能是尚無人能對這些過程做足夠的了解而提出一個完整的可行理論。」（引自蔡文輝，2008）。此外，可能的原因是許多理論的建立，往往以少數居住療養院或有疾病的老人為對象，不具代表性。因此，未來有關心理層面的老化理論，將會持續發展，應可預期。

一、心理社會發展危機理論

此一理論係由發展心理學家艾利克遜於1963年所提出。他的理論來自佛洛依德的精神分析學派（Freudian Psychoanalysis），但對個體的了解從家庭轉移到變遷中的社會，強調發展是個體、社會與歷史的交互作用，亦即個體的發展係來自心理與社會兩層面，因此艾氏生命發展理論的核心即在於個體、社會及歷史的緊密結合。他從生命全程的觀點提出個體一生的發展可以分成8個階段，如圖4-2-1所示。

由圖4-2-1所示，每一發展階段都有一種發展的危機。這是由兩個相對的心理趨向產生衝突而來。個體每一生命階段的任務，就是要解決這種衝突，以促進自我的發展，而達到成熟。如不能順利解決，將影響下一階段的發展。他使用「危機」（crisis）一詞，並不意味著有災難發生，而

8. 老年期 50歲-80歲								智慧統整-悲觀絕望
7. 成年期 26歲-50歲							照顧生產創造-頹廢遲滯	
6. 青年期 18歲-25歲						愛親密-孤立		
5. 青少年期 12歲-18歲					信任統合-角色混淆			
4. 學齡期 6歲-12歲				能力勤勉-自卑、自貶				
3. 遊戲期 3歲-6歲			目的自發-內疚					
2. 幼兒期 18個月-3歲		意志自動-害羞、懷疑						
1. 嬰兒期 出生-18個月	希望信任-不信任							
時期	1	2	3	4	5	6	7	8

圖4-2-1 艾利克遜的心理社會發展危機理論

資料來源：修改自Perlmutter & Hall, 1992: 290; Quadagno, 2014: 16。

是強調衝突的解決，就可以使發展朝向任一方面發展，可能是有益的，也可能是有害的。

在艾氏的理論中，指出第一期的發展任務在於發展世界是好或壞的感覺；第二期在尋求獨立與懷疑的平衡；第三期在於嘗試新事務而不被失敗所打敗；第四期在於學得文化的基本能力或發展無能感；第五期在於獲得自我或角色的混亂；第六期旨在致力對他人的承諾或陷入孤立與專注自我；第七期關注對下一代的指導或缺乏責任的完成感。

在艾氏的理論中，特別提出老年期主要的發展任務在於自我統整（ego integrity），發展對個體生命全程的統合感，即在照顧他人及被照顧間與生命終結等尋求統整。老年期的發展衝突就在於統整與悲觀絕望，個體在此階段中，對即將瀕臨生命終結的反省，思考生命期的意義與價值。當其向好的方向發展時，即統整獲勝時，會對過去的選擇與結果感動滿足，相信自己已盡了全力，就會擁有超越感，而有「智慧」的產出，這是老年期的力量；當失望在發展上取得優勢時，即對失去的機會感到惋惜與不滿，個人就會害怕死亡。對生命的結束感到無奈與失望。為尋找生命的意義，老年人會透過生命回顧（life review）的過程，對過去做檢驗與反省，而非只作過去快樂經驗的回憶（reminiscene）。

艾氏理論提出了個體在不同生命階段發展的關鍵，具有生命全程的發展觀，對於老年期發展核心的看法，也受到不少學者的支持並輾轉引用，迄今不衰。但艾氏的理論也被檢驗，有些學者指出對階段的觀念缺乏嚴格的科學描述及劃分，故他的主張被認為是猜測性質（張東峰、鄭伯壎，1981）；再者，一個階段的發展受阻，仍可在後期獲得補償，艾氏的妨礙後期發展的說法也被認為過於武斷（鄭肇楨，1987）。此外，艾氏的理論一直被視為一種心理發展的建構，但最近研究卻顯示它是建基在文化情境之上。蓋這些階段均是依種族、性別和社會情境而來。其發展模式以直線式的序列進行，並未考慮到文化的影響與變異。性別、種族、宗教、性傾向及世代差異等文化層面都會影響發展的過程。同時，在階段的劃分上，成年期過長，尚可區分成幾個階段等，也是受到批評的地方（Quadagno, 2014）。

二、發展理論

此一理論係由佩克（R. C. Peck）在1955年所提出。佩克將艾利克遜的理論中老年期的發展任務擴充為三層次，強調老年人為了心理發展順利，必須解決發展上的三大危機，包括：

1. 自我分化與工作角色偏見的危機

中年時期的價值感來自工作角色或職業。因此，對某些人來說，從退休開始，就象徵其價值感急速衰退。具有良好分化的個體，其所擁有的價值感來自好幾個層面，其中任何一個皆可用來取代工作角色或職業。故在個體面臨退休之時，會有兩種可能性發生，即失去價值感或重整其自尊。故老人退休後就處在失去工作，沒有價值或尋求更多值得自傲與肯定的屬性，以維持自己的活力與自我的概念。

2. 身體超越與身體偏見的危機

老化帶來身體功能的衰退，故老年人所面臨的第二個危機是適應與超越身體功能的衰退。身體的健康為幸福之源，但隨著機能的衰退，降低了對生活的滿意度與幸福感，心理社會功能會受到傷害；另外一些人可能從人際關係的重視與獲得，來克服身體的不適，維持滿意的生活。故老年人的任務，在於擺脫對身體的過度重視，摒除對力量、美貌、肌肉的崇拜，代之培養心智與社會的力量。

3. 自我超越與自我偏見的危機

自我超越係指接受死亡，對人生最終的旅程不懼不憂，坦然接受，代表生命之生生不息，故不是被動無奈的接受死亡，而是主動的做計畫，超越死亡。自我偏見則是個體拒絕即將面臨的死亡，沉溺於眼前的自我滿足。因此，老人必須超越現時、現地的自我，對死亡有一種坦然接受的看法，進而超越自我。

基於上述，老人的發展任務，在於自我分化、身體超越與自我超越，才有健康幸福的晚年（邱天助，1991；Peck, 1955）。

佩克的發展論，事實上是對艾利克遜理論的補充與擴張，其提出的老年期三大發展危機，對老年期發展任務的看法，也受後繼不少學者的支持

與肯定，成爲進行老人適應問題與輔導上的依據與重要參考，有其應用上的價值。

三、認知行爲理論

從認知行爲（cognitive-behavior）的途徑來探討老化，已越來越普及且被接受爲檢驗個體晚年生活的一種良好的架構。此一觀點係來自認知行爲治療（cognitive-behavior theory, CBT）學派，其主要代表人物爲伊利斯（A. Ellis）、貝克（A. T. Beck）和梅陳保（D. Meichenbaum）。他們主張個人思考的方式多數取決於他的感覺，亦即思想會引發情緒的反應。個體所以會對老化具有正向的態度，可從認知行爲理論上獲得了解。故美國前總統卡特（J. Carter）1998年在其所著《老化之美善》（The Virtues of Aging）中指出：「我是老人，但這是好事」（I am old, but it's good.）（Hayslip Jr. & Chapman, 2007：58）。這種對老化的正向態度，即來自於對老化的認知。

認知行爲理論就是試圖改變個體不適當的思考習慣，以減輕情緒困擾，包括沮喪、生氣與焦慮等，以促進個人日常的適應。其過程可以A-B-C-D來加以描述，A代表事件及使個體焦慮、沮喪等的事情，B代表使自己變老的信念，C代表情緒困擾。老人會認爲他的情緒困擾（C）係來自逐漸變老（A）。但伊利斯（Ellis, 1962）堅持年齡（A）並不會引起情緒困擾（C），而係由婦女想到她正逐漸老化（B）而引起。因她認爲老化會使人沒有價值、不受尊敬或被愛，這些錯誤的信念使她有不適應的行爲（D）出現，如孤立自己、避免與社會互動或其他不良適應的行爲，如飲食及睡眠的困擾，無法自我照顧，或自虐行爲的產生（如酗酒）。

此種認知行爲的治療，具體應用在情緒和心理健康老人的身上，就是要強調引發事件（A）（如個體健康的改變、退休、收入不足等）、不理性的認知與想法（B）以及結果（C）（如沮喪、焦慮）等之間的關係。其要素就是要以理性的想法與認知來改變不理性的信念（Ellis & Velton,

1998），如：我應常被別人喜歡、我應該有年輕的身體、我永遠不能有
不健康的樣子。老年人似乎常有想法錯誤或不切實際的觀念（Hayslip &
Caraway, 1989）。

　　認知行為的理論已被成功地應用在各種老年人的認知與情緒的問題
上，包括沮喪、記憶喪失、考試焦慮、慢性病的副作用、智能任務的表
現以及反應的緩慢（Thompson , Coon, Gallagher-Thompson, Sommer &
Koin, 2001；Zeiss & Steffen, 1996）。

四、訊息處理理論

　　訊息處理理論與認知行為理論，在了解因年齡的增加而導致功能的喪
失，個體如何處理與因應，都是相當有效的說法。所謂訊息處理（infor-
mation processing）係指個體如何經由感官接受訊息、處理訊息、貯存訊
息以及使用訊息的心理歷程。這是認知心理學對個體處理訊息的心理歷程
所做的推論性解釋。此一名詞的使用，係將人類大腦的結構與功能視同於
電腦結構看待。人類經由環境收受訊息，並對所接受的訊息加以操作、儲
存、分類和檢索，如同電腦接受訊息，並加以處理、儲存的過程一樣。人
類對訊息的再認、檢索、學習、統整有如電腦的硬體；人類的累積知識，
就如同電腦的儲存資料。訊息處理的策略，有如電腦的軟體。學習與記憶
是一種在認知系統內處理訊息的過程。記憶是對已學得的訊息，加以保留
和檢索，二者關係密切。不管是記憶與學習都關係到不同程度的訊息處
理，包括獲得、儲存和檢索。檢索（retrieval）就是指個體在需要時，從
記憶中查取所貯存之訊息來加以應用。故個體對訊息並非被動的接受，而
是主動地進行處理。故個體在訊息處理過程中的注意及其他資源，如期
望、情緒和態度等都會影響學習與記憶。從訊息處理的觀點來看，老年人
在問題解決及真實世界中，都是一個積極的處理者。

　　此一理論主張，在面對訊息時，個體會發展出邏輯的處理程序及策
略。訊息處理理論者非常強調部件處理（component process）。部件處理

包括編碼、儲存、形成規則和型態分析等要件。此外，訊息處理理論者也主張在進行處理時，會參酌可能得到的資源或空間。老年人因年齡而導致的速度或正確度的不足及衰退，都會存在處理訊息的各要件中。故年齡增加而導致智力的下降，從訊息處理的觀點而言，就是中樞神經處理資料上的速度、能力和效率的問題，如運作記憶較差、注意力不足、處理速度緩慢等。因此，加強部件處理的技巧就是可以改善的途徑。

美國耶魯大學教授史坦柏格（Sternberg, 1985）提出智力三元論（Triarchic Theory of Intelligence）的說法，主要受到訊息處理理論的影響，試圖以認知歷程的觀點，解釋認知活動所需的能力。他主張個體智力的高低差異，乃是在面對刺激情境時，個體對訊息處理的不同所致。因此，了解個體在認知情境中的訊息處理方式，可鑑別其智力的高低。他認為智力係由三種成分組成，連接成一個統合體的三邊。各邊長因人而異，而形成智力的個別差異。智力的三種成分包括：部件性智力（componential intelligence）、經驗性智力（experiential intelligence）及實用性智力（contextual intelligence）。部件性智力係指個體在解決問題中，運用資料，經思考、判斷、推理等的能力；經驗性係指運用經驗處理問題，統整觀念形成頓悟的能力；實用性智力，係指運用知識經驗，處理生活事務的能力。

史坦柏格主張智力的三個成分就是我們行為適應的基礎。智力的後設部件就是在執行行為處理的過程，促使個體對正要執行的事件做計畫，進行中的事件作監控，及進行後做評鑑，這些都是一種心理的運作過程（如編碼、作推論、進行比較），用以解決特定的問題。

有關認知發展，從訊息處理的觀點所進行的實證性文獻相當多，對於年齡較大的人認知表現的衰退，提出了各種說明，包括：(1)訊息處理速度的減慢；(2)運作記憶能力的下降；(3)注意力不能集中，移轉到無效的訊息上；(4)感官功能的減退；(5)對新訊息的複述能力受到損害（Hayslip Jr. & Chapman, 2007）。柏提斯及魏利斯（Baltes & Willis, 1982）的研究發現老年人的流質能力可以透過認知技巧的訓練而獲得增強。因此，可以經由認知技巧的訓練來改進老年人的流質能力。

五、認知情緒發展理論

老年人對於情緒的覺察、說明情緒的能力以及控制情緒的技巧等，都是個體晚年認知活動的重要部分。有關對情緒發展及自我控制的關注和探討，與其他認知行為或老化的訊息處理觀點比較，歷史甚短，屬於新近的議題。

情緒的發展貫穿個體一生，已有大量的文獻進行探討，可謂汗牛充棟。唯本書所探討的側重在情緒系統的穩定性、生活經驗和管控是否隨年齡的增加而有所改變，個體間的差異及個體內發展的軌跡如何等。有關此方面的說法，有三種重要的理論，關注到情緒改變的動力，即卡斯坦遜（Carstensen, 1995）的社會情緒選擇理論（Socioemotional Selectivity Theory, SST）、拉伯維-威富（Labouvie-Vief, 1995）的認知情緒發展理論（Cognitive-Affective Development Theory, CADT）和馬格（Magai & Nussbaum, 1996）的分離情緒功能主義者理論（Discrete Emotions Functionalist Theory, DEFT）。前面二個理論同質性較高，故本處對拉伯維-威富的理論不作探討。以下只介紹卡斯坦遜的SST理論和馬格的DEFT理論。茲分述如下：

（一）社會情緒選擇理論

此一理論旨在說明老年情緒控制能力的增強及正向情緒增加的現象。此一理論係由卡斯坦遜於1990年初期所提出，源自於康米和亨利（E. Cumming & W. E. Henry）在1960年代初期所提出的撤退論。這是一種非病理學的探討，試圖要在個體生命期中對社會動機和情感控制作明顯的連結，但不把晚年從社會活動中撤退視為全面衰退或沮喪的信號，而主張晚年社會網絡的縮小是一種適應與正常的老化模式，與情緒控制有關。此一理論主張社會互動係受三種初始動機所驅使，包括尋求資訊、發展及保有自尊和控制情緒。此三種動機在整個生命期中均存在，但在不同生命階段的重要性不同。

在生命初期，個體的經驗少，也沒有時間去獲得知識，故兒童期及成年期社會互動的重要目的之一即在於獲取新經驗，此時社會網絡建基於

「交往」，個體大部分的時間及精力花在開拓廣泛的社會關係上。維持廣泛的社會關係，其目的在於獲取各種獨特的經驗，俾建構新知識。成年期旨在致力發展和維持自尊，發展途徑來自選擇性的親近關係人之上，如重要的照顧者及有影響力的導師與長輩。至中年，知識獲取的重要性減退，而情緒控制的重要性則相對提升。因此，社會網絡消退，個人的時間與精力較少花在結交新朋友或維持表面的交往。已有的親密關係會更加深化，更多的時間會花在親近的朋友及家人的關係上。此種轉變的理由有二：一為人到中年，透過自己經驗及他人的經驗，很多成人已獲得廣泛的知識；二為人到中年，人對時間的知覺改變，較了解眼前有限的未來，對時間的建構由「已過多久」到「還剩多少」，即由累積觀轉為剩餘觀。

對於社會網絡的窄化及選擇性親密關係的深化，旨在顯現第三個初始社會動機，即專注於情緒控制上。情緒控制的成功，表現在正向情緒的高度發揮，負向情緒減少。隨著年齡的增長，個體會花更多時間和資源在高度發展正向情緒，花較少的時間在引發負向情緒，甚至加以縮減或揚棄。

有若干實證性的研究支持社會情緒理論。研究發現正向的情感會隨年齡增長而略為提升（Mroczek, 2001），也有研究發現老年人比年輕人較少陳述負向的情感（Carstensen, Pasupathi, Mayr & Nesselroade, 2000）；且隨著年齡的增長正向情感維持較久，而負向的感覺則消失較快；另有研究指出老年人比中年人或年輕人較少提到沮喪、焦慮、敵意、害羞，但較多提到滿意的事（Lawton, Kleban & Dean, 1993）。

由前述的探討可知，社會情緒選擇理論，已有不少實證性研究的支持，尤其指出年齡增長，正向情感會有高度的發展。但研究亦指出社會關係是影響情緒控制的主要變項，因年齡而產生的社會網絡廣度與深度的改變，對個體的情緒的控制與表現具有重要的影響。

（二）情緒功能主義理論

情緒功能主義理論（Discrete Emotions Functionalist Theory, DEFT）旨在說明老年情緒的複雜、穩定與改變的原因。此一理論係由馬格（C. Magai）所提出的「分化情緒理論」（Differential Emotions Theory,

DET）加以擴大與調整而來，兩者都主張隨著年齡的增長，在情緒經驗上會越加複雜。分化情緒理論由伊若德（C. Izard）於1990年代提出，用以說明人類情緒的區塊與功能地圖，其理論植基於1960年代湯波金斯（S. S. Tompkins）的情緒理論，並依循早期達爾文在1872年所提出的情緒原則。分化情緒理論只探討個體早年的發展過程，很少提到成年人與老年人的部分，馬格則將其擴展到整個生命期，特別側重在分離情緒的動力及長期的發展脈絡。

　　分化情緒理論將人類的情緒分爲：興趣（interest）、高興（joy）、生氣（anger）、悲傷（sadness）、害怕（fear）、驚訝（surprise）和厭惡（disgust）等七種不同性質的情緒狀態。每一種情緒都有三種部分：(1)中樞神經的評估部分（neural-evaluative component）：這是用以產生和認知情緒的生理結構與功能；(2)表現性的部分（expressive component）：這是有關情緒的聲音、臉部及其他非語文的特徵；(3)經驗性的部分（experiential component）：這是與各種情緒有關的認知和動機的部分。個體有四種情緒的發展較遲，包括鄙視（contempt）、害羞（shame）、膽怯（shyness）及罪惡（guilt）。因爲這些情緒的發展與早年基本的認知運作有關。個體要能區分出自己和他人的不同後，始會發展這些情緒，故其發展較慢。

　　從進化的觀點而言，這些情緒提供了重要的動機源起，這也是個體的一種適應方式。例如害怕係由知覺到危險，立刻要戰鬥或逃離所引起。生氣係由遇到挫折或計畫的行動受到阻礙而產生。伴隨認知的發展，這些特定的情緒就成爲一定的想法，形成表達情緒的架構。複雜的情緒需要幾種個別情緒的融合及多種情緒架構的互動，如焦慮就混合害怕、害羞、膽怯，和一些思想、記憶及想像的結合。

　　隨著年齡的增長，這些基本的情緒仍然不斷發展，情緒會與特定的思想和記憶相連結，即情緒架構會更加複雜。故DET也強調隨著年齡的增長，會增加認知與情感的複雜性，但也保留了穩定性與一致性。對老人而言，此種穩定與一致性即具有適應的價值，相同的刺激出現就會引出相同的情緒反應，而形成個人終身在不同情境下顯示相同的情緒特性。

　　建基於DET理論上，DEFT更清楚地從動力系統的理論觀點闡述情緒的基本的、動機的和組織的特性在發展上的意義。從早兒童期開始，引發某種情緒的外在刺激如經常出現，就會導致該種情緒的一再顯現。如經常處於不安全的環境中，就會有害怕的情緒出現，一再重現就會有社會抑制的行為發生，更強化害怕的情緒。此種經驗一再複製，特定的情緒經驗就在人格架構內固定化，而顯現一致性。

　　依據動力系統理論的原則，DEFT主張人格的平衡可能也會因個體的自我系統的突然變化而被迫中斷，其顯現可能很小或不明顯，卻有深遠的影響。這些改變對在情緒的影響相當強烈（經常是人際的事務），會導致人格突然的變化。經典的事例，就是宗教信仰的突然改變，這是一種個人信仰主體的更動，接著會對自己核心信念進行整個的重估，而採取新的行為模式。依據DEFT的說法，此種快速的人格改變，在面對一種強烈的非典型（atypical）經驗時，通常會與特定而令人驚奇的情緒有關，如昏倒、震驚、驚奇的狀態。雖然是驚奇的經驗或可能是負向的震驚事件，如罹患癌症，但此種經驗也會引發強烈的正向情緒，而改變人格的系統。然而單獨的、高度的、顯著的情緒經驗並不足以引發人格的改變，通常要伴隨著對原有觀點的思想及信念上的懷疑，而後重建新信念。接著，個體會經驗一段採取新觀點的探索時期。這種事件的發生必然會有重大的人際情境出現。在情緒經驗的改變上，人際事件比非人際事件更可能導致這種情境的發生。

　　DEF和DEFT的主張，也獲得若干實證性研究的支持。卡斯坦遜等人（Carstensen, et al., 2000）的研究證實隨著年齡的增加，情緒經驗也更加複雜。伊若德、利柏洛、波特蘭和海尼斯（Izard, Libero, Putnam, & Haynes, 1993）的研究，針對剛生小孩的中產階級母親探討其11項基本情緒的穩定性，發現在3年中，除「罪惡」一項外，其餘穩定係數達.69至.70，罪惡一項為.50，證實個別的情緒是相當穩定的。伊若德及其同事（Izard, et al., 1993）研究人格與情緒的關係，發現正向情緒與外向性有密切相關，負向情緒與神經質的相關甚高，其原因在於他們認為人格特質乃是特定情緒經驗組成之故。

此外，馬格在1999年曾針對60位中高年齡者（平均年齡63歲）探討情緒傾向、人格和個體對情緒有重要影響的生活事件的知覺，為期8年，發現在焦慮、沮喪、興趣、生氣等均呈現相當穩定，在侵略性呈現中等的穩定（穩定係數為.47至.75）。而人格的改變則與重要的人際事件有關，如結婚或離婚（Hayslip Jr. & Chapman, 2007）。此項研究支持了DEFT的主張，即人格有可能發生改變，此種改變是具有人際意義的重要情緒事件所帶來的。

總之，情緒功能主義者的理論，認為個體的情緒包括不同的情緒特質，自出生以後，透過與環境或重要的事件互動而形成。隨著年齡的增長，個體的情緒經驗就更加複雜。情緒是相當的穩定，經內化而形成人格的一部分。故人格與情緒的關係相當密切，人格的改變通常來自重要情緒事件的發生。一般而言，人格的改變是緩慢的，但如果出現了在情緒上有強烈影響的事件，則改變也可能突然發生。綜而言之，馬格的情緒功能主義理論，提供了解老年人情緒發展的內部動力關係，以及老年人情緒的複雜性與多樣性，也闡明了情緒與人格有重要的關係存在。

第三節　心理老化的因應

本章旨在探討心理的老化現象，及各種心理老化相關的理論，以了解心理老化的現象、歷程、成因與結果，提供了解老人及老化相關議題的基礎。有關心理老化的現象及成因、過程等已在本章前面二節中有所探討。本節特就個體面對心理老化現象及其成因，提出因應與調適的途徑，以提高老年人心理適應的能力。茲分八點說明如下：

一、對「老」要有正確的觀念

每個人都會老，老是人生必經的歷程。個體何時變老，通常不會為

個體所知，往往是在多重身體外貌、生理機能或心理能力產生變化或衰退之後，才被迫承認。一旦個體承認自己「老」之後，會影響自我的觀念，導致自信心及自尊心的降低，在心理、行為及社會互動就相應產生改變與調整。對「老」的認定，是一件相當主觀的意識。有些人很早就認定自己老了，有些人則很遲才承認，甚至永不承認。對於「老」的到來，個體要有正確的觀念：首先，要了解每個人都會老，不可能不老，老是一種無可逃避的過程。它是個體發展的一種必然現象，無從逃避，也無法抵抗。了解它，順應它，這才是正確的態度，一味的否定，拒絕承認，將遠離實際（reality），落入理想與現實的矛盾中，因此，觀念的轉變，自我的調適是相當必要的；其次，「老」不一定都是不好，「老」也有好處。人生每個階段均有利與不利的地方。老年階段並非都帶來個體的衰敗或能力的不足，事實上，老在生活中也有很多的好處，包括可以卸下生活及社會的責任，開始享有養老金、退職金及各種福利的措施，可以完全過自己想過的生活，可以發展自己的興趣與嗜好等；第三，老年期相當漫長，要好好利用。由於社會的變遷、壽命的延長，老年期不斷的向後推移，以今日的老人估計，從退休後開始計算，老年期可以長達30至40年，這樣漫長的老年期，絕不能「坐等」，辜負了人生大好的時光，應該要主動積極做好準備與規劃，事前做好準備，進行妥善的規劃，老年期仍然是人生璀璨的黃金時期。

二、改變對「老化」的認知

要對老化有正確的認知，依認知行為理論的觀點，首在消除不正確的信念。對老化而言，個體首先要了解老化表現在三個層面上，包括生理、心理及社會等，一般人對老化的認知，通常只從「生理」的角度著眼，忽略心理與社會的層面；其次，生理老化在先，心理及社會老化在後。生理老化是心理及社會層面老化的先決條件及發生的基礎。在生理老化之後，才會導致心理及社會老化的出現，三者之間有先後的次序，以及因果關係

的存在；第三，生理的老化往往是負向的，而心理與社會的老化，則可能
是正向的。故個體的老化不一定都是負向的，可能正，也可能負，視發生
的層面而定。

三、積極面對，完成老年期的發展任務

依佩克的發展理論，老年期的發展任務為統整自我的價值感、超越身
體與超越自我，此一時期的發展危機在於對工作角色、身體及自我具有偏
見。要達成老年期的發展任務及避免偏見的產生，首重事前的準備、對老
化的正確認知及採取因應與調適的措施。有人認為，人生是一個適應的過
程，而退休生活更是需要調適的過程。老年期的適應，取決於個體的認知
與人格。如能盡早準備，調整自己的情緒，理解現實，以積極的態度面對
實際，才是正確的途徑。

四、藉由生命回顧，發展對生命的統整感

依艾利克遜的心理社會發展理論，老年期發展上最重要的核心價值
就是統整。因此，發展老年人的自我統整感，可藉由生命回顧（life re-
view），發現生命的意義與價值，進而形塑自我對生命的統整感，以促進
智慧的產生，達到人生發展的最高境界。所謂生命回顧，係指對過去生命
過程作檢驗與反省，而非僅就快樂經驗進行回憶。

五、透過認知的訓練，改善流質智力的衰退

依訊息處理理論的觀點，個體隨著年齡的增長，在認知表現上確有
衰退的現象，這種衰退現象，大多表現在流質智力方面。研究也發現，流

質智力的衰退，可以透過認知的訓練而獲得增強。故老年期中，應多注意大腦的鍛鍊，包括多用腦、常閱讀、參與各類學習活動、做拼字練習、數獨等。研究指出，人的大腦活動越早，活動的時間越長，腦細胞的退化就越慢，從而智力的減退速度較為緩慢，這是屬於「用進廢退」的道理。因此，近年來國際間提倡終身教育，倡導老人的學習活動，我國也急遽開展高齡學習活動，包括開辦樂齡大學、設置樂齡學習中心、推展高齡自主學習團體等，其目的之一，即在於延緩高齡者認知的衰退，維持既有的認知水準，並獲得進一步的發展。高齡者進行學習活動，是防止認知功能衰退的良方。

六、致力發展正向情緒，減少負向情緒

依社會情緒選擇理論指出，晚年在社會網絡上會產生窄化及在重要人際親密關係產生深化。成功的情緒控制，就是使正向的情緒做高度的發展，並致力減少負向的情緒。高齡期最重要的生活目標，不外是追求健康愉快的生活。健康係指身體的層面，愉快則為情緒及精神的層面，兩者互為因果，相輔相成。因此，在高齡期致力於正向情緒的發展，乃是高齡生涯中重要的目標。要高度發展正向的情緒，避免負向情緒的產生，可從拓展社會網絡、多參與社會活動、拓展人際關係等著手，此外，可以在重要的、親密的人際關係上，加強雙方的互動往來，以及情感的依附，避免負向情緒的產生，這些都是引發及維持良好情緒的重要源泉。

七、處理重要的人際事件，以維持情緒與人格的穩定

情緒功能主義者理論指出，人格係由有重要影響的情緒經驗所構成。一旦有對情緒發生強烈影響的事件發生，會使人格產生突然的改變。會引發人格突然改變的事物，通常是人際的事件。人際事件比非人際事件

更可能導致人格的突然改變。情緒與人格均具有相當的穩定性，且兩者關係密切，對於老年人而言，情緒與人格產生突然、快速的改變，都會使老年人適應不良，需要重新摸索，以新的模式進行生活的調適，甚或打擊過深，無從恢復，而一蹶不振。穩定，對老年人而言，是相當重要的特質。因此，在高齡期中，對於重要的人際關係的處理，要採取適當的策略，運用智慧，化解可能的衝突，以維持穩定。這也是高齡期在心理老化層面上，應行注意的地方。

八、豁達悠然，追求活得充實

所謂「豁達」，就是能夠看穿事物的表象，把握人生的目標，開展胸襟，開拓視野，展現寬容，能專心於自己的事務，並進而能幫助別人，這是人格的豐富，也是修為的最高境界。所謂「悠然」，即是指對老化所帶來之消極、負面的影響，採取坦然面對，並能將負面的影響轉為正向的態度，這是一種對人生正向的因應態度。故悠然是老年期面對各種喪失的重要適應手段。故老年人如能夠培養出幽默感，將是進入高齡生涯的一把黃金鑰匙。

每一個進入老年期的人，都走過了一段相當長的歲月。在人生的旅途上必定有歡樂，有痛苦，有悲有喜。如常緬懷過往，沉浸於無盡的懊悔之中，勢將痛苦不堪，如常回憶過往，追尋往日的歡樂，心馳神往，也將使自己陷入過往的虛幻歲月中，而無法自拔，從而認為現實的老年生活是沒有樂趣的、愁苦的。這兩種型態都會使自己陷入往昔的回憶中，而與社會脫離，遺世獨立，都是相當危險的，徒增老境的荒涼與悲寂。回顧旨在檢視過去，發現生命的意義與價值，形塑統整感，開創老年新生涯的信念與勇氣，使自己能繼續發揮光與熱，做有益社會的事，這就是活得充實。活得充實就能得到快樂，而有益於身體的健康。身心的健康，就是人生每一生命階段至為重要的目標，這就是人生根本的意義與價值所在。想要做個豁達開朗的老人，首先要摒棄掉處處想著自己，事事都為自己著想，摒除

私我，從更遠、更廣的境界看待世上的事務；其次，要純正真實，寬容隨和，明智開通，瀟灑從容，淡泊名利，保持平靜安逸的心態，充分享受生命，享受時光，享受歡樂；再次，要堅持活到老，學到老的精神，保持好奇心，多嘗試，多學習，永遠保持對事務的好心，追求不斷求進的態度，經常三省自身，檢討自己，策勵自己，就能達到豁達開朗的境界。

第五章　社會老化現象與理論

　　個體由於時間的推移，老化現象的產生是一種不可避免的趨勢。老化的現象首先在生理層面出現，繼之爲心理的層面。當生理及心理層面的老化現象出現後，必然會影響個體與社會環境的互動或關係的建立，故生理與心理老化之後，就會帶動社會的老化。蓋個體在社會中生存，在社會上發展，個體身心的老化，無可避免會影響其與社會的互動及人際的關係，可見社會的老化，也是相當重要的一環。前述邱天助（2002）的研究，指出一般對老人的界定，以生理老化來認定者占49.3%，而以社會角色做界定者，占38.5%。可見社會老化層面亦相當重要，尤其它涉及人際互動與關係，更受到注意。本章探討社會老化的現象、社會老化的理論、以及對社會老化的因應等，茲分三節說明如下。

第一節　社會老化的意義及現象

　　社會老化涉及個體與社會環境的互動關係。究竟它所涉及的範圍爲何？又社會老化會表現在哪些現象上？此爲本節探討的重點，茲就社會老化的意義與現象兩部分分述之。

一、社會老化的意義

　　人類對老化的探討淵遠流長，但長久以來，一直偏重生理的層面，其後關注到心理的部分，至於社會層面的探究，則遲至1950年代之後。社會層面的探討，充實了對個體老化差異的了解，並且打開了個體老化研究的新視野，推進了對個體老化全面的認識，進一步窺探個體老化的全貌，相當具有意義。社會學家漢德里克斯和社會歷史學家阿欽伯恩（Hendricks & Achenbaum, 1999: 22）說：「老化是一種普遍的現象，但藉由經濟、經驗和文化因素的介入，始能彰顯它的影響與意義。」可見，社會老化的探討，是個體面對老化的因應與調適上重要的一環。

所謂社會老化（social aging）係指個體進入高齡階段後，與社會互動關係的改變情形，亦即個體從主流社會撤退或脫離的現象。個體在老化的過程中，與社會的互動關係，有時非由自己所能完全決定，而是社會對年紀較大者的行為模式已設定了一種制度，來規範他的行為，即社會已為老年人設定了一些行為的準則和規範。例如認為老年人該從職場上撤離，而有退休制度的建立；或認為老年人該在家庭中含飴弄孫，頤養天年，這些想法都會影響老年人的角色轉型與生活型態，進而決定其與社會互動的關係。因此，社會的老化，不像生理和心理的老化，可藉由本身的努力將老化對個人的影響減到最低，甚或扭轉為積極的一面。

基於上述，社會的老化，包括四方面的涵義：

（一）社會老化來自生理與心理老化的結果

個體的生理和心理老化，是一種客觀的法則，為每個人所無法逃避的現象。個體在歷經身心老化之後，其直接的後果就是與社會互動的改變，人際關係的弱化。亦即，老年人因生理與心理的老化，再社會化的能力減弱，因此，往往被排除在社會生產的主流群體之外。1870年代，由德國俾斯麥（Otto von Bismarck）首相所主導建立了強迫退休制度，當時的想法即在於對年邁不堪的老年人，使其生活能有所保障。老年人在一生中已為社會工作多年，作出貢獻，期望在老年時能生活無虞，獲得安養，即對已工作數十年的老人應作一種生活上的回饋。但此種制度，從另一種角度來看，也是對個體老化抱持一種否定、負面的態度。故個體的社會老化，係來自生理與心理老化的結果，也是社會對個體身心老化結果的一種回應，而使個體以退出工作領域的方式顯現。

（二）個體社會老化的具體表現就是角色的中斷與次級角色的轉換

角色是指個體在整個社會系統中所擔負的一種職分。個體因擔負了一種社會職分，就承擔了某種角色。角色代表一種社會地位、一種關係。與角色相伴而生的是一種相應而來的權利、義務及行為規範模式。故角色也是人們對具特定身分者的行為期望，它構成了社會群體或組織的基礎。

社會科學家很早就關注個體在老化過程中，角色的改變問題。如雷

利、詹森和佛諾（Riley, Johnson & Foner, 1972）就將「老化」界定為：
經由社會角色的參與而累積的經驗。角色可以幫助了解老化的過程和生命
歷程的變遷。角色對個體所擁有的社會地位作了規範性的指引，因此，在
角色增加或喪失時，就形成個體生命過程的行為期望。老年期所失去的角
色大都是相當重要的，然取而代之者常為次級或輔助性的角色。

　　個體主要的角色在於職場及家庭。到了老年階段，這二個場域的角
色均有所改變與鬆動。在職場上，面臨退休，原有的角色喪失，即使再重
行工作或擔任志工，均為次一級或輔助性角色。工作角色代表一個人的社
會地位，給個人聲名利祿，使生命更有價值。個體退休後，取而代之者，
往往是退休老人的新角色。在家庭中，老年父母的角色也產生模糊化，權
利與義務相當模糊不清，使老年父母難以調適這種角色的中斷及角色的轉
換，這些對高齡者的社會參與關係，均會產生相當大的影響。

（三）個體社會老化呈現相當大的差異性

　　個體社會老化的差異性來自三方面，即身心老化的差異性、角色改
變的差異性及再社會化的差異性。首先，就身心老化的差異性而言，社會
老化是伴隨生理與心理老化現象而來。在身心老化方面，個體間在速度、
程度等層面就有極大的不同。有些人快，有些人慢；有些人反映在某種層
面上，另有些則顯現在另外的部分；有些人衰退幅度大，有些人則影響較
小，故有人老當益壯，健步如飛；有些人則癱瘓在床，無法照顧自己；其
次，就角色的改變而言，有些人仍然持續工作至最後生命期，並沒有中斷
或轉換另一種角色，有些人則轉換另一種工作，仍積極或活躍，或為部分
時間的工作者，或擔任志工，有些人則完全離開原有工作，賦閒在家，頤
養天年，過著清靜無為的生活。就再社會化而言，社會老化並不是指社會
化過程的結束，而只是社會化過程的弱化而已，亦即個體社會老化之後，
仍然持續可以再社會化。此種再社會化的情形，因人而異，有相當大的差
異。有人彈性大，易接受新觀念、新思維，積極參與學習，吸取老年的新
知能；有的人則墨守成規，保守頑抗、拒絕新知能、新行為及新觀念的獲
取與調整，而無法適應社會的發展與變遷（鄔滄萍，1999）。個體社會

老化的差異性大，就是個體晚年生活型態、社會參與、人際關係等不同的重要原因。

（四）個體角色改變的過程，依三階段進行

　　個體社會老化，最具體的顯現乃為角色的改變。個體社會老化，其角色的改變，依三階段進行。第一階段為中年的角色穩定時期。個體到了中年期，一般而言，生理功能已開始下降，生理的老化現象逐漸顯現，約在40歲左右發生，為個體自身所能感受到或他人所察覺到。生理的衰退會帶來心理能力的下降，亦即再社會化能力的減弱（鄔滄萍，1999）。故已屆中年，一般不輕易更動原已具有的角色，中年在角色上顯現了穩定固化的特徵；第二階段則為角色中斷或轉換為次級角色的時期。此一階段，通常會遇到退休。退休意味原有工作角色的中斷，或轉換為次級的角色。在家庭中的角色，也呈現弱化的情形；第三階段，則為角色的撤離。個體在進入高高齡階段，一般而言，體力衰弱，生活上無法照顧自己，需他人照護扶助，或已無法擔任次級角色，可以說進入一個角色撤離的階段。

二、社會老化的現象

　　個體社會老化會帶來人際互動及關係的疏離與減少，其主要的原因為角色的改變。因此，社會老化的體現，即在於工作角色的中斷或次級角色轉換、社會地位的低落、家庭角色的改變、人際互動的減少及社會生活參與的不足等，茲分述如下：

（一）工作角色的中斷或次級角色的轉換

　　工作角色的中斷或次級角色的轉換，主要來自退休。由於身心的老化，多數人所面臨的重大挑戰就是退休。退休是人生重大的轉換，個人是否退休，何時可以退休，依循社會制度而來，並非個體單方面可自由決定。由於工作，使個體扮演了工作者的角色，伴隨而生的是金錢、自尊、自信及人際網路的改變。退休會使原有工作產生中止，導致原扮演角色的

中斷，而使個體形成沒有角色的角色（rolelessness），對個體的身心會有重大的影響。有些人在原有工作結束後，會轉換另一項工作，或轉為部分時間的工作，或擔任志工。但不管是哪一種，其轉換後的工作，在整個社會的主流中，往往是次一級的角色或輔助性的角色。

（二）社會地位的滑落

所謂社會地位，係指伴隨社會角色而來的社會尊嚴與社會責任。一般而言，社會角色重要，社會尊嚴與社會責任就高；社會角色不重要，社會責任與社會尊嚴就不高。社會角色產生變化，社會責任與尊嚴就會相應發生變化。個體從中年到老年，是社會角色發生變化的時期，也是社會地位轉變的時期（鄔滄萍，1999）。高齡期在社會地位的轉變，其主要特徵，就是社會地位下降。高齡者社會地位下降，具體表現在二個方面，即退休和社會對老人的歧視等。退休制度的建立，原具有人本主義的色彩，體恤高齡者年老力衰，無法再勝任工作者的角色，故給予在工作達到一定年限，年齡到達某一階段後，生活能有所保障的一種制度。但是自19世紀末實施至今，其產生的狀況，值得檢討者有三：(1)現代高齡者健康狀況已大為改善：由於社會的進步、經濟的發展、醫藥水準的提高、營養的改善，現代高齡者的身心健康已大幅進步，因而生命期不斷向後推移，故仍以一個世紀前，一般老人的身體狀況作為強迫退休的指標，顯非適當；(2)以實足年齡為退休依據，無法確切代表其身心狀況：退休的決定，係以實足年齡為唯一指標。然以實足年齡來作為個人身心健康的代表，多數研究均指出並非適當。實足年齡代表個體經歷的時間歲月，並非衰老體弱、能力不足的標記，故實足年齡並非身心健康的確切指標；(3)以年齡為指標，一體適用所有的高齡者，未顧及其個別差異：發展心理學家經由研究發現，個體間發展的差異與年齡有關。年齡越大，個體間的差異度越大。在高齡階段，個體間所顯現的異質性達到最大。故高齡者在身心健康上有極大的差異。退休制度採取以實足年齡為唯一標準的作法，一體適用於所有的高齡者，無視於這種發展上所顯現的個別差異存在，顯然隱含所有個體到達一定年齡者，均為老邁體弱、無法勝任工作者的角色，應勒令

其停止工作。這種將年齡尺度及其所隱含的對老年的不正確觀點，強加在所有老年人身上的做法，其實已反映對老年人社會地位的無足輕重。

其次，1930年代之前出生的老年人，經由電子及平面傳播媒介的報導，事實上已給老人建立了體弱多病、保守頑固、僵化固執的圖像，因此，把老年人視為弱者，要給予憐憫照顧、關懷協助，這種對老人的偏見頗為盛行，甚至在整個社會體系中帶來種種對老人的歧視（agism）行為。事實上，並非所有老年人均屬如此，且新一代的老年人，健康良好，教育程度高，經濟有保障，參與社會活動積極，已非1930年代之前出生的老人可比。但在社會上，仍普遍存在著對老年人的偏見與歧視，導致個體一走入老年人的國度，在無形之中，被冠以「老年無用」、「老而沒有價值」的印象，甚至冠以「老賊」的身分，而使個體進入高齡期後，社會地位大幅的滑落。

除了退休和對老人的歧視是影響老人社會地位的低落之外，其他包括：老年人收入的減少，及不能正視老年人的價值與貢獻，也是助長老年人社會地位低落的因素。因老年人已離開工作，雖有退休金的收入，但其替代率約為原工作時收入的7成或8成左右，加上其他福利津貼，退休者的收入仍明顯減少；再者，老年人並非無用的人，他們往往有豐富的經驗，可以成為年輕人的導師（mentor），但社會缺乏讓老人的價值發揮的平台，導致兩代的雙輸。因此，老年人的價值不獲社會的肯定，也是老年人社會地位低落的助長因素。

（三）家庭角色的淡化

個體社會老化的表現方式，除了退休，造成工作者角色的中斷，導致社會地位的低落外，家庭角色的轉換也是重要的表現方式。老年人在家庭中，最重要的二種角色就是父母和配偶。就父母角色而言，當家庭走入空巢期之後，由於子女已經長大，已具有獨立的人格，父母作為家長或監護人的角色也隨之淡化，亦即父母不再對成年子女的行為負有責任，其撫養與教育子女的義務也隨著子女成長而淡化。而社會對空巢期父母角色的期望，也隨之降低或終止（鄔滄萍，1999）。就我國情形而言，老年父母

與成年子女間的關係,父母常成為成年子女生活的幫手,負起照顧或教養孫子女的責任,扮演隔代父母的角色或家庭的協助角色。總之,老年父母在父母角色的權利、義務與社會期望上產生重要的改變。

　　在配偶角色方面,到了高齡階段,老伴是老年人生活的重要依賴,在經濟支持、日常生活照料和精神慰藉上,老伴均發揮了子女無法替代的作用。在進入喪偶階段後,無論男女都會面臨重大的打擊,對男性的負面影響高於女性。因男性對於妻子有較多的情緒和生活依賴,而妻子往往會與好友及親近的家庭成員分享自己的情緒(Stuart-Hamilton, 2006)。在高齡階段,通常女性的健康較佳,一般類皆由女性負起照顧老年男性配偶的責任。故一旦面臨喪偶後,男性在生活及情緒方面頓失依賴,其所受的打擊較大。研究顯示,喪偶是個體在一生中所遭遇的最大壓力事件(黃富順、陳如山、黃慈,1996)。故喪偶對老年人的負面影響遠大於其他生活事件。面臨喪偶階段,無論男女兩性,在角色的扮演上,均有明顯的改變,他們均由他人的配偶角色轉換為鰥寡的角色,對其精神、生活、情緒,甚至在經濟方面,均有重大的影響。在經濟層面上,對女性喪偶者而言,其所受的衝擊可能會比男性大,蓋在中國傳統文化裡,丈夫往往是經濟的來源,喪偶會使老年婦女的經濟來源失去主要的依賴。當然,對經濟基礎良好和社交廣泛的女性老人而言,喪偶對她的打擊可能會較少。總之,喪偶將給老年人的身心、生活、情感等帶來重大的影響,這是高齡階段,在家庭角色上的重大改變,極宜正視,加以關注。

(四)家庭地位的削弱

　　個體社會老化的結果,使得在家庭中角色產生轉變,由具有重要權威的父母角色,逐漸淡化。在經濟上,也由家庭中負經濟重任的角色中卸下;對家庭中事務的參與或決定,老年人也逐漸退居幕後,甚或不再過問,扮演被告知的角色。這種從一家之主到非戶長的角色轉換,就是個體老化後,所顯現的家庭地位的下降;兼之,在高齡階段,由於收入減少、體力日衰、活動力減退,也會使老年人依賴性增加,需要家人在生活上多予照護,由家人承擔奉養的責任。這種在家庭中,由主角到配角,由獨立

到依賴，由支配到被支配，在在均顯示老年人在家庭地位的下滑。在東方文化中，相當重視家庭功能及親情，這種改變對高齡者的心理影響尤大，有待好好引導，樹立正確的社會老化觀念，以降低其衝擊。

（五）人際關係的疏離，互動的減少

由於從工作崗位上退休，因工作而產生的各種人際關係，將隨退休而逐漸疏遠，甚至中斷。工作可以幫助個體結交許多朋友，也幫助個體安排每天的活動；再次，由於子女長大離開、配偶死亡，這些現象，均會造成老年人人際互動的減少，人際關係的淡化。復加上個體生理的老化，活動力減退，對於各種社會活動的參與不足，更加影響其人際互動的關係，使老年人逐漸從整個社會活動中撤退。這種人際網絡的縮小，對老年人心理的影響至大，使老年人逐漸退縮，易受傷害，漸漸與社會隔絕。這也是個體社會老化的另一重要的層面，反映了老年人在精神層面的脆弱，亦有待予以關注。他們最需要的是精神慰藉，常有家人或親友的探望，濃濃的親情與友情，最能改善老年人心理與精神狀態，提高其生活質量。

第二節 社會老化的理論

為了解個體社會老化的原因、現象、結果以及調適的途徑，已有不少的理論提出。老化除了內在的生理、心理因素外，尚有外在的社會因素。從社會層面進行老化的探討，一般係以個體在社會中的角色地位為探討的重點，從社會結構、社會制度、社會規範的要求出發，來闡釋社會與個體之間的互動關係及角色變遷現象，提出個體社會老化的現象及因應的方式的觀點。有關高齡學的探討，社會層面的觀點占有相當重要的份量。

社會老化的理論，隨著社會的變遷而陸續發展，已發展出來的理論，依時間的不同，約可分為三個時期，包括：(1)早期：係指1950至1970年代間出現的理論，包括角色理論（Role Theory）、撤退理論（Disengagement Theory）、活動理論（Activity Theory）、持續理論（Continuity Theory）及現代化理論（Modernization Theory）；(2)中期：係指1980年代發展出來的理論，包括符號互動論觀點（Symbolic interaction Perspective）、年齡階層理論（Age Stratification Theory）、社會交換理論（Social Exchange Theory）、老化政治經濟論（Political Economy of Aging）及生命歷程理論（Lifecourse Theory）；(3)近期：係指1990年代以後所提出的理論，包括老年社會現象論（Social Phenomenology）、女性主義老化理論（Feminist Theory of Aging）及社會正義論（Social Justice of Aging）（蔡文輝，2008）。

　　另有學者依理論探討所涉及的範圍，將社會老化的理論分為微觀（Micro）、中觀（Meso）及鉅觀（Macro）等三種層面。所謂微觀層面理論，係指該理論所探討的社會老化係著重在個體老化與社會互動的關係；中觀層面理論，係指該理論所探討的重點，在於老年族群與社會系統的關係；所謂鉅觀層面理論，係指從社會變遷、人口老化的觀點，探討老年人與整個社會結構的關係（Street, 2007）。本節依此觀點，從微觀、中觀及鉅觀等三層面來探討社會老化的理論。

一、微觀層面的理論（Micro-level Theories）

　　微觀層面的理論，主要關注個體老化如何適應社會的問題。因此，這些理論相當受到其他社會科學學門的影響，特別是心理學和人類學。不同的微觀理論對正常老化的現象，提出各不相同的說明，但其共同點就是提出最適老化（optimal aging）的假設，及均著眼於個體在老化的過程中，應採取何種最好的調適方式。微觀理論主要包括撤退論、活動論、持續論等三種，茲分別簡介如下。

（一）撤退論

　　撤退論是在1950年代後期發展出來的理論。學者康米和亨利（E. Cumming & W. E. Henry）在1961年依據他們在1959年所作的對堪薩斯市

成人生活的調查，發現變老是孤獨的，與社會疏離而提出的，是第一個正式的老化理論。此一理論係從功能論[1]（functionalism）的觀點出發，主張老年人從社會活動中撤出，對社會及老年人個人均有益處。他們認為個體由於年齡的增長，健康衰退，對外界的活動必然要減少，將其在社會中所占據的地位、權勢和角色空出，交給年輕人，這是社會生生不息的自然律則，這樣能避免社會體系的中斷，社會才得以永續生存、發展，同時這種作法對老年人亦有幫助，因其體力日衰，已不適合在社會中活動，這是面對老化最好的調適的方法，是正常老化的過程，是創造年輕人與老年人的雙贏。康米和亨利把撤退視為人生無法避免的過程。個人因老化，要降低與社會其他人的關係。撤退的引發，可能是個體，也可能是社會。個體減少社會角色的數量與強度，同時社會對撤退也有承諾（如退休制度），來強化撤退的過程。從撤退論的觀點，理想的老化就是讓個體和社會的中斷均達到最小的方式。

　　撤退論提出後，影響至為深遠，常被引用為處理個體老化與社會互動的準則。但撤退論亦受到不少的批評，包括：撤退是否足以作為一般社會老化理論的通則？撤退是一種普遍的過程嗎？在所有歷史時代和各種社會中均應如此嗎？撤退是不可避免的嗎？對每個人都是如此嗎？它是老化的內在而自然的因素，或只是一種社會的過程？以下的理論，就提出了對撤退論的挑戰。

（二）活動理論

　　活動理論係針對撤退理論而來，是對撤退理論的反動。此一理論認為撤退理論將老年人描述得太灰色與悲觀，認為老人的撤退是極少數的人，多數人並非如此。哈維赫斯特（R. Havighurst）乃於1953年提出老人不是

---

[1] 功能論係從功能的角度探討社會結構並解釋社會現象，主張社會各部門或成員對社會均有其功能與貢獻，各司其職，以維持社會的穩定與整合。若某一部門失調，其他部門將隨即變動，將失調的體系調整回來。主要倡導學者為塗爾幹（Emile Durkheim）、斯賓塞（Herbert Spencer）、帕森斯（Talcott Parsons）和墨頓（Robert Merton）等人。

撤退而是轉換角色的觀點。其後由伯基斯（E. W. Burgess）在1960年探討符號互動論和社會老年學二者之關係，促進了該理論的發展，成為早期美國老年社會學的重要理論之一。南加大高齡學中心（the Andrus Gerontology Center, University of Southern California）的邊森（V. Bengtson）教授，在1970年代將此觀點系統性的應用在老年生活的研究上，貢獻至鉅。活動理論指出撤退論認為老年人與中年人的心理與社會需求是不同的，此觀點是有問題的，因為並非多數個體都想從社會生活中撤退。哈維赫斯特及其同事認為對大多數的個體而言，老年人仍然是盡可能的維持活躍，如同中年一樣，這才是老年人自然而規範式的生活方式，除非發生了個體所無法控制的事件，如生病、脆弱或家人死亡。這樣的生活方式會讓老人維持自我，活得久。

　　活動理論的假設有四：(1)角色失去越多，活動參與量越少；(2)越能維持高度的活動參與量，越有助於高齡者的角色認同；(3)所扮演角色的越穩定，越有助於自我概念的穩定；(4)自我概念越趨正向積極，生活滿意度越高。故活動理論指出，最適老化（optimal aging）就是積極的抵拒從社會中退縮。當年齡漸大，個體應創造新的社會角色（志工、旅遊者、祖父母等），建立新的社會連結或強化既存的角色，來彌補某些角色中斷的缺口。故活動論者提出老人要活動，不是要繼續以往的事情和角色，而是做自己喜歡做的事和扮演新角色，做有意義的活動。不是要從社會撤退，而是轉換角色而已。

（三）持續理論

　　持續理論是老年學學者阿契利（Atchley, 1989）在1970年代中期所提出。此一理論修正了撤退理論和活動論的觀點，而發展出一個極具包容性的理論。他延伸功能論的觀點，指出老人角色的轉換，常與以往角色有關聯和延續。以往的人格、信仰和人際關係都會成為選擇新角色的基礎。此理論指出，老年人不會因身體老化而改變其以往的思想、行動、生活模式或人際關係。個體的思想、行為及人際，由過去到目前，以及未來都是持續的，不因年齡大而改變。人類生命週期的每一階段都有高度的連續性，

且是受到生物、心理和社會的交互作用，而產生的動態發展歷程。它強調內外在的持續與老化過程是不同的，以及正常和病理老化的差別。內在的持續，係指個體在氣質、情緒、經驗、偏好、性向、理念和信仰的持續；外在的持續，則反映個體在中年時的技巧、活動、角色和人際關係成功的延伸到老年。在持續的架構中，正常老化的最佳模式就是把中年的活動及性向延伸至老年，退休不會完全切斷這些特質。

依照持續理論的觀點，個體的正常老化並不會帶來心理或生理的疾病，正常老化和病理老化是不同的。故從持續理論的觀點而言，撤退會發生，但並非不可避免的現象，也不是一種功能調適的過程。撤退的發生，係來自內在或外在的病理因素導致繼續的中斷，是一種非功能性的結果。

（四）綜合探討

這三種個體社會老化的適應模式，均有一些實證性研究的支持。研究也發現採用活動及持續理論的觀點，可以使個體有一種積極的生活型態，可以帶給老年較高的生活滿意度。雖然三種理論對最適老化的假設不同，但這些理論都關注個體老年的適應問題。每一種理論亦都指出某些措施的介入（interventions）對個體的最適老化是有幫助的。以撤退論而言，它指出從大多數社會關係中逐漸撤退是適當的；而活動理論，則指出要創造機會使個體以新的角色來代替失去的角色，這才是重要的；持續理論的觀點，則認為要幫助個體獲得因應技巧，使其能夠將中年的活動持續至老年，或突破身體及資源的限制，從個體內、外在均能維持持續性，這才是很重要的。

三種理論各有假設，也都有其立論依據，及依此而提出的因應策略。事實上，老年期相當漫長，個體在此期間身心亦不斷地改變，如以生命歷程的脈絡而言，可以將此三個理論應用在高齡期的三個階段，亦即持續理論可以適用於退休後初期的生活狀況；活動理論可以適用於退休後中期的行為；撤退論則適用在晚期（高高齡以後），老年人由於身體健康和心智的退化，宜從社會中撤退（蔡文輝，2008）。

二、中觀層面的理論（Meso-level theories）

撤退、活動及持續等心理社會的理論，提供個體對老年適應的看法，但微觀理論受到的重要批評，就是將老化的問題歸諸於個體的適應，而非社會的結構。很多社會學家認爲微觀理論缺乏注意更多社會層面的老化和將老年視爲一種缺陷。因此，他們發展中觀的老化理論，一併關注個體和社會系統兩方面，將二者加以連結。中觀理論強調個體和社會體系的關係，將二者的關係嵌入理論中，對個體的關注轉到更側重社會結構的層面，從老人群體探討與社會或其他群體間的關係。中觀理論包括老年次文化理論（Aged Subculture Theory）和交換理論（Exchange Theory），均特別強調個體與社會的特定連結。

（一）老年次文化理論

1950年代後期及1960年代初期，社會學家已注意到次文化理論的建構，如披頭（beatniks）或種族團體。老年次文化理論，如同撤退論及活動論，也是建基在晚年角色的改變上，但與其不同的是它側重次文化發展的社會理論，而有別於前二者建基於社會心理層面上。所謂次文化（sub-culture），係指社會中某一群體的生活方式，既包括這個社會的共同文化特徵，又包括某些獨特的、不爲其他群體所具有的文化因素，這個群體文化就被稱爲次文化。

次文化理論指出次文化形成的兩個要素爲：(1)具有共同的情境（如興趣、問題、友誼、關注等），可以導向共同的內在認同，當此種認同發生後，它會創造成員的歸屬感，而區分出與社會其他人有所不同；(2)當社會對某特定群體加以排斥時，就是次文化形成的觸媒劑。此一理論係由羅斯（A. Rose）所提出，強調高齡者在人口特質、角色改變、生理限制、社會參與的變遷等，都有某些共同的特徵，擁有一套屬於自己的價值體系與行爲模式，因此，很容易自成一個專屬群體；再加上社會大眾的偏見，促使高齡者更加相互依賴，而與其他年齡層較少往來，進而易爲人所排斥，在與其他群體互動中會被加以標籤（labeling），另眼相待，如與老人對話時，往往提高音量，因怕他們聽不見。這種現象甚至因刻板印

象，而使老人成為被隔離、歧視的群體。因此，在面對社會變遷時，老年次文化有其不同的調適方法。

　　老年次文化的形成，可由以下二個重要現象來觀察：第一，當老年人產生自我認同時，會與以年輕人為主體的社會產生疏離；第二，由於老年人對自身群體的認同，易於發展出族群意識，進而創造政治影響力，或採取社會行動以爭取權益（林歐貴英、郭鐘隆，2003）。此理論的特點在於對自身群體認同，有特殊信仰和行為，保護其群體成員不受其他群體壓力，並採取社會行動，以獲取利益，減少其他群體對其成員的歧視等的現象。由於老年人彼此有共同哲學、興趣，且面臨共同的問題，此一理論乃假設高齡者彼此之間的互動，比其他群體更為頻繁，但也因為如此，很有可能導致老人群體與其他群體劃清界線，進而產生隔閡。總之，其與活動理論觀點相同，都是在互動主義觀點下，針對老人的適應問題提出主張。

　　次文化理論在年齡階層化的情境中，有助於對老人經驗和生活型態的分析與了解。事實上，在先進國家的經驗中，老人會組成一個對政治有影響的團體，來分享更多的社會資源，而非此一理論形成時所述及的被排斥或隔離的情境，亦即老年人正運用其在媒體所擁有的遊說力量形成一個真正的老年次文化。此外，老人次文化理論受到批評的，尚包括老人不符合少數團體的傳統定義。老人的次文化，迷思多於事實，因老人並非一個同質性群體，不同年齡的個體，老化經驗有很大的差異。

（二）交換理論

　　交換理論的概念，源自微觀經濟學探討個體與現代社會關係的研究（Blau, 1961）。此一理論主張社會各成員間的「交換行為」是維持社會秩序的基礎。社會互動實際上就是一種交換行為，在交換過程中會有利益問題。如果對利益不滿意，就沒有互動必要，故酬償是交換理論的基石。從交換理論的觀點來看，老年問題的產生，就是因為老年人缺乏可以交換的價值，故與其他社會成員的互動少，而受冷落，即在於老年人缺乏給予他人利益。交換理論的代表者為哈佛大學的何勉斯（G. C. Homens）。

　　社會老年學納入交換理論，使研究者擴大檢視老年人從社會中取得

的報償而較不注意其付出的部分。因為透過交換而獲益的能力，係依個體在交換過程中能帶來多少資源而定。根據杜德（Dowd, 1975, 1985）的看法，大多數老人所擁有的資源，與年輕人相比，究屬較為不足，不管是在資訊、技能、力量或持久性等方面皆然。因此從交換的觀點，他們是較為不利的一群。在年輕人與老年人的交換中，二者在資源上是不對等的。

　　有很多的文獻反對交換理論的說法。他們指出，例如愛、利他主義、仁慈等，這些由老年人所提供的交換物，可能勝過在交換時所謂「不平等」的部分。此外，交換理論另一受到批評的地方，就是交換時只注意到動態的和代間的交換層面，尤其在家庭層面上。事實上，在大多數的家庭中，即使在非常高齡的階段，資源的傳送仍然傾向於由父母向子女，而非由子女至父母（Attias-Donfut & Arber, 2000）。

（三）綜合探討

　　中觀理論重視老年族群與社會其他族群間關係的探討，指出老年人失去了資產與權勢，往往成為弱勢的一群，自有其貢獻所在。老年次文化理論強調社會視老年人為具有次文化特性的群體；交換理論則指出在交易或交換時，時間及金錢和所關注的事務均要納入考慮。由於老年人在交換時，所能提出的資源較少，會導致他們在社會互動的退縮。事實上，交換的行為，不管是在家庭或其他環境中，均不可能獨立於社會情境之外，社會結構中的政治、經濟和文化的因素，會增強或限制交換的機會及物品，此即為鉅觀理論所要探討的部分。

三、鉅觀層面的理論（Macro-level theories）

　　微觀及中觀理論對老化的探討，均有其重要的貢獻，但二者均不能說明歷史和快速的社會變遷對老化過程的影響。故社會學家提出鉅觀理論，試圖從歷史和社會結構的觀點，說明對個體老化和人口高齡化的影響。鉅觀理論依發展時期的先後，可分為早期及第二代的理論二部分。

（一）早期的鉅觀理論

包括如現代化理論（Modernization Theory）及年齡階層論（Age-Stratification Theory），提供對現代社會人口高齡化過程的結構分析，強調社會結構因素對老化過程的影響，側重社會變遷和年齡階層化的結果。

1.現代化理論

現代化理論由柯基爾和何姆斯（D. Cowgill & L. Holmes）在1970年代初期提出。這是從現代化的情境，來探討社會變遷對老化和老人的影響。由於生產技術的進步，會為個體及其家庭創造新的角色與地位，也會帶來對老年人的社會與文化的效應與影響。此理論的假設為工業化前的社會，對老人及其智慧相當尊敬，是老人的黃金年代。但現代化過程，工廠的工業生產取代了傳統的農業和手工業，降低了老人的地位。工業化社會的四個層面，影響了老人的地位，包括健康、科技、經濟及工業技術、都市化和教育等。醫藥的進步，增長了個體的壽命，但對老年人的地位有負面的影響。因在傳統社會中，老人控制了農業的生產。現代化後，造成勞動市場的競爭，職場上偏好雇用擁有新職業技能、身強力壯的年輕人，迫使老年人從勞動市場退出，失去收入、地位與榮耀；另外，由於經濟及工業技術的進步，創造新的工作，老人的知能已過時，不利於就業；都市化的結果，年輕人移居城市，到工廠工作，將老年人留居在鄉村地區；加上教育普及，重視新科技學習，更增加年輕人與老人間的知識代溝。因此，現代化的程度與老年人社會地位的下降呈現直線的相關，即社會越現代化，老人的社會地位越低。

現代化理論受到甚多的批評，往往把老年人和年輕人視為兩個獨立的衝突團體。他們指出此一理論建基在錯誤的假設上，如：認為老年人的歷史地位高及過於簡化現代化的效應，也忽視來自文化、社會型態及年齡以外的影響社會地位的其他因素。老年人的歷史地位，依種族、性別、社會階級和文化而定，不同社會中的老人，其地位各不相同。故現代化理論自提出後，由於過於簡化社會變遷的效應，數十年來已受到很多的批判。這個理論只適用於解釋二次戰後的新開發國家，目前不再受到重視。

2.年齡階層理論

這是社會階層論在年齡上的運用。社會學家指出人類社會會依財富、聲望、職業、種族、宗教或居住地區，而給予高低不同的評價。社會階層有四個基本特性：(1)階層的高低由社會決定；(2)階層在每個社會都有；(3)階層不僅有量的不同，也有質的差異；(4)很多社會的階層是世代相傳的。而人類不論古今中外都會將社會資源的分配依年齡而有所不同。老年人和年輕人皆屬於其各自不同的階層，故有不同的待遇，各有其自己的社會角色；亦即社會成員進入某一年齡階層時，該階層的權利與義務即爲其所有。

年齡階層理論強調，老年是在社會機會不利的時期。當社會人口的動態（年輕人少）與個體生命（生命期增加，晚年是失能與脆弱的）未能同步調整，就會形成結構落差。落差程度視社會制度而定，如教育、職場、政府及家族等。年齡階層理論依循功能主義主流社會學理論，相當強調社會角色及規範所造成的社會秩序。傳統社會，老人掌握權勢和資源，故階層較高；在現代社會中，年輕人有較高的地位。

年齡階層論提供對社會結構靜態模式的了解，這是其他理論較少探討的地方，使我們了解政治過程，對社會不平等及結構化不平等的影響。儘管年齡在現代階層社會中，扮演相當重要的角色，但年齡階層的現象顯然過於強調年齡對社會不平等的結構性影響，對了解世代不同所造成的差異，也少有幫助。世代在差異的探討中，被過於強化。

3.綜合探討

現代化理論和年齡階層理論，對了解社會變遷及社會結構對老年人的影響，有其貢獻。在現代社會中，社會歷程對社會中所有的人均會有所影響，不僅是高齡者而已。工業化改變了物品及服務生產的方式及地點。教育興起，個體得以接受科學技術的新觀念和實務，改變了家庭型態、文化價值及其他的社會制度。儘管工業化理論有其缺點，但經過了兩世紀以來，在了解社會變遷對個體老化的影響，卻頗有幫助，使吾人可以對變遷的型態與步調的交互關係有系統性的思考。

年齡階層理論，有助於了解年齡結構及世代對社會改變的影響。它強

調年齡對社會制度的影響，個體不僅是受社會變遷的影響，也是促進社會變遷的力量之一。

（二）第二代的鉅觀理論

新近發展的第二代的鉅觀理論採取批判老年學（critical gerontology），和生命歷程與社會建構主義等的觀點來解釋老人的問題、地位及老化的社會模式。批判老年學建基在現代化和年齡階層論之上，試圖修正兩者的缺點。挑戰過去老年學的假設、方法和理論，反對忽視社會建構的事實和個體生命的意義，主張從社會結構、歷史文化脈絡，來重新建構了解老人的生活世界。

生命歷程觀認為老化及其涵義是由族群歷史、文化等結構，加上個體的發展及與他人互動暨道德行為型塑而成。社會建構主義則主張個人的行為都被約定成俗的社會傳統、社會習慣和個人身分所制約或改變。第二代鉅觀倡論採取批判老人學、生命歷程的方法和社會建構主義的觀點，成為近年來社會學對老化研究的主流。它們對主流的功能主義理論解釋現代社會老人提出挑戰，它們反對權力差異的說法和一些政策上的措施，如反對資本主義經濟社會中，將老人邊緣化角色的非省思的接受，主張要對結構不平等造成對老人生活經驗的影響進行批判性的分析。初期的批判性研究的理論，皆由生命歷程或其他社會學領域移植而來，創造出一個「標準」的、理想化的成人，作為比較的依據。其標準的典型為：屬於工作年齡階段、白人、西方社會下的男性成人。對此展開一系列的研究，採用政治經濟的理論，以及女性主義的觀點，來探討階級、性別、如何造成老年地位上的差異。社會結構和生命歷程的觀點，提供了理論或概念性的架構，超越過去研究的局限。第二代的鉅觀理論包括政治經濟理論（political economy theory）和理性主義理論的研究，從過去早期的結構分析，擴充到權利的訴求。第二代的鉅觀理論，主要有政治經濟理論、及女性主義理論，茲分述如下：

1.政治經濟理論

政治經濟理論的出發點，就是大多數老年人的問題，都是社會結構造

成的。伊斯特（Ester, 1979: 1）就說：「老年人所面臨的主要問題，事實上都是我們給他們創造出來的。」從政治經濟理論的觀點，老年的不平等主要來自政治和經濟的因素。由於不適當的公共政策，造成資源提供的不足，而導致社會機會的不足，此種結構依賴（structured dependency）的過程，就會產生社會對老人的排斥，將老人推向社會的邊緣地帶，例如強迫退休制度就將老人驅離工作職場，而社會福利制度更將老人推向「邊緣化」（marginalization）的國度。因此，老化的政治經濟理論並不強調個人屬性與社會過程，而側重社會結構決定個體如何適應老年的宏觀分析。故老人問題是社會結構問題，是社會建構的結果。老化本身不是問題，而是老人沒有收入、醫療和長期照護、或住宅的社會條件問題（葉肅科，2000）。

　　1970年代後期及1980年代是多層面、多理論的批判觀點盛行的時期，因而也形成老化的政治經濟理論。早期係在解釋資本主義和國家主導下，對老年人邊緣化的形成，並以激進的觀點挑戰老化的主流理論，尋求解釋社會中相對弱勢的老人地位。由於退休制度和其他對老人的公共政策持續發展，因此，社會學家就更關注米利斯（Myles, 1989: 1）所謂的「老人的福利國」（the welfare state for the elderly）。

　　近期老化政治經濟理論，側重在現代社會中政治與經濟政策與措施的分析，其原因之一係在回應老年人要求代間平等的呼聲，因他們握有選票，有其政策影響力在。在經濟層面上，側重政經關係對不同年齡在分配、經濟正義、互惠準則及代間平等主題的探討。

　　以政經架構進行老化的研究，提供了一些重要的發現，甚爲社會老人學家感到興趣。由於側重探討老年收入、健康照護、長期照護等的社會結構與社會政治層面的分析，研究的重點在於了解福利國家政策對社會不平等的維護，而非予以消除或減少。然此種理論，有過渡的政治革命意識，忽視結構與行動的互動關係，形成對老人問題自以爲是的解釋，也陷入對老年問題研究的另一極端，陷入政治工具主義牢籠。

2.女性主義理論

　　女性主義取向對老化的研究並非是一個正式的理論，而是挑戰老化研

究忽視性別的差異，或挑戰老化或老人是一項非性別的社會過程的觀點。故女性主義的重點即在於探討性別的關係。他們認為男女是社會建構的，男女老化的經驗是不同的，性別應該是了解老化的考量重點，而不是把性別當作單純的變項之一。傳統女性意識研究者，對時下的研究與理論側重以一種性別排除另一種性別的作法，加以批判。他們指出性別認同是人生歷程中社會互動所產生的觀點，目的在賦予男性特權，使女性處於不利的條件。由於性別的不平等，造成老年女性比老年男性貧窮。他們以政治經濟觀點來了解女性的老化經驗，認為老年女性的問題是社會結構的問題。他們檢驗為何多數對於配偶死亡的影響都側重在女性身上，女性生命歷程中的看護工作、小孩扶養、無薪的家事工作、健康以及貧窮等問題都受到檢驗。但對退休的研究都側重在男性身上。女性主義者強調老年男女兩性的不同，不是生物的差異，而是社會結構和社會對性別界定所造成的。

　　總之，女性主義者指出老化的研究應注意性別的問題，在實務的處理上確有其貢獻，可以了解男女角色在照護上的不同，了解性別與獲得朋友等社會支持網絡上的關係，認識工作和退休的性別經驗差異，及性別在家庭負擔上的問題。由於女性是老人的主體，往往又是貧窮的，故女性主義理論使社會學家注意到性別在老化研究上的重要性，有其貢獻之處。

3.綜合探討：以生命歷程觀作理論的連結

　　在過去1/4世紀以來，研究者的理論架構都以生命歷程做為概念取向，社會學生命歷程的研究，既是理論取向，也是方法論的取向。生命歷程取向對個體如何建構概念提供新的思考方向。生命歷程研究的核心主題，包括世代、過去的生活重點等，但強調與社會動態和歷史效應的連結。採用生命歷程的研究取向，在政治經濟理論、女性主義和其他批判取向的老化研究上特別有用。它特別側重在角色轉換、晚期生活的軌跡與結果，可以對過去有利及不利事件的影響有良好的說明。年齡階層理論可以對年齡與社會階層的關係有所了解，階層並非靜止或固定，而是由個體一生中遇到的生命機會所建構。

　　研究發現，個體生命中所累積的有利或不利經驗，係由早年生活經驗和其他因素，如性別、種族和社會階層等所決定。生命歷程的資本及負

債，均隨生命歷程作不公平的分配。生命歷程理論強調老年的處境係受制於生命事件和角色出現的時間、範圍、秩序和持久性等。它指出個體和社會轉換在時間點上的重要性。

第三節　社會老化的因應

　　個體的社會老化，是生理層面外另一受到相當關注的議題。蓋個體在社會中生存與發展，必然會受到社會因素的影響。因此，個體的老化必有社會因素的介入，同時，老化的個體如何與社會互動，與整體社會的關係應如何建構，這是個人和社會都很關心的事。因此，社會的老化關係到個體與社會兩部分。對於個體在老化後，如何與社會互動，這是較屬於個人的問題；其次，當個體老化後，社會應如何對待老年人，這是高齡社會層面的問題。本節探討社會老化的因應，茲就個體和社會兩方面，提出因應策略如下：

一、就個體層面

　　面對社會的老化，個體本身宜採取適當的措施加以因應，包括持續參與社會活動、尋求替代角色、增進人際關係、建立個人社會資本、積極面對社會的變遷等。

（一）持續參與社會活動

　　活動理論告訴我們當個體老化之後，並非要從社會中撤退，斷絕各種社會活動的參與，退縮在家中靜等，而應儘可能維持活躍，持續參與活動，這才是老年人自然的、適當的生活方式。因此，所謂最適老化（optimal aging）就是積極的抵拒從社會中退縮與撤離。在實證研究中，也發現持續活動者身體較健康，且生活滿意度高（Thompson & Hickey,

1994）。老年人對社會的良好適應，就是持續參與活動，維持最佳的體能狀態，建立積極的生活模式。能否採取此種有效的適應策略，就在於老年人觀念的正確，具有對老化的正確觀念或社會能給予老年人教導或啓發的機會，而有以致之。

（二）延伸或尋找替代角色，充實生活內涵

　　相關的社會老年學的文獻皆一再指出，老年是一個「喪失」（losses）的時期，失多得少，而使老年人產生頹喪的情緒氣氛。尤其是面臨退休，工作角色喪失，使老年人成爲沒有角色的角色者（rolelessness），使老人產生角色中斷，影響最鉅。持續理論指出個體的思想、行爲與人際，不因年齡增大而有所改變。人類生命週期的每一階段，都有高度的連續性，因此中年的活動及角色，宜儘量延伸到老年，這才是正常老化的最佳模式。但從某一生命階段到另一生命階段，不僅是角色的喪失或撤離，也意味新角色的形成與取得。所謂持續，並非要繼續原來的工作，而是轉換角色，做自己喜歡做的，有意義的活動，扮演新的角色。因此，面臨老年人角色的喪失，宜發展新的角色，來維持自我的連續，使生活有重心，充實生活的內涵。老年人不是要撤離角色，而是轉換角色而已，宜積極加入各種組織，參與社會各種活動，重新建立一些新的角色，來替代原有角色的中斷。

（三）增強人際關係，建立社會資本

　　老年的角色變化，不管是工作上或家庭中，都會帶來人際關係的改變，形成人際網絡的窄化。而人際網絡的建立，是擴展社會人際網絡相當重要的一環，可以增強個人的社會資本，使個人維持積極的生活型態，直接影響高齡期的生活滿意度。家庭更是老年人極爲重要的人際關係，家庭中最重要的人際活動對象就是配偶與子女。與此二者關係的強化、互動的頻繁，成爲老年人生活的依賴與慰藉。因此，多建立社會人際關係，加強家庭人際之互動，是老年期至爲重要的一環。

（四）強化對變遷社會的適應

　　社會不斷的變遷，科技不斷的進展，會造成知識的暴增，知識的快

速過時，以及對科技產品的應用，這些都是高齡者所不可避免的現象。從歷史與社會變遷的角度而言，不能適應變遷，將無法在社會中作良好的適應，而使老年人成為社會的邊緣人，導致社會地位的下降，甚至為社會所排拒。現代化理論、老年階層論等均明白告訴我們，老年人應與時俱進，與社會維持頻繁的互動關係，追求新知、積極成長，這是因應社會老化的不二法門。因此，高齡階段仍宜積極尋求各種機會，參與學習活動、吸取新知、開發潛能，達成自我實現，進而發現生命的意義，達成圓滿與統整，這是高齡期的發展任務，也是高齡者生命的價值所在。

二、在社會層面方面

社會老化，不僅是個體的問題，也是社會的事務。因此，面對個體的老化，社會宜從改變退休的觀念與制度，消除對老人的負面形象、重視老年人的社會資產、降低社會結構對老人的不利影響，及應用銀髮族的人力資源等五方面，來加以因應。

（一）改變退休的觀念與制度

個體在「社會老化」方面，最具體的顯現於退休所造成的角色改變。退休不但造成角色的中斷，也會帶來人際網路的縮減、人際互動的減少、社會地位的下滑。芝加哥心理學家希克任密哈雷（Csikszentmih-alyi）歷經數十年對快樂的研究指出，快樂的二個重要因素是有意義的工作與高品質的人際關係（引自盧希鵬，2009）。工作可以找到意義，可以交到眞誠的朋友，故退休對個體的影響，至為重大。早期由德國首相俾斯麥（Otto von Bismarck）所建立的以65歲作為強迫退休的人事制度，在現代社會變遷之下，業經甚多的研究指出已非適當，有待改變。因此，退休的觀念，在今日的社會變遷下，極待調整。

首先，在退休觀念方面，應了解退休只是角色改變，並非要從職場及社會活動中撤離。退休後可以轉換到其他角色，使中年所扮演的角色得

延續；其次，退休並非由工作轉換到完全沒有工作，而應有循序彈性的做法，即由全時到部分，再到完全退休的階段性安排，使個體得以適應，延續先前的生活。工作與退休，並非一刀兩斷。

《搶占2億人市場》（*Age power*）的作者戴可沃（Ken Dychtwald）就說：「退休的觀念該退休了！取而代之的，是以更具彈性的方式，持續的工作」（劉佩修，2005）。《一週工作4小時，晉身新富族！》的作者佛利斯（T. Ferriss），也指出工作是快樂的，所以人們有機會一定要工作到80歲，將原本60至80歲的「純」退休生活平均分配到20至80歲間，也就是每年都有迷你的退休觀念（蔣宜臻譯，2008）。所謂迷你的退休，就是不定期的退出職場，休息一會再重新出發，從工作中尋找快樂。這些說法，均是指明退休觀念在今日社會有待調整，從全時轉為部分時間、從一次式轉為漸進式的作法。

因此，在退休制度的設計上，亦宜重新調整；以65歲為強迫退休年齡的依據，應重新設計。當前社會變遷，在人口結構上最大的變化，就是少子高齡化，一方面社會無力負擔龐大的退休給付；一方面新一代高齡者，健康良好，教育程度高，很期望再為社會持續貢獻，因此，延後退休應作考慮。目前若干先進國家，已採行延後退休的制度，將強迫退休年齡提高為66或67歲，如美國、法國、德國、丹麥、冰島等（United Nations, 2015）。前述《搶占2億人市場》作者戴可沃亦說：「以65歲為老年退休指標，已經嚴重脫離現實，必須依長壽比例重新計算！」（宋瑛堂譯，2005：125）過去，越早退休，被認為越成功，如今，由於社會變遷，延長工作年限已成為共識。因此，修訂退休制度應是可以考慮的時候，將強迫退休的年齡延後或採漸進方式進行，以創造社會及高齡者雙贏的局面。

（二）消除社會對老人的負面形象

由於大眾媒體的宣導，一般人常存有對老年人負面的形象，如認為老年人體弱多病、行動遲緩、頑固僵化、保守固執、囉唆嘮叨等，似乎老年人是一個模式造出來的。事實上，老年人彼此間有相當大的異質性存在，有些老人固然體弱多病，甚至癱瘓在床；但有些人卻健康活躍，仍積極

參與社會活動。尤其新一代老人，往往健康良好、活動力旺盛，絕非過去的老年人所可比擬。因此，對老年人的負面形象並非正確，極宜釐清，還原現代老年人的眞正面貌，才能正視老年人的價值，傳承老年人的經驗與智慧。此舉，有賴從學校教育與社會教育入手。在學校教育方面，各級各類學校均宜教導有關老人及老化知識。在中小學裡，可將此類內容融入相關的課程或活動中；在大學校院則宜將高齡學列爲通識教育課程，讓大學生有修習老人及老化的相關知能。在社會教育方面，宜與各種傳播媒體配合，加強老化相關知能的宣導，並運用各種教育機會，傳遞民眾正確的老人或老化觀念與知能。

（三）重視老年人的社會資產，提供其發揮的機會

老年人具有豐富的經驗，是人生智慧發展的高峰期。這些豐富的經驗與智慧，都是人類社會的重要資產，宜傳承並發揚光大，才能使社會持續發展與進步。老年人並非如交換論所主張，在社會互動中，沒有可資「交換」的價值，而受冷落，甚至排斥。此種說法忽視老年人睿智、經驗、仁慈、祥和、穩定等的寶貴資產，即使在家庭中，老年人的「給」也往往多於「取」的部分。因此，老年人既具有這些重要的資產，社會應加以重視與發掘，使其能夠傳承發揚，爲社會的永續發展作出貢獻，這也是老年人樂意從事的事務。因此，建立傳承平台，創造雙贏，應爲社會對個體老化應積極作爲的層面。

（四）致力消除社會結構對老人的不利影響

依現代政治經濟理論的觀點，老年人所面臨的不平等問題，都是社會的政治、經濟勢力造成的。老人的問題是社會結構的問題，也是社會結構的結果。老化本身沒有問題，而是老人欠缺收入、醫療和照護，或住宅的不足等社會條件造成的，使得老人走入社會邊緣化的地步。因此，要解決老年人的問題，就要致力消除社會結構對老年人的不平等對待，社會中的政治及經濟勢力對老人的不利影響。在政策上，應注意這些不利因素的排除，在處理老人的相關措施，應注意老人平等機會的參與。

（五）應用銀髮族的人力資源

　　老年人擁有豐富的經驗、成熟的智慧，是社會的重要資產；同時新一代老人健康良好，教育程度高，參與社會活動積極，因此，他們的腦力與體力均可持續為社會服務。此舉不但不會使老年人成為社會的負擔，更可使老人成為具有生產力的一員，達到生產性老化（productive aging）的目標。老年人可為社會服務的機會眾多，如持續投入工作，或擔任部分時間的工作，或擔任志工，發揮餘光餘熱，包括協助家庭照護兒童、從事社區服務工作、擔任社會相關機構的志工、投入教育服務工作，及應用自己的專業擔任輔導諮詢人員、講師、行政助理及活動策劃人員等。總之，老年人可以投入的工作相當多，只要有機會或平台可以發揮，老年人都樂於承擔，這也是老年人的基本權利。因此，面對少子化來勢洶洶，未來社會勞動力的不足，應用老年人力，讓老年人持續投入社會各種專業或服務性的工作，將是未來社會相當重要的一環。社會宜及早規劃，付諸實施，並擴大輿論的宣傳力量，增進老年人參與的機會。

第六章　高齡期的認知發展

　　認知是人類非常重要的心理活動，它與個體的日常生活息息相關，認
知是影響高齡者生活品質與生活滿意度最重要的因素。個體到達高齡期，
其認知的發展如何？是成長或衰退？如何因應？均至關重要。科學家已經
發現，老化過程中最重要的一個變化，就是認知老化，這是影響個體晚年
生活品質與生活滿意度的最大因素。本章探討高齡期認知的發展，首先探
討認知與高齡學，其次分析高齡者認知的發展方向與現象，再次探討認知
衰退的原因，最後，提出認知衰退的因應。茲分四節說明如下。

第一節　認知與高齡學

　　個體的老化，涉及的層面相當廣泛與複雜，且彼此交互相關，相互影
響。故老化也會對認知產生影響，進而對日常生活的運作造成衝擊，影響
人際的關係。本節探討認知的意義、認知與高齡學的關係、認知在高齡者
生活中的重要性及認知心理學的理論等四部分，茲分述如下：

一、認知的意義

　　認知（cognition）是心理學近年來研究與探討的重點，認知一詞的
使用，也越來越普遍。然究竟何謂認知？則有人言人殊之感。所謂「認
知」，係指個體對事務知曉的歷程。在此歷程中，包括了對事物的注
意、辨別、理解、思考等複雜的心理活動（張春興，1998）。認知心理
學大師奈瑟（U. Neisser）在其1967年出版的《認知心理學》（*Cognitive
Psychology*）一書中指出，認知涉及感覺，將感覺的訊息加以轉換、篩
選、修飾、貯存、提取、以及使用等所有的過程。阿須克拉富（Ashcraft,
1989）認為認知是指有關個體在知覺、記憶、思考和行動的心理過程和
活動。個體要解決某一問題，就涉及到認識問題、了解問題的性質、掌握
問題的關鍵、尋求相關的資訊、運用既有知識思考推理、找出適當的方

法，以獲得問題的解決等一連串的心理活動。故認知係指個體經由意識活動，對事務認識與理解的心理歷程。其涵義甚廣，包括知覺、想像、辨認、推理、判斷等複雜的心理活動（張春興，1989）。簡言之，認知係指個體從環境中獲取資訊，解釋、保存和使用資訊的方式，更簡要的說，認知是一種「知的歷程」。

二、認知是高齡學探討的重要議題

　　高齡學係研究老人及老化的學科，其探討的重心已轉移到對整個生命歷程的分析，包括對個體全部發展歷程的關注（Ferraro, 1997）。因此，高齡學的研究強調科際整合的取向，包括影響老化及其交互作用的生物、行為和社會結構因素的探究。故高齡學者關注認知老化的議題，已有很多的研究採用大型的橫斷與縱貫的研究方法，探討心理、社會、健康、生物、經濟和其他因素對認知功能的影響，其中較著名的研究，包括謝伊（Schaie, 2004）等所進行的「西雅圖的長期縱貫的研究」（the Seattle Longitudinal Study）、柏提斯等人（Baltes & Meyer, 1999）所進行的「柏林老化研究」（the Berlin Aging Study）、迪格等人（Deeg, Knipscher & van Tilbwg, 1993）所進行的「阿姆斯特丹老化的縱貫研究」（the Longitudinal Aging Study Amsterdam）、霍爾特斯克等人（Hultsch, Hertzog, Dixon, & Small, 1998）的「維多利亞老化的縱貫研究」（Victoria Longitudinal Aging Study）。所有這些研究都採用多種途徑評量認知的結構，以及探究認知與人口變項、健康、社會、經濟和行為的關係。

　　這些大型的研究提供許多的資訊，以了解認知老化，並指出這些變項間的關係，比傳統認知老化的研究，提供了更多值得注意的影響因素。尤其是迪克遜等人（Dixon, Backman & Nilsson, 2004）出版《認知老化的新領域》（*New Frontiers in Cognitive Aging*）一書，更改變了過去的想法。該書探討認知老化的理論、方法論取向，並將認知老化堅定地放在高齡學的領域。尤其，強調認知是我們日常生活中的一部分，這是傳統以實務為

本位的認知研究所忽略的部分，該書亦探討生物和健康對認知老化的影響。

　　因此，在高齡學中，認知老化已是一個更加受到關注的主題。相關研究也以驗證性的資料提供影響認知老化的因素及效應，也提供了新的研究方法。故認知已成為高齡學中相當重要的一環。

三、認知在高齡者生活中的重要性

　　在前述的探討中，指出認知與高齡學的關係已越來越趨密切，在整個高齡學的領域中，地位也越來越穩固，越受關注，成為研究上的重要課題。其主要的原因有二：一為認知的活動，與個體的日常生活或與環境的互動息息相關。認知並非鎖在實驗室作學術探討的對象，而是高齡者日常生活的一部分，是實務的。高齡者的生活與行為的反應，均與認知有關；其次，認知的主題涉及廣泛，包括記憶、注意、語言、人際因素、智力等，均為高齡者生活中重要的一環。

　　由於認知與行為具有不可分離的關係，故高齡者有關的日常生活能力與行為，均與認知有關，包括財務處理、服藥、購物、電話、做家事、搭乘交通工具和準備晚餐等，乃至於作決定、判斷、選擇、進行學習、思考、解決問題、創造力等行為，均涉及認知。認知在個體晚年的維持控制與獨立上扮演極其重要的角色。故認知的老化，對高齡者的生活有廣泛而深遠的影響。實證研究指出，認知老化會引起沮喪的情緒及影響生活的品質（Comijo et al., 2004），認知老化也會喪失與家人的關係（Aartsen, van Tilburg, Smits, & Knipscheer, 2004）。故認知與高齡者生活息息相關。

四、認知心理學的理論

現代科學的認知研究，可以追溯到1950年代中期之後的認知革命（the cognitive revolution），強調要改變心理學的研究重點，從行為轉到對心理活動的重新重視。其原因在於對行為主義的不滿、電腦的發明及記憶研究的重要發現，主張以科學的研究探討個體的心理過程和活動，而成為今日心理學研究的重要領域。認知心理學是認知科學的一部分，其發展來自相關領域的進步，尤其來自神經心理學的貢獻最多。

高齡期認知的發展，側重二個基本問題的探討，一為中高齡者認知的發展如何？其次為影響其認知發展的因素何在？本處探討認知的理論，提供對影響認知發展的不同觀點，有助於對第二個問題的解答，至於第一個問題則將於下節中再作探討。

認知心理學家對於心理過程的研究，係從四種不同觀點切入，包括機體的（organismic）、機械的（mechanistic）、情境的（contextual）和心理計量的（psychometrics），茲分述如下：

（一）機體模式

機體模式係以個體作為探討的核心。皮亞傑（J. Piaget）就是最有名的機體觀點的代表者。此一學派認為認知的發展係依循一系列與年齡有關的系統而普遍的階段發展而來，主要來自基因的構造。每一發展階段，都代表一種認知能力的質變。認知的發展，係來自個體的內部。個體會對知識的建構及環境的適應作積極的介入，而非被動的接受。

（二）機械模式

此派學者認為個體的認知發展係由環境所決定。心靈（mind）本為一張白紙，透過經驗而充實。在此過程中，個體係處於被動的狀態下，對外在環境作機械的反應。每一次均對不同環境作不同的反應，並沒有普遍的、一致式的方式存在。因此，認知發展被認為是一種與年齡無關的改變，其本質是量的增加。機械觀的主張，相當重視行為主義及巴夫洛夫（I. P. Pavlov）、華生（J. B. Watson）和斯肯納（B. F. Skinner）等人的研究。較近的研究，係1970年代由班都拉（A. Bandura）及其他學者所進

行，帶動了機械觀的修正，承認個體的發展有認知涉入的成分。

（三）情境模式

此種觀點的代表人物是柏提斯（P. B. Baltes）、迪特曼・柯利（F. Dittman-Kohli）、迪克遜（R. A. Dixon）和蘇俄的維格斯基（Lev Vygotsky）等。他們認為認知的發展相當複雜，由個體的基因與各種社會文化和歷史的情境交互作用的結果。由於此種交互作用的複雜性，而導致個體間在認知發展有相當大的差異，故個體在認知發展的時間性、方向及本質上均有所不同。

（四）心理計量模式

此模式乃是利用測驗工具來評量心理的特質，此種認知研究取向不同於前述三種，因其不是一個真正的理論取向，它並未對認知的起源與本質作任何假設，而只是透過標準化的評量工具來描述認知表現的方法。這種模式係源自1980年代，英國生物學家高爾登（F. Galton）試圖對智力進行評量的嘗試，至目前為止，已有一段相當長而有爭議的歷史。在心理計量的研究中，卡提爾（R. Cattell）和荷恩（J. L. Horn）所提出的流質與晶質智力的說法，甚具貢獻，最引人注意。

第二節　認知老化方向與現象

認知發展是個體終生的歷程，然而在高齡期，認知的發展方向為何？是呈衰退現象，或持續的發展？歷來有兩種不同的觀點存在。在主張衰退的說法方面，已故法國總統戴高樂（Charles de Gaulle, 1890-1970）曾說：「老人就像一艘將沉沒的船」，把老人比喻為沉船，就是認為個體隨著年齡的增加，不論生理或認知都會逐漸衰退；另一種觀點則認為隨著年齡的增長，認知仍會持續發展，而把個體的認知發展比擬為蝴蝶（Lemme, 2006），仍有展翅高飛的可能。以下就此兩種觀點及相關研究的結果加以說明之。

一、衰退觀及其相關的研究發現

持衰退觀點者在傳統上一直是認知發展的主流，也有相關實證性研究的支持。

（一）衰退觀的主張

傳統上對認知發展持衰退觀者，認為隨著年齡增長，在成年期後的認知發展呈現一種普遍的、不可避免的衰退現象。這種觀點，部分來自傳統上把發展和老化二分的作法，亦即指發展是兒童期正向的成長；老化係指成年期後的衰退現象。此種觀點的假設是老化係由主導所有行為功能（包含認知）的基因程式所驅使。因此，認知的衰退正是生物老化必然的結果，且隨年齡的增長而加速。採取此種觀點者，都試圖描述在何種年齡階段，有何種典型性的心理功能喪失。

此種觀點近年來已受到挑戰，因為發展是一種終身的歷程，其中有得有失；發展也具有可變性及可塑性。此外，即使年齡與衰退有關，亦不能認定年齡是造成衰退的原因，而是與年齡有關的過程與變項所造成的。年齡不過是一個代替品，或是一個載具，而是許多變項的累積與共同效應所致（Salthouse, 1991）。研究者正在尋找影響認知改變方向、速率及時間點的因素。

由於過去衰退觀是主流，故有很多實證性的研究均側重在衰退現象的探討，發現年齡與認知具有負相關存在（Salthouse, 1991）。雖然這樣的發現已越來越不被信服，因為與中高年齡者的認知實際表現不符，索豪斯（Salthouse, 1991）認為認知發展在年齡上呈現衰退的研究發現，帶來了相當實用性的價值，因為這樣的發現，我們才會去了解及預防認知的衰退。故他認為研究強調認知衰退比側重在認知成長或穩定上更具價值。

（二）相關的研究發現

衰退觀的證據主要採用心理計量的方法進行橫斷的研究結果。最主要的研究層面是在智力方面。有關智力衰退的研究證據主要針對集體對象的個別差異及不同智力類型的表現兩方面進行。

1.集體對象的個別差異

　　早期以心理計量方式對中高齡進行智力的研究，所發現的典型結論為：多數能力的高峰係在中年，其後維持一段時間直到50歲或60歲初期，就開始隨年齡的增加而快速下降，到70歲後下降速度減緩（Schaie,1990）。最近更多縱貫性的研究亦基本認同這種型態，只是改變幅度較少且發生的時間較晚而已。但這種認知隨年齡增長而衰退的結論引發了爭議。因對大多數個體與大多數的能力而言，衰退的發生要等到60歲晚期與70多歲才出現。而且這種發現係針對集體的研究資料而來，事實上，個體間有相當大的差異存在。其原因乃是使用平均數來作代表，過於簡化的結果，因為平均數代表同為50或70歲的人都表現相同的認知功能，事實上，每一年齡組的人，個別差異很大。有些70歲的人，其認知表現比30歲的人還要好。有些75歲的人，在某些項目的認知表現，仍然穩定或有所增長；有些項目呈緩慢的衰退，有些則呈現快速的衰退。老年人認知功能的改變具有高度的個別化與特定化。

　　上述有關的研究大多採用橫斷的集體比較，為改進這種研究方法的缺失，謝伊（Schaie, 1990; 1996）曾針對西雅圖民眾進行五項基本能力的縱貫研究。該研究包括語文意義、空間知覺、歸納推理、數字及語文流暢等。他採用組別序列設計（cohort-sequential design）進行長達35年的研究。研究發現在7年內，各年齡的能力都維持相當的穩定。60%至85%的受試者，在五種認知能力上仍然相當穩定。超過81歲後，有30%至40%的受試者始有顯著的衰退，有2/3顯示很少或沒有衰退。即使超過80歲，也沒有人在所有的認知能力上顯示有普遍衰退的情形。謝伊的研究也發現，認知的衰退不僅在速率上，也發生在衰退的型態上。有些人衰退後又恢復，有些人呈現高原現象或僅在生命晚期才發生。

2.不同智力類型的研究

　　對不同智力類型的研究，也顯示智力發展的多方向性，最著名的是卡提爾（R. Cattell）和荷恩（J. L. Horn）所發展的心理計量的智力理論。依此模式，智力包括兩組的能力，即流質與晶質智力。柏提斯（P. B. Baltes）將此概念擴展為二種智力發展的模式，即機械（流質）和實用

（晶質）智力。流質智力係來自遺傳，有關於思考和推理的能力，這是有關資訊處理和問題解決的基本能力，屬於大腦的「硬體」。它隨著大腦和神經系統的成熟而開展。處理的速度，就是流質智力的功能之一。晶質智力係指知識的累積、訊息的獲得、經驗的儲存、技巧的應用、問題解決的知識。晶質智力可視爲文化本位的「軟體」，主要來自教育和經驗的累積，當然也會受到大腦和神經系統的影響。例如精熟語言和數字、及對世界基本知識的了解等均屬之。

　　這兩種智力的發展型態，有很多的研究發現依循不同的路徑做與年齡有關的改變。流質智力從出生以後開始成長，至20歲後期或30歲初期後開始下降；晶質智力隨年齡的增加而增長，僅在年紀很大的時候，或許至90歲時才會下降。兩種智力的發展如圖6-2-1所示。

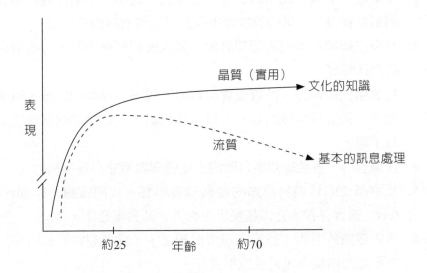

圖6-2-1　流質與晶質智力在成年期的發展情形

資料來源：Lemme, 2006: 138。

　　圖6-2-1說明了流質與晶質智力在高齡期發展型態的分化，但在最後的階段，這兩種成分——生物與文化——又開始輻合，這是大腦生物損害累積的結果。個體這種實用能力的下降，可能是生命休止的一種信號。

　　此外，謝伊和魏利斯（Schaie & Willis, 1993）針對29至88歲的成人進行六種基本心理能力的橫斷研究。這6種心理能力包括歸納推理、語文能力、語文記憶、數字能力、空間取向和知覺速度。研究發現6種能力的高峰期並不相同，且衰退的幅度與發生的年齡亦屬不一。語文記憶是保持最好的能力，而空間速度則是衰退最大的，顯示各種能力間年齡上的差異並不一致。此外，謝伊（Schaie, 1996）也發現衰退的情形，在70歲前是相當小的，通常是病理學上的原因，如大腦受損。大多數老人在80歲前心理能力仍然運作良好。但在某些能力上，衰退的情形也確實存在，因此，許多老年人即使在高齡階段仍然有行為運作的能力，尤其是在熟悉的環境中。在高度挑戰、複雜及有壓力的情境下，才顯現衰退與不足。

　　經由上述的探討，可以獲致以下幾項認知衰退的結論：

1. 年齡增長而導致認知的改變，在程度、速率及型態上有相當大的個別差異存在。這些改變皆出現針對集體資料的研究上。

2. 許多證據顯示不同的認知層面，其改變的型態不同，有些層面維持得比較好。

3. 經驗累積的知識（晶質或實用智力）較不受年齡的影響，但處理能力（流質或機械的智力）較可能衰退，只是在時間與程度上尚有爭議。

4. 在個體內，各種認知能力間的改變速率與型態亦各不相同。

5. 社會歷史的情境對認知的發展確有影響，代間效應（cohort effect）確實存在，亦即越晚出生的人，其表現較佳。

6. 多數健康的老人，認知衰退情形相當小，除非到很晚的時期。但在熟悉的情境中，仍表現相當好。

二、持續潛能觀（the continued potential view）

　　此派主張個體的認知發展是終身的，且是多層面、多方向和多原因的。有些人的認知技巧會隨著年齡的增加而持續改進，有些新的能力在成

年期後才會出現。個體到老年期並非有不可避免的下降現象，很多人到晚年仍有重要的貢獻，創造力強、工作表現良好。衰退不是規律，而是一種例外。波爾馬特（Perlmutter, 1988）就是支持此種觀點最力的學者。他指出有很多的證據反對不可避免的衰退模式的說法，很多人在晚年仍有相當重要的貢獻，有創造性的產出。故蝴蝶觀的比喻，較沉船論對老年人的認知發展更爲適當。

早期很多成人發展與老化的研究，都對老化持負面的看法，把老化看作問題，而使老人被描述爲貧窮、脆弱、不快樂、無能力的。由於更多認知老化的研究報告出現，發現衰退情形很少，甚或沒有，而使「衰退觀」走向了「維持或發展觀」，其好處爲：(1)扭轉過去認爲老人是衰弱的，無生產力的刻板化印象，引導老人對自己的能力有更積極的期待，會導致生活品質的提升及對老人的人力資源更加利用，使老人作更好的貢獻；(2)採取持續潛能觀，可以使大家注意到助長或提升老人認知發展的生物、心理和社會因素，使個體能夠努力向前，而非僅是「活著」而已。側重認知的衰退，係注意到失（losses）的層面；強調持續發展，可使老年也可能有所「得」（gains）。

支持持續潛能觀者，他們也了解到認知衰退的證據，但經由前述的探討，這些只發生在生物學基礎的流質或機械的認知層面上；而很多以經驗本位的晶質或實用智力層面，仍維持穩定或隨年齡而增長。所謂實用智力，依柏提斯（Baltes, 1987）的定義，包括：(1)普通的事實及程序性知識，如歷史、騎車及解答代數問題；(2)特定程序性知識，如某種職業上的專家（如會計師、汽車修護）；(3)有關如何發揮認知表現的知識，如採用重述與複習來增強記憶能力等。實用智力傾向於隨年齡的增加而成長，使個體越能應用知識、解決問題，更能適應不同的環境。有關持續潛能觀的證據，可以由成人終身學習及專門知能、智慧與創造力的成長等獲得支持。

（一）中高齡者的終身學習

爲適應環境與生活情境的改變，個體需要終身的學習。尤其現代社

會變遷快速，未來的世界難以預測，終身學習更感需要。但一般人認為學習與認知發展是人生早年的事，因此對成人學習的了解甚少，其實早年的正規學習與成人的非正規學習，這二種學習並不相同。雖然研究指出大多數的學習能力在20歲後成長至70多歲，甚至85歲，都能學習新的事務。但早年的學習和成人的學習，二者在學習需求和情境上是相當不同的。許多成人學習的發生，係由生活事件或生命轉換所引發，尤其是在工作和家庭生活的層面上，成人學習扣緊個體生活的情境。這種學習，可能是正式（在教室中）或非正式的。成人可能會發現要學習新的知識來提升自己工作，或要扮演新角色（如擔任父母），適應改變（如搬到新社區或離婚），要學習新的休閒技巧（如打高爾夫），或作個人的發展活動（如學習第二外語）。成人面對學習需求、選擇、機會，以及可獲取的資源等，均與其社會、文化和歷史情境，及性別、階級與種族有關。這就是成人學習的實用性質，由成人生活經驗中激發與建構。

　　年齡較大者在面對認知能力時，會比年輕者使用更多的認知策略，在社會上就會被認為是認知能力的衰退或不足，事實上，它是對經驗改變的適應或對當前成人生活的一種因應。故辛諾特（Sinnott, 1994）就指出年輕人的學習重在事實的累積（分析的、由下而上的處理），但中高齡者的學習則在尋找這些事實的意義或建構一個較佳的想法或理論（綜合的、由上而下的處理），中高齡者更需要利用這種意義及想法來因應未來的生活。

　　經由上述的探討可知，成年人可以進行終身的學習，顯示其學習能力並非隨著年齡的增長而衰退，因此，終身學習的進行提供了認知能力與時俱進的支持。

（二）專門知能、智慧及創造力的發展

　　有關實用智能的增長，亦可由專門知能、智慧及創造力的相關研究上獲得了解。這三種知能屬於多種心理能力的複雜組合，是一種組合型的認知（assembled cognition）。

1.專門知能（expertise）

　　專門知能係指在某一領域的實務知能可做高度的發展，通常表現在職業或嗜好上。如果在某一活動沉浸甚久，相關的知能就會有所發展。此種多年累積的大量知識可以抑制或消除因年長而帶來的基本能力的衰退。使訊息處理速度、工作記憶、長期記憶和推理等認知能力，持續有高度的表現。這就是棋士在20歲時表現突出，但成爲高手通常在40歲左右，因其對棋子位置有巨大的記憶量。研究發現不同年齡的大學教授對教科書的記憶沒有年齡上的差異，但一般的記憶上仍有年齡的不同（Shimamura, Berry, Mangels et al., 1995）。在對打字專家的研究上，也發現打字時對單字的運作記憶，年長者優於年輕人（Salthouse, 1984）。由此可見，對特定能力重複及密集訓練會強化對該種能力的保留。有關專門知能的研究發現：(1)個體擁有大量良好組織的知識，精於大量重要的訊息，可以在長期記憶中儲存更多此領域的專門知能。例如研究指出，棋士專家較能回憶棋盤上棋子的位置，約5萬個，而好手只有1千個，一般人更少（Chase & Simon, 1973）；(2)專家更能抓住問題的關鍵，較集中於問題的意義上，能應用更有效的問題解決途徑，故表現快而有效率，更爲精準。專門知識表現是在特定任務上，並不能從一個領域遷移至另一個領域；(3)要成爲專家要有密集的學習及豐富的實務經驗，長期的投入。通常從兒童期開始，在教師、教練的教導下，至少須10年，這是無法遺傳的。

　　綜上所述，專門知識較不會隨著年齡增長而衰退（Hasher & Zacks, 1979）。亦即，專家在其精熟的領域上較能維持高度的表現，不會受到老化的影響。

2.智慧

　　傳統上智慧是神學及宗教的事，在科學的研究上仍在初期階段，因智慧難以界定和測量。一般人常認爲老年人比年輕人有智慧，認爲智慧的引發，係在成年期，故智慧與後形式運思、實用智力、專門知識、創造力等有明顯的重疊。事實上，這些只是智慧的一部分。

　　柏提斯及其團隊（Baltes & Staudinger, 2000: 124）將智慧界定爲具執行生命意義的專門知能。研究發現智慧的發展來自甚多的情況：(1)智慧

來自密集學習、實務和追求卓越的強烈動機；(2)智慧具複雜性，智慧來自許多因素的貢獻；(3)智慧由認知、動機、社會、人際和靈性特徵的交互作用而來；(4)由良師輔導和精熟某些關鍵的生活經驗，可能是智慧產出的必要因素。

歸結柏提斯及其團隊的一系列有關智慧的研究，所得重要的結論為：(1)智慧與年齡無關：無論年輕人或老年人都可能具有智慧，或沒有智慧；(2)某種特定生活型態的人易有智慧：如臨床心理學家在實驗中平均得分較高，但非最高，顯示智慧不僅生活經驗而已；(3)智慧與認知不同：研究發現智慧與智力、創造力及人格的相關不高；(4)有夥伴共同思考比單獨一人思考，智慧得分較高，故智慧易在人際情境中開展（Stuart Hamiltor, 2011）。

許多有關智慧的實證性研究，提供了對智慧的本質、來源及發展方面更多的了解。雖然年齡的增長並不保證智慧的產出，但研究也發現有智慧的人，多數為老人。智慧的發展與個人經驗的累積以及生活的歷練有關。未來對智慧的持續探討，將會讓吾人對智慧的相關議題有更佳的了解。包括：在人生旅途中，如何更加睿智？智慧係來自正式的訓練（如臨床心理學的專業訓練）或非正式的學習（如工作坊、研習會、心理治療或閱讀）？是來自個人生活的經驗（如失去親人）或要有認知的先在條件（如後形式運思）？這些仍待後續的研究，予以釐清。

3.創造力

有些研究者關注創造力的本質及發展。雖然此方面的文獻多於智慧，但創造力如同智力一樣，難於界定與評量。柏特維尼克（Botwinick, 1984）將創造力界定為：有關新奇、原創和獨特的產品及成就，但與社會的或美的需求有關。創造力可以說是一種特別型態的專門知識。

傳統上對創造力的研究集中在歷史上對人類有偉大的發明、作重大貢獻的創造者。直到20世紀的後半葉，才轉為解決日常問題的研究上；其次，創造力可否透過心理計量的方法來加以評量？研究發現標準化的智力測驗並不能測量創造力，因為其關注在只有一個正確答案的聚斂性思考（convergent thought），而非評量多元答案的擴散性思考（divergent thought）。

　　至於創造力隨年齡的增加如何發展的問題，在歷史上有很多的例子都指出在生命晚期有傑出的創造性作品。如古希臘作家沙孚克理斯（Sopho-cles）在80多歲才完成偉大劇作埃迪帕斯（Oedipus）。西班牙著名小說家塞凡提斯（Cervantes）在69歲時，才完成唐吉訶德（*Don Quixote*）鉅作。米開朗基羅（Michelangelo）直到89歲死時，仍然持續作畫及設計。

　　對於生命全程創造力系統的研究，已有相當長久的歷史，近年來的研究亦屬不少，其重要的發現為：(1)創造力的高峰，通常在30歲後期及40歲初期，然後逐漸下降。此種說法，係就年齡的平均而言，且其中的年齡係指生涯年齡（career age），並非實足年齡；(2)年齡曲線在高峰後，才會下降，而所謂「高峰」依領域而有所不同。早到達高峰者，如抒情詩人、純粹數學、理論物理學等，下降較快；但寫小說、哲學、歷史等達到高峰較晚，約在40或50歲，且衰退較少。有關創造力與生涯年齡的關係如圖6-2-2所示。

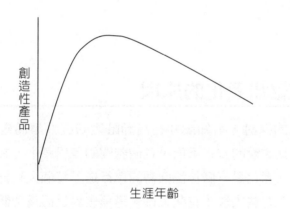

圖6-2-2　創造性產品與生涯年齡的關係

資料來源：出自Lemme, 2006: 155。

　　至於創造力係天生的或後天的問題。最近很多創造力的研究，顯示受到很多因素的影響，包括先天及後天兩部分，如人格（彈性、對新經驗的開放、冒險、獨立判斷）、動機（內在的興趣與熱愛、自由、不受外在的

限制與壓力、願意接受專家系統性的訓練）、面對挑戰的經驗以及環境因素（支持創造的社會文化環境，如有良師、角色楷模、發表作品的機會，與其他具創造力者的交往經驗等）。

儘管在創造力的研究上已有相當的進展，但席夢頓（Simonton, 2000）指出有四點要注意：(1)大多數的研究都側重主流文化、男性白人，對女性和少數民族了解較少；(2)縱貫性的研究仍須加強，以增進對創造力終身發展過程的了解；(3)對藝術方面的創造了解較多，對科學的創造了解較少；(4)對創造力了解越多，越會導致應用、激發個體創造力的發展。

有關智力、專門知能、創造力和智慧的關係為何？要有高度的創造力或智慧，具備相當程度的智力與專門知識是必要的。創造力講求品質及原創性，故其超越智力，但結合創造力、智力和專門知能，尚不足以構成智慧。史坦柏格（Sternberg, 2001）認為智慧包括了綜合性的智力和創造力。創造力會引發想法，智力則將其加以分析並決定其品質，智慧則是到達共善的保證。

第三節　認知老化的原因

經由前節的探討，可知認知在高齡階段的發展頗為複雜。不同領域的心理能力，其改變的方式不同，且個體間的差異甚大，其差異度隨年齡的增長而加大。老化是一條無法回轉的單行道，每個人只能依照既定的模式向前邁進，但有些人快，有些人慢，這種差異是因為個體認知老化程度不同所致（Lemme, 2006）。鑑於老人人口越來越多，對造成差異原因的了解更加重要，故探討認知老化的原因，也相當重要。實證性研究指出，造成認知衰退的原因，大致可歸分為：研究及測量的問題、心理社會的因素、資訊處理的問題及生理學上的因素等四大類，茲分述如下：

一、研究及測量的問題

　　有些驗證性的研究發現認知隨年齡增加而下降的現象，其原因可能是在於研究方法與研究設計的問題。例如有些研究係在實驗室中進行，採心理計量的方法，並側重在單一認知要素的運作。當老年人在此情況中表現不好時，就認為其日常的認知功能已受損。實驗室的情況與日常生活中眞實的情況不同。老年人在眞實生活中的表現往往較好（Ceci, 1993）。故以心理計量方法測量認知功能，往往會對個體日常認知表現提供不正確的結論，其實是認知測驗不完善，未能反映眞實生活情境，因而老年人對其不感興趣，故其認知表現較差。此外，如果研究中的樣本，並不能代表人口的母群，其結論就是有誤的。故對樣本的重要特徵未顧及時，對認知的年齡反應，就會有高估或低估的危險。

　　另一個困難是，在研究認知老化時，難於區分正常老化的效應或疾病的效應。要研究正常老化，必須排除有病的受試者。因為認知與其他心理行為一樣，會受生理狀況影響。在謝伊（K. W. Schaie）所進行的西雅圖縱貫的研究中，就指出有循環系統疾病者會導致心理能力的衰退，尤其受試者中如患有早期失智症者，研究結果自然不利於高齡者，因此疾病可以長達10年，不易診斷出來，研究結果會誇大年齡上的衰退，對於有終點遽降（terminal drop）現象的受試者，更需注意排除，但在一般隨機取樣中，很難做到。

　　此外，由於老年人在做答時要求正確，力求審慎，故在限制時間的情況下，常不能答完所有題目，或對於沒有把握的題目常捨去不答，亦導致其得分較低，這屬於遺漏誤差（omission error）的問題。總之，老年人所知道的可能比其在測量的表現還要多。

二、心理社會的因素

　　依情境論的觀點，發展是個體與環境不斷交互作用的結果。實足年齡

雖然是發展的重要預測變項，但也只能解釋認知能力25%的變異，另75%
的變異來自非發展性的因素，與年齡無多大關係。與認知發展有關的非發
展性的因素，包括環境的刺激、心理及人口的變項。

（一）環境的刺激

　　與環境的刺激有關的因素，包括環境的複雜性、職業型態、職業的複
雜性、積極的生活型態、文化與教育的資源、婚姻、與高智力配偶的婚姻
長度、所居住的社區或機構等。

　　環境的複雜性有益於認知功能的發展。因複雜的環境，會提供多元
的、複雜的和結構不完整的問題（ill-defined problems），因此，需要更
多的決定。環境中，如能鼓勵、要求和獎勵高級認知技巧的使用，則有利
於認知的發展。早年的生活利基，會導致成年時有較高的職業成就，會激
發晚年高級心智能力的發展。至於何種生活型態最利於認知發展，最受矚
目的就是職業的複雜性。就各種不同年齡的人而言，複雜的工作對心智功
能有顯著而積極的影響，尤其對老年工作者效應最大。同樣的，從事有心
智要求的休閒活動，也有積極的效應。

（二）心理因素

　　在心理特性和認知老化相關的研究中，最受注意的是自我效能、心
理的彈性和情緒狀態。所謂自我效能係指當個體面對特定任務時，相信自
我可以完成的程度。當個體在執行某一特定任務時，會對自我進行一連串
的動態的知覺與判斷過程，此即為認知的處理過程。故研究發現自我效能
與心智功能具有正向的關係，只是關係的性質尚未清楚，究竟是自我的信
念增強了表現，或好的表現增進了自我的信心，或二者相互影響，迄今未
有定論。心智的彈性與晚年的正向認知效應有關。所謂心智的彈性，係指
面對認知問題時，能夠使用各種途徑，來加以解決的能力。研究發現，環
境的彈性會增進個體心理的彈性。具有挑戰性、能自我導向的及複雜的工
作，會加強心理的彈性。情緒的狀態也與認知功能有關，憂鬱和認知能力
具有負相關；壓力也與認知的衰退有關。憂鬱和壓力均會增加個體的負
擔，而影響個體對資訊的處理。

（三）人口變項

在人口變項中，最被關注的是社經地位、性別和文化等變項。

1.社經地位

社經地位與認知衰退具有負相關。高社經地位者，其衰退的比率較低。教育程度是認知衰退最穩定的預測變項。具較佳認知能力者，往往會追求較高的教育程度。研究也發現語文流暢是認知表現的重要變項。晚年時，語文能力低，通常是失智症的危險訊號。或許教育對語文技巧的發展有所助益，故教育程度較高者，往往有較高的語文能力。美國哈佛（Harvard）醫學院的阿爾伯特及其同事（Albert, et al., 1995）對此曾提出神經儲備能力（neuronal reserve capacity）的解釋。他們指出早年的教育會直接增加大腦神經鍵的數量和強度，可以提供較多的神經儲備連結，對因老化而引起的神經喪失，提供神經連結所需的數量。此外，早年教育成就會建構個人終身學習的習慣，引導個體追求有利的、豐富的刺激環境。當然，教育也會與自我效能，壓力和沮喪有交互作用存在，減少對認知產生不良的作用。故教育機會的提供，是成功老化與最適老化的重要因素。

2.性別

性別也是研究上受到關注的變項，在有關認知老化性別差異的研究，仍屬不多。有許多研究發現85歲以上的老婦人，在記憶和文字流暢的表現優於男性。但也有研究認為性別在整體智力或智力隨著年齡衰退的程度，並沒有任何系統性的發現，即使有也是很少，或兩性間有相當的重疊。

3.文化

希西（Ceci, 1993）認為直到最近，認知發展理論都傾向關注生理和生物的歷程及思考的層面，而忽視其情境的部分。俄國心理學家維果斯基（Lev Vygotsky）指出，認知是由社會形成及文化傳遞而來。最近一項探討文化與大腦差異的研究，以10位日本人和10位美國人為對象，對大腦做功能性核磁共振造影（FMRI），發現二種人確有差異存在。文化不同，大腦的發展不同。該研究指出，個體的生活文化不同，造就不同的大腦結構與功能。東方文化的集體主義特性與西方文化的個人主義特性，影

響大腦結構與行為。東方文化趨於整體的訊息處理，西方人則往往將重點放在單獨對象上，故產生在注意、分類和推理上的差異（Park & Huang, 2010）。認知的運作，係以文化為中介，文化不同，認知的發展有別。故社會文化也是影響認知發展的重要因素。

三、資訊處理的因素

對認知功能老化的解釋，最常用的就是採用訊息處理理論的觀點。訊息處理理論，以電腦對訊息的處理情形來說明大腦對訊息的編碼、儲存及檢索。它不僅是一種認知理論，也是一種心智如何運作的觀點。依訊息處理理論，老年人訊息處理的不足，反映在注意、處理速度和記憶容量等三方面。

（一）注意

注意（attention）係指對環境中特定訊息專注的認知過程。注意是訊息處理系統的要素。它是個體準備處理刺激，和決定訊息處理優先順序的一種機制。注意的重要在於它決定了何者可以進入資訊處理的系統，何者不能。個體在同一時間內，僅能處理有限的資源。在認知老化的研究上，主要探討在生活歷程中，注意的變化如何。

在選擇性注意方面，有些研究者認為老年人在認知評量上的表現不佳，事實上是訊息處理資源的衰退。在選擇性的注意中，包括篩選和抑止無關訊息的能力，及專注於與當前任務有關事物的能力，隨年齡的增加而有衰退現象。老年人在需要大量訊息處理的情境中，較易分心，較沒有效率。

在自動與有意的訊息處理方面，研究發現具有年齡的差異。所謂自動的運作係指不必注意或意識覺察的訊息處理。這種能力來自天生的或經常練習的結果。例如駕車的行為即已成為一種自動的訊息處理。所謂有意的處理係指需要注意作深度而精細的處理，常會有分心的現象，如個體常

無法同時做數學問題及傾聽他人的講話，故注意是一種有限的資源。年齡有關的改變僅限於有意的處理，當任務成為自動時，就不必再加注意，因此，專家的技巧隨年齡增長，衰退的很少。

（二）處理速度

有關認知能力隨年齡增長衰退現象的解釋，自20世紀後半葉以後的研究大概集中在三方面，即處理速度緩慢、運作記憶力差及感官能力的衰退等。有關處理速度緩慢的解釋，20世紀後半葉甚多的研究較著重在微觀解釋（micro-explanations），即只針對特定研究的結果提出說明，而沒有提供一個廣泛架構的說明。90年代後，研究者開始尋求較普遍的原則來說明認知隨年齡增長的差異，即不是功能的不足，是量的差異，而非質的不同。第一個被提出的是訊息處理的速度問題，即年齡越大，對訊息的處理越慢，尤其是面對複雜任務的處理，所需時間越長。

一般而言，個體自25歲開始，訊息處理的速率呈衰退的現象。老年人在很多任務的處理速度較慢，當任務的複雜性增加，年齡的差距更為明顯。年齡的衰退在心理老化的文獻中，已被普遍而明確的建立，爭辯很少（Sathouse, 1985），此舉對老年人在工作及日常生活的功能運作上甚具意義。何以會有此種衰退現象產生？其意義如何？已有各種不同的說法。其中最早被研究的就是速度。研究發現速度因年齡的增加而緩慢。洛基（I. Lorge）早在1936年的研究中，就發現速度越快，年齡的差距越大。為說明此種現象，柏倫（J. E. Birren）在1940年代就提出了「全面緩慢假設」（Generalized Slowing Hypothesis）的說法，認為此種緩慢是原因，而非結果，這是中樞神經在訊息處理時的一種全面緩慢的結果。故處理速度在認知老化扮演相當重要的角色。索豪斯（Salthouse, 1991）綜合了相關的研究後，指出「緩慢可能在多種或所有的處理過程中發生，在衰退的量可能相同或不同，其原因可能是一種或多種，對認知任務的影響可能是很少，也可能很大。」他進一步研究發現處理速度一項可以解釋在推理、空間能力和情節性記憶上有關年齡差異的2/3變異量（Sathouse, 1997）。總之，有關處理速度因年齡的增長而緩慢的說法，應可確定，但其間的因

果關係與現象仍待進一步的研究。

（三）記憶

記憶關係到我們如何看待自己，了解整個世界，以及在世界中運作，其重要性不言可喻。換言之，記憶代表我們所擁有的或現在所呈現的一切事物。因此，記憶在老化心理學上是核心議題，一直受到關注，相關的研究甚多，方興未艾。大多數的研究都在實驗室中進行，與實際生活情境有所不同。在針對多數老人的研究中，也確實發現與年齡有關的記憶衰退確實發生，只是有些層面影響較大，有些則否，或甚至到老仍維持得相當良好。

1. 短期與長期記憶

記憶分爲感官、短期及長期三種，其中後二者特別是研究的焦點。短期記憶的容量有限，是訊息剛從感官進入，正待要被處理，或從長期記憶提取，要加以處理的短暫停留，有如電腦的螢幕，保留約30秒。長期記憶容量無限大，可對訊息作永久的貯存。

2. 運作記憶

短期記憶是目前正在進行的記憶，亦即對訊息正進行運作，故使用「運作記憶」一詞，更能表示記憶的活動與功能。運作記憶，係有意識的心理活動，將訊息加以整合來完成任務。有些訊息來自環境，有些係從存在記憶系統中檢索而來的。在有關認知老化的研究，已證實老年人的運作記憶能力較差。老年人在運作記憶上較難同時有效地處理二種以上的訊息。運作記憶在流質認知（fluld cognition）能力和處理速度衰退上扮演了重要的角色（Stuart- Hamilton, 2011）。當任務越複雜，衰退情形越嚴重。

3. 處理程度

處理程度係指對編碼的處理程度。對訊息的處理，如能夠更細緻、更深化，則較易於回憶。處理程度不強調記憶的架構，而側重在對訊息的處理情形。對訊息的處理，可以依形式、聲音和意義三種層面進行編碼。依形式編碼是較淺的處理，其次是聲音，意義係最深程度的處理。能作意義

的處理，訊息可以作較久的保留。一般而言，老年人在訊息處理的深度及細緻，較不如年輕人。如果個體在某些領域上有較多的知識或經驗，即可作更豐富、細緻的處理，有助之後的提取。故專家對其專長的領域，能作較深度的聲音或意義的處理；而生手只作表面的形狀處理，這是二者不同的地方。因此，專家的知能可以保留較好，較不會有衰退的現象。

4. 情節、語意與程序性記憶

情節性的記憶就是對經驗的特定事件，在時間和地點上的記憶；語意的記憶係指對一般知識和字彙的過渡學習；程序性記憶係指有關步驟、方法等的記憶。程序性記憶是最早發展的，其次是語意的，最後為情節性的記憶。情節性的記憶是最脆弱的，其次為語意性的，再次為程序性的。年齡增長，對情節性記憶的影響較大。

5. 隱性及顯性記憶（implicit and explicit memory）

隱性記憶係指對訊息不注意，無意識的保留；顯性記憶則是有意的對過去經驗的保存。隨著年齡的增長，隱性記憶較不受影響，顯性記憶所受影響較大。

6. 預期記憶（prospective memory）

預期記憶係指對未來要做的事的記憶。此種記憶最受老化的影響，因其更依賴自我引發的記憶。老年人特別容易有意向和執行間的延遲或忘記，通常顯現在遺漏的錯誤（忘記要做什麼）及重複錯誤（忘記已經做了），特別是在幾種同時發生的任務上。

7. 有意義材料的記憶

一般人都知道老年人回憶人名較感困難，常有舌尖效應產生。其原因通常有三：(1)名字無法像其他名詞，可以使用其他的字詞來代替（如郵差亦可用送信的人來代替），且由於認知速度緩慢，檢索的時間較久；(2)記憶中的姓名水池廣大，故檢索較為困難；(3)對要回憶的名字，時間已久，故回憶需要較長的時間。

8. 態度及歸因

一般人往往認為老人的記憶力較差，此種信念會影響其記憶的表現。老年人如相信其記憶及其他認知能力會衰退，易影響其學習新事務的

信心和動機，因而避免從事這些活動，應建立自我應驗的預言。此外，老年人記憶不好，常歸因為能力已差，就不會努力去記憶；而年輕人則歸因為努力不夠，或欠缺注意，因而更加努力。因此，對事件的歸因不同，也會影響記憶的表現。

綜上所述，記憶是否隨年齡而衰退，其答案似乎是或否均對，視何種層面或何種記憶的任務而定。記憶和個人經驗與專長亦有關係。一般而言，教育程度高、身體健康、樂觀，在人格上有彈性的人，能夠生活在有刺激、認知有挑戰的環境中，記憶能力較不會衰退。而對已有記憶力衰退的人，如能應用適當的環境支持、補救技巧（如提供線索、提供記憶物、減少分心等）和認知的介入（如教導有效的處理策略）等，也會對記憶能力大有改善，使老年人在生活中，不致發生太大的影響，在運作沒有大礙。

四、生理學的原因

身體的因素也會造成認知表現的衰退。對於認知能力的衰退，在生理學上的因素，受到較多關注的包括感官功能的衰退、大腦的改變和神經系統及可塑性的改變等三方面。

（一）感官功能的衰退

感官功能的衰退，也是常被提出的認知功能衰退的第三個假設。20世紀90年代後期，有很多的研究發現認知的衰退與感官功能的退化有關。另外研究指出不僅是感官能力，其他的生理因素也與認知有關，包括肺部能力、握力及原始牙齒存留數等，因此整體生理機制完整與認知能力的表現，似乎均有關連（Stuart- Hamilton, 1991）。

（二）大腦的改變

由於神經科學和神經心理學的發展，對於大腦和行為的關係，現已可以獲得更清楚的了解。年齡越大，大腦神經細胞會退化，會造成記憶的

老化。當個體年齡越大，大腦的組織加速喪失，尤其是在大腦的額葉皮質部分，平均每年萎縮速度介於0.9%至1.5%之間，其次爲頂葉，平均萎縮速度爲0.34%至0.9%之間。額葉是皮質面積最大的一部分，約占28%，其功能爲控制思考和行動。額葉後方爲運動皮質，所有指揮肌肉運動的神經元都產生於此。運動皮質的前面爲前額葉皮質，將內外在感覺的訊息在此統合。前額葉是最高層心智活動的中心，和判斷力、問題解決能力息息相關，其提早衰退是中老年人遺忘的根本原因。

年齡增大，大腦的體積在70歲時喪失5%，至80歲時喪失10%，至90歲時喪失20%（Lemme, 2006）。而神經的喪失，特別容易發生在前額葉部分，此部分是有關運作記憶的執行功能。由於正常老化，會帶來前額葉皮質和海馬趾（hippocampus）的衰退，因而造成老年人記憶能力的衰退。在以26至82歲個體爲對象的研究中，發現海馬趾的年萎縮率爲0.86%，但50歲以上者爲1.18%，70歲以上者更高（Dennise & Cabeza, 2008）。故老人在回憶人名、字詞等會較感困難，及忘記較新近的事物，但個體間仍有相當大的差異。

（三）神經和可塑性的改變

大腦是人體的神經中樞，掌管身體所有的動作。中樞神經系統分爲大腦和脊髓兩部分。一般成人的腦重約1.3到1.4公斤。大腦包括100兆個神經細胞和上千億神經膠細胞的支持細胞。中樞神經系統一向被認爲在個體發展成熟後，神經細胞數量不再增加，只會減少。此認定大腦的組織是靜態的、不能修護的，自然會影響認知的表現。新近腦神經科學的研究，提出了大腦的可塑性（plasticity）說法，亦即大腦可以在結構和功能上做修護，使其能夠在中高齡期維持運作的能量。神經的可塑性可以藉由運動來提升（Erickson & Kramer, 2008），故年齡增長並不必然造成功能的喪失。

有關在神經的研究上，主要側重在神經鍵的部分。神經傳導的發生主要在神經鍵的部分，它會釋放化學的神經傳導物質，很多的神經傳導物質已被找出，分別在大腦的不同部分活動，管制不同的神經活動，其中之一

爲多巴胺（dopamine），在前額葉皮質活動，會影響注意、處理速度和工作記憶。在整個成年期中，多巴胺的數量和接受器的數量，每10年衰退5%至15%（Li, 2002）。因此，認知的不足可能就是支持神經傳導的化學物質改變的結果。

　　一般而言，神經鍵的數量代表神經功能的複雜性。換言之，神經鍵越多，越具傳遞訊息的能量，可以收到或放出更多的訊息。而神經鍵的數目係由樹狀突和軸突決定。由於年齡增大，神經系統喪失，影響訊息的接收與傳遞，而造成老年人認知的衰退。故神經和可塑性的改變，可能也是造成高齡者認知衰退的因素之一。

第四節　認知老化的因應

　　由前述探討可知，認知老化的原因可能來自研究與測量的問題、心理社會的因素、資訊處理的因素和生理學的因素。但老年人的認知能力，在某些層面上確有衰退的現象，應係事實。對於認知老化的現象，如何調適與因應，以下謹提出八項以供參考。

一、精熟專門知識

　　由前述的探討可知，個體如對某項任務具有豐富的經驗，以及精通某種專業，顯示其認知的衰退幅度最小或沒有衰退。因此，某種技能相當好的人，即使在高齡階段，仍能維持相當高的水準，如打字、玩複雜的遊戲、駕車等。但是，這是指對特定領域的精熟，並非針對一般性的任務。另外，此種技能的維持，也可能是應用了各種的補償策略所致。因此，要避免某項知能的衰退，在老年期仍能維持良好，對該項知能越熟悉，擁有豐富的訊息，即使到老年，越可能維持相當好的水準。故對專門知識的精熟，是防止認知老化的有效方法。

二、進行認知的訓練

前述的探討也指出，在認知技能上進行有意的訓練，可以提升認知的效率。老年人可由特定任務的練習中獲益，如視覺搜尋、再認及回憶等，經訓練後，其效果可與年輕人一樣好。但是訓練應針對特定的任務而非一般化。因此，個體如進行記憶技巧或一般認知表現的訓練，對認知的改進不會有多大的幫助。因此，認知的訓練要針對特定的任務進行，而非整體。但進行認知的訓練，確實可提升老年人在某種認知能力的表現。

研究指出人類大腦在任何年齡的彈性，遠超過我們所能理解。如果給予高齡開車族的頭腦予以訓練，可以提高他們的注意力與反應，降低意外的發生。米契隆（Michelon, 2010）指出，開車是一項綜合性的自動化能力，看起來簡單，其實是各種認知功能的複雜應用。研究發現，開車至少需要四種認知能力：(1)看路標的能力（語言理解功能）；(2)對環境的注意力（視覺注意功能）；(3)行進間狀況預測（決策、計劃與動作技能）；(4)行進間狀況的快速反應（處理速度）。因此，若能加強此四種認知能力的提升，可以改善或保持高齡者的行車安全。

三、體適能訓練（fitness training）

前述探討指出體適能與認知有關，已有很多的研究指出體適能與認知能力有正向的關係（Erickson & Kramer, 2008）。因此提升老年人的體適能，會增進其認知功能。經由相關研究的後設分析，發現體適能訓練對認知功能具有功效（Colcombe & Kramer, 2003）。體適能的改進，對認知功能具有重要的影響，其原因在於體適能能夠促進心血管功能的提升，進而增加大腦血流量，供應大腦細胞更多的養分。尤其是與執行控制、處理有關任務的訓練，如計劃、任務協調及運作記憶等，其效果達到最大。近年來，從運動的實證研究發現運動的確可以帶來心血管功能的促進和腦血流量的增加，降低大腦因新陳代謝引發的各種氧化，延緩大腦的老化，促

進神經細胞的再生。研究亦發現經過幾天的跑步，大腦會長出幾十萬個新的腦細胞，有助於記憶力的提高，增進學習能力和減緩老化性的智力衰退（Brenda, Greenwood & McCloskey, 2010）。其他的研究也發現，認知訓練的效應主要來自循環系統體適能的增進。老年人在循環系統上有好的適應，其在大腦組織的喪失會較小。

四、維持身體的健康

身體的功能是整體的，各種系統彼此相互影響。認知是個體身體功能的一部分，自然也會受到身體狀況的影響。研究發現，身體健康者，認知功能的表現較佳；身體健康不良的人，其認知表現較差，尤其是有循環系統疾病的人，對認知能力的表現影響最大。因此，維護身體的健康，也是防止認知功能退化的要素。

五、面對刺激的環境

研究顯示個體面對刺激的環境越多，其認知衰退的幅度越小，尤其是在工作上，常有刺激的、複雜具有挑戰性的工作，有需要應用較高級認知能力的機會，個體的認知表現會越好，衰退幅度最小，甚而還有增長的可能。因此，環境的刺激，也是使認知表現持續增長的重要因素。刻板化的工作，沒有要求的社會環境，沒有心智活動的休閒時間，均會助長認知功能的衰退。

六、增進自我效能

自我效能係指個體對自己從事某種工作所具能力，以及對該項工作可

能達到某程度的一種主觀的評價。實證研究也發現自我效能與心智功能具有正向的關係存在。自我效能高者,其認知功能的表現也比較好,因此,欲提升或維持心智功能的良好運作,增進自我的信心,提高自我效能感,也是一項有利的因素。

七、強化心智（mind）的彈性

心智的開放性與彈性,是認知表現良好的要素。所謂心智的彈性係指能夠使用多種途徑,來解決認知的問題,研究發現環境的彈性,會增進個體心理的彈性,具有挑戰性、能自我導向和複雜的工作,均會加強心智的彈性。

八、培養正向的情緒

情緒狀態也與認知功能的表現有關。正向的情緒會帶來非特定行動的傾向（non-specific action tendencies）,可以活化認知思考與行為的彈性,擴展認知思考與行為的廣度。正向情緒中,最受矚目的是快樂。要獲得快樂,需要個體引發非特定行動傾向,以彈性靈活的認知思考行為與活動,來改變個人對生活狀況的評估取向,以獲得正向的感受。反之,憂鬱、壓力、焦慮的情緒狀態,均不利於認知功能的發揮,影響對訊息的處理。因此,老年人要使認知功能表現良好,應培養正向的情緒狀態,多從正面來看待世界上的萬事萬物,排除負向的、消極的觀點和看法,使情緒狀態朝正面發展,必有利於高齡期認知功能的發揮。要獲得正向的情緒,不是依賴先天遺傳基因決定,亦非後天環境被動給予,而是個人要主動、實際去做一些新活動,為自己製造利益（Boehm & Lyubomirsky, 2009）。

九、激發神經再生，活化腦力，增強認知功能

　　過去的研究發現人腦的神經細胞有限，不會再生，成年之後沒有使用的腦細胞便會逐漸萎縮死亡，因而造成認知功能的衰退。新進的研究發現，人腦神經其實具有可塑性或再生能力。即腦內主導學習、記憶、心情和情感的海馬體（Hippocampus）可以產生新的細胞。依據英國倫敦國王學院神經學博士薩利特（Sandrine Thuret）的研究，發現成人腦神經具有再生能力。海馬體每天可以生成七百個新細胞，隨著年紀漸長，再生速度會減緩，但仍然持續發生。依此估計，50歲前海馬體內的天生能力將會全部被成年後再生的神經替換掉。如果阻止產生神經細胞再生，則認知功能將受到阻礙。薩利特的研究團隊也發現憂鬱症者神經再生量較低，顯示壓力和老化會導致腦部衰退。

　　故要增長新神經再生，促進腦力，其可行途徑，包括：(1)學習新知；(2)運動：如跑步等讓血液流向腦部的運動；(3)減少卡路里的攝取：達到20-30%；(4)間歇性的禁食；(5)延長兩餐間的進食時間；(6)多攝取類黃酮（如黑巧克力與藍莓）；(7)多攝取奧米加3脂肪酸（如魚油）；(8)多攝取需要咀嚼或質地較硬的食物。而阻礙神經再生的行為與飲食則為：(1)壓力過大；(2)睡眠不足；(3)不運動；(4)高脂飲食；(5)飲酒；(6)食用質地太軟爛的食物。故正確飲食運動有助舒緩情緒，增強認知功能。

第七章　高齡期的自我與人格發展

　　自我觀念代表對自我的看法，攸關人生意義的追尋，自我統整感的形成；人格則顯現特質，與老年人日常生活的型態及情緒有關。這兩種特質在高齡期的變化如何？其影響因素爲何？爲本章探討的重點。本章分爲五節，第一節探討自我觀念在高齡期的發展，第二節分析人格在高齡期的發展情形，第三節說明高齡期人格發展的理論，第四節提出影響高齡期人格發展的因素，第五節提出高齡期人格的調適。

第一節　高齡期自我的發展

　　自我（希臘語ego；英文self）係指個體對自身存在實體的意識。個體對自己存在狀態的認知，是個體對其社會角色進行自我評價的結果。在日常經驗中，當覺察自己的一切與周圍其他的事物或他人有所不同，就是自我，或自我意識，通常包括軀體的和心理的各種特徵及活動。它顯現了對自己的認識、情感與態度，這是個體表現獨特與功能的重要部分，是了解個體行爲的核心。當代心理學對自我的研究，係由19世紀美國心理學家詹姆士（W. James）開始。他在1890年出版了兩本《心理學的原則》（*Principles of Psychology*）的專書。在該書中，他對自我的意識（the consciousness of self）做了長達100頁以上詳盡的分析。其後在心理學、社會學和心理分析等領域亦有不同的探討，截至目前相關研究的文獻，已相當豐富，提出了對自我的成分與要素的一些研究結果，並發展評量的工具。從現象學來看，自我反應個人存在的感覺。有時自我與人格被視爲同義詞使用，但兩者有所不同。自我係個體所經驗的思想和感情；但人格及人格特質通常係由他人對個體所作的推論或判斷。簡言之，自我是個體內在的，人格常是外在顯現的。這是顯現重點的不同，但整體而言，自我仍屬人格的一部分。

　　在許多文獻中提到自我時，最常見到的是自我觀念（self-con-cept）、自尊（self-esteem）和自我認同（self-identity）等名詞，三者間

重點亦有不同。所謂「自我概念」係指對自己的認識與看法，即是對自己多方面知覺的總合，它是人格的重要部分。自尊係有關對自己的感受，對自己有價值感，有重要感，而接納自己，喜歡自己；認同（identity）係指個體所信任的及生命中最主要的部分，亦即對自我的肯定感覺，又稱爲自我統合感。

　　探討高齡期自我的發展，即在分析年齡對自我的影響。隨著年齡的增加，自我概念是否改變，以下就與年齡有關的人格改變、維持自我的持續及年齡增長對主觀自我的影響三部分說明如下。

一、年齡與自我的關係

　　老化是否影響自我？或自我對老化是否有影響？對於此一問題的解答，就相關文獻探討的結果似乎兩種答案均有。一方面，關注老年的喪失論者，認爲老年階段有各種的喪失，會使自我有重要的改變，尤其是在自尊方面最爲顯著。由於對老人角色缺乏社會化，老年人面臨許多角色的喪失，使老人角色的價值與功能降低，造成自我價值的下降，導致自尊的喪失。此種觀點，提出了老化對自我認同是一種危機；但另一方面，有更多的研究指出，年齡並非自我觀念的重要因素，換句話說，老化對自尊沒有影響。故研究發現，年齡增大，自尊和自我仍然相當穩定。越來越多驗證性的研究指出，老年人維持高度的主觀健康感、幸福感和生活滿意度。儘管老年人在角色、關係和身體健康上，有多方面的喪失，但即使到了85歲以上，也還保留相當穩定的自我感覺（Troll & Skaff, 1997）。馬柯雷（Mac Rae, 1990）曾針對142位老婦人（平均76.8歲）進行訪談及參與觀察，探討老婦人對老化的主觀經驗，發現74%的老婦人並不認爲自己是老人，年齡也不是他們自我感受的重要指標，亦即年齡並非自我觀念的重要變項。她認爲對這些婦女而言，自我的最重要變項是涉入社會的活動和社會網絡。柯夫曼（Kaufman, 1986）也發現相同的結果，即老年人強調自我的連續性，感覺與過去一樣，即沒有想到老化的情況。她認爲這是「無

年齡的自我」（ageless self），亦即不管身體和社會的改變，眞我（real me）仍然持續。因此，老年人的自我感，是否會隨年齡的增大而作改變，研究發現宜視其角色及生活環境是否持續而定。

當年齡增大時，老年人繼續在熟悉的環境中，扮演既定的角色，並維持原有的關係，均有助於其自我感的穩定。雖然「社會會把他們界定爲老人」，但他們不會把自己做這樣的界定，且能成功地維持原有的自我感。這在一個普遍以年齡做區分的社會中，是一種令人印象深刻的成就；反之，如果角色不繼續，並生活在不熟悉的環境中，則老年人的自我感就會受到影響。當個體所在的情境改變，或重要生活型態不能繼續，老年人的自我感受，就會大大的受到損壞（Lemme, 2006）。

二、主觀年齡對自我認同的影響

對年齡的界定，可以從法律、社會和主觀等層面進行。主觀的年齡有時與法律及社會年齡並不一致。所謂主觀的年齡，就是個體對自己年紀的主觀看法。對於主觀年齡的看法，男女不同，且隨年齡的增長而有不同的型態。在青少年階段，一般對自己年齡有偏大的認同（即主觀年齡高於實際年齡），至成年前期，二者達到一致，其後年齡增大，主觀我與實際年齡愈趨不一致。超過早成年期後，一般而言，主觀我小於實足年齡，平均達5.6年；而女性的主觀我又低於男性。總之，大多數的老人通常並不認爲自己有那麼「老」。實際年齡與主觀年齡的發展情形如圖7-1-1。

有很多的研究指出，個體對逐漸變老的覺知是變動的，亦即對年齡的認同並不是穩定的，而是情節式的，依環境的變遷而不同。至於讓他們感覺到老的因素是什麼？通常的反應是生病失能、寂寞的時候、朋友或愛人的死亡、或周遭都是年輕人的情況下。對年齡認同的改變，通常的原因，部分來自某些事件的發生，加上個體的認知判斷而形成。對健康老化有威脅的信號，爲社會孤立、依賴或角色喪失。柯夫曼（Kaufman, 1998）指出晚年的疾病，尤其是慢性病對自我認同具有影響。

　　除健康外，與個體對「老」的認同有關的因素，尚包括：被別人視爲老人的經驗、與同輩比較的負面經驗、失去控制、失去朋友、愛人的死亡、退休及認知的改變（如遺忘）等。

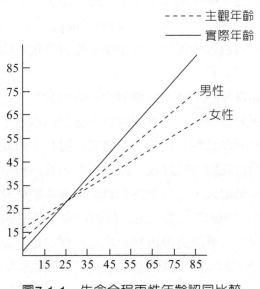

圖7-1-1　生命全程兩性年齡認同比較

資料來源：Lemme, 2006: 115。

三、年齡增大對自尊的影響

　　有關生命期自尊發展的情形，經由實證性研究的結果發現並沒有一致的答案。大多數對自尊的差異研究，均側重在兒童及青少年族群，很少探討成年期與老年期的自尊發展形態。由於樣本及資料蒐集方法的不同，對於高齡期自尊的研究並不一致。大多數的研究發現，在成年期中，自尊有逐漸增加的現象，也有些研究發現至老年期也持續增長，直至生命期的後段，才呈現持平或減退的狀態。羅賓斯等人（Robins, Trzesniewki, Tracy, Gosling, & Potter, 2002）曾以9至90歲的各種不同團體的個體326,641人爲研究對象，比較自尊在不同年齡的差異，採用橫斷研究法，透過網路蒐

集資料，並探討在性別、社經地位、種族和國籍（美國人與非美國人）等變項上的差異。研究發現自尊在整個成年期中不斷的上升，高峰約在65歲左右，至70歲時則有快速下降的現象。故該研究指出，在生命全程中，自尊的高峰似應在60歲的中期。研究結果也為艾利克遜（E. H. Erikson）、利文遜（Levinson, D. J.）、榮格（Jung, C.）、紐嘉頓（Neugarten, B. L.）和社會角色等的理論，指出中年高自尊現象的說法，提供了佐證。

至於生命後期自尊的下降，其原因除一般所說的角色喪失、身體健康衰退等因素外，研究者也提出另外的觀點，他們認為老年人相當睿智，並已能接受自己的限制與缺點，較不企求發展與提升，因此，在自尊的表現上下降，其實是對自我的一種謙遜、謙和及平衡的一種反應。

綜上所述，年齡增大，對自我的影響如何？多數研究指出老年人的自我（self）感覺相當的穩定，尤其在角色的持續及熟悉的環境中，及能維持原有關係的情況下，更能展現自我的穩定。在自尊方面的研究發現，整個成年期中自尊逐漸增加，高峰期約在65歲左右，至70歲後始有下降的現象。生命後期自尊的下降，可能與角色喪失、健康改變以及更能坦然接受自己的限制與缺點，不再顯現求進步求上的謙遜、平和的反應。在自我認同方面，老年人對年齡的認同，較其實際年齡為低，平均約差5.6歲，且有性別差異，女性低於男性。

第二節　高齡期人格的發展

在個體的一生中，人格的發展是否終身不變，亦或會隨著環境的變化而有所改變，此一問題一直是心理學界熱中探討的問題。長久以來，對此一問題的見解，也分成兩派；一派認為人格具有穩定性；另一派認為人格具有變化性，兩派一直爭論不休，因此，也發展出不少的理論，提供了解決此種人格爭論上相當大的幫助。佛利遜和赫克豪先（Fleeson & Heck-

hausen, 1997）指出早成年期是一個探索、追求成長、自我實現和精通新
角色的時期；中年是一個生產和獲得處理事務能力的時期；晚年則較少追
求能力，而有較多的反思，期望對生命中所作所爲能夠滿意。本節旨在探
討高齡期人格的發展情形，高齡期的人格發展遠比生理或認知的發展難以
描述，因爲人格是一種模糊不清，具有爭議性和涵蓋面甚廣的組織架構。
人格的研究和理論均來自不同的觀點，要將其整合在一起，相當不容易。
本節首先探討人格的意義與形成；其次探討高齡期人格的穩定與改變。

一、人格的意義與形成

　　人格是一種涵蓋甚廣的概念，要做確切的界定並不容易，而人格的形
成也有相當的爭議。本節即在探討此二個主題，藉以釐清觀念，而爲後續
探討的基礎。

（一）人格的意義

　　人格一詞相當抽象與空泛，其原因在於它涵蓋甚廣，因此，它可從
不同的角度出發，而獲致不同的結果。人格具有獨特性與一致性，因此，
兩個個體所表現出來的行爲不同。此種行爲的表現具有一致性與一貫性，
使其在不同的情境中，會有很相似的行爲出現。由於它具有一致性與一貫
性，就成爲他人認識個體的重要基礎，因此，人格是個體存在的基本成分
之一。

　　對一般人而言，人格是個體具有符合社會價值的行爲表現。個體依自
己的人格特質，而使其表現出受人歡迎或尊重的行爲，包括迷人、慷慨、
易與他人相處、正直、誠實、忠誠等。因此，人格是一種符合社會規範、
令人歡迎的特質。依此定義，每個人並非均有人格，故在社會中，常會聽
到某人沒有「人格」的說法。凡是不符合社會價值的行爲表現，令人討厭
或不引人注意的人，常認爲是缺乏人格。此種一般人對人格的定義，事實
上已較爲接近「品格」一詞的涵義。

　　心理學對人格的探討，有的採取有機體的觀點，認爲人格是整體的；亦有採取機械的觀點，而把人格分成許多小的行爲單位；也有持認知的觀點，側重個體對自己或他人的看法，而不注意或強調個人行爲的表現。人格（personality）一詞，原係來自拉丁語的「persona」，意指在古希臘的戲劇中所戴的面具，故「persona」被用以表示他人的虛僞面貌，即是個人在生涯中所扮演的角色。此種說法，與一般人對人格一詞的了解或界定類似。但是心理學所探討的人格，不僅是外貌或外在的行爲表現，而是探究其個人眞正的面貌，但由於人格所涵蓋的內容相當廣泛，因此，心理學家對人格意涵的探討仍各有不同，迄今爲止尙無一個確切的定義，能爲全體所一致接受。

　　對於人格定義，探討最多的心理學家爲阿爾波特（Gordort Allport）。他在1970年代曾追溯人格一詞的歷史，提出了50個人格的意義，涵蓋了心理學、神學、哲學、法律、社會和生物社會學等的觀點。他對這些人格做分析與歸納後，提出對「人格」一詞的界定。他認爲：「人格是個體身心系統內的一種動態組織，用以決定個體的行爲與思想」（Feist, 1985: 9）。阿爾波特的界定，被輾轉引述相當多，但並不爲每一個人格理論家所接受，他們仍有自己的看法。一般而言，人格係指存在於個體內的持久特性、性向或特徵，而使個體行爲表現相當的一致性。這些特性是個人所獨有的，也可能是某一團體所特別具有或共有，或全族的人所共同具有的，但他們之間仍有個別差異存在。因此，每個人雖然會在某些地方與他人相同，但均有自己獨特的人格。故人格可以指個人在其生活歷史中，對人、對事、對己以至於對整體環境的適應，所顯現的獨特性。此種獨特性表現於需求、動機、興趣、能力、性向、態度、習慣、氣質及價值觀念上，故人格係由各種特質所組成，具有相當的統整性、持久性、複雜性與獨特性。從人格的組成而言，人格就是各種特質的綜合。此種心理學上的人格定義與一般人概念中的人格有別。從心理學所探討的人格意涵而言，每個人都有人格，均有自己內在的特質及獨特的行爲表現。

（二）人格的形成

人格從何而來？這也是一個相當有趣而又頗具爭議性的問題，也有不少的學者進行探討，提出自己的看法。有的認為來自遺傳，亦有的認為來自與環境的互動，亦有認為是來自遺傳與環境交互作用的結果。事實上，某些人格係有其先天的遺傳基礎，但多數的人格特質係在後天環境中透過互動而來。個體從嬰兒開始，就不斷與環境互動進行社會化，把個人形塑到社會認可的路途上，這就是個體與個體間具有相似的觀點、相似的行為與表現的緣故。但個人對社會環境與壓力也各自做了不同的反應，而使個人與環境中的其他人有別。因此，形塑了自己獨特的人格特質。此種特質或特性，具有不變的傾向，這就是人格了。

人格的內涵相當廣泛，某些特質的形成受遺傳的影響較大，有些特質則受環境的薰陶較多。受遺傳影響較大的特質，大多是與身體或生理有關的人格特質，包括自我概念、自我形象、動機、情緒等；而受環境影響較多的，則屬較為複雜的人格特質，如價值觀、態度、興趣等（張春興，1991）。因此，人格的形成來自遺傳與環境的交互作用，殆無疑義。所要進一步了解的是哪些人格受遺傳影響較大，哪些人格特質受環境的影響較大？

二、年齡與人格的發展

在個體人生全程中，社會情境的改變，對於人格特質或行為傾向有無影響？這是一個值得探討的問題。一般人都認為人格在兒童及青少年時已建立，經由成年期至高齡仍維持相當的穩定，但人格也有劇烈變化的實例。有人在青年期強硬而固執，晚年卻平靜而仁慈；有人在青年期軟弱且優柔寡斷，晚年則自信而富決策力；有人則因重大事件發生而做了改變。年齡與人格發展的關係如何？由於所使用的研究方法不同，常有不同的結果。例如縱貫研究法著重在探討人格發展的穩定與改變的可預測性；而橫斷研究法則側重在比較同一時間內，不同年齡者在某些人格特質上有否差

異。也有很多學者致力於生活滿意度的研究；有些著重探討男女兩性在人格發展上的不同。

（一）人格的穩定與改變

不管是專家或一般民眾都深信隨著年齡的增長，人格會產生一種可預期的改變。對此種改變的性質，他們抱持一種既定的看法。薩孟（H. Thomae）曾蒐集有關人格的一些刻板化的看法。例如美國大學生認為美國老人倔強、易怒、跋扈且經常抱怨；德國人認為自己不好動、退縮。德國小學教科書就描述德國人為沒有能力、依賴、被動。法國人認為他們是煩人的、懶惰的、順從而多疑。精神病學家認為老年人是僵化、易怒、偏激。類似此種刻板化的看法，薩孟（Thomae, 1980）認為是因對特定、孤立的個案過分類化的結果；而且多數對老年人的研究都在某種機構內進行，所以並非一般老人的典型；再者，老年人不再扮演社會中的角色，與社會產生隔離，因而影響一般人對老年人的印象。此外，一般人對老年人的印象也深深受到傳播媒體刻板化描述的影響。

對年齡與人格發展進行縱貫研究者，首推凱利（E. Kelly）。他在1930年代測量數百對年約20多歲的夫婦，並在20年後予以重測，發現某些特質相當穩定，但仍然有部分產生改變。大多數有關價值的觀念，如種族、宗教、經濟、社會、政治和理論等，均顯示相當穩定；最不穩定的是有關特殊事件的態度，如婚姻、上教堂、養育子女、做家務、娛樂和園藝等。由此可知，一般的人格類型仍相當穩定，但對較特定事項的看法會有改變。個體的內外在環境的改變，很少會導致人格類型的全盤翻轉，這種改變只涉及相對正向與負向的調適，以因應內外在的改變。亦即儘管許多人一生中發生了一些人格的變化，但就人格發展的類型（patterns）而言，仍顯現了顯著的連續性（Schaie & Willis, 2002）。凱利的研究亦發現丈夫改變的幅度比妻子大，可能是由於男性的生活型態較多變化，經驗亦較多樣化，因而產生較多的改變（Troll, 1982）。總之，不管是採用何種理論的觀點，人格仍然是相當穩定的。一個喜歡幻想的年輕人，老了以後也是一個好想像的老人；一個長於社交的青年也會成為一個好交際的老

人。只有少數人格特質的改變與年齡有關,但此種改變也是相當輕微的。同年齡個體間的差異比不同年齡團體間的差異大。唯一般人常認為他們的人格已有相當大的改變,事實不然。

綜上所述,在整個成年期中,人格的發展並沒有一個普遍的趨勢存在,這並不是說個體在一生中人格不會發生改變。事實上,人格的改變是可能的、普遍的,尤其在人生最後階段更是如此。只是這些改變,年齡並非重要因素,而是其他因素造成的,如生活經驗對個人人格的改變,即具有重要的影響。

(二)年齡與人格特質

橫斷研究係在同一時間比較年輕人與老年人在單一特質上的不同,多半側重探討人格特質是否隨年齡增加而變化。所謂特質(trait)係指可以區分個體與他人有所不同的明顯而持久性的特徵(Cavanage & Blanchard-Fields, 2002)。特質是用以引發及指引行為,呈現一致性的要素。例如友誼性的人,通常喜好找朋友,喜歡與人會談,對活動感興趣;反之,害羞的人避免與人來往,較不關心別人,保持沉默。通常被研究的人格特質,包括自我中心、依賴、內外向、武斷、小心、一致性、想像、冒險、社交性、幸福、活動性、成就需求、生活滿意度、社會責任、創造性及希望等。人格的特性,依據阿爾波特(G. Allport)估計約有4千至5千個。多數的研究指出人格的特質在個體一生中,具有相當的穩定性。例如最有名的人格特質理論,就是把人格分成神經性、外向性、開放性、友善性及謹慎性等五個因素,每一因素包括六個特質,一般稱為五因素論(Five-Factor Model)或五大人格(Big five-OCEAN)特質理論。這是諾曼(Norman, 1963)在1963年就大量人格特質進行因素分析而得。

所謂對經驗的開放性(Openness to experience)係指富有想像、感覺、審美、行動、理想與價值等六項特質,此類人喜嘗試新事物、好奇,強調不同個體在不同情境下思考方式不一。他們聰明、機靈,喜好把自己置於一種有壓力的情境中。謹慎性(Conscientiousness)係指具能力、秩序、任務、追求成就、自律、認真謹慎等六項特質,此類人往往工作

努力、有抱負、精力充沛、堅強有安全感、不屈不撓。外向性（Extraversion）係指具有熱情、愛交際、過分自信、活躍、積極追求和樂觀情緒等六項特質。具此種特質者，往往保持忙碌，精力充沛，說話速度快，喜歡有刺激的環境，尋求挑戰、好動和興趣的生活方式。在生活中往往表現風趣、快樂和喜歡開玩笑。友善性（Agreeableness）係指一個人從同情到反對的人際取向的程度。具此項人格特質者，顯現信任、正直、利他、順從、謙遜、心地善良等六項特質；反之，則多疑、不相信他人、無同情心、固執、冷漠、粗魯、易激動、好批評。神經質（Neuroticism）係指具有焦慮、敵意、自我意識、抑鬱、衝動、脆弱等六項特質。此特質高者，個體在社交場合中會變得焦慮、窘迫、易對他人產生敵意、懊悔、抑鬱等（Cavanaugh & Blanchard-Field, 2002; Erber, 2010）。美國心理學者柯斯達和馬柯雷（P. T. Jr. Costa & R. R. McCrae）是五因素論的最大支持者。

　　無論是橫向及縱貫的研究，均指出五大特質在成年期中相當穩定與可遺傳性（Costa, McCrae, Martin, et al., 1999; Loehlin, McCrae, Costa & John, 1998; Yang, McCrae & Costa, 1998）。在整個成年期中，其一致性估計高達.70～.75（Whitbourne, 2008）。但亦有若干研究發現在內外向性、內外控傾向和場地獨立、場地依賴等特質上，有年齡的變化存在。

　　多數研究指出內外向會隨年齡而改變。換言之，當年齡漸漸大時，個體從外向逐漸轉為內向，伴隨此種內向轉變的是逐漸地更加小心。老年人逐漸地內向化，亦可由其逐漸從社會活動中退縮獲得證據。依據減少參與理論（disengagement theory）的說法，減少參與的現象是互動的。由於身心的限制，導致老年人從活動的參與中逐漸退縮，因而漸漸從積極的社會角色中退出。老年人減少參與的表現被視為是一種自然的現象，也是適應老化現象的最滿意的方式，如此可以留下屬於自己的時間和精力，安享自由恬靜的晚年。很多老年人轉為過度地關注身體的功能與健康，經常擔心焦慮，嚴重時常導致憂鬱症（hypochondriacs），女性有此種徵象者尤甚於男性。

　　在內外控傾向方面，內控者將獲得獎勵和避免懲罰，認為是自己行動

與行為的結果；外控者則認為無論好或壞的經驗都是由機會和別人的行動
所引發。研究顯示內控者的心理適應優於外控者。他們較能處理個人的危
機，較滿意於自己的生活，較沒有積極的自我觀念。至於年齡與內外控傾
向間的關係，研究結果未獲一致，視項目而定。在健康與智力方面，老年
人較顯外控；在社交能力方面，則較顯內控傾向（Lachman, 1986）。

在場地獨立與場地依賴（field independence and field dependence）方
面，場地獨立係指個體對知覺的判斷主要依賴內在的刺激；而場地依賴則
指對知覺的判斷主要依外在的刺激。因此，場地依賴者較容易被外在環境
中無關的刺激所影響。有很多的橫斷性研究指出年齡越大，較趨向場地依
賴。場地依賴者，在駕車時較易發生事故。故老年人駕車易生事故，或與
其較傾向場地依賴有關。

上述的研究指出，在內外向性、內外控傾向和場地獨立與依賴等特質
上，老年人有若干的改變。其主要的原因，皆為由於年齡而帶來的身體健
康的改變、退休及社交活動參與的減少等原因造成的。

三、對自己人格發展的看法

許多老年人都強烈認為自己是連續的，一路走來，始終如一，並沒
有什麼改變。這種強烈的連續感相當普遍，也是維持自我一貫性的基礎。
事實上，實證性的研究也支持這種觀點。托路和史卡富（Troll & Skaff,
1997）晤談150位85歲以上的老年人，發現絕大多數老人認為他們基本上
與過去是相同的，沒有什麼改變。至於對未來是否會有所改變？在實證
研究上也證實對自己未來人格特質發展的看法，也呈現相當穩定的狀態
（Fleeson & Heckhausen, 1997），亦即老年人對自己未來人格發展的看
法，也顯示了自己不會改變的反應。

四、年齡與生活滿意度

　　另一種了解高齡期人格發展的層面是探討年齡與生活滿意度之間的關係。有很多研究者探討年齡與幸福、快樂或滿足感的關係。有些人認為環境情況是幸福感的主要影響因素；有些人認為人格才是影響要素；有些人認為年齡才具有影響力。例如老年人普遍存有沮喪的感覺，因而認為老年人較年輕人不快樂。

　　為了解年齡與生活滿意程度之關係，卡莫倫（Cameron, 1975）曾調查4至79歲的受評者600人，分別在學校、工作場所、家中或遊戲時予以評量。結果指出，滿意度由快樂、悲傷或中性的心情表現出來，無論是年輕人、中年人、老年人均屬相同。心情好壞主要是由社會階級、性別和當時的情境來決定，而不是年齡。在大多數老年人生活滿意度的研究中，發現心情（mood）扮演相當重要的角色。拉森（Larson, 1978）經過30年的研究，發現年齡對於幸福感並沒有影響。金錢、社會階級、婚姻狀況、居住情形和交通等對個人生活滿意度有影響。但無疑地，健康是最重要的決定因素。如果年齡對快樂有影響的話，影響並非立即而明顯。在柯自曼和史東（Kozma & Stones, 1983）的縱貫性研究中發現，快樂的程度到老年時仍相當穩定，而其重要的預測變項為滿意的居住狀況、健康活動、生活的事件及婚姻等。對於都市地區的老人，舒適的住家是幸福的最重要影響變項；對鄉村地區的老人而言，健康才是最重要的。另有些研究指出，收入與生活滿意度並沒有關係，具有高收入者並不比低收入者快樂。

　　馬科雷和柯司達（McCrae & Costa, 1983）研究35至85歲的成人，發現神經質和外向性的人格向度與快樂程度有關。神經質分數高者，易感到不滿意和不快樂；外向性者較易感到快樂和滿足。不管個體的年齡如何，這些人格向度在整個生命期中均呈相當穩定。

　　舒茲（Schulz, 1985）曾提出一個有趣的問題：即生活滿意度的本質是否會隨年齡而改變。換言之，75歲時所感到的快樂是否與25歲時所感覺到的相同？舒茲指出在強度上並不隨年齡增加而改變，但品質上有所不同。在整個生命期中，個體會對早年的經驗加上消極的情感；也可能對消

極的經驗賦予積極的情感。例如年輕時失業，在當時是一種非常消極的情感，但隨後在中年時獲得更佳的工作，就改變了對此一事件的感覺而轉為積極的一面。

舒茲並進一步指出老年人並不必然具有較多的消極情緒和態度，由於消極事件的增加，如健康不佳、收入減少、配偶的死亡等，並不一定會導致消極情緒的增加。

總之，生活滿意度是否會隨年齡增加而有所改變，這是一個複雜的問題，應該視實際生活經驗及其相關的情緒而定，而非年齡本身的問題。

五、年齡與人格發展的性別差異

將男、女兩性的人格發展混在一起，會有誤導的現象。如果男性在某項特質的分數高；而女性在該項特質的分數較低，予以混合後會得到中間的分數，對於兩性皆無代表作用。因此，分開探討更易於了解實況。

大多數縱貫性的研究都指出，年齡對男性的人格發展有影響。然而一般常認為男女兩性在自我概念、侵略性、獨立性、情緒表現和社交取向上有所不同。這些不同是由於社會化的結果。從兒童開始，女孩就被教導成較被動、依賴、溫和和富於情緒表現；而男孩則被教導表現獨立而有決斷力。至高齡期，這種差異根深柢固，故人格發展確有性別差異存在，唯兩性彼此間的變異性更較兩性間的差異為大。有些研究者更認為男女兩性，隨著年齡的增加有越來越相像的趨勢。

有關兩性在人格發展上的不同，一般相信男性的自我概念，包括自尊及自信等，高於女性。傳統上認為這是由於刻板化的男性特質發展的結果。研究顯示此種觀念並非全然正確；在青年期，男女的自尊程度相似。史賓斯（J. T. Spence）曾研究大學的年輕人，要其針對各種人格特質做自我評定，結果發現自尊分數最高者是同時具有男、女兩性人格特質的人，稱之為兼具兩性特質者（androgyous）。研究發現男性中有32%，女性中有27%屬於此種人格屬性（Permultter & Hall, 1992）。當年齡漸大時，人

格發展中所呈現的性別差異逐漸減少。換言之，男女逐漸朝向同時兼具兩性人格特質者。特羅爾和邊森（Troll & Bengtson, 1982）指出這種改變涉及依賴和自立的情感在內。他們指出造成這種改變的原因，是由於老年男性健康不佳，而老婦人的健康情形通常優於男性，迫使夫妻間權力重組獲取平衡，故妻子需要作改變，進而迫使丈夫接受一個較依賴性的角色。

　　另外在契利伯格（D. A. Chiriboga）等人的研究中，則發現老年婦人認為自己更為果斷、較不依賴、更能解決問題，在家中更有權威（Chiriboga & Thurnher, 1976），顯然有男性化的傾向。唯具兩性人格傾向（androgyny）並非從中年期就開始，有些研究顯示在扮演祖父母的社會角色時，才有此種傾向。唯由於文化標準的改變，尤其目前的男性青年，在照顧嬰兒上往往負擔了更多的責任：而女性青年也不再把就業視為生育子女前的一種消遣，未來或許會更走向兩性化的現象，仍有待進一步的觀察。

第三節　高齡期人格發展的理論

　　要了解高齡期人格發展的穩定與改變，除了前節相關的實證性研究結果，已提供了我們了解老年人格發展的一些線索，解開了部分人格發展的真相；另一個了解的途徑，就是經由理論的探討，來窺知其真貌。目前已發展出來的人格理論，大致可以分為階段理論（stage theories）及人格層面與特質（personality dimension and traits）理論兩種取向。階段理論強調在整個成年期中，人格呈現階段改變的狀態；人格特質的觀點則主張在整個成年期中，人格特質是穩定的狀態。

一、階段理論

　　階段理論認為人格隨時間而開展，在成年期中有不同的型態。每一人格發展階段均與實足年齡相應連結。每一階段均與其他發展階段有本質

上的不同。在每一發展階段都有明顯的特質存在,或有特定的人格現象產
生。

　　佛洛伊德（S. Freud, 1856-1939）是階段理論最著名的學者。他提出
心理分析理論,強調在動機行為上無意識的角色。依其理論,人格的發展
由嬰兒至青少年期係依循一系列心理發展階段而來。他非常強調兒童早
期經驗對於形成基本人格結構的重要性。其後,榮格（C. Jung）和艾利
克遜（E. H. Erikson）也都是接受佛洛伊德學派（Freudian）的訓練,是
階段論者,但他們所提出的理論,都將人格的發展由青少年期擴展至成年
期。他們二人都承認在人格發展上,生物因素的重要性,但他們比佛洛伊
德更重視環境和社會的影響。在階段論中,除了榮格及艾利克遜之外,屬
於階段論的學者尚有佩克（Peck, 1968）的發展適應理論、巴特洛（But-
ler, 1963）的生命回顧理論及麥克當斯（McAdams, 1996）的生命故事理
論。艾利克遜及佩克的理論主張,在本書第四章第二節已有探討,故本節
僅探討榮格、巴特洛及麥克當斯三者的理論。

（一）榮格的理論

　　榮格（1875-1961）是瑞士心理學家,師事佛洛伊德,但1916年後他
提出自己的人格理論—分析心理學（analytic psychology）。他認為在整
個成年期中,個體持續經由人格的各種層面來發現自己的潛能,以回應
內、外在的需求,而求取平衡。在成年期的不同階段,此種平衡是可以改
變的,有些層面會列在後面,有些則提前。榮格認為在人生的前半部,生
物和社會的需求是最基本的;在後半部,則顯現文化和精神的需求。

　　榮格提出人格發展的二個相對層面,即內外向性（introversion/ extra-
version）和男女性（masculinity/feminity）,在不同的生命發展階段,其
表現不同。就內外向性而言,在青年期以適應外在世界和擴展社會環境為
重點,其主要的任務包括尋求伴侶、就業等,這些是由外向的人格層面所
主導,內向層面受到壓制。至中年期,迎合外在需求減少,較多關注自
己。至老年期,外在社會需求減少,留下更多的時間思考內在自我,平衡
點改變了,朝向內向的層面。

　　榮格也主張每個人的人格均具同男、女兩性的層面。二者可以共存，甚至相互補充。在青年期，由同性傾向主導，即青年男性的男性化強，年輕婦女女性化強。由中年至老年，性別角色漸減，另一種性別傾向不再受壓制而逐漸顯現。因此，老年男性出現了女性化的特質，表現出愛小孩、更有同情心、更具情感性；而老年婦女也顯現侵略性、決斷和自我中心的衝動。這在世界各地的次文化中均可發現，如以色列、亞洲、非洲及美國等。此種跨文化性別表現上的相似性，似乎說明這可能是一種眞正的發展現象。

（二）生命回顧理論

　　許多人都相信老人生活在回憶裡。事實上也顯示老年人在回憶過去的事情常表現良好。回憶可能包含重新建構的部分，而不僅是客觀的回想。過去認爲回憶或生命回顧是無謂的，不鼓勵老人去做。然而，巴特洛（Butler, 1963）是第一個認爲生命回顧在個體老化過程中，是積極而重要的部分，老年人透過這種方式來整合現在與過去。老人的回憶是積極的，他們才能接受生命是有意義的。因此，透過生命回顧，才能達到艾利克遜所說的自我統整（ego integrity）。

　　生命回顧在成功老化上扮演重要的角色。生命故事討論團體已在社區中爲老年人服務，而回憶治療已被用於養護之家老人身上。研究發現，住在養護之家的老人，接受過「治療傾聽者」爲期6週的個別拜訪，鼓勵其做各方面的生命回顧。一年後，發現這些人有較低的沮喪、無望感和失望情緒，生活滿意度及幸福感提高（Haight, Michel & Hendrix, 1998）。可見生命回顧或回憶治療，對處於憂鬱危險的老人，是一種有效的介入方式。

（三）麥克當斯（McAdams）生命故事模式

　　依照麥克當斯的說法，個體建構了一個使自己有意義的神話，就是生命故事，並以此整合個體的過去、現在與未來。它使個體感受到生命是統整的、有目的的。個人所建構的故事是一個繼續發展的情節，而形成其行爲及建立自己的認同。

生命故事反映了個體所居住的文化價值。在西方文化中，年輕成人開始進入職場，維持家庭，在社區中活動，並熱中於自己作爲工作者、配偶、父母等的角色；到了中年期，個體會更關注統整和平衡的問題。到了中年，經常會考慮何者是生命中最重要的事物，並逐漸關注死亡，以及死後的世界。中年期的個體開始形塑人生的腳本，指引個體要留給下一代的東西。個體在40至60歲時，會重視早、中年期生命故事腳本的統整，但也在創造一個適當和滿意的結束。理想上，此種結束具有繼續性和目的性，並將人生故事的各種線索作結合。好的結局，可以使個體達到一種象徵性的不朽，在生命結束後仍然存在。麥克當斯觀念中所謂好的結束（good ending）與艾利克遜觀念中的自我統整（ego integrity）有相似之處。

二、人格層面或特質理論

人格特質並不強調在成年期的人格包括哪些階段，而是側重人格在一生中是否穩定不變的問題。人格的層面，係把人格作分類，如神經性、外向性等，每一層面均包括許多人格特質，例如神經性高者，就會表現焦慮、敵意；外向性強者，就會表現溫暖和社交性。在整個成年期中，人格層面是否穩定？人格特質是否一致？以下就縱貫及橫斷研究的結果分述之。

（一）縱貫研究

在縱貫研究中，最具盛名的當屬五因素說。這是由柯斯達和馬柯雷所進行的巴爾的摩的縱貫研究（the Baltimore Longitudinal Study, BLS）的一部分。此研究的樣本數眾多，年齡自20歲至80歲不等，以二種著名的自陳問卷做爲工具，包括卡提爾（Cattell）的16項人格因素問卷和基爾佛與任默曼（Guilford-Zimmerman）的氣質問卷。

經由對受試者問卷反應的分析，而提出五個層面或五個因素的人格

結構，包括神經性、外向性，對經驗的開放性、友善性和謹慎性等（參見本書第四章第二節）。經多次的測驗，這些人格因素具有穩定性，尤其在中年晚期和老年相隔6年的測驗上，顯現了高度的一致性。五大因素與正向效應及幸福感有關。外向性者，往往與正向效應及幸福感有正相關；神經性則相反；對經驗的開放性，則可能正、負二種效應均具。友善性和謹慎性較偏向正向效應，與幸福感有低度相關。五因素模式的說法，在跨文化的研究，也得到相似的結果，在非英語系國家的研究，包括德國、葡萄牙、以色列、中國、日本等，亦發現有相當大的相似性（McCrae & Costa, 1997; McCrae et al., 1999）。

（二）橫斷研究

　　上述縱貫研究的結果，指出人格的穩定性，但人格是否在整個成年期中不會改變？這方面很多的訊息大多來自橫斷研究。馬柯雷（McCrae et al., 1999）發現青年到中年期間，在神經性、外向性和對經驗的開放性有減少的趨勢，但在友善性和謹慎性則有增加的現象。在跨文化的研究方面，也得到相同的結果（Erber, 2010）。因此，人格是穩定或改變的問題，或許還要持續的探討。新近的觀點強調改變有個別差異存在（Mroczek et al., 2006）。是否有些人傾向穩定？有些人則較可能改變？對於此一問題的解答，或許需要採用更複雜的統計方法來進行研究。就長期而言，有些人可能會改變較多，有些人則較少，其改變的速率與程度，可能要視環境、基因、健康，以及個體改變的動機而定（McAdams & Pals, 2006）。

第四節　影響高齡期人格改變的因素

　　前述有關人格與年齡關係的探討，指出人格的發展沒有普遍的趨勢存在。事實上，高齡期人格產生改變是可能而且普遍的，尤其是在人生的後段更為常見。如越老越顯內向化，越外控傾向，越趨向場地依賴，也越兼

具兩性人格特質者。然而影響成年期人格產生改變的因素，主要的探討大致係側重在生活經驗、社會結構及健康的層面上，茲分述如下。

一、生活經驗

　　個體在生活中的重要生活經驗，或者發生的重大事件，會對人格改變產生重要的影響。如失去工作，會使幻想破滅，使個人變得焦慮、沮喪，缺乏自信。個人在高齡期中擁有滿意的婚姻生活，也會使個體的焦慮人格變成充滿生機，展現樂觀和自信。所鍾愛的人死去、對他人的責任加重、宗教信仰轉變、沉溺藥物、心理治療等都會顯著改變個人的人格。此外，個人工作結束，從職場退休下來，會導致個人社交活動參與的減少，因此，個體即有內在化的傾向。在懷特伯恩（Whitbourne, 1989）所提出的生命期自我形成模式（Life-Span Model of Identity Formation）和柯堅（Kogan, 1990）所提出的人格發展的情境模式（Contextual Models of Personality Development）中均指出，社會文化和生活故事對人格發展的重要性。情境論者非常關注職業、離婚或退休等生活事件對人格的影響，他們透過長時間對個體的追蹤，探討人格發展的情形，而提出生活經驗確實會造成個人在人格的改變。

二、社會結構

　　社會結構對高齡期人格發展有所影響，業經若干研究所證實。在社會結構方面，主要的探討變項，包括教育程度、社經地位、職業階層、收入和社會文化等。在有關人格特質的研究中，發現經驗的開放性與教育、收入呈現正相關，而神經質與教育、社會支持、收入和健康程度等呈現負相關（Soldg & Vaillant, 1999）。雷富、馬濟、克林和溫格（Ryff, Magee, Kling, & Wing, 1999）歸結甚多的研究結論，指出具有較高教育程度和收

入的人，其幸福感較高，較能自我接受，生活有目的，能自我成長。在生產性（generativity）方面，研究也顯示較高教育程度者，其生產的面向及水準均較高（Keyes & Ryff, 1998）。

在社會文化方面，在懷特伯恩（S. K. Whitbourne）的「生命期自我形成模式」（Life-Span Model of Indentity Formation）的人格理論中，就指出個人對自我認同的架構，主要來自兩個基本要素，即人生腳本（scenario）和生命故事（life story）。所謂人生腳本，即是對個人未來的預期構想。當個體成長至青少年期時，其自我概念認同感已開始對未來要做什麼有若干的想法，並且開始想像在未來的人生各階段中，個人將會做哪些事情。而這些期望或構想，受與年齡常模有關的文化因素所強烈影響。個體在一生中，都不斷地將人生腳本與實際表現進行比照，作為自我評價的基礎，並依環境的情況進行調整，這些期望就是個人人格的基模（schemata），也是個人學習成為社會成員的基模。柯堅的人格發展的情境模式更強調個人人格發展中，社會文化和歷史因素的重要性。由此可見，社會文化因素對個人人格發展具有相當重要的影響力量。

三、健康

個體人格的改變，多數研究指出與健康有關。例如老年人越來越趨內向化，越場地依賴，越顯兼具兩性人格特質者，其原因大多來自健康的衰退。老年人的依賴感增加，事實上也是肇因於健康的因素。謝格洛和柯斯達（Siegler & Costa, 1985）在概覽多數的文獻後指出，長期而言，人格特質與高血壓、循環系統疾病、或因研究樣本的死亡與生病退出等有關。健康的衰退，會導致個人期望的落空、信心的喪失，以及自我效能的減退。因此，健康也是影響成年期人格改變的重要因素之一。

第五節 高齡期人格的調適

　　前述探討指出高齡期人格的發展，有不變的一面，也有改變的地方。人格的穩定旨在維持一貫與持續，這是個人自我維護相當重要的一面；但是面對個體身心的老化，以及環境改變的挑戰，在某些人格層面上也要有相當程度的改變與調整，才能適應良好。因此，在高齡階段，在人格發展上，高齡者要如何因應改變？要如何調適？也是高齡期重要的發展任務，以下就維持自我的穩定，增進獨立感及強化控制感等三方面說明如下：

一、採用同化、調適及免疫策略維持自我觀念的穩定

　　個體到了老年階段，會遇到來自內外的各種喪失，以及環境不斷地改變，這些都會威脅到自我觀念的穩定。老年人常自認為自己一路走來，始終如一，但這些來自內外的喪失，對自我的穩定就是一種威脅與挑戰。因此，為維護自我的穩定，建議個體可以採用同化調適及免疫策略來應付挑戰。所謂「同化」就是以既有基礎來因應環境的變化。如視聽功能不佳，就可加強照明，使用放大鏡，戴眼鏡及使用助聽器等，以維持自我的穩定。所謂「調適」就是調整自己的認知與想法，以適應外在的變化，包括重行評估目標，再做選擇，修正自己的想法，以避免喪失的衝擊，以維持自我的統整。「免疫」就是採用適當的抗衡方式以對抗對自我的威脅事件。如個人最近表現不佳，或健康不好，採取因他人干擾或其他環境因素造成的，以保留自我，避免自尊受損，使個體暫時維護自我一貫性，進行進一步的同化行動。

二、透過學習與練習，以提升獨立感

到高齡階段，由於內外在的改變，以及環境的變化，造成個體有依賴的傾向，漸失獨立感。而獨立感是個體在高齡階段，相當重要的自我感覺，個體一旦失去獨立感，就會放棄自我，導致生存意志的降低與消失，故晚年期獨立感的維護與增強，相當重要。要維護獨立感，首先，要堅持凡是自己能進行的、能做的事，一定要自己來，切莫想要依賴他人，這種自我能力感的增進相當重要，同時亦會給他人一種獨立人格的形象；其次，自己不會的，有困難的，可以經由學習、練習或藉助輔具來達成。凡是不會的可以多學習，學會了就有能力感。如學會電腦、手機的應用，很多事可以自己來，不假他人。自己有困難的，可以多練習，持續進步，最後維護功能的延續；第三，面對身心衰退或環境改變，可以藉助輔具的幫助，包括各種助行器具或應用多種視聽輔助，以維持身心功能的持續運作而增進獨立感。

三、增強可控制的事務，調整期望，以強化及維護控制感

控制感是對周遭環境的一種控制能力的感覺，控制感對高齡者而言，也是一項重要的心理感受。由於身心的改變，會讓高齡者的控制感日漸喪失，生活滿意度越來越低。控制感與能控制的事項多寡有關，也與控制期望的高低有關。在控制事項方面，能掌握的事項越多，就越會有控制感，故老人可以增強自己可控制的事項。例如，與其坐等子女回家探望或來電問候，不如主動出擊，前往拜訪或去電聯絡；與其坐等朋友來訪，不如主動前往探望，面對社會網絡的窄化，也可以積極從事志工，主動參與社會各種相關的活動。其次，在期望控制感的調整方面，由於身心的衰退，社會的變遷，個人的控制感亦隨之調整，不能做的，不宜再擔任的，宜放手，降低期望，做好心態的調整，以免造成更大的落差，加大失落感。

第八章　高齡期的心理健康與心理失常

　　個體在進入高齡期後，由於失多得少，因此，易有心理與情緒的困擾，會導致心理症狀的產生，加上智能的衰退，也會引發心智功能的失調現象，這些均會影響高齡期的生活，降低幸福感。老年期的心理健康與身體健康關係密切，因此，高齡期的心理健康至爲重要。高齡期的心理疾病，更嚴重影響生活品質，甚至導致沒有生存的意志。故有關高齡者心理健康的維護與心理失常的預防與治療，也是高齡學探討的重點。本章分爲四節，首先敘述心理健康的意義、指標及與年齡的關係；其次，探討高齡期的壓力與情緒；再次介紹高齡期的心理失常現象，最後則提出促進心理健康的有效途徑。茲分四節說明如下。

第一節　高齡期心理健康的意義與指標

　　追求健康與長壽是個體生存的最基本目標，也是人生意義與價值所在。健康，包括生理與心理二個層面。個體在日常生活中，除了要面對身體健康的部分，也會面臨心理健康的問題。而生理健康與心理健康，相互影響，互爲因果。有關心理健康問題的研究，遲至新近始獲得關注。首先關注的是心理功能失調及情緒問題二部分；其次，在研究上的另一個重要的改變，就是朝正向心理學（positive psychology）發展。所謂正向心理學就是探討正向主觀經驗、正向個體特質、和預期改進生活品質和防止病理學的一種正向機制的科學（Seligman & Cs. Kszentmihalyi, 2000: 5）。本節探討心理健康的意義、心理健康的標準，及年齡與心理健康的關係等。

一、心理健康的意義

　　心理健康不是單一理論，而是多面向的概念，而且它也是一個相當主觀的議題，不同的學者對此觀念的看法，並不相同。至今爲止，仍未

有完全統一的觀點。一般而言，所謂心理健康（mental health）係指生活適應良好的狀態（張春興，1989）。史梅爾和柯爾斯（M. A. Smyer & S. H. Qualls）指出要對老年的心理健康作界定，必須綜合幾個複雜的因子，包括統計常模、個體功能與常模間的關係、能有效處理或控制特定疾病的程度，以及正向機能的理想模式（王仁濤、李湘雄譯，2001）。雷諾（Renner, 1980: 8）對心理健康作如下的界定：「心理健康係指能對他人負責，能愛人與被愛，能和他人維持良好之施與受的關係」，這是從與他人的關係層面出發，相當的精闢。柏倫和雷諾（Birren & Renner, 1980: 29）指出，心理健康的人具有回應他人的能力，能愛與被愛，能在人際關係上作因應。總之，心理健康係指對生活適應良好，能與他人維持良好關係的一種狀態。因此，心理健康並非只是沒有心理疾病，它有更積極的意義存在。

二、心理健康的指標

心理健康是一個綜合而複雜的概念，也涉及相當主觀的認定，然則如何判斷一個高齡者是否心理健康，則涉及指標的層面。心理健康的指標，依心理健康的概念而來，相關學者的看法也不一致，但仍有基本的共同要素存在。最古典的說法是傑何達（Jahoda, 1958）在1950年代所提出的心理健康的五大指標為：正向的自我態度、成長與自我實現、人格統合與自主、知覺實際以及精熟環境。史梅爾和柯爾斯（Smyer & Qualls, 1999）則認為心理健康的重點，包括有行為能力（competence）、成熟、責任感、或具戀愛與工作的自由等。學者張春興（1989：404）則將心理健康的指標歸納為下列五項，相當周延，包括：(1)情緒較穩定，無長期焦慮，少心理衝突；(2)樂於工作，能在工作中表現自己的能力；(3)能與他人建立和諧的關係，而且樂於和他人交流；(4)對於自己有適當的了解，並且有自我悅納的態度；(5)對於生活的環境有適切的認識，能切實有效的面對問題，解決問題，而不逃避。另學者王惠人（1998：5）亦提出老

年人心理健康的12項特徵為：(1)感官良好，稍有衰退者，也可以通過適當的手段進行彌補，如戴眼鏡、使用助聽器；(2)記憶力良好，不需別人提醒能記住重要的事情，能輕鬆記住讀過的7位數字；(3)邏輯思考健康，回答問題條理清楚；(4)想像力豐富，不拘於現有的框架；(5)情感反應適度，積極的情緒多於消極的情緒，不事事感到緊張；(6)意志堅定，樂觀進取，辦事有始有終，不浮誇拖拉，能承擔悲痛和歡樂的經驗；(7)態度和藹可親，能常樂節怒；(8)人際關係良好，家庭和睦；(9)關心國家大事，愛學好問，具學習能力；(10)熱愛生活，喜歡活動，有適當的業餘愛好；(11)遵守社會的道德觀念和倫理觀念；(12)面對現實，順應自然，有效地適應社會或環境的變化與發展。

綜合上述的探討，可以將老年心理健康的指標歸納為下列7項：(1)人格成熟，具統合感，有責任心；(2)情緒穩定，無長期焦慮，少有心理衝突；(3)能對自我有適當了解，有正向的自我觀念：(4)具良好的人際關係，能與他人建立和諧的關係；(5)體認實際（reality），能有效的適應環境，面對問題，解決問題；(6)心理能力仍運作良好，具邏輯思考，有學習熱忱；(7)熱愛生活，喜歡活動。心理健康的意涵，也可以用「POW-ER」一字來表示：(1)P：正向（positive）；(2)O：樂觀（optimistic）、適應；(3)W：全人、整體（wholistic）；(4)E：享受生活（enjoyment of life）、聯繫感；(5)R：復原力（resilience）、因應機智（resourceful-ness）。

三、年齡與心理健康

從生命期的觀點來看，隨著個體年齡的增加，心理健康的情形是越來越好，還是越來越差？個體的心理健康，是否具有性別的差異？就此二個問題而言，一般都認為，對於老化所帶來的資源喪失與減少，老年人的心理健康不如年紀較輕的人；而老年女性的心理健康也不如男性。這兩種說法，都過於簡化且多數是不正確的。

卓尼斯及梅利第（Jones & Meredieh, 2000）曾針對236位男女受試者，進行心理健康發展路徑的縱貫研究，測量受試者不同人格層面的心理健康，分別在14、18、30、40、50及62歲時予以施測。結果顯示，隨著年齡的增長，心理健康有穩定的改善。但有個別差異存在，即某些個體改善幅度較大，有些則較少。在青少年及成人階段，年齡與心理健康具有高度的相關，即年齡越大，心理越健康。在10多歲時，心理健康較佳者在其後生命期中也有較大的改善，但並沒有一致性，性別間也有差異存在。此研究結果指出，高齡期雖然有不可避免的挫折、喪失和挑戰，但在心理健康上，卻有強化與增進之效果。正如瓦倫特（Vaillant, 1977）所說，使用生命中惱人的沙粒來創造出珍珠，亦即高齡者生命中的挫折與挑戰，具有改善與強化心理健康的作用。

另外對心理失常（mental disorder）的研究，也與上述結論一致，即老年人心理失常的現象，比年輕人較低。所謂心理失常係指由於心理的、社會的、生理的或藥物的原因所造成的無法有效適應生活的失常現象（張春興，1989），或稱為精神異常，如焦慮、人格分離、心身症等。研究發現18至64歲心理失常者（排除失智症）的比率由11.1%增至25.3%；而65歲以上的比率，則在5.8%至13.9%之間。另外，老年人患有精神失常者的比率，例如沮喪者為1.5%至2.9%，但所有樣本的比率，則為2.5%至7.6%，即老年沮喪者的比率較低。失智症當然也是一種心理異常，會隨年齡的增長而快速增加。65歲以上心理失常者（包括失智症者）為22%（Gatz & Smyer, 2001）。高齡者最常見的心理失常，包括沮喪、焦慮、阿茲海默氏症及酗酒等。事實上，在高齡者中，身體的疾病常與心理的失常相伴而生，交互影響。身體的疾病會引起心理的失常，而心理的失常也會加重身體的疾病。因此，除了失智症外，大多數的心理失常在早成年期、中成年期相當普遍。儘管身心疾病的交互相關，相互影響，老年人心理失常的比率仍比早、中年期的成人為低。故心理健康隨年齡的增加而提升，具有實證研究的支持。

第二節　高齡期的壓力與情緒

　　壓力在生活中普遍存在，也是日常生活中最感困擾的問題。個體如果處在壓力的情況下，必然會帶來情緒上的不愉快，壓力嚴重的話，會影響生理的健康，甚至造成心理的失常。尤其在高齡期，壓力對身心的影響更為明顯與直接。故在高齡期，個體欲追求健康愉快的生活，對壓力的了解至為重要。本節探討壓力的性質、來源、效應、因應、壓力與健康的關係、及壓力的抒解等。

一、壓力的性質

　　壓力在個體生活中均會存在。當壓力持續存在，經個體認知其所具的威脅性，才會產生問題。如果生活中的壓力很短暫，或個體認知其不具威脅性，即個體的能力與經驗能對困難加以克服時，也不會感受到壓力。因此，壓力的構成，有二個要素存在：一為具有引發情緒的情境刺激；二為個體對該刺激引發威脅的認知，二者缺一不可。因此，壓力是指個人在面對具有威脅性的刺激情境中，無法消除威脅、脫離困境所產生的一種被壓迫的感受（張春興，1991）。拉薩羅斯和佛克曼（Lazarus & Folkman, 1984）指出，壓力係指「要求」超過個體能力所能負擔的一種負向認知與情緒的狀態，亦即壓力就是個體對具威脅性的情境，自己感覺無法負荷的負向認知與情緒狀態。壓力會發生或存在，係個體認為生活中的事件具有威脅性，而使其有潰敗、無助與無能因應的感覺，因此，「壓力」事實上就是指對「壓力的感覺」，即「壓力感」而言。

　　因此，壓力是一種相當主觀的情緒經驗。不同的個體對不同事物的壓力感受不同，依其對情境主觀的評價而定。例如有人視考試為威脅，有人則視為表現的機會。在面臨尋找工作時的晤談，有人視為晉身的好機會，有人則解讀為被拒絕的時機。一般而言，如果個體喪失高度價值的事物，或處在不熟悉、非預期及無法控制的情境中，就會感受較大的壓力。這就

是高齡者面對日漸而來的「喪失」，在新奇、不熟悉、無法控制的情境中會感受較大壓力的原因。

二、壓力的來源與年齡

個體要感受壓力，一定有產生壓力的刺激，包括內外在兩部分，每個人面對的情緒與生活不同，故其壓力的來源也各異。有人來自健康不佳，有人來自與子女、媳婦的相處不順，有人來自與配偶的不和，或來自金錢的欠缺、生活的困頓，不一而足。一般而言，壓力來自三方面（張春興，1991）：(1)生活改變：這是指個人日常生活秩序上發生重要的改變而帶給個體負面的情緒。就高齡者而言，生活中的壓力事件依次為：配偶死亡、離婚、夫妻分居、親人亡故、罹病或受傷、退休、家人生病、成年子女離家、生活條件改變、習慣改變等；(2)生活瑣事：指生活中常遇到而無法逃避的事件，日積月累對個體身心造成不良影響，包括家用支出、身心健康、時間分配、生活環境、生活保障等方面；(3)心理因素：指個人內在心理上的困難，主要包括挫折（婚事不順、經商失敗）與衝突（包括雙趨、雙避、趨避之衝突）。

個體所感受的壓力大小與來源，與年齡有關，不同年齡階段所感受的壓力大小與來源不同。就不同年齡階段的壓力大小而言，在整個成年期中，成年早期和中期所感受的壓力較晚期為大。一般而言，老年人所面臨的壓力事件比年輕人少，煩惱也較少，常感責任較輕，生活較為自由；但老年人對身體健康的問題也更為擔心。就壓力源而言，早、中成年期所感受的壓力，多半來自工作與家庭。在工作上包括：與同事相處不睦、展開競爭、工作地點改變、待遇偏低、工作性質與個人興趣不合、工作不能勝任、工作環境不理想，常處於不確定或危險的狀態下，工作呆板、一成不變，沒有發展機會。在家庭方面包括：配偶或親人死亡、分居、離婚、家人不睦、婚姻衝突、子女成年離家、再婚、家人照顧、經濟困難等。至於老年人壓力，主要來自健康、社會和收入的問題，包括：健康的衰退、疾

病的產生、社會安全經費的問題、醫療保險、長期照顧等較為老年人所關注。

在老年期中，對於壓力的平衡感也有所改變。早年生活中很多負向的壓力，同時也會有正向壓力存在。例如生育子女、工作升遷、購置新居、子女長大離開，均為個體具有壓力的事件，但同時也會是一種挑戰和充滿承諾。個體到了晚成年期，正向壓力快速減少，使平衡點改變，偏向痛苦，取代了快樂。此外，實證性研究也發現老年人甚易受到壓力的傷害。老化的過程會影響免疫系統，降低抵抗壓力的能力，而使老年人易罹患疾病。另外，某些退化性疾病的出現，也會與壓力源產生交互作用，更增加對老年人的影響。

三、壓力的效應

一旦個體評估情境具有壓力存在，在情緒思考、行為及身體上會有一連串的反應產生。面對壓力會有多種的情緒反應，包括生氣、懊怒、悲傷等。當壓力是嚴重的且是長期的，最常見而不愉快的情緒症狀就是焦慮。焦慮也可能導致危險的效果。當壓力增大，負向情緒就會增加，壓力會傷害認知能力和工作的表現，破壞注意力、記憶及判斷，並使個體關注自己、感到不安全、易怒、過敏，而產生人際關係的問題。壓力所產生的心理問題與心理失常相當多樣，從較溫和的（如失眠）到嚴重的（如傷害性的壓力失常）均有。

壓力的產生，對個體的身體健康會有直接與間接的效應。間接的效應，通常會使與健康有關的行為產生改變；直接的效應之一就是降低免疫系統的功能而影響健康。壓力的反應，包括釋放化學物質，抑止胸腺的活動。胸腺是免疫系統的主要腺體，能調節T細胞的活動來對抗病毒與細菌。苛漢（Cohen, 1996）的研究發現壓力與接受疾病感染的可能性有關，當壓力越大，越可能導致疾病的感染。此外，研究也發現老年人較容易受到壓力的傷害，其原因在於老化的過程使個體免疫系統的功能減弱，

降低了抵抗壓力的能力，使老年人容易生病。儘管壓力的影響範圍廣大且相當嚴重，但壓力也可能有正向的結果，阿德文（Aldwin, 1995）指出對高度壓力的事件，能作成功的因應，促進中高齡者的發展，熟練因應策略，加強爭勝感，而使未來能作更有效的適應。

四、對壓力的因應

　　所謂因應（coping）係指對抗、匹敵、抗衡、妥善處理的意思（顏元叔主編，2005）。因應常與支配（mastery）、防衛（defence）和適應（adaptation）等詞相互爲用。拉薩洛斯與佛克曼（Lazarus & Folkman, 1980）指出，因應是個體持續改變認知和行爲，試圖超越個人資源或需求的一種過程，亦即因應乃爲個體面對問題或壓力所引起的生理、心理反應，使其感覺不快而做出一些減緩不適的行爲過程。這是一種積極性的、有意識的行爲，目的在減低焦慮，解決困難。即個體爲減低、控制或改變壓力，而產生各種生理、心理反應。因應的反應，常包括認知、情緒與行爲等三方面。個體面對環境限制，所採取的積極性適應行爲，即爲因應行爲（coping behavior）。因應的策略，常見的有：採取具體解決策略、認知逃避、尋求社會支持及情緒壓抑等。採取具體解決策略與尋求社會支持，被認爲是較好的因應策略。

　　有關因應研究的文獻，迄今爲止相當多，但對個體如何因應壓力事件，仍未十分了解，可見影響因應的因素相當多且複雜。在新近的研究上，受到重視的包括性別、人格、情緒、希望等。在性別方面，過去有關對壓力因應的研究，大多以男性爲對象。因應是否具有性別的差異，迄今仍未能了解。最近泰勒（Taylor, 2002）及其同事提出了「女性因應行爲的新範典—趨近與友誼模式（tend-and-befriend model）」，與過去所熟知的男性典型的壓力反應模式—戰鬥或逃離模式—不同。簡言之，他們認爲婦女以教養、行爲和尋求他人支持的方式來保護自己及其下一代，此種行爲是建基於依附和照護行爲系統而來。因此，婦女就可能於社會支持中

獲得壓力的抒解，他認爲這或許是女性較爲健康與長壽的潛在原因。

在因應與人格方面，研究指出，因應行爲強烈受到個體人格特質的影響。例如高度正直謹愼（conscientiousness）者，較易於遵從醫生的囑咐；而神經質者，則較易傾向尋求社會支持。雖然人格特質傾向穩定而難於改變，但行爲的型態與態度卻會對因應有所影響，也較易有所改變。

在情緒方面，有很多的研究發現正向情緒有助於對壓力的因應。情緒可以透過支持因應的行爲，分散對壓力的專注及恢復資源來發揮因應的效應。弗利德里克遜（Fredrickson, 2000）提出「擴大與建構正向情緒模式」（broaden and build model of positive emotions），指出正向情緒可以擴展個體的注意、思考和行動的範圍，進而建構個體心理、社會和生理的資源，而有益於對壓力的因應，這也是放鬆治療有效的原因。正向情緒還可化解消除負向情緒的不利影響，此即爲「消除假設」（undoing hypothesis）的理論。它也可以對他人具有吸引力，因而擴大社會支持的效果。正向情緒的效應，可以是立即的，也可以是長期的，會導引個體心理的成長和強化未來的幸福感。

在面臨強大壓力的時刻，如何產生正向的情感，研究指出，在面臨長期壓力的時候，可以有三種導致正向情緒的因應方式：(1)正向的重新評估：即注意到事情發生中的好的部分；(2)採取問題中心的因應方式（problem-focused coping）：將思考與行爲集中於引起壓力的原因之上；(3)創造正向的事件：即在一般生活中尋找正向的意義，而創造出心理上能暫時停止對壓力的感受，如從非預期的恭維或好天氣中感到快樂，聽到好的笑話，或有意籌劃正向的情緒等。

在抱持希望方面，史耐德及其同事（Snyder et al., 1991）曾提出「希望理論」（hope theory）的說法。他們指出，具有希望或已在希望中行動的人，身體較健康、快樂，更能獲得成功，且活得較久。一般人常把「希望」視爲想得到某事物的想法，但史耐德把希望界定爲期望成功的「運作」行爲。他認爲個體可以透過個人的努力，設立明確的目標和發展獲得希望的多元管道來掌握個人的生活，他認爲這些都是可以學習的。下表（表8-2-1）就是一個希望的量表。

　　總之，尋求社會支援，開創正向情緒並朝正向的期望行動，都可以加強個體因應壓力的能力；亦即重點在於個體「相信」他擁有因應的技巧，而非他真正具有那些因應的技巧，故個體的信念相當重要，這就涉及個體認知的問題了。

表8-2-1　希望量表

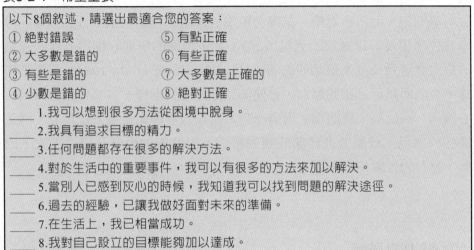

以下8個敘述，請選出最適合您的答案：
① 絕對錯誤　　　　　　⑤ 有點正確
② 大多數是錯的　　　　⑥ 有些正確
③ 有些是錯的　　　　　⑦ 大多數是正確的
④ 少數是錯的　　　　　⑧ 絕對正確
____1.我可以想到很多方法從困境中脫身。
____2.我具有追求目標的精力。
____3.任何問題都存在很多的解決方法。
____4.對於生活中的重要事件，我可以有很多的方法來加以解決。
____5.當別人已感到灰心的時候，我知道我可以找到問題的解決途徑。
____6.過去的經驗，已讓我做好面對未來的準備。
____7.在生活上，我已相當成功。
____8.我對自己設立的目標能夠加以達成。

註：如獲得48分以上，表示具有良好而健康的希望；55分以上者表示具有高水準的希望；41分
　　以下表示希望不穩定。

資料來源：Snyder, et al., 1991.

五、壓力與健康

　　壓力對健康的影響取決於個體如何看待它，以及個體是否有能力與資源來加以因應，而非在於壓力的性質。如果認為其具有威脅性，無法因應而採取非適應的方式回應，則其影響是相當大的。在具有高度壓力的事件中，個體食不下嚥、體重下降、免疫系統功能降低（T和B細胞功能衰退）、腎上腺素流入血液裡、個體充滿痛苦的感覺。研究指出壓力和糖尿病、心臟病、高血壓、呼吸系統疾病、胃潰瘍等均有關。

　　在針對動物的研究中，也發現無法逃避和不能控制的壓力，會產生習得性無助感（learning helplessness），使個體不再嘗試去因應具有壓力的情境。當動物發展了習得性無助感，它們很快就罹患了疾病。在一項以老鼠為對象的古典研究中（Visintainer, Volpicell & Seligman, 1982），一組老鼠予以注射癌細胞，並給以電擊。但有些老鼠可以從壓下槓桿，以求逃避；其他的老鼠既無法逃出又無法停止電擊；在另一控制組的老鼠，則只注射癌細胞，而不予電擊。結果發現無法逃避的無助老鼠，罹患腫瘤的機率為控制組及可以逃避的老鼠的2倍。其後相關的研究亦指出，無法逃避的壓力會導致免疫系統功能的弱化（Laudenslager et al., 1983）。綜上所述，長期而無可逃避的壓力，會使個體健康受到影響，容易罹患糖尿病、心臟病、高血壓、胃潰瘍、引發呼吸系統疾病及弱化免疫系統功能，導致癌症的出現。故壓力與健康的關係密切，對健康的影響直接而重大，因此，壓力的抒解相當重要。

六、壓力的抒解

　　壓力的效應廣泛，對個體的影響重大而深遠。因此，面對壓力時應加以抒解，才能促進身心的健康。面對壓力時，首先要探究壓力發生的來源，其次要思考問題解決的方法，並客觀評估其效應（Rice, 1986）。以下為幾項抒解壓力的方法：

（一）從認知的途徑來改變個人內在的反應

　　事件本身並不會決定壓力的大小，個體加諸於自身的要求或負擔，以及個體如何評估整個情況，都影響到感受焦慮的高低。例如梅陳保（Meichenbaum, 1977; 1989）就提出一種認知改變方案（cognitive modi-fication program）以幫助高度受到考試壓力影響的學生。由於過度的擔憂，害怕失敗和考不好的感覺，使得學生在考試時表現不佳。梅陳保首先幫助學生認清這些消極性的想法與感覺，如「我確定我會被當」、「如果

我沒考好，我父母會宰了我」等；然後進一步建議學生改以積極的方式來思考此一問題，並指引學生重視目前所能把握的。例如「我能處理這些問題」、「我已相當努力了」、「我唯一所能做的就是不再煩惱並盡力去做」、「放輕鬆、不要害怕」。他要求學生想像考試的情境並練習消除消極性的想法，集中注意在目前能把握的事情上。結果發現學生的焦慮大部分減少了，考試的成績也進步了。

（二）放鬆訓練

這是廣泛被應用來應付壓力的一種方式。方法之一為個體躺在舒適的床上，四肢墊上枕頭，兩臂自然垂直平放兩側。然後從腳趾頭開始，由下而上，儘量放鬆每一塊肌肉，在放鬆的過程中作深呼吸以增強效果。此方式對減輕頭痛，治療失眠、高血壓、全身痠痛及自然分娩等均有效。其次，也可用甩手動作來放鬆，即開始先輕輕甩動手腕、手臂，再逐漸加大擺動姿勢，甩掉手臂肌肉的緊張，再用同樣的方法甩動雙腿、軀幹和頸部，使全身肌肉放鬆下來。另外，也可採自我放鬆法，即在黑暗的房間，坐在椅子上，閉上眼睛鬆弛一下，開始做緩慢而有規律的深呼吸，屏棄雜念，注意力向內集中，把心想像成幽靜的湖，達到「心靜如止水」的感覺。

（三）運動

運動可以促進血液循環、平衡血壓、增進心肺功能，讓人健康有活力。運動時會增加腦內釋放出 β 腦內啡，幫助平衡心緒，給人好心情。運動最簡便的方式，就是每天快走30分鐘，其他如慢跑、散步、打網球、爬山、釣魚、打獵等，都是減低壓力的有效方法。

（四）充足睡眠

睡眠不足，會產生焦慮、易怒、倦怠，就是一種壓力的來源。睡眠充足，即有更多的能量來應付壓力。

（五）升華

透過非直接的方法，如心理治療、工作、嗜好、娛樂等來化解壓

力。

（六）藥物治療

這是用以抒解壓力的一種相當普遍的方法。藥物可以使個體的壓力獲得暫時的抒解，但僅治標，不能治本，而且會形成依賴性，藥量會越服越多。

（七）尋求他人的支持

家人、朋友、輔導人員能夠耐心的傾聽個體的陳述，均有情緒支持的作用。

第三節　高齡期的憂鬱症與焦慮症

高齡期的情緒問題，如未作有效的抒解，嚴重的話就會導致心理疾病的產生。心理疾病（mental disease）的定義，通常依美國精神醫學學會（American Psychiatric Association, APA）所作的界定。美國精神醫學學會於1994年所出版的《心理疾病之診斷與統計第四版》（*Diagnostic and statistical manual of mental disorder,* DSM-IV）對心理疾病的定義為：

「個體在臨床上出現明顯的行為或心理的症狀群，該行為與個人遭遇不幸、失能或面臨死亡、痛苦、失去自由的危機有關，而非對社會文化所允許之對特殊事件的反應。」

故心理疾病係指由心理或生理原因所造成的心理失常，其心理的特徵為無法有效地適應生活環境。近年來，「心理疾病」一詞已逐漸被心理失常（mental disorder）所取代。因「疾病」一詞常涉及生理障礙方面的因素，用之於心理方面，易有混淆的情況（張春興，1989）。本書採用此觀點，以心理失常取代心理疾病。常見的心理失常包括憂鬱症、焦慮症及失智症等三種，本節探討憂鬱症與焦慮症，下節再探討失智症。

一、憂鬱症

有關憂鬱症的探討，以下就性質、現象、原因、理論及處理等五部分說明如下：

（一）憂鬱症的性質

憂鬱症是最常見的心理失常現象，可以說是心理疾病中的普通感冒，是一般人尋求心理健康照護最常聽見的抱怨，是個體去看醫生最常提出的第三個理由（Strickland, 1992），也是老年族群常見的三大心理失常問題之一。憂鬱症被世界衛生組織列為21世紀人類失能及早逝的第二位疾病，僅次於心血管疾病。但總體而言，老年臨床憂鬱症的發生率還是比青年族群低。憂鬱症係指一種情感症（affective disorder），即個體的情緒狀態處於某一極端，或在兩極端間變換，如躁鬱症、躁狂病亦是。美國心理疾病之診斷與統計手冊第四版（DSM-IV）將憂鬱症歸類為情緒失常，因情緒失調是憂鬱症最明顯的特徵（王仁濤、李湘雄譯，2001）。

憂鬱症係指個體的情緒狀態長期處於低落的現象，這是由憂鬱、悲傷、頹喪、消沉等多種不愉快的情緒綜合而成，在生命期的任何時間均可能發生。婦女在一生中，有憂鬱症的比率比男性高。有憂鬱症的人，50%有重複發生的可能。它也是高齡期相當普遍的心理失常現象，約20%～30%的老年人有此方面的問題（王仁濤、李湘雄譯，2001）。近年來，憂鬱症在年輕人中發生的現象有越來越多的趨勢，且更易發生於經濟發展的國家，發生率的高峰階段在18至44歲間。其產生的原因至今仍未十分明瞭，但多與社會孤立、無能力感和不切實際的目標、沮喪有關（Buss, 2000）。憂鬱症者常易有失敗感、無意義感，及缺乏密切的社會連結，而使個人無價值感。老年憂鬱症患者比較不會有罪惡感，卻有更多的身體抱怨，如疼痛、疲倦、失眠等，也易有焦慮、恐慌、認知障礙、記憶力變差等問題。

（二）憂鬱症的現象

憂鬱症是一種涉及個體整個的現象，因此，它會影響到個體各層面

的功能，包括生理、情緒、社會和認知，因而傷害到工作和人際。憂鬱症通常呈現心灰意懶的情緒，並伴隨悲傷、低自尊及不祥事件發生的預想。其姿態及面部表情常隨心情而改變。一般而言，憂鬱症者的語言與動作較爲緩慢，常注意某一定點，對下決定感到困難，無法集中注意在任一活動或問題上，並開始考慮到自殺的問題，即讓人感到無價值、無助、沒有希望及精力耗竭。在生理上的症狀爲失眠、焦慮、食欲不振、體重減輕、疲倦及全身性的痠痛。常見的症狀有憂慮（84%）、自責（79%）、精力衰退（79%）、懶散（68%）、易怒（63%）、睡眠困擾（63%）、感到絕望（53%），即有生理和心理方面的徵兆（王仁淳、李湘雄譯，2001）。表8-3-1爲憂鬱症的症狀，如有五個以上的症狀出現，需要進一步的診斷。這些症狀最初是心理的，而非生理的（如因疾病、藥物或酒精所引起的）。症狀的出現是持續的，在一天的大多數時間出現，持續兩週幾乎每天都發生，且症狀同時發生，而形成症候群。然並非每一個憂鬱症者都有每種症狀出現，而且每個人出現的症狀各異。

表8-3-1　憂鬱症的症狀

1. 持續的悲傷、焦慮或空無的心情。
2. 沒有希望的感覺，悲觀主義者。
3. 有罪惡感、無價值感及無助感。
4. 對過去感到高度的恐懼及對活動失去興趣或快樂，包括性的部分。
5. 失眠、清晨早醒或睡眠過多。
6. 喪失食欲或體重減輕，或暴食與體重過重。
7. 缺乏精力、疲倦，逐漸走下坡。
8. 想到自殺或死亡，有自殺的企圖。
9. 煩躁不安。
10. 注意力不能集中，回憶困難，不能做決定。
11. 有持續性的生理症狀難以治療，如頭痛、消化不良和慢性痛。

資料來源：出自Lemme（2006: 441）。

　　由表8-3-1可知，憂鬱症的症狀主要出現在：(1)情緒方面：悲傷痛苦、躁鬱不安，而有自殺的念頭；(2)認知方面：負面想法、無助感、無

價值感、罪惡感、注意力不能集中、不能做決定；(3)動機方面：失去主動的興趣與樂趣；(4)生理方面：喪失食欲、體重下降、失眠、頭痛；(5)對生活產生巨大影響，如妨礙與他人互動，對工作或學業造成巨大影響，不能負起家庭責任，不再服藥等。憂鬱症與失智症通常會同時發生，30%的失智症者也同時符合憂鬱症的一般症狀。

（三）憂鬱症的原因

憂鬱症產生的原因，迄今仍未十分了解，但經由相關實證性的研究，也為我們打開了一扇窗，提供了解的線索。研究指出它與大腦神經傳導失去平衡有關，尤其是正腎上腺素（norepinephrine）與血清素（sero-tonin）的失去平衡，常為憂鬱症的原因。但這種化學物質的不平衡是憂鬱症的原因或結果，迄今仍有爭論。有時，停經也會導致憂鬱症，稱為「更年期憂鬱症」（involutional melancholia）。這是因為停經後，生理上要重新適應荷爾蒙的平衡；在心理上，對於不再年輕、不再有生產力要重新適應，會使得中年女性產生憂鬱的現象。這種更年期憂鬱症易於察覺，因這類婦女過去並沒有憂鬱症的現象。

研究也發現生活中發生重大的不幸事件，包括被降調、失業、健康不好、離婚等，這些事件較易發生在中年男性身上。個體年紀越大，生活上有較多的喪失，包括失去健康、工作、地位、經濟、安全、親友、人際關係等，如未能好好調適，也會導致憂鬱症，尤其是因為罹患疾病，如癌症、巴金氏症、腦中風、心臟病、失智症等，失去活動力，需要子女照顧，產生角色的倒置，通常是老年人難以忍受的事。

綜合相關的研究，可以歸納出罹患憂鬱症的五個危險因子，包括：(1)雙親或近親患有此症；(2)遭受嚴重的壓力事件；(3)具有低自尊、低自我效能和無助、無望感；(4)女性；(5)生活貧困。（Lemme，2006）。就老年族群而言，常見的危險因子為長期壓力（如經濟問題、慢性病、負照護責任）、生活事件（退休、親友死亡、疾病）、人格失常、住院病患、療養院的長期住戶。此外，也有相當的證據指出缺乏社會支持與憂鬱症有關。具有社會支持者，如被愛、被照顧和被接受等，較不會有憂鬱症。因

此，一般都同意憂鬱症是很多危險因子複雜的交互作用的結果，並非單一因素所造成。

（四）憂鬱症的理論

迄至目前為止，並沒有單一的理論可以解決憂鬱症。因憂鬱症的產生是生理、認知、情緒、社會等多重危險因子交互作用的結果。但每一種理論，都有助於對憂鬱症的了解。對憂鬱症提出解釋的，包括學習理論、認知理論、心理動力理論及人本理論。此外，另有些研究認為是遺傳的關係，有些則強調與身體的化學物質變化有關，而認為憂鬱症是由於大腦中某種神經接受器缺少正腎上腺素之故。

學習理論者強調憂鬱症是一種習得性的行為，由某些具有壓力的事件驟然消失而引起的暫時性狀態。一旦個體顯現憂鬱時，其家人、朋友都會感到消沉、焦慮或對其懷有敵意，使得憂鬱症的人不敢面對他們，盡量迴避，因此，更加重憂鬱的行為。憂鬱症者感覺他所做的事均不被別人所諒解，因而更加從周遭的活動中退縮，如此也更使他們感到孤單，或產生被拒絕的感覺，而使得情形更為嚴重。尤有甚者，憂鬱症的人都傾向悲觀，常不斷地想像有某些不幸的事要發生。

認知理論者則認為，個體面對情境的方式與憂鬱症的發生有相當的關連。個體面對某一種情境時，不僅依當時的情況反應，更依其對情境的評量而定。有些人對情境過分類化，未作認清或抱持不正確的指標，即對該指標作反應，並不是對真正的情境反應。他們發現所面臨的情況非常的糟，或發現自己很笨、有罪惡感，而使其情緒惡劣。

憂鬱症的心理動力理論則強調個體之所以對某些事件作過度的反應，與早年兒童時期的經驗有關。例如，因親人的死亡而產生的憂鬱症現象，經常是由於有一些與親人死亡有關的事件存在，而這些事件為個體所深感罪惡的。

人本理論者強調憂鬱症的發生是由於自尊的喪失。失去工作、配偶、社會地位或金錢都會降低個人的自尊。由於對過去事情的懊悔，加上根深柢固的罪惡感及失去價值感，終於引發了憂鬱症的現象。

上述每一種理論，均可幫助了解造成憂鬱症的部分原因。而環境或情境的狀況及對情境的反應，亦均為助長的因素。至目前為止，尚沒有一種理論可以解釋各種憂鬱症的現象。

（五）憂鬱症的治療

由上述探討可知，憂鬱症是一種複雜的症狀，原因甚多，且症狀的輕重各不相同，故治療方法各異。較嚴重的，需要投入藥物，長期性且嚴重的症狀，可能需要電子震動的治療；心理治療用於較輕微的，或與藥物併用以治療較嚴重的症狀。

1.心理治療（Psychological treatment）

心理治療法是適用心理學上研究人性變化的原則和方法，對心理失常患者或生活適應困難者，予以診斷與治療的措施。其基本理念為，使被治療者談論自己的問題，對病情抒解有所助益。經由心理治療效果相關文獻的後設分析，歸納9,400個研究，涵蓋對象超過百萬，發現介入處理確實有效（Liprey & Wilson, 1993），而其中特別有效的方法是行為、認知與人際的治療。

行為治療法的基本觀念認為憂鬱症患者從環境中接受太少的獎勵或增強，故此方法的目標即在於增加生活中「好的事情」（good thing）或愉悅的活動，而增加活動是產生更好的好事情的根本方法，即做得越多，好的事情越可能發生。此外，亦設法使個人減少消極的想法，如從活動中獲得樂趣，包括看好笑的電影、與好朋友打球，與愛人談心等。為了增加活動量及減少負面想法，在治療中會要求患者實地去做，如更常到外面接觸朋友，加入新的俱樂部或團體，學習享受生活；並要求家人對患者所說的負面情事不予理會，而對其所提的正面事項加以注意、誇讚或金錢上的鼓勵。

認知治療法係由貝克（A. T. Beck）所創。其內容在於改變個體的認知結構，以去除憂鬱想法的源頭，並改變其行為模式（如大量的愉悅活動）。在理論上，認知治療法係基於一種假設：即個人的想法與看法（認知）決定自己的心情與行動。個人之所以感到情緒困擾，主要是由於他對

事、對人、對己的不適當看法。悲觀的看法將導致悲傷的情緒與消極的活動，樂觀的看法將導致快樂的情緒與積極的行動。故此種方法的基本理念在於幫助受輔導者認識環境、了解自我，學習對事、對人、對己應有的觀感、想法、看法與態度，避免造成鑽牛角尖的行為。故認為憂鬱症者會造成對自我的認識與信念不正確，認為自我是沒有價值的、不適當的，世界是無情的，未來是淒涼、沒有希望的。認知治療法首先要教導個人認識這些想法，進而學習及真實地評量自我、世界和未來。透過對事件的重新歸屬，檢視證據，列出支持或反對某種意見的理由，最後改變消極負向的想法。

　　人際關係治療法（interpersonal therapy, IPT）係由克洛曼（G. L. Klerman）等人所提出，以四個憂鬱症的中心議題，來強調及改善人際的動態關係，包括憂傷、與人爭執、角色轉換及人際互動不足。此方法係以半結構性訪談、限定時間的方式（12-20次的治療期），運用再確認、澄清情緒狀態、改善人際溝通，及行為與感知測驗的技巧進行治療。

　　因此，心理治療首在改變不合理和負面的想法，不要放大生活事件的壓力，發展有效的因應技巧。對老年人而言，採用回憶和生命回顧有其特殊的效果（Serrano, Latore, Gatz & Montanes, 2004）。回憶法（reminiscence therapy, RT）係以艾利克遜（E. H. Erikson）的理論為基礎，對老年人一生中不同階段發生的主題進行回顧。臨床上，回憶的重點在於過去的成就與失敗、人際衝突和有意義的事件與議題。臨床試驗發現，回憶法比解決問題介入法更有效降低憂鬱症狀，但較不能治療臨床憂鬱症。

　　生命回顧提供對過去生命經驗的分析，從心理上解決舊有的衝突和問題，重行與家人和朋友達成和諧，獲致生命歷史的協議與統合，因而強化了自我價值感和達成統整感。但並非進行生命回顧都會導致正向的結果，可能會有內在的騷動和失敗感，尤其是自己單獨進行生命回顧者較易有這些情況產生。如能允許他人一起分享生命歷程，較可能增進自尊，避免沮喪和孤立的感覺。巴特洛（Butler, 2000）提出經由認清實際和解釋惡行，個體可以在某種程度上重行創造自己。回憶錄、自傳或生命回顧並不必然是真實的情況，但這些卻是我們終身創造與修改的最後、最可能的版

本。透過寫出或說出，生命回顧是個體統整和調和公共我與個人我（public and private selves）的一種最後的努力。

2.藥物的治療

心理的治療如能與抗憂鬱的藥物併用，對治療憂鬱症更為有效，如單獨使用，效果可達60%。抗憂鬱的藥物藉由改變大腦的生物化學物質而使憂鬱獲得緩解。常用來治療憂鬱症的藥物有三種，即雜環族化合物（heterocyclic antidepressants, HCAs）、單胺氧化酶（monoamine oxidase, MAO）抑制劑，以及選擇性血清素再吸收抑制劑（serotonin selective reuptake, SSRIs）等，其中SSRIs副作用較少。雖然更有效的藥物不斷出現，但對有些人並沒有效果，有些人則有副作用產生，包括嘔吐、體重增加、視線模糊及失眠等。有2/3的處方是開給婦女用的，但也有少數的研究發現這些藥物對婦女的副作用大於男性，因其會與生殖荷爾蒙產生交互作用。

選擇老年憂鬱症藥物的準則為：考慮副作用、過去對藥物的反應、一等血親對藥物的反應、目前用藥情形有無影響疾病的狀況、對藥物的依賴性、對生活的影響、價格及病患的愛好等。

3.陽光及運動

多接受陽光與多運動，對於憂鬱症病人的效果較佳。多活動身體，可使心情得到良好的放鬆作用；陽光中的紫外線可以改善一個人的心情。

4.好的生活習慣

規律與安定的生活是憂鬱症患者最需要的，早睡早起，保持身心愉快，不要陷入自己想像的心理漩渦中。

（六）憂鬱症的性別差異

在已開發國家，一般而言，女性罹患憂鬱症的比率是男性的2倍（Lemme, 2006）。估計男性罹患率為12%，女性為25%。此種性別上的差異，可能來自基因、生物、文化和社會因素間的複雜交互作用。女性患者較多，通常被認為與生殖憂鬱（產後及停經）有關，但是這種關聯，在實驗性研究所得的證據是相當薄弱的（Nolen-Hoeksema, 2001）。新近的

研究，側重在兩性對壓力的生物學反應上之不同，婦女通常對壓力有較高的回應。故婦女在心理、社會和文化經驗的獨特性，加上對壓力的生物反應，或許就是女性憂鬱症罹患率較高的原因。其他，如受虐經驗（如身體或性方面）、經濟不利、貧窮、工作流動少、受限的性別角色期待、較少權力、較少受尊敬與地位等，會導致較低的自我效能和控制感，可能也是助長的部分因素。壓力經驗與對壓力的反應彼此會相互激發，亦即壓力越大，反應越高，會在因應與健康上產生負面的結果，更累積了壓力的經驗。

在性別差異的研究上，未來可能尚須更多的投入，才能了解兩性罹患憂鬱症比率的不同，以及因應策略上差異的原因。雖然憂鬱症較可能在女性身上發現，但憂鬱相關的疾病也影響多數的男性，故對男性罹患憂鬱症的了解及降低求助的障礙，仍宜加強。

二、焦慮症

焦慮症也是一種常見的心理失常現象，有些研究指出罹患率比憂鬱症還高。茲就焦慮症的性質、種類與症狀、原因診斷與治療等分述如下：

（一）焦慮症的性質

焦慮（anxiety）是由緊張、不安、焦急、擔心、恐懼等感受交織而成的複雜情緒狀態（張春興，1989）。在日常生活中，焦慮是一種相當普遍的情緒狀態。老年族群的盛行率比青年族群稍低，但研究人員懷疑可能老年族群未據實報告。每個人都有此種經驗與感受。焦慮產生的原因，有時明確而具體，如面臨考試、債務纏身等；有時模糊不清，只覺得惶恐不安。有時，對有明確原因所引起的情緒感受，會以恐懼稱之。無論是焦慮或恐懼，其在生理上的反應，通常包括心跳加速、呼吸困難、出汗增多等現象。

在生活中，暫時性的焦慮經常出現，這非本處所要討論的。如為較

長時間的存在，則屬心理失常的現象。患者的情緒表現非常不安與恐懼，對現實生活中的某些事情或將來的某些事情表現過分擔憂，有時也可以無明確的目標擔憂。與現實生活極不相稱，使患者感到非常痛苦，還伴隨自主神經亢進，肌肉緊張等自主神經系統紊亂的現象。驗證性資料顯示，老年人有焦慮症者，比想像的還要高（Blazer, George & Hughes, 1991）。各種研究顯示，其罹患率因研究對象而異，一般在6%至33%（Qualls, 1999），較之憂慮更為普遍。焦慮症與憂鬱症的不同，在於憂鬱症是萬念俱灰、悲傷絕望、沒有感覺、常自責、有罪惡感、後悔過去的事；而焦慮症則是擔心害怕、草木皆兵、坐立不安的感覺、常擔心以後的事，還沒發生的事。二者常併存，有時很難分辨。

（二）焦慮症的種類與症狀

依照美國精神醫學學會（American Psychiatric Association）的分類，焦慮症可分為12種，常見的有：泛慮症（generalized anxiety disorder）、恐懼症（phobia）、驚慌症（panic）、強迫症（obsessive-compulsive disorder），以及創傷後的壓力症（posttraumatic stress disorder）等。所謂泛慮症，係指個體在任何時間、對任何事情都會引發焦慮反應，對生活細節特別敏感，總覺不幸會隨時發生。對過去常感失敗，對未來常擔心、猶豫不決，個體處在無事不怕、無時不怕的狀態中，且持續超過6個月以上。恐懼症，係指對某種不具任何傷害性事件的不合理的恐懼反應，通常由特定對象（或環境）所引起，常見的有單一型恐懼症、社交恐懼症、懼空曠症。強迫症，係指個體的行為不受自主意識所支配，即使其行為違反意志，卻仍然一再身不由己地重複出現該種行為。一般分為強迫思考與強迫行為兩種。常見的強迫症想法，包括擔心被他人傷害，或受塵土或細菌汙染。常見的強迫行為有洗手與不斷地檢查。強迫症的原因，常是個體自己的思想或行為引發的；而焦慮症則多為外在的原因所引起。所謂驚慌症（panic）係指反覆地出現嚴重的焦慮發作，有明顯的生理與認知症狀的證據（如呼吸短促、心跳速率增加、手腳刺麻、害怕死亡、害怕失去控制力，或擔心自己發瘋等）。其發作通常沒有前兆，不過會在特定的情境下

發生（如電梯裡、兒子家中、排隊買東西時等），發作場所的特徵為不易逃脫的空間。所謂創傷後壓力症，係指個體於創傷事件發生後，當被迫再度經歷同樣的事件時，拒絕某些與該事件有關的刺激，或對特定事件沒有反應，且警覺性逐漸增強時，就可以診斷出來。

焦慮症的症狀，綜合而言，包括：(1)生理上：呼吸困難、出汗、心悸、發抖、肌肉緊張等；(2)情緒上：緊張、不安、恐懼、煩躁、易怒等；(3)認知上：注意力不集中、腦中空白、失去控制、失去現實感等；(4)動作上：易激動、坐立難安；(5)行為上：急躁、敏感、逃避等。這些症狀，會影響人際、社會與職業功能。所有的焦慮症在臨床的共同現象是：表現出沮喪，或在社交、職業等重要功能的退化。

（三）焦慮症的原因

焦慮症可以由生物醫學、心理學或社會學的因素所引發。對焦慮症原因的探討，主要包括生物學及認知行為兩種。焦慮症在生物學理論的探討，遠不及憂鬱症。迄今為止，焦慮症者在大腦神經傳導變化上的探討，並不一致，尚無結論。有焦慮症的年輕人或老人在大腦結構與功能上是否有年齡上的改變，尚未獲得任何的證據。在生物學上尚未發展出一種解釋理論，故老化是否在焦慮症的生物學基礎上，扮演任何角色，仍屬未知。認知行為模式的探討重點，則在於思考歷程，認為某些想法使困境引發警覺，然後產生焦慮症狀，故很多學者認為焦慮症的形成與認知過程有密切的關係。有些人常會把普通的事情或良性的事情解釋為災難的先兆。故焦慮症常被視為是一種不合理想法的自然結果（如我的子女必須隨時認同我），有時還伴隨一些生化的因素，如甲狀腺症狀或神經化學傳導功能失調的因素所致。

其他對老年人產生焦慮症的原因，大致包括憂鬱、疾病、藥物、環境的壓力、人格失常或精神失常（如妄想症、臆想症）、極端退縮等。時至今日，造成老人焦慮症的研究尚少，故尚未能得到一些病因學上的證據。

（四）焦慮症的診斷

對焦慮症的診斷，大多根據臨床訪談與自陳報告做評估。臨床訪談有

結構性訪談及非正式訪談，多數醫師採非正式的訪談表。自陳報告表如貝克焦慮問卷（the Beck Anxiety Inventory）可幫助快速蒐集症狀嚴重的資料，但大多數的焦慮量表都沒有老年族群的常模。

　　老年人常抱怨一些焦慮的症狀，造成診斷上區分的困難，因爲焦慮、憂鬱和身體疾病間常有所重疊，難以區分，這三者間產生的原因交互相關，交互影響。亦即焦慮可以由生理的失常（如心臟病）或生理的疾病（如消化道疾病），或對藥物的心理反應所引發。焦慮也常與憂鬱共生，此二類的心理失常有共同的症狀。

（五）焦慮症的治療

　　對於老年人焦慮症的處理，在臨床的研究上並不多見，常採用的方式是藥物治療。在藥物的介入上，約50%的老年焦慮症患者，有使用苯二氮平類藥物（benzodiazepines）的經驗（Qualls, 1999），如苯甲二氮（Xancxor）、樂平片（Valium）等，這是最常使用的藥物，其他藥物包括丁螺環酮（buspirone）、貝塔拮抗劑、抗憂鬱劑等。較新的藥物爲選擇性血清素再吸收抑制劑（SSRI），如百憂解®等，副作用較少。

　　另外，採用心理社會的治療途徑者，相關文獻較少，曾被提出的處理策略，包括認知行爲模式、心理治療模式以及電療的方式。史坦列等人（Stanley, Beck & Glassco, 1997）曾採取認知行爲治療和心理治療法來抒解社區老人的泛慮症，獲得相當的成功。他們採用小團體的方式，經過14週的療程，發現在焦慮、害怕和抑鬱方面大爲減少，其療效達14週以上。這是第一個有關焦慮症的臨床試驗，可能尚需要其他更多臨床試驗的證實，才能確認其療效。

　　認知治療法著重於教導患者，如何辨認正常生理歷程（如心跳加速）反應失調的認知。辨認出產生沮喪之生理與認知症狀的想法，並且仔細地檢驗其生理性基礎，教導患者以合理的想法取代不合理的念頭。心理治療法則在促使個人洞察內在產生焦慮的衝突所在，尤其是老年人對「喪失」（loss）的恐懼、絕望以及死亡等。

　　電療法（electroconvulsive therapy, ECT）是一種具有高度爭議性的

介入法，主要用於嚴重的、對藥物或心理治療沒有反應的患者。有關電療法的相關文獻，認為這是一種安全的治療方法，但應用於老年族群者相當低，可能是它經常用於頑強、復發性高、對藥物反應差的患者。此種療法的效果並未與其他治療法作比較，但有證據顯示當其他療法失效時，電療法確能獲得患者的信任。電療法也應用於憂鬱症患者的治療。

　　總之，焦慮症是老年族群相當普遍的心理失常，卻少有理論檢驗晚年焦慮病的病因或結果。因此，研究人員也很少關注老年人焦慮症的診斷與治療。

第四節　失智症與阿茲海默氏症

　　失智症是高齡期中較常見的心理失常現象，年齡越大，罹患率越高。阿茲海默氏病則為失智症最常見的一種病症，這是本節探討的重點所在。

一、失智症的意義與性質

　　失智症（dementia）是老年期常見的一種認知的失常。65歲以上的高齡者罹患率約10%，每提高5年，約增長一倍，85歲以上的罹患率約為47%（Lemme, 2006: 48），它影響全球3600萬人口。失智症的英文為「dementia」，來自拉丁語（de意指遠離+mens意指心智），是腦部疾病的一類，會導致思考和記憶長期而逐漸地衰退，影響個人的日常生活功能。所謂失智症係指個體在思考、推理、判斷以及職業技能、社會應對等各方面表現的衰退現象，通常是由於記憶的損害（無法學習新訊息或無法回想過去所學習的訊息）和一種以上的認知困擾（如失語症、失憶症）等所發展出的多種認知功能的障礙。亦即在思考、回憶、推理等智能的不斷退化，而妨礙個體日常生活運作的能力，亦即是一種認知的障礙。故它不

是單一項疾病，是一群症狀的組合，主要以記憶力、定向力、判斷力、計算力、抽象思考能力、注意力、語言等功能障礙為主。

　　失智症是一種毀滅性的疾病，目前無法治癒，其特徵是持續的功能喪失，無法再恢復。它破壞基本的認知、情緒、社會和人格的功能，最常見的徵候是記憶力下降。失智症的產生，原因多重，病因多達50種以上，目前無法明確證實，但神經退化仍是失智症的主因。失智症中有二種症狀最為普遍，即阿茲海默氏症（Alzheimer's disease, AD）和血管型失智症（vascular demeutias），兩者合併約占失智症的90%（Cavanaugh & Whitbourne, 1999）。血管失智症約占15～25%，係指血管阻塞所造成的對腦細胞的永久損害，因此，也常稱為多重梗塞性失智症。其診斷需要確認認知症狀（如記憶力喪失與認知功能降低，導致日常機能受影響），同時也有腦血管疾病的紀錄。血管性失智症通常因為小型的梗塞，一步步地喪失基本功能，並伴隨著中風而發生。失智症初期的徵兆包括：

1. 記憶力減退，影響工作：常忘記開會時間、朋友電話。
2. 無法勝任原本熟悉的工作：如英文老師不知「book」是什麼？廚師不知如何炒菜等。
3. 語言表達出現問題：常想不起某些字詞，以替代方式來說，如送信的人（郵差）、寫字的（筆）。
4. 喪失對時間、地點的概念：忘記今天是幾日，找不到回家的路。
5. 判斷力差，警覺性低：開車常撞車、借錢給陌生人、聽廣告買大量成藥、一次吃下一周的藥量。
6. 抽象思考出現困難：不了解言談中的抽象意涵，不會操作微波爐、遙控器。
7. 東西擺放錯亂：如水果放在衣櫥裡，拖鞋放在被子裡等。
8. 行為與情緒出現改變：情緒轉變快，原因無法理解，如轉眼生氣罵人、隨地吐痰等。
9. 個性改變：如疑心病重、口不擇言、過度外向、失去自我克制或沉默寡言。
10.活動及開創力喪失：要多催促誘導才會參與事務或活動，放棄了

原本興趣與嗜好。

二、阿茲海默氏症

阿茲海默氏症是一般人所熟知的高齡期心理症狀，它屬於退化性失智症的一種。茲就其性質、症狀、診斷、原因及治療等分述如下：

(一) 阿茲海默氏症的性質

阿茲海默氏症幾乎是老年專有的病症，它會導致失智，故有時稱爲阿茲海默氏型失智症，約占所有失智症的60%至90%，其他主要的失智症爲中風和帕金森氏症（Parkinson's disease）。它在1907年爲德國的阿羅斯‧阿茲海默（Alois Alzheimer）醫生所首先提出，但並非是現代人才有的。古希臘劇作家沙孚克理斯（Sophocles）就曾在紀元前第五世紀時描述過，但就人類過去歷史而言，活到足以發展此種症狀者究屬少數。

阿茲海默氏症是一種持續的神經退化疾病，它會攻擊大腦而破壞記憶、思考或行爲。其典型的初始症狀爲記憶障礙，個體會忘記剛發生的事，而較久之前的記憶則相對在發病初期較不受影響。當此病持續時，會傷及人格，失去照顧自己的能力及與他人互動的能力。它是來自大腦神經退化的結果，特別是海馬趾（hippocampus）、大腦皮質的前葉和顳葉（temporal lobes）的部分。這是大腦主掌記憶、語言和高層次思考的區域，動作與感官的部分並不受影響。患者的神經會發展出兩種不正常的特徵：一爲粉狀斑（amyloid plaques），這是一種蛋白質碎片的球狀堆積物，稱爲beta斑（beta plaques），環繞於神經；二爲神經原纖維結，這是一種神經纖維的糾結，被稱爲「Tau」的T形物。雖然粉狀斑在所有老年人的大腦中都有發現，但阿茲海默氏症病人發生的比率更高。它會影響神經的製造及對乙醯膽鹼（acetylcholine）的應用，而影響神經的傳導。個體所表現的認知損害程度，與大腦所發生的病理學上的改變程度有關。

阿茲海默氏症較可能發生於65歲以上的老年人，但40歲及50歲也會

發生。65歲以上罹患率為10%，隨著年齡的增加，至85歲以上則超過47%（Ritchie & Kildea, 1995），如圖8-4-1。

認知受損是老年人需要機構照顧的重要原因之一，事實上，如能將所有的阿茲海默氏症的病人予以消除，估計所有療養院的床位將可空出一半（Butler, 1993）。阿茲海默氏症突破了所有經濟和種族的界線，幾乎遍及各類的老人，每年死於此症的人甚多，因此，它是導致老人死亡的重要原因。

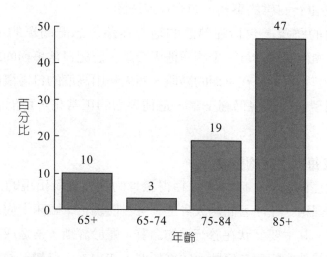

圖8-4-1　65歲以上罹患阿茲海默氏症的百分比

資料來源：出自Lemme（2006: 449）。

（二）阿茲海默氏症的症狀

阿茲海默氏症是一種逐漸發展的疾病，亦即其症狀隨時間而逐漸惡化，從開始出現症狀至死亡，可以長達3至20年不等，平均為8年。大腦活動逐漸萎縮，直到死亡。雖然它是一種大腦的失常，但主要的症狀卻是行為。它不像其他類型的失智症（如中風），通常沒有身體的症狀。在大多數生病的時間中，身體的功能可能相當的正常。在早期的階段，沒有行動、感官或協調上的問題。但大腦的改變，卻深深影響個體的感覺、思考和行為，妨礙人際和心理的功能。其改變的速率和特殊的症狀各異。一般

包括：

1. 記憶喪失（剛開始爲短期記憶，這是早期最明顯的症狀，其後爲長期記憶）。

2. 混淆（在時間和地點上的迷惑）。

3. 判斷力受損。

4. 失去語言和溝通能力，如難以說出名字。

5. 人格和行爲的改變，如激動、易怒、迷路。

6. 難於進行日常的事務，如穿衣或洗澡。

其重要的跡象，包括在熟悉的地方迷路、忘記簡單的字詞（如麵包）、無法操作簡單器具、未能與他人交談、忘記日常事務的意義和用法（如穿襪子）。特別是在早期的階段，病人藉由高度的日常慣例或良好社會化的行爲型態，表現仍屬正常，這種表面的正常化，可能就是一種僞裝。

（三）阿茲海默氏症的診斷

對於此症的診斷，唯一可以獲得證實的是死後所出現的大腦神經的粉狀斑和神經結。在活著的病人身上，至目前爲止，臨床上尚無單一的檢驗可以確定。其主要症狀在於行爲的品質，難於評斷，常造成診斷上的困擾，且其與其他的病症在症狀上頗爲類似，如中風、憂鬱、酒精中毒、腦瘤、營養不足、感染、頭部受創、對藥物過度反應或沉溺於藥物、維他命B12的不足及甲狀腺疾病等，更增加診斷的難度。但所有這些病均可治療，故自然可以歸納出一些診斷的規則。一般採用排除診斷（diagnosis of exclusion）的方法，需要在醫療中心作一種身體的整體檢查和使用多種神經心理的測驗，診斷的正確率可達90%。

目前也已發展出一些簡短的檢驗可以幫助醫生確認病情。這些簡短的問題，包括：現在是什麼時候（年、月、日）？您現在哪裡（市、鎮、醫院）？從100倒數有7的數字（至第五個停止）、依吩咐做三個動作（如拿鉛筆，放在桌上，拿在手中），講出通常物品的名稱或完成一種設計（寫出一個句子或畫一個圖形）。赫斯坦（M. F. Folstein）曾提出簡式的

心理狀況檢驗表，如表8-4-1（Lemme, 2006）。

　　阿茲海默氏症的出現，常會導致對其他疾病診斷的疏忽，其原因為病人無法說出他感覺不對的地方，及其他疾病的症狀，常被錯誤歸為阿茲海默氏症的症狀。此外，對其他疾病的用藥，如果對膽鹼素有阻礙作用，也常會誇大阿茲海默氏症的症狀，因病人的膽鹼素已處於不足的狀態。

表8-4-1　赫斯坦簡式心理狀況檢驗表

任務	題目	評分	得分
時間	告訴我今天是什麼日子	說出年、季、日、星期、月，每項一分。	5
地點	你現在在哪裡	州、市、鎮、大樓、樓層，每項一分	5
重複三件物品	慢而清楚說出三件物品名稱，要求重述	正確重述，每項一分	3
說出系列7的數字	從100倒數有7的數字，說出五個即停	每對一個，得一分	5
回憶三件物品名稱	回憶剛提出的三件物品名稱	每對一項，得一分	3
說出名稱	指錶或筆，要求說出名稱	每對一項，得一分	2
重述片語	要求重述「不是」、「如果」；「以及」或「但是」	第一次正確說出，得一分	1
口語指令	給病人一張紙，要求其「把這張紙拿在右手，摺成二半，放在地板上」	每一正確動作，得一分	3
文字指令	給病人看一張書寫「閉上你的眼睛」的紙	閉上眼睛，得一分	1
書寫	要求病人寫一個句子	句子有主詞、動詞和意義，則得一分	1
畫圖	要求病人畫相交的五角形圖。	圖有10個角和二線交叉，得一分。	1
分數	24分以上為正常。		

資料來源：Lemme, 2006: 451.

（四）阿茲海默氏症的原因

雖然研究人員提出了很多假設，但對阿茲海默氏症病人腦神經造成破壞的眞正原因，迄今爲止，尚不了解。此症有多種形態，故原因亦各異。此外，阿茲海默氏症可能來自多種因素交互作用的結果，並非單一因素造成的。其可能的原因，包括基因、環境中的毒素、生物化學因素、自由基及危險因子存在等，茲分述如下：

1.基因

基因的缺陷被認爲與阿茲海默氏症有關。阿茲海默氏症依發生年齡的早晚，可分爲早發型與晚發型兩種。所謂早發型係指發生於60歲之前，約占5%，發生於家庭中（如家族式的阿茲海默氏症），與遺傳有關，通常係由一個有缺陷的基因發展而來。雙親有此種病症，遺傳給下一代的機率爲50%。對此方面的研究來自對唐氏症（Down Syndrome）的探討。唐氏症病人一般生命期不超過40歲，且有阿茲海默氏症的粉狀斑和神經結存在，故研究人員懷疑是否與21號染色體有關（唐氏症由另外的21號染色體造成的），其後並獲得證實。此外，現有缺陷的1號與14號染色體也被證實是早發型的阿茲海默氏症的病因（Ross, Petrovitch & White, 1997）。

晚發型係指60以歲後才發生，也與帶有缺陷基因的遺傳有關，而非由疾病造成。如果個體帶有此種基因，並處於某種易發病的環境中，就會導致疾病的產生。研究指出，最大的危險因子（約占80%），是與19號染色體有關。個體如帶有此種基因（ApoE4），在60至85歲發病的機率爲一般人的3倍（Epstein & Connor, 1999）。會導致發病的環境因素，包括維他命B12和葉酸的不足。在日常生活中，低脂與低卡路里的飲食習慣，也可以降低發生的風險（Hendrie, 2001）。此外，與此病發生有交互作用的其他因素，尚包括頭部受傷、藥物及性別（婦女較易發生）等因素。

2.環境中的毒素

環境中的有毒物質，如鋁、汞、殺蟲劑、工業化學材料等，已被認爲可能與阿茲海默氏症有關。這些物質如果在人體中的存量達到一定程度，會導致神經細胞的死亡。鋁是最被檢視的有毒物質，有些研究已發現在阿

茲海默氏症死者的腦細胞中發現鋁的成分存在。鋁在地球空氣中屬於第三多的元素，個體經常暴露於它的灰塵中。至於為何會在患者的腦中存在多量的鋁元素，一般認為鋁是大腦發生病理學改變的結果，而非原因。

3. 生物化學因素

除了乙醯膽鹼的改變外，神經科學者對beta-澱粉斑（beta-amyloid）在病人身上的出現相當感興趣。它是新陳代謝的副產品，在健康的個體身上亦存在著。但阿茲海默氏症者以較非正常的方式進行對它的新陳代謝，而產生了毒素。大多數專家都認為，它的出現並非偶然，而是疾病發展過程中的重要元素。很多神經科學者都支持澱粉連結假設的說法，即澱粉的堆積觸動了病症的發展，而導致神經結的產生。故神經科學家也相信，如果在發病初期對beta-澱粉斑加以制止，就有可能避免病情的發展。

另一個被關注的是雌激素的角色。雌激素終身在大腦細胞中活動，它會提高酵素的產生和有助細胞生出樹狀突和軸突纖維。雌激素的減少，會導致神經細胞重要酵素供應的中斷或減少。婦女停經後，雌激素的分泌大量減少，這或許是因婦女是阿茲海默氏症高危險群的部分原因。過去常將此種結果歸因於婦女的壽命較長的緣故。此方面的研究，現仍在持續進行，但一般並不推薦以荷爾蒙的替代療法，來防止認知衰退或失智症的產生。

4. 自由基（free radicals）

有些研究指出，自由基在大腦中堆積，會助長阿茲海默氏症的發生（Connor, 1997）。而維他命E等抗氧化物有降低自由基產生的效果，故可以減緩此症的發展或扮演抑制其發生的角色。此一理論也獲得研究的支持。因此，在飲食中含有豐富的抗氧化物，如紅蘿蔔、綠茶、葡萄等，均有助於防範阿茲海默氏症的發生。至於為何在大腦中含有自由基的堆積？據信是由於大腦正常的損傷未能及時修補，或對澱粉斑出現的一種發炎的反應。投入消炎的藥物對此症的出現，是否有防止的作用？亦在進行研究中，至目前為止，科學研究上尚未獲得一致的結論。

5. 危險因子存在

阿茲海默氏症發生的原因為何？迄今為止，尚未有明確的線索。目

前已被發現的危險因子，包括：(1)年齡：這是最顯著的因子，因病人大多在65歲以上，且每增5歲，罹患率就倍增，顯示與年齡的關係密切；(2)家族史：家族中有罹患此症者，危險性較高，尤其雙親或兄弟姐妹的第一級親屬最為可能；(3)頭部受創：頭部受打擊會使大腦中的澱粉斑大量增生，而加速病情的發展，尤其是有家族史或帶有潛在影響因子（ApoE4）的個體，更會使其誘發生病；(4)缺乏刺激：個體不用腦，會使大腦退化，易在晚年發病。因此，貧窮、低教育程度、早年測量到較低智能者、成年期在工作和休閒活動中少有挑戰刺激等都是導致阿茲海默氏症的高危險群。以上這些危險因子與飲食、生活型態的變項產生交互作用，而導致此病症的產生；(5)有心臟病的危險因素：如抽菸、肥胖、高血壓、高膽固醇以及糖尿病（與體重過重有關）等都會增加發病的危險，故有助心臟健康的飲食與生活習慣，對防止此症的發生具有多重的效益。

（五）阿茲海默氏症的治療

對於阿茲海默氏症的研究，已有數十年的歷史，也提出了多種的處置方法。但因確切的原因未明，故迄今亦無一種確切有效的治療方法。上述相關原因的探討，也提供了不少處置的線索，對延緩病情的進展或防止發生，均有其效果，包括使用維他命E消除自由基的傷害、投入消炎藥物與雌激素，和降低膽固醇的藥物，如施德丁（statins）等。

此外，以酵素抑制澱粉斑產生的治療，也是最近研究的方向。它會減緩粉狀斑的形成，因而減慢疾病的發展。另外，就是使用疫苗，以細胞清道夫的角色，來抑制澱粉斑的形成及消除既有的澱粉斑。其他包括以基因工程來促進大腦神經的生長，防止細胞的死亡。但是，這些要對個體能夠達到安全、具實用的效果，仍須經多年的研究。目前最好的方法，就是透過對大腦的刺激、飲食和運動，避免大腦受傷（內外在，如頭部受傷、高血壓）等途徑來使大腦維持正常健康的運作，避免危險因子的產生。

為了減輕病情，也可投以藥物，包括塔克寧（Cognex）、憶思能（Exelon）、愛憶欣（Aricept）和利憶能（Reminy）等，這些藥物旨在促進乙醯膽鹼的供應。但確有副作用存在，且對每個人未必都有效，效期

也只有6至9個月，僅用在病情被診斷出的時候使用，使用過多對個體會有傷害，故研究者強調早期發現的重要性。

除了藥物的治療外，非藥物的治療，主要藉由環境的調整、活動的安排、溝通方式的改變、認知訓練、懷舊療法、音樂治療、寵物治療、藝術治療等，也能改善失智者精神行為症狀。所謂懷舊治療，係指透過團體的方式，藉由對過去事物及經驗的回憶而增加病患語言表達、人際互動、改善情緒之目的，進而延緩病情的一種治療方式。

所謂音樂治療，係指運用音樂為媒介來改善患者情緒，促進語言溝通而延緩病情的一種治療方式。藉由音樂的設計，提供刺激與活動，透過簡單樂器之使用、歌詞解說等提供患者正向刺激，延緩病情之退化。

所謂藝術治療，係指運用舞蹈及繪畫、拼貼、雕塑等方法與失智者互動，提供感官刺激及自我表達機會，使失智者陳述分享其作品，促進其語言及成就感。在製作過程中，成員相互協助，形成良好的人際互動，增進人際滿足，提升參與活動動機，而減緩退化。

對阿茲海默氏症的治療有幫助的實務做法，包括身體的活動、社會的參與、足夠的營養、健康的照顧及良好的環境。此外，為促進患者的記憶，維持不變的生活程序，將常使用的物件放在相同的地方，書寫紙條作提示；或利用日曆或看板來提醒要做的事，及使用大而醒目的時鐘，以提醒患者等均是照顧者可以採用的有效方法。如果患者不能在家照顧，必須移至新的場所，為照顧患者，有必要在新居住場所裝設某些設施，包括足夠的光線或照明來協助患者消除沮喪，以量尺來鼓勵患者作有意的互動等，均是有效的作法。

（六）阿茲海默氏症的預防

阿茲海默氏症是否可以預防？這是社會最為關心的主題，也是老年人相當關注的問題。歸納至目前有關的研究結論，可能的方法包括：

1. 常用腦：多用腦，常思考，所謂用進廢退，大腦不常用則衰退，而用腦並不會傷腦筋。老人習慣不用腦，日常生活喜好憑直觀、直覺、習慣來運作。用腦並不傷腦筋，如看電視能了解劇情，看

報紙能知其內容，聽演講能聽懂等，都已在用腦。

2. 規律運動：運動對身心的好處很多，是維持身心功能很重要的手段，常運動可以促進腦部血液的流通，防止神經的退化。

3. 抒解壓力：每個人都有壓力，壓力要進行調適與排除。長久處在有壓力的情境中，對身心功能的影響很大，要採取有效的抒解方法。

4. 低卡低脂飲食：避免卡路里及脂肪吸收太多，造成發胖或中風，有益於身心的健康。良好的飲食能增加腦部的營養。

5. 多攝取含維他命E的食物：維他命E為良好的抗氧化劑，建議每天能攝取400IU。富含維他命E的食物包括菜油、堅果、五穀、魚、花生醬、綠色葉蔬菜等。

6. 參與人群活動：老年人多出來活動，多與人接觸，有活化大腦的作用。故多參與社區活動，多與人互動來往，對活化大腦有加分作用。

第五節　高齡心理健康的促進

高齡期生活的目標在於健康與愉快，唯有健康才能獲致愉快，愉快則更能促進健康。高齡期中，心理與情緒層面對身體健康的影響，更為直接與明顯。因此，在高齡期如何獲致正向的情緒，維護心理的健康，乃為高齡者至感關切的議題。本章旨在探討高齡者的情緒現象與心理健康的維護，經由前述的探討，已對高齡者的情緒現象與心理問題有相當的了解，茲就前述各節探討所得，將促進高齡者心理健康的有效途徑歸納如下，以供參考。

一、以正向思考面對高齡生涯

　　一般而言，高齡期失多得少，常使老年人陷於負面、消極的情緒狀態中，這是高齡者把生活的焦點過度專注於「喪失」的一面；事實上，高齡期仍有不少令人愉快、振奮的事件與現象，當個體把精神置放於「正向」的事件上，就會感到快樂與愉悅。晚近正向心理學的興起，力主從正向的觀點看待事件，希望理論（hope theory）也一再提示個體的生活宜抱持希望，可引發正向的情緒經驗。所謂正向思考，事實上是個體認知的調整，不必外求，本身即能擁有。因此，為促進高齡期的心理健康，正向思考的認知取向尤屬重要。

二、營造具有挑戰性的生活型態

　　高齡期往往已從工作上退休，又沒有了家庭及社會的責任，因此，易使老年人生活流向「等待」的日子，使高齡者產生心智衰退及悲觀失望的情緒狀態，心理失常的現象就油然而生。因此，高齡者應建構積極、具有挑戰性的生活型態，其可行途徑，包括參與志工、培養興趣與嗜好、從事具有挑戰性的休閒活動等。尤其在休閒活動層面，高齡者閒暇時間較多，多數的休閒活動是靜態的，沒有心智刺激，也沒有挑戰，如看電視、聊天、走路等。由於缺乏心智挑戰的機會，會導致高齡者認知功能的衰退。具有挑戰性的休閒活動，如比賽、遊戲、下棋、拼圖、數獨、拼字等，對心智功能的維持與增強具有相當大的幫助。在生活上，如對飲食的處理，亦可藉由設計健康的菜單、吸取各種食物的營養知識、研究烹飪的技巧、改變食物的品味等來激發心智，賦予創意，切忌一成不變，了無新意，完全以習慣、刻板的方式過日子，不但會導致心智功能的下降，更會使高齡生活暮氣沉沉，情緒低落，而影響心理的健康。

三、參與學習活動，激發成長

古人云：「三日不讀書，則言語無味，面目可憎」，可見學習可以帶來快樂。高齡者參與學習活動，可以有很多的好處，一為可學得生活實用知能，立即應用在生活、人際及與家人的相處上，進而解決生活實務的問題，完成發展任務；其次，可以藉由活動的參與，達到與他人互動，積極涉入社會的層面，達成活躍老化的目標；第三，可以藉由學習，促進心智的發展，完成自我實現。甚多的研究均指出，持續參與學習，可以刺激大腦神經的生長，避免失智。學習是防止心智衰退、激發成長的良方；第四，參與學習，可以發現生命的意義與價值，達成晚年期的統整與圓滿。統整與圓滿，是高齡期生活發展的目標，學習就是開啓「統整圓滿」大門的一把鑰匙。

四、適度運動，促進身心健康

適度的運動，可以延緩老化，增進身體的健康，可以改善心臟的功能，增進氧的消耗量，降低血壓，提高肌肉張力和耐受力，降低血液中膽固醇的含量，提高人體的免疫能力，減少感染腫瘤的機會，增加關節的靈活性以及神經肌肉的協調。此外，運動在心理上，亦有降低壓力，調節心情，預防憂鬱與焦慮，改善認知功能及增進自尊、自信的作用。對高齡者而言，運動的效益，無論身心兩方面均相當的顯著，故適度的運動，有助於身心的健康。對高齡者適合的運動，包括慢跑、打太極拳、練外丹功、氣功、步行、徒手操、快步走、打網球、手球、高爾夫球、騎自行車、游泳等，而慢跑、健走、步行與徒手操尤為多數老人所喜愛，最為普遍與盛行。

五、多攝取富含維他命E的食物，防止智能的衰退

　　研究指出自由基堆積過多，會助長阿茲海默氏症及帕金森氏症的發生。此外，癌症、中風、心臟病、關節炎等也與自由基有密切的關係。如多攝取含維他命E等抗氧化物的食物，可以有降低自由基的作用，因而可以減緩失智症的產生。因此，在飲食中，如能多攝取鰻魚、南瓜、菠菜、胡蘿蔔、葡萄等富含維他命E的食物，或富含維他命C的水果，如檸檬、草莓、奇異果、番茄等，均具抗氧化的作用，以及多喝綠茶、胡蘿蔔汁等亦均有助於體內製造抗氧化物，達到消除自由基的效果，從而可以避免心智功能的衰退，而有助於對心理健康的促進。

第九章　高齡期的工作、休閒、退休與居住安排

　　由於社會的變遷，個體在高齡期中仍持續工作，或轉換工作或從事部分時間的工作，已有越來越多的趨勢。因此，高齡期的工作現象與問題，仍爲高齡期重要的活動之一。工作不能沒有休閒，尤其是多數的高齡者可能已不再工作，進入休閒的生活。因此，休閒對高齡者更顯重要。高齡者主要的休閒活動爲何？以及休閒的參與情形如何？均有其探討的必要。再者，即使高齡者持續工作，最後可能要進入不工作的生活狀態，此即爲退休。退休對個體而言，是一個重要的生活轉換，如由工作到不工作，就是個體相當重要的改變。退休對高齡者生活的影響如何？如何調適？高齡者如何安度退休的生活等均爲高齡的重要議題。又高齡者退休後將居住在何處？在原住的地方，或移居到集合住宅中安度晚年，亦爲高齡者所關注。本章探討高齡者的工作、休閒、退休及居住安排，茲分四節說明如下。

第一節　高齡期的工作

　　過去個體對成年期的安排，採取「年齡分化」（age-differentiated）的觀點，即將成年期的三件重要的活動，教育、工作及休閒分別安排在成年的早、中、晚期進行，即成年早期爲學習及教育的時期；中年爲工作的時期，晚年爲休閒的時期。此種直線式生命計劃型態，在社會變遷之下，已非適當。代之而起的是「年齡整合」（age-integrated）的觀點，即將教育、工作、休閒等三項活動作均衡的分配在成年全期中，如圖9-1-1所示。

　　年齡整合的觀點，在目前社會變遷中，已逐漸成爲社會的新趨勢，高齡者持續的進行教育、工作及休閒，已爲高齡生活的新現象。故老年持續工作，已日趨普遍。以下就老年工作者的意義及參與率、老年工作類型、工作表現及工作的年齡歧視等分述如下：

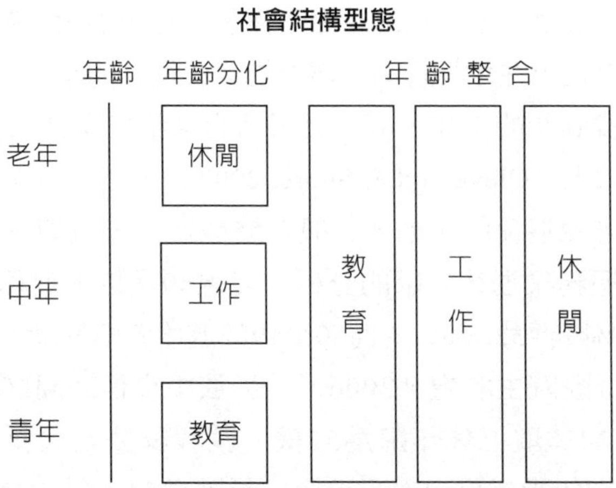

社會結構型態

圖9-1-1 年齡分化與年齡整合的社會結構

資料來源：Riley, 1994。

一、老年工作者的意義與參與率

以下針對老年工作者的意義先作釐清，其次提出老年人在勞動市場的參與情形。

（一）意義

何謂老年工作者？由於對「老年」的看法不一，因此對「老年工作者」的意義亦有不同，在不同的情境中，有不同的界定。一般最常見的說法，就是以強迫退休年齡作為依據，如強迫退休年齡為年滿65歲，則65歲以上的工作者，即為老年工作者。許多統計資料採取此種觀點，將15至64歲人口視為勞動人口，因此，老年工作者應係指年滿65歲以上仍在職場工作的人口。但即使年齡未達65歲以上，但因年齡偏大，在勞動市場上已被視為老年勞動人口，而受到不平等的待遇。因此，如就老年歧視的觀點，超過45歲以上，可能就有此現象出現。如美國1967年新頒的「年齡歧視就業法案」（The Age Discrimination in Employment Act, ADEA），就以年滿40歲以上作為該法保護的對象。雖然40歲被列為「老

年工作者」似乎太早，但該法的重點不僅著眼在不能對年齡作專斷的限制
而終結工作，而且也在保護資深工作者對退休福利的享有。一旦被解僱，
這些人很難再找到新的工作，故一般所謂的老年工作者（older worker）
係指45歲以上的人（Cleveland & Shore, 2007）。

　　但考慮到志願退休的年齡，一般在55歲左右，例如，就1991至2005
年我國工業及服務業退休年齡的分析，發現60歲以上退休者有逐漸下降
趨勢（自74.12%降至32.7%）；而50至59歲退休者則逐漸上升（自21.77%
升至50%）（行政院主計處，2006）。另依中央信託局2007年的統計資
料，2005年平均領取退休年齡為55歲。就我國公務人員而言，公務人
員2004退休平均年齡為55.9歲，教育人員則為54.5歲（行政院勞委會，
2007：28-29）。因此，就我國情形而言，退休的平均年齡約為55歲，
55歲以上的工作者應可視為老年工作者。美國採用55歲以上作為老年工
作者的指標，亦有越來越多的現象（Hardy, 2006）。美國政府近年來的
相關報告，亦採取55歲為老年工作者的指標。如美國政府主計局（U. S.
Government Accounting Office）以55歲以上作為「老年工作者」的界定
（Hardy, 2006: 203）。故就實務而言，「老年」工作者在年齡上以55歲
以上作界定，應屬較中肯的說法。

（二）參與率
　　老年仍在職場工作的人口究竟有多少，如以45歲計，就美國2010年
而言，有半數的工作者為45歲以上者（Erber, 2010）。如以55歲計，依
美國2000年的統計，55歲以上仍在勞動市場者占15%，預計至2020，將
提升至25%（Sterns & Sterns, 2006）。亦即未來老年人持續留在勞動市
場者，將會逐漸增多。其理由為：(1)未來的老年人更加健康，有體力進
行較長的工作，且未來需要體力性的工作將更加減少；(2)平均壽命不斷
提高，個體離開職場不工作的生活期間長達30年，故基於經濟理由，可
能需要持續工作；(3)強迫退休已消除，個體不會到某種年齡要被強制離
開職場的限制（Erber, 2010）。因此，由於健康的改善、職場體力要求的
減少、壽命的延長、強迫退休的解除以及經濟的需要，這些因素均指出

老年人將持續留在勞動市場上。美國現在已有更多的老年人從事全時工作（Gendell, 2006），另有些研究發現至少有一半的工作者在退休後重新回到職場（Mellor & Rehr, 2005）。統計資料發現，65歲以上無論男女在勞動市場的參與率，均逐步上升。在1993至2005年間，65歲以上的男性老人，職場的參與率從1/4上升至1/3（34%）；婦女也從16%上升至24%（Federal Interagency Forum on Aging-Related Statistics, 2006）。

依我國衛生福利部（2014）對老人狀況的調查，發現55歲至64歲仍在工作者占43.21%，其中男性工作者的比率為57.22%，女性為29.81%。以教育程度而言，教育程度越低者，留在職場工作的比例越低。例如不識字者為29.31%，大學為44.05%，研究所為56.74%。65歲以上老人，仍在工作者占10.03%，其中男性為15.41%，女性為5.78%。依教育程度而言，亦顯示教育程度越低者，留在職場的比率越低。例如不識字者為7.35%，大學為11%，研究所為43.05%。我國老年人2014年底，年滿55歲以上仍在就業者估計共有5,623,288人（衛生福利部，2014）。基於上述，就男女兩性而言，由於退休或身體健康不佳，呈逐漸下降的現象。

二、老年工作類型

老年人持續在職場工作，所從事的工作類型為何？研究發現以從事專業工作或自我僱用（self-employed）者居多（Himes & Fang, 2007）。其持續參與職場工作的理由，通常是基於經濟的需要或個人的偏好。自我僱用者，可能因沒有退職金或其他退休的福利而持續工作；專業人員則基於工作上的滿足或離開工作的代價太高，而傾向留在職場（Quinn, Burkhauser, Cahill & Weathers, 1998）。

就我國情形而言，依據內政部（2014）的調查，55至64歲的老人仍留在職場者，以服務業及售貨員最高，占9.12%；其次為基層技術工及勞力工，占7.33%；再次為農、林、漁、牧業生產人員，占5.32%，再次為民意代表、主管及經理人員，占4.58%。就65歲以上的老人而言，其仍留

在職場者占10.30%，以從事農林漁牧者居多，占3.88%；其次爲服務及銷售工作人員暨基層技術工及勞力工，各占1.97%。

可見我國仍留在職場的老年人，其工作類型與前述美國相關的研究結論頗爲一致，以自我僱用（包括農林漁牧等），及專業知能（民意代表、行政主管、企業主管及經理人員等）居多。55至64歲的工作者，51.72%受私人僱用，其次爲自營作業者，占28.94%；而65歲以上仍持續工作者則以自營作業者（占58.37%）最多，受僱用者占32.82%，屬於雇主者占8.81%。其持續工作的理由，以擔負家計者居多。在55至64歲者中，占55.48%（其中男性爲65.32%，女性爲37.43%）。65歲以上持續工作者，亦以擔負家計的原因最多，占38.83%，其中男性占40.18%，女性占35.65%，可見我國老年工作者，仍留在勞動市場的原因，以擔負家計最爲顯著，但隨著年齡增加，此項比率逐漸降低，尤其男性下降的幅度更大。

三、老年的工作表現

老年人在職場上的表現如何？是比年輕人好或不好？這也是老年工作相當令人感到興趣的議題。傳統上，對老年工作者的看法，包括消極與積極兩種都有。在消極的方面，認爲老年工作者較不具生產力、動機較低、較不能接受新事物、較不具學習能力、體力不足、發生意外和缺勤的比率較高等（Czaja, 2001; Panek, 1997）；在積極方面，認爲老年工作者爲獨立、具生產力、較少發生意外（Sterns & Sterns, 2006）、缺勤率低、熱中於工作、工作滿意度高（Erber, 2010）。總之，對老年工作者有兩種不同的印象。

事實上，對老年人與年輕人進行工作效率的驗證性比較研究相當少。有些研究只限於某種職業類型，或樣本太少，研究工具的信效度低。此外，經常發現的是兩者的職稱雖然相同，但所負責任不等或兩者工作年資有別，因此，要進行年齡與工作表現的比較研究，並不容易。即便

有,也發現二者的相關度低（McEvoy & Cascio, 1989; Waldman & Avolio, 1986）。

新近,由於科技的進展,電腦在工作上的重要性日增,因此,有若干研究進行電腦工作的比較研究。在一項以25歲至70歲的婦女為對象的研究中,發現老年婦女在資料輸入、建檔和創新處理上,都比年輕人低（Czuja, 2001; Czaja & Sharit, 1993）。這些研究對象過去都沒有使用過電腦,因此,老年婦女無法利用經驗來補償在速度上的不足。研究也發現過去經驗對使用電腦的表現相當重要（Czaja & Sharit, 1998）。夏里特等人（Sharit el al., 2004）曾比較年輕老人（50至65歲）和年老老人（66至80歲）使用e-mail來回應顧客的問題,結果發現老老人的進步幅度較大,故研究指出老年人可以學習,也能接受新科技,只是需要更多的訓練與練習而已。

工作經驗在職場上相當重要,但在快速變遷的社會中,不管何種年齡的工作者,均須不斷的再接受教育與訓練,但老年工作者可否再接受訓練與教育?一般都認為他們較缺乏彈性、較不願再接受改變,故過去有「老狗不能教以新花樣」的說法。老年人要轉換新的工作程序,的確需要較長的調適時間和較多的努力。但在沒有時間壓力的前提下,他們在學習上的獲益更多（Panek, 1997）。訓練對老年工作者而言,是一項好的投資,因他們熱中於工作且轉換工作的可能性低。

四、工作上的年齡歧視

所謂年齡歧視（age discrimination）係指因年齡所造成的對個體的偏見。在工作上的年齡歧視,通常係指老年人而言,故有時亦稱為老年歧視。對老年工作者的歧視,通常包括二方面,一為在僱用上的歧視,另一為工作上的歧視,其中以僱用上的歧視較為明顯。所謂僱用上的歧視係指基於年齡的關係,對於年紀較大者不予僱用的機會,或對一定年齡者（通常為65歲）,即予強迫退休的要求。所謂工作上的歧視,通常包括不予

訓練的機會，不予加薪或減薪，或在考核上給予不好的結果，或調整到其他工作部門，使其在工作上增加困擾，感到不順而迫使其離開工作崗位等。

在僱用人員上表現出年齡歧視的現象，經由研究發現確實存在。如斐利、庫利克和柏伊斯（Perry, Kulik & Bourhis, 1996）以大學高等行政系學生爲研究對象，要求其評量年輕及老年工作申請者，是否適合年輕型工作（賣CD和錄音帶）及老年型工作（賣郵票及錢幣）。結果發現受試者評量申請者適合的工作類型時，與其所顯示的對年輕與老年工作者的偏見一致，即評斷年輕人適合年輕型工作，老年人適合老年型的工作。

至於在工作上，僱主會因年齡歧視而不予老年工作者應得的機會及獎勵其進修，因而導致其技術的過時，此種情形在研究中也發現。在伊博及鄧可（Erber & Danker, 1995）的研究中，也確實發現雇主推薦老年工作者接受訓練的機會，確實較年輕人少。此種職場上的年齡歧視，在其他國家的研究上，也發現有相同的情形。如富洛（Fuller, 2007）在英國的研究中，也發現人力資源的主管偏好提供30歲以下的工作者接受訓練的機會，認爲對老年工作者訓練的投資報酬率較低。

爲消除這種在工作上的年齡歧視現象，美國在1967年訂頒「年齡歧視就業法案」（Age Discrimination in Employment Act, ADEA）。該法並於1978年、1986年進行修訂，適用對象爲員工超過20人的公司行號。該法對40歲以上的工作者，特別規定禁止以年齡的因素影響其僱用、解僱、降級或減薪；除非僱主能夠證明該項工作年紀大的受僱者無法勝任（McCann & Giles, 2002），故目前客機的駕駛員或某些需要快速反應的工作，會要求受僱者到某一年齡要辦理退休（Sterns & Sterns, 2006）。該法在1990年的修正中，又規定當公司縮編、減少工作量時，對老年工作者與年輕工作者不得有任何差別的決定，以年齡刻板化印象對老年工作者的能力、身體狀況或表現所作的決定都是違法的。

由於年齡歧視就業法案的頒訂，使得雇主在刊登僱用訊息時，有關年齡的限制，或雇主強制工作者因年齡關係離職的現象已經減少。但年齡歧視現象仍然存在，例如1990至1993年，在聯邦和州相關部門有關年齡歧

視的指控案件就增加了26%。1996年，仍有30,600件指控案件（Sterns & Sterns, 1997）。指控者多數爲男性，尤其是資深的專業和管理人員。因此，年齡歧視就業法案在保障老年人的就業或在職場被公平的對待，並非有高度的成效。在許多指控案件中，發現即使二者條件相當，年輕求職者往往易於被僱用（Cleveland & Shore, 2007）。老年求職者爲增加被僱用的機會，有時會強調他們的經驗、穩定性、忠誠度及成熟等，企圖隱藏年齡變項，這些特質都是正向的，但往往與年齡刻板化有關，因此被認爲不是好的策略（Lavelle, 1997）。

我國爲消除此種在職場上的年齡歧視，在就業服務法亦加以規範。我國就業服務法於1992年訂頒，近20年來已先後作16次的修正，新近的一次係2015年的部分條文的修正。爲響應先進國家對消除年齡歧視的規範，我國在2007年的修訂中，業將年齡歧視相關規範納入。現行在該法第5條中規範：「爲保障國民就業機會平等，雇主對求職人所僱用員工，不得以種族、階級、語言、思想、宗教、黨派、籍貫、出生別、性別、性傾向、年齡、婚姻、容貌、五官、身心障礙或以往工會會員身分爲由，予以歧視；其他法律有明文規定者，從其規定。」此外，並在第24、25條中增列促進高齡者就業之相關規定。第24條中，規範對中高齡者自願就業人員，應訂定計畫，致力促進其就業，必要時，得發給相關津貼或補助金。第25條規範公立就業服務機構應主動爭取適合身心障礙者及中高齡者之就業機會，並定期公告。可見在我國就業服務法，除對年齡歧視明令禁止外，並對中高齡就業有相關的鼓勵與促進之規定，有利於中高年齡者之就業，實爲一種進步的做法，其實效如何？仍待進一步的檢驗。

第二節　高齡期的休閒

休閒對高齡者至關重要，因就高齡階段而言，大多過著不工作的休閒生活；即使高齡階段仍持續工作，休閒亦屬不可少的活動。故休閒是高齡

者重要的生活活動，是高齡階段的重要生活型態，也是提升高齡者生活品質的重要來源。茲就休閒的意義、老年休閒活動的重要性、老年休閒活動的類型，以及促進老年人休閒的策略等四部分說明如下。

一、休閒的意義

就字面而言，休閒（leisure）一詞的字根係來自拉丁文的「lice-re」，其原意係「被允許」的意思，意味工作才是生活的主流，休閒是一種被允許的活動。柯登、蓋茲和史克特（Gordon, Gaitz & Scott, 1976）指出，休閒係指個人基於樂趣所選擇或進行的活動，是個人所表現的一種隨意的、自由的活動，從鬆弛到娛樂，強度不同。它可以透過個人的發展與創造而達到超越享樂的地步。一般而言，休閒活動具有下列6項特性：

1. 是自由意志參與的活動
2. 爲閒暇時間的活動
3. 可滿足生理、心理的活動
4. 可恢復並提振精神與體力的活動
5. 可促進家庭和社會和諧的活動
6. 涵蓋娛樂性及遊戲性

二、老年休閒的重要性

休閒活動可以提升老年人的生活品質，促進老年人身心的健康。休閒具有多重的功能，包括：(1)促進身心健康；(2)激發情感交流；(3)擴大社交圈；(4)抒解工作及生活壓力；(5)手腦並用激發創造力；(6)促進自我實現，開發新資源。對老年人而言，休閒可以提升幸福感，特別是對於生理功能下降或社交網路不足者（Silverstein & Parker, 2002）。在改善認知功能方面，透過認知挑戰的休閒活動，可以對認知功能做有效的激

發（Schooler & Mulatu, 2001）。尤其是休閒與身體健康有密切而直接的關係。在一項以799位39至86歲的男性爲樣本的研究中，依喪親與否作分組，發現從事社會活動，可以緩和喪親者的生理壓力。研究也發現從事志願服務，可以改善身體的健康。每年從事100小時以上的志願服務工作的高高齡者，其罹患疾病及死亡的機率都下降（Luoh & Herzog, 2002）。因此，休閒活動對老年人的健康與幸福感至關重要。

一般而言，老年人較不會在休閒時間作一些體能性的活動，但體能性的活動對老年人有積極的作用。在一項有關健康的研究中，教導老年人做體能的休閒活動，以久坐不動的男性爲對象，從1970年後期進行到1990年後期，長達20年的縱貫性研究，發現久坐不動者的比率有下降的現象，但幅度不大，顯示對老年人而言，知與行之間仍有相當的差距（Talbot, Fleg & Metter, 2003）。就休閒活動而言，起而行比認知更爲重要。

三、老年休閒活動的類型

休閒活動，有益於老年人的身體健康及提升其生活幸福感，應無庸置疑。但何種休閒活動有益於老年人的身體健康與幸福感？老年人一般的休閒活動爲何？這是屬於選擇的問題。雖然文獻指出高度社會活動的涉入，對老年人是有益的，但並非對人人都是適當的，同樣的，也並非每個人都要追求有高度認知刺激的休閒活動。

有關休閒活動的選擇，宜依個人的體能、興趣、嗜好和環境而定。凡是自己有動機，樂意去進行，並能使身體的功能發揮最大效用的活動，皆屬適當。衛生福利部（2014）調查我國55歲至64歲老年人參與社會活動的情形，參與宗教活動者（包括長期參加及偶爾參加）占39.1%，未參與者60.9%；參與志願服務者26.6%，未參與者73.4%；參與進修活動者（定期參加7.4%和偶爾參加4.4%，65歲以上爲7.5%）11.8%，未參與者88.2%；參與養生保健團體活動者13.0%，未參與者86.9%；參與休閒娛樂團體活動者28.9%，未參與者71.1%；參與政治性團體活動者5%，

未參與者95%。在參與的各項社會活動中，雖以參與休閒娛樂活動最高（28.9%），但絕大多數老年人仍屬非參與者（71.1%）。此種參與現象，隨年齡的增大而有降低的趨勢，65歲以上者，參與率下降至20.2%，非參與者增至79.7%。可見參與休閒活動的比率仍然偏低，有待積極鼓勵，以促進個人的健康及生活的幸福感。

四、老年休閒活動參與的促進

高齡者休閒活動，關係到身體的健康及生活品質的提升，故休閒活動是高齡期生活相當重要的層面。前述我國內政部2014年對老人狀況的調查，指出65歲以上高齡者參與休閒娛樂團體活動者，定期參加者5.2%，偶爾參加者15.0%，合計22.2%，沒有參加者為79.7%。可見約80%的老人沒有參與休閒活動。休閒既為老年期重要的生活層面，如何促進高齡者參與休閒活動，厥為重要的問題。以下就如何促進高齡者參與休閒活動，提出五項途徑供參。

（一）政府宜廣為宣導，將強化高齡者休閒活動列為政策的重要層面

休閒直接影響高齡者身體的健康及生活品質的提升，是高齡期至為重要的生活層面，它具有生理、心理及社會的功能。就生理層面而言，它可以透過體能性的活動，強化身體的健康；就心理層面而言，它可以抒解生活壓力，使生活具有重心，強化自信心及加強愉悅感，增進生活的幸福感；在社會層面而言，它可以促進人際互動，加強家人關係，強化與社會的連結。因此，政府宜廣為宣傳，讓國人廣泛了解休閒對高齡者的重要性，激發高齡者全面進行正當的休閒活動，以提升其生活品質與幸福感，構建安康的和諧社會。高齡者休閒活動的激發，將可推遲第四年齡的到來，為國家省去高額的醫藥照護費用。政府對高齡政策，不宜再依循殘補式的作法，將焦點放在有病或需要照護的老人身上。如將政策重點稍移到廣大健康老人的身上，將可收事半功倍的效果，創造多贏的局面。故建議

政府宜廣為宣傳，將強化高齡者休閒活動列為政策的重點。

（二）高齡者宜慎選適合自己的休閒活動，以促進身心的健康

　　休閒活動的類型繁多，就時間而言，有短時及長時之分；就空間而言，有室內與戶外之別；從內容而言，有文化性、體力性、社會性、認知性等活動；就人數而言，有個別的、小組的及團體的活動。就活動的性質而言，有靜態與動態兩類。就目的而言，有鬆弛、消遣、發展性、創造性及感官性等樂趣的活動。總之，高齡者可以進行的休閒活動，無論是時間、空間、內容、性質、人數、目的等類型繁多，各不相同，故高齡者宜審慎選取適合自己情況的活動，始能有益於身心的健康及生活品質的提升。高齡者對於休閒活動的選擇，首先應依自己的體能、健康、經濟、環境及興趣與愛好，選擇適合的休閒方式；其次，對於休閒活動的選擇，最好能與身心健康、益智的增進、認知的刺激、調劑身心等功能相結合。無益於身心健康，或對他人、社會公義民俗、倫理道德有害或有違的活動，應避免或防止；第三，高齡者從事休閒活動，在心境上應秉持善念，修心養性，明心見性，亦即休閒目的在於生活的調劑，身心健康的促進，不在於心有雜念，另有不良意圖，否則不但無法獲得休閒之益，更徒增困擾，反受其害。例如下棋，若存有相鬥之心，其痛苦反多於快樂。

（三）動靜合宜，體能性的活動不可少

　　高齡者的休閒活動，從性質而言，大致可分為靜態及動態的活動。靜態的活動，如書法、繪畫、編織、歌唱、樂器演奏、看電視、聽廣播、下棋、聊天等；動態的活動，如園藝植栽、採集、散步、登山、健行、旅遊、各種球類運動、體操、太極拳、外丹功等。兩類休閒活動，各有其功能與益處，最好能有靜、有動，調配得宜。畢竟老年人由於身體功能的衰退，不能做過於耗費體力或太激烈的活動，但也不能竟日久坐不動，造成身體功能的衰退。尤其是高齡者，面臨身心功能的日漸衰退，運動性與體能性的活動，更為高齡者所需要，這也是延緩老化、促進健康相當重要而有效的方法。因此，高齡者的休閒活動，宜動靜合宜，尤其體力性的活動更屬不可少，應避免自己成為家中沙發上的大馬鈴薯。

（四）旅遊與學習相互結合，發揮休閒更大的效用

甚多的研究均指出高齡者偏好旅遊的休閒活動。旅遊可以使高齡者走出戶外，進行體能性的活動，並能增廣見聞，舒暢身心，抒解壓力，具有多種的功能。晚近，更將旅遊與學習相結合，即在旅遊活動中，作有計畫的規劃，有系統地將學習的主題納入其中，既可享受旅遊的樂趣，更可有系統的進行某項主題的學習，達到增廣見聞、激發成長、潛能開發的目的，這的確是一項相當良好的休閒方式。甚多國外的老人團體、組織、機構紛紛辦理旅遊學習活動，提供老人參與機會，甚受高齡者歡迎，往往成為老人休閒活動的首選，例如美國的老人寄宿所活動以及歐洲的第三年齡大學，旅遊學習已成為此類活動的特色。我國在此方面，尚未作系統的規劃與安排，鑑於高齡社會即將快速來臨，未來老人人口增多，高齡期生活期間增長，旅遊與學習的結合，將是未來老人相當重要的一種休閒方式，極宜儘早規劃倡導，付諸實施。

（五）休閒嗜好，儘早培養

高齡期是一種休閒為主的生活，此一時期大多已不再有工作、家務的責任，因此，休閒成為高齡期主要的生活方式，也是生活的重心所在。高齡期中，由於工作的撤離，會使生活頓失重心，甚而使生活失去意義。因此，興趣與嗜好的培養相當重要。它可以成為高齡期生活的重心，也可以創造出高齡期生活的意義，使自己有成就感，達成自我的實現。因此，高齡期興趣與嗜好的培養，極為重要。此種興趣與嗜好的培養，宜儘早進行。可以將早年因工作或家庭責任而放棄的興趣與嗜好，重新找回，再度啟動；也可以重新發展與培養新的興趣與嗜好。興趣與嗜好是可以培養的，它可由接觸、熟悉，進而產生愛好，激發興趣而逐步發展。此種興趣與嗜好的培養，不要等到退休後再做，可以在退休前5年，甚至10年之前即可進行，到了退休後即可無縫接軌，投入更多的時間與精神，發展為生活的重心，維護自我的一貫與連續，使高齡期生活更加充實豐富與愉快。

第三節　退休

　　儘管有越來越多的高齡者持續工作或從事部分時間的工作，但是大多
數的高齡者，係過著不工作的退休生活，即使仍在工作或從事部分時間的
工作，在一段時間之後仍會從職場中撤離，因此，退休對大多數的老年人
而言，是一種必經的過程。退休係從工作到不工作的過程，這是人生相當
重大的改變，對個體的影響深遠，它涉及到個體整體生活的層面，範圍廣
泛。本節探討高齡者的退休，茲就退休的意義、效應、退休過程及退休後
的生活等四部分說明如下。

一、退休的意義

　　退休是一種使工作者可以離開有薪勞動市場的社會制度，它代表個體
在生命過程中的一個新的階段。對於個人而言，退休代表個體轉換到不須
從事支薪工作的生命階段（Atchley, 1996；2007）。但究竟個體何時真正
被認定已經退休？則涉及了對退休的界定。對於退休的意義，頗為分歧。
有關的界定包括減少勞動市場的參與、一種生涯的中止、接受過去工作報
酬而來的退職金的固定收入、承認自己是一個退休的人等，或將這些相關
的說法加以結合。

　　在成年期中有穩定工作歷史者，停止工作後，要其自我認同為一個
退休者較沒有困難（Szinovacz & De Viney, 1999），大多數的老人均屬此
種類型。但退休並非均為自願，也有很多工作者，他們的退休係因健康因
素、被解職或因要照顧他人而被迫退休。因此，退休對他們來說，所受的
衝擊就相當大。

二、退休的效應

退休是否會造成生理、心理、社會的影響？這是一個難以回答的問題，蓋退休有時並非志願的。如果退休是來自非志願的因素，如健康不佳、因縮編而被要求撤離職場，則可能會對身心造成負面的效應。但就自願退休而言，退休是否會引發身心健康的問題，迄今為止，尚無明確的證據。當個體自己選擇離開職場或他的離開是「及時」的（on time），亦即個體在某一生命階段離開職場，這種變化是一種典型的現象，則退休不會對其身心有不良的效應存在；如果退休是一種被迫的，非「及時」的現象，則對其身心會有不良的影響。

為了了解退休是否會產生社會和心理的效應，雷茲斯、繆契倫和佛納德濟（Reitzes, Mutran & Fernandez, 1996）曾進行長達2年的縱貫研究，以757位58歲至64歲男女工作者為對象，每半年測量其自尊及沮喪的反應。在2年中，有299位申請退休，其餘持續全時工作。結果發現二組在自尊上，仍然相當穩定，但退休者的沮喪感確實下降，研究者認為這或許是退休者對工作有關的壓力，獲得了抒解所致。

在健康及幸福感的影響方面，一項以1,339位55歲以上高齡者為對象、以晤談法進行的研究發現，勞動市場的參與程度（全時、部分或沒有工作）與健康及幸福感的相關度甚低（Herzog, House & Morgan, 1991）。研究發現對健康及幸福感有重要影響的因素，是工作的選擇是否能為自己所決定。凡自己能決定是否工作或工作時數多少者，其健康及幸福感均較佳。

在對角色喪失所導致的認同危機方面，尤其是在工作上屬於高職位或對工作有強烈承諾感的人，退休是否會對其認同產生危機？對其身心及幸福感產生負面的效應？有些退休者，確實會因退休而產生焦慮，但失去工作角色通常並不會產生認同的危機。大多數的退休者能將工作角色和社會接觸作轉換，故其在退休前後顯現了自我的連續性。即使退休確實引發了適應問題，如果個體對其先前的職業仍然認同的話，其退休的轉換仍是順利的。例如退休的教師仍然認同自己是該專業領域的一員，則退休不會發

生認同的危機（van Solinge & Henkens, 2008）。

再次，退休對於婚姻關係的影響如何？威尼克和伊克德特（Vinik & Ekerdt, 1991）曾以55歲以上的夫婦為對象，其中太太並未工作而先生已退休6至22個月，該研究採用晤談法進行。研究發現大多數男士反應參與家務增加，而夫婦有共同的休閒時間。雖然有一半的婦女承認因先生的退休，自己的個人活動受到影響，但多數都能調適。目前已有更多的婦女投入勞動市場，生涯模式與其先生更為相似，因此，雙生涯夫婦在退休後更能趨於一致，共同分擔家務，有助於幸福感的提升（Quadaguo, 2008）。

三、退休是一種過程

退休是一個事件或是一種過程？過去均視退休為人生離開職場的最後終站。此種觀點越來越受到批評，蓋退休不再被視為人生後半段的事，因為現在的年輕人，甚至青少年已被要求為退休作計劃，至少在財務方面，要及早準備。亞契利（Atchley, 1994）提出退休的發展階段，如圖9-3-1所示。

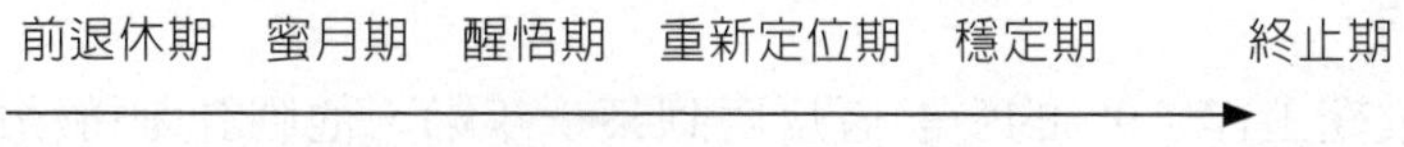

前退休期　蜜月期　醒悟期　重新定位期　穩定期　　終止期

→

圖9-3-1　亞契利（Atchley）的退休階段論

資料來源：Atchley, 1994。

由9-3-1可知，亞契利認為退休係依一系列的時期發展，但並非每個人都要經歷每個時期。此一架構就顯示了退休是一個歷程，而非僅發生在有薪工作停止後的單一事件。

在前退休期，離個體相當遙遠，故沒有立即的退休規劃。一旦退休真

正發生，有些人會經歷蜜月期，這是一個充滿期待與熱情的時期，常有高度的活動發生。剛退休者想要做一些在工作時沒有時間完成的事項，來圓退休前的夢，最常見的活動是旅行。此一時期約持續一年，依退休者的健康及經濟情況而定。其後，就步入帶有情緒低落、厭煩，甚至沮喪的醒悟期。這時，會進入重新定位階段，開始形塑一個日常生活的實際架構，發展新的興趣，培養嗜好，拜訪親友家人，或擔任志工。一旦建立了一個令人滿意而安適的生活模式，退休者就進入了穩定期。

但當退休角色不再適合個體的需要，有些退休者會進入最後的終止期。有些人想要工作，並決定重回勞動市場，成爲具生產力而快樂的一員。有些人則因身體健康退化而放棄退休者的角色，因爲他們已無法過著活躍的退休生涯。

工作者在尚未退休之前，是否有退休的一些想法，一項以5,072位51至61歲的工作者爲對象的研究，以晤談法進行，這些人每週至少工作35小時，研究發現他們退休的規劃約可分爲5類（Ekerdt, DeViney & Kosloski, 1996）。

1. 完全退休：有20%的受訪者反應到某一年齡，他們計劃完全撤離工作。
2. 部分退休：20%的受訪者，反應到某一年齡，他們會減少工作時間。
3. 改變工作：9%的受訪者反應到某一年齡，他們計劃持續做全時的工作，可能轉換到一個新的工作或自我雇用。
4. 從不退休：7%受訪者反應，他們將永不停止工作。
5. 沒有計畫：約40%以上的受訪者反應他們對退休沒有任何計畫。

研究指出，老年工作者在改變工作和沒有計畫兩項的反應都比較低。反應想夫婦一起退休者，男性多於女性。反應減少工作時間或改變工作計劃者，女性多於男性，可能是男性在職場上工作的比率本就高於女性，故一旦他們有退職金的收入保障，而不再工作的情形就比較多。此外，已婚者反應有退休規劃者多於未婚者，因他們預期退休將會帶來更多二人相處的時間。另有其他的研究也發現，已婚者較會進行退休的規劃

及提早退休，特別是婚姻滿意度高者，更屬如此（Reitzes, Mutran & Fernandez, 1998）。

四、退休後的生活

　　個體退休後的生活期間長達30至40年之久，這種漫長的退休生活如何過渡？是即將退休者或退休者最爲關注的問題。綜觀退休後的生活，個體顯得相當忙碌、積極活躍、生活充實、活動類型多，伊克德特（Ekerdt, 1986）稱之爲「忙碌族群」，日本人稱這些人爲「元氣老人」；另外，越來越多的高齡者在退休後，尋求參與學習活動，追求成長與發展，這也是一種新的趨勢。茲就此兩部分，分述如下。

（一）忙碌的族群

　　很多剛退休者經常說：「我現在比以前工作時還忙」，退休者如爲年輕老人，且健康良好，退休後最可能成爲忙碌的族群。

　　退休者透過參與教育活動、編織、計畫、打牌、下棋、玩樂器、處理家事、與家人及朋友社交活動，和擔任志工等使自己保持忙碌。做什麼活動不重要，重點在於退休者感覺忙碌，且別人亦認爲他是忙碌的。從事一系列的活動，會使退休者感到忙碌，不管退休者是否眞正的去做。

　　老年人從事志工活動，已越來越普及，他們擔任宗教團體、學校、社區中心、醫院、養護之家及公益或政治團體等的志工，甚或在這些部門擔任顧問或諮詢。估計全美65歲以上的老年人有25%擔任志工，至嬰兒潮世代的老人出現後，估計將達50%（Morrow-Howell, 2006）。志工不僅可以「利人」，且可以「利己」，擔任志工者往往健康較佳且幸福感較高，覺得生活有意義（Quadagno, 2008）。就我國情形而言，依衛生福利部（2014）的調查，55歲至64歲參與志願服務者爲26.6%（定期參加者13.3%，偶爾參加者13.3%），未參與者73.4%；65歲以上參與志願服務者爲15.4%（定期參加者爲8.8%、偶爾參加者爲6.6%），未參加者爲

84.6%。與美國老人參與志工相比，仍有一段距離，距全民志工的理想，尚有大力強化的空間。

退休者忙碌的原因，包括：(1)積極的生活型態是社會所讚許的方式。休閒只有作爲工作的平衡，才能免除罪惡感；(2)忙碌會讓人感到退休後的活動與過去工作時的表現沒有不同，因此，忙碌可以縮小退休與工作的心理鴻溝，使得退休的轉換不會衝擊太大。當然，忙碌感可以使退休者不致感到無用與過時。

退休者認爲維持忙碌，並不在於獲得社會的讚許或害怕被看做是過時的人。事實上，年齡有關的緩慢，是影響老年退休者忙碌的重要因素。例如走到雜貨店，對青年人及中年人是8小時工作之餘的活動；但對老年人而言，可能就是一種大量的活動。保持積極與忙碌的生活，常被視爲防止停滯和衰退的重要策略。在報章雜誌所刊登的文章，都一再指出退休老人要有積極和參與的生活模式。

（二）教育參與

退休者再參與教育的機會已越來越普遍，高齡者參與教育活動，包括學位課程、旁聽課程、非學分課程等。在學位課程方面，主要在接續早年中斷的大學課程，圓進入大學學習之夢。這些人過去因家庭責任、工作等關係，或基於照顧年老的雙親或生病的配偶，而未能完成大學學業，至高齡階段乃進入大學就讀，以完成早年未完的學業，這種情形以婦女居多。

在旁聽課程方面，美國有些大學同意高齡者可以免費旁聽，這些高齡者旨在追求新知，並無意獲取學分或學位。他們享受大學校園生活，及享受與年輕學生一起的時光。有些大學並設置專門的單位來爲老人開課，提供其智能和社會刺激的機會，老人只須付極少的費用，即可以享用大學資源，如聽演講、借書和參加其他藝文性的活動。

美國大學爲老年人提供的老人寄宿所活動（Elderhostel）更是舉世聞名的老人學習機制。這是由大學所辦理的一種非學分的短期研習課程。老年人可以住在學校宿舍1-2週參與學習。它提供老人智能刺激、與同輩社會互動以及在新環境中享受生活的機會。

　　另外，在高齡者參與學習方面，新進較興起的是一股電腦學習熱。由於新科技進展的影響，已改變了個體許多生活的層面，使得各種年齡者均需學習。青少年和年輕人在學校中要學習電腦，但高齡者當年並無電腦課程，在工作上也不須使用電腦。現在他們想學電腦，尤其要學如何使用電子郵件（e-mail），來與遠方的親友溝通聯繫。他們也想透過電腦網路來獲取有關政府部門、健康、消費產品（如新的或二手汽車的價格及稅率）等的資料，並且能透過網路購置食物、服務、衣服及書籍等，也可以上網打電腦遊戲來消除寂寞和孤單。在一項驗證性的研究中，也發現老年網路使用者較非使用者有較高的心理幸福感（Chen & Persson, 2002）。老年人學習電腦有相當多的機會，在社區中心、圖書館、社區學院、大學以及各種老人的學習機構均有提供，甚至到高齡者居住的公寓或社區中來開課。

　　就我國老人的參與學習而言，教育部為因應我國社會快速高齡化，乃於2006年發布「邁向高齡社會老人教育的白皮書」，啟動了我國高齡學習運動。高齡學習機制的提供，除過去由社教機構及民間所辦理的各類老人教育活動之外，2006年後推出的新學習機制，主要有兩類，一為鼓勵大學辦理，另一為設置樂齡學習中心。在大學辦理老人學習活動方面，2008年補助13所大學開辦老人短期寄宿學習活動，參與學員共820人；2009年補助28所大學辦理樂齡學堂，參與學員1,975人；2015年鼓勵103所大學辦理「樂齡大學」活動，參與學員約3,100人。在設置樂齡學習中心方面，2008年在各地中小學校、圖書館、老人文康中心、鄉鎮公所、關懷之家、民間組織等設置104所，參與學員38,329人，2009年增加為202所，參與學員85,794人，2016年增至315所，參與學員約10萬人。教育部並自2012年開始辦理高齡自主學習團體帶領人培訓活動，2012年及格人數為40人，2013年培訓及格人員90人，2015年更擴大辦理，分別在北、中、南三地辦理培訓，課程分初階、進階及實作等三階段進行，及格人員共238人，將自2016年在新北市、桃園市、苗栗縣、台中市、嘉義市及高雄市等試辦高齡者自主學習團體帶領人活動，鼓勵他們前往偏鄉或原住民、新住民地區推廣高齡者自主學習團體的活動，為高齡者提供另一種型

態的學習活動。

依衛生福利部（2014）的調查，我國55歲至64歲國民參與進修活動者占11.8%（定期參加7.4%，偶爾參加4.4%），未參與者88.2%。以65歲以上而言，參與者為7.5%（定期參加者4.6%，偶爾參加者2.9%），未參加者92.5%。因此仍有9成以上的高齡者未參與學習活動，有待持續加強，以提升高齡者的生活品質與幸福感。

綜觀我國近年來在高齡教育方面，雖有多項學習機制的推出，然欠缺組織化與系統化，難期永續發展。高齡教育需要長遠規劃、永續發展的觀念，端賴主政者的重視程度及經費的完備與否。更長遠、更宏觀的高齡教育政策，極待推出，可以永續發展的學習機制亦待規劃開展，以因應我國高齡社會的快速來臨，俾因應老人學習需求，進而提升其生活品質。

第四節　高齡者的居住安排

高齡者在退休後，居住的安排如何？這也是一項重要的生活實際問題。究竟要移居到氣候更適合的地方，或留在當地終老，或葉落歸根，回歸原鄉。究竟要與子女同住，或夫婦自己獨居？這些均為高齡者在退休後所要考慮的問題。本節探討高齡者的居住安排，茲就移居、在地老化及住居年齡分離的機構等三種安排說明如下。

一、遠距移居（long-distance migration）

所謂遠距移居，係指老年人在退休後移至氣候較溫和的地區居住，約一年左右追求戶外休閒的時光。此種移居往往會刺激某些地區的經濟發展，如美國的佛羅里達（Florida）和北卡羅萊納（North Carolina）等州，堪為此類人移居的首選。為因應移居需要，也為退休者特別建構了退休社區，使退休者能享受溫暖的陽光及美好的沙灘，當然也使原來的社區

產生重大的衝擊。此種移居行為，通常分為三個階段進行。第一階段，通常在退休後（65-74歲）即進行移居。此類人大多健康良好，有完整的婚姻和足夠的財力，企圖加入同輩團體，享受可以提供游泳、高爾夫、網球等設施的退休社區。此種移居，通稱為「快樂的移居」（amenity migration）。

第二階段，約發生在70歲的中、晚期；此時高齡者已開始有身體或認知上的問題，多數配偶已死亡，財力資源也減少。此時的移居朝反方向進行，即從陽光地帶移回原住地，以便能獲得成年子女或家人的照顧。此種移居通常屬於「維持獨立」（independence maintenance）。他們通常移回自己的家裡，有時生活上需要他人若干的幫助。

第三階段則屬「依賴的遷移」（dependency move），並非每個老人都會有此種移居，通常係為嚴重的失能者，需要更多的照護，已非家人所能承擔。此時，他們需要更多支持性的環境，如特別幫助的設施或養護之家，此類移居仍在當地，且屬非志願性的。

二、在地老化

事實上，多數高齡者在退休後仍然居住原地，住在同一棟房子裡，此即為在地老化（aging in place）。在地老化的概念，係起源於1960年代的北歐國家，以在地的資源照顧老人居住在自己所熟悉的環境自然老化，目的在讓老年人得到完整的照顧，增進他們獨立、尊嚴的生活。雖然老人已在家中住了許多年，但人老了，房子通常要做若干整修，如浴室的安全、廚房、階梯、彎道、樓梯扶手等的調整，以確保安全與舒適。此外，在地老化成功的要素，就是列出需要幫忙的事項，如交通、購物、住宅清潔和三餐準備等，以尋求支援。

在多數情況下，老年夫妻會彼此相互支援，以完成在地老化。例如，其中一人能開車，另一人則承擔烹飪工作和做家事，彼此分工合作，完成日常所需。如獨自一人則較感困難，可能需要鄰居或朋友在交通或購

物方面的協助。但如鄰居或朋友逐漸離開，此種支持資源就會減少，甚或不足。如有家人住在附近，通常是女兒，提供交通、購物及短程社交活動，則是良好的安排。未結婚的老人，則需要來自手足、姪甥輩或遠方朋友的協助。

單身老人的另一個選擇就是提供住房與他人合住，可增加收入，或作服務的交換，包括房屋修整、照護以及陪伴等。但此種安排並非普遍，且能成功的配對與交換，實屬不多。此外，共住也是另一個選擇，沒有血緣或婚姻關係的單身老人一起共住，共同分擔家務，相互支援，但亦屬不多見。

想要在地老化的高齡者，如沒有管道獲得親友、鄰居的幫助，也可以付費的方式來獲得服務，包括就醫、健康照護、交通、做家事（準備三餐、洗衣）、購物等，當然費用不低，通常以小時計價。此外，現已有日間照護中心，來提供老人日間照護的服務。另外，也有一些國家提出「以屋養老」的制度，即高齡者將自己的房屋質押政府或銀行，原屋主仍可以住在其中，並按月獲得房屋質押給付金以資養老，目前我國政府也提出此種構想，正規劃試行中。

三、年齡分離（Age-Segregated）的居住安排

有些老人希望在地老化，但移居到更具功能的地方居住，通常會搬到專為老年人設計的房子居住，此即為年齡分離的住屋安排，如退休旅館（retirement hotels）、退休社區（retirement communities）、養護之家（nursing homes）等。這些通常為達到某一特定年齡的人提供，一般為62歲。通常會提供三餐服務、交誼活動、短程旅遊和交通的服務。為有健康問題、身體失能、感官能力喪失的老人而特別設計，提供不想依靠子女或親友，又想擁有安全，可以獲得立即照護的老年人居住。若想要與同年齡者有更多互動機會、相互交流，選擇年齡分離的住屋安排，是一項不錯的選擇。

　　就我國老人而言，依衛生福利部（2014）的調查，發現我國65歲以上老人，居於三代同堂（與子女及孫子女同住）的家庭者最多，占37.5%。另調查55至64歲國民，認為65歲以後的理想居住方式，反應與子女同住者為66.2%，僅與配偶同住者占18.5%，獨居者占7.3%；想住在老人安養機構者占0.7%；與親友同住者占2.4%。可見我國老人理想的居住方式，仍是與子女同住居多；想住到年齡分離的安養機構者，仍屬少數。可見中外文化不同，社會環境有異，高齡者對理想居住方式的期望亦有所不同。「未來生活可自理，使用老人安養機構、老人公寓、老人住宅或安養堂意願」，65歲以上反應「願意者」，達14%；而針對「未來生活無法自理，住進老人長期照顧或護理之家意願」時，65歲以上反應「願意者」，更高達43.16%。可見我國高齡者對居住年齡分離的安養機構，有1/4者不排斥，尤其在生活無法自理時，約半數可接受，這是一種轉變的跡象。而對老人福利機構的選擇，55歲至64歲者反應優先注重的項目為環境整潔（45.5%）及專業人員的素質（43.2%）。

　　對老年人而言，沒有哪一種住居的安排是最理想的，住居環境能配合老年人的身體狀況和社會需求，使其能做積極的適應就是好的安排。住居環境，要能不使老人發生意外，且能讓老人儘可能獨立。住居環境也要提供高齡者足夠的挑戰和刺激的機會，但挑戰不宜過多，使老年人能夠參與社區的活動。高齡者的能力與住居環境的要求，能密切的配合，可以有助於其生活適應及幸福感的提升。

第十章　高齡期家庭與人際關係

　　家庭是個體成長與發展最基本，也是最重要的單位。個體生於家庭，長於家庭，終老於家庭。因此，家庭對個人的影響，不僅在於人生早年與中年，對個體晚年的發展也相當重要。家庭是高齡者生活的重心，也是養老的場所，因此，家庭內人際關係的互動，對個體生理、心理的健康影響至巨。此外，高齡階段，朋友的關係是除家庭以外，最重要的人際互動。朋友關係的建立與維持，對高齡者生活滿意度的影響，有時甚至高過子女。晚年期另一重要的人際互動層面，就是手足的關係。手足的關係是人生最長的人際關係，在晚年階段，手足關係往往也是提供支持與依附的重要對象。本節探討老年的家庭與人際關係，計包括四部分，第一節為老年與家庭，第二節為老年配偶及與成年子女的關係，第三節為祖孫關係及手足關係，第四節為老年的朋友關係，茲分述如下。

第一節　老年與家庭

　　家庭與老年人的關係相當密切，也非常重要。家庭，是高齡者最重要的生活場所，也是主要的活動領域，更是心理寄託與情感依附所在，家人關係是個體生命的一個重要部分。本節探討老年與家庭的關係，茲就家庭生命週期的改變、老年人的家庭類型及我國老人家庭的組成等三部分說明之。

一、家庭生命週期的發展

　　家庭是一個動態的發展過程，開始於形成，終止於消亡。所謂家庭生命週期係指家庭從形成到消亡的整個過程，它顯示了家庭發展變化的情形。個體從出生至死亡，都在家庭中發生，構成了家庭發展的整個生命週期。在個體生命週期的發展歷程中，結婚及生兒育女又開始另一個家庭的生命週期。依據家庭生命週期模式（family life cycle model）的說法，家

庭係依一種可預期的、普遍的階段發展。各階段間在組成、結構和功能上具有本質的不同。每一階段均有一些發展的任務,使家庭有效運作及激發更進一步的成長。此模式主張家庭在相似的發展階段進行相似的活動,且產生相同的問題。因此,每一家庭的生命階段,可以表現家庭的角色結構及家人的互動關係。家庭會從一個時期轉換到另一個時期,中間有重疊的時候。家庭轉換的時期,一般認為是有壓力的,家人的關係、角色和期望均要重組。研究發現,家庭的生命週期與家人的心理幸福感有關。通常將家庭生命週期作為檢驗婚姻滿意度、角色壓力、自我觀念和心理健康的指標(Keith & Schafer, 1991;Mattessich & Hill, 1987)。

　　家庭生命週期模式,強調家庭體系內在組織的改變以及其對家庭和個人的影響。因此,家庭是一種成長和成熟的過程,如同個體一樣。對於家庭生命週期的劃分,不同學者有不同的看法,提出6個階段、8個階段,甚至24個階段的說法。其中笛佛爾(Duvall, 1977)所提出的8個階段發展模式(如表10-1-1)被認為最具影響力。笛佛爾用以決定家庭發展階段的主要因素是年齡和第一個小孩入學的情形。他認為第一個小孩通常是使家庭走入另一個經驗的指標,後繼的小孩則複製這種經驗,並從過去經驗中獲益。晚出生的小孩,家庭已走到不同的發展階段。個體因結婚及生育子女的年齡不同,故他認為單獨以實足年齡作為劃分的依據,並不適當。

表10-1-1　笛佛爾(Duvall)的家庭生命週期階段

階段	家庭情形
1	初組家庭(結婚成家,無小孩)
2	生育子女家庭(第一個小孩出生,至30月大)
3	學齡前兒童家庭(最大小孩2歲半至6歲)
4	學齡兒童家庭(最大小孩6至13歲)
5	青少年子女家庭(最大小孩13至20歲)
6	子女離家時期家庭(第一個至最後小孩離家)
7	中年父母家庭(空巢到退休)
8	老年家庭(退休至配偶死亡)

資料來源:Duvall, 1977.

　　經由研究顯示各階段的長度如圖10-1-1所示。由圖中所示，在家庭生命週期中，父母養育子女的時間不到家庭生命週期的一半。家庭生命期的後段，已脫離養育子女的時間及子女已離家，在長度上有逐漸增長的現象。此種原因，當然與個體壽命延長有關。笛佛爾這種家庭生命週期的理論，可能較適合於西方社會的家庭發展；就東方社會而言，家庭的觀念較為濃厚，親子關係較為密切，因此，孩子離家的現象或較不明顯，或較為延後，惟空巢現象仍然存在。但笛佛爾的模式仍有其參考之價值。

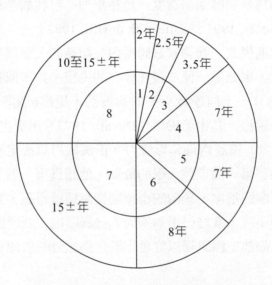

圖10-1-1　家庭生命週期各階段長度

資料來源：Duvall, 1977。

　　由上圖可知，家庭生命週期約為60年，其中屬於老化家庭者約為10到15年，即由退休至兩個配偶均死亡的時間。兩個配偶均死亡，即為此一家庭的消亡時期，另一家庭生命週期在孩子離家後結婚，又開始形成與發展。

二、老年家庭的型態

老年家庭究竟有哪些類型？不同的文化或不同的社會，其所呈現的家庭類型不一，加上「老年」本身包括的年齡範圍甚廣，可以從50多歲到百歲以上；兼之，老年人的異質性大，因此，老年的家庭型態相當歧異。

就高齡者而言，家庭的類型一般可分為核心家庭（nuclear family）、延伸家庭（extended family）、改良式延伸家庭（modified extended family）、支竿式家庭（beanpole family）和混合式家庭（blended family）等五種。

1. 核心家庭：係指由雙親及同住在一起的子女所組成的家庭。此類家庭最為普遍，在高齡者中也是相當常見。依據我國衛生福利部（2014）對老人狀況的調查，在55至64歲中，屬於二代家庭者占47.3%（包括與配偶及子女同住、僅與子女同住、與父母同住及與孫子女同住）；在65歲以上者中，占25.8%。

2. 延伸家庭：係指由三代（祖父母、父母及子女）以上家人住在一起的家庭。此種家庭在過去相當普遍，是老人家庭的主體，尤其是農村地區，家庭就形成一個經濟單位。目前三代同堂者已越來越少。依據我國衛生福利部（2014）對老人狀況的調查，55至64歲中，三代同堂占25.5%（包括與子女及孫子女同住、與父母及子女同住、與父母及孫子女同住）；四代家庭占1.8%；65歲以上者，三代同堂占37.5%，四代同堂占1.0%。

3. 改良式延伸家庭：係指多種親屬關係的家庭，其成員包括祖父母、父母、孫子女、兄弟姐妹，甚至姪兒、姪女，及其他有血緣或婚姻關係的親屬。此類家庭成員即使不全住在一起，卻經常接觸並相互支持。

4. 支竿式家庭：係指由於生命期延長，在家庭系譜樹上，旁枝減少，由多代家人（四或五代）所組成的家庭。

5. 混合式家庭：係指由非血緣的成員住在一起，共同分擔家庭事務者。此類家庭通常係來自離婚或再婚，已結婚的配偶將其過去婚姻的子女一起帶到新家庭中而形成；或在老年階段，由沒有血緣

或婚姻關係的老人一起居住，惟仍不多見。在西方社會中較常見，東方社會中則不多見，例如最近西方興起的「抱團養老」、「共住養老」都是這種混合居住型式的家庭。

老年人究竟偏好住在何種家庭類型中，依據美國對老年人的一項廣泛調查（Shanas, 1979），發現老年人並不希望與子女或孫子女住在同一屋簷下，多數反應偏好有距離的親近（intimacy at a distance），亦即他們希望能與家人常接觸與互動，但偏好在較健康及經濟條件允許下，儘可能自己單獨住，但至少有一個成年子女住在離住處10分鐘車程內，使他們能常前往子女家中走動。此外，多數老人也經常以電話或當面接觸方式與兄弟姐妹或朋友互動，故老人並非與家人孤立，而是常有來往與互動。但在目前社會快速變遷，老人獨居情形越來越多，在日本社會中，老人孤獨死的事件履有所聞，已成為日本超高齡社會的嚴重問題。

三、我國老人的家庭組成

依據我國衛生福利部（2014）對老人狀況的調查，老人的家庭組成可分為獨居、僅與配偶（同居人）同住、兩代家庭、三代家庭、四代家庭、僅與其他親戚或朋友同住、住在機構或其他等七種。其中兩代家庭，包括與配偶（同居人）及子女同住、僅與子女同住、與父母同住、與（外）孫子女同住等四種型態；三代家庭者，包括與子女及（外）孫子女同住、與父母及子女同住、與父母及（外）孫子女同住等三種型態。住在共同事業戶者，則包括住在安養機構及住在長期照顧機構等兩種，故總計有13種家庭組成。以55至64歲者而言，其家庭組成主要以兩代家庭居多，占47.3%；其次為三代家庭，占25.5%；再次為僅與配偶（同居人）同住者，占18.3%；其餘依次為：獨居（5.6%）、四代家庭（1.8%）、僅與其他親戚或朋友同住者（1.2%）、住在機構或其他者（0.4%）。在兩代家庭中，以與配偶（同居人）及子女同住者最多（35.3%），其次為僅與子女同住（6.6%）、與父母同住（4.1%）、與（外）孫子

女同住（1.2%）。在三代家庭中，以與子女及（外）孫子女同住最多
（19.5%），其次爲與父母及子女同住（5.8%）、與父母及孫子女同住
（0.2%）。

　　在65歲以上的老人中，則發現以三代家庭居多，占37.9%，其
次爲兩代家庭者，占25.8%，其餘依次爲：僅與配偶（同居人）同住
（20.6%）、獨居（11.1%）、住在機構或其他（3.4%）、四代家庭者
（1.0%）、僅與其他親戚或朋友同住者（0.6%）、等。

　　基於上述，可見55至64歲與65歲以上的高齡者，兩類的家庭組成略
有不同，其表現在三方面：(1)年齡越大，三代家庭的比率越高：由25.5%
上升至37.5%；(2)且獨居者亦顯著倍增：由5.6%升至11.1%；(3)住在機構
或其他者亦明顯上升：由0.4%上升至3.4%。此種因年齡不同所呈現的家
庭組成變化，顯然與年齡增大、身體健康較差、獨立性減低有關，故65
歲以上者，屬於二代家庭比率大爲減少（由47.3%降至25.8%）；而三代
家庭及住在機構或其他者的比率，則顯著增加。至於獨居亦顯著增加，與
配偶死亡有關，且女性獨居者高於男性（9.4%比5.1%）。

　　根據2014年與2009年的調查，65歲以上老人的家庭組成相比，主要的
不同在於：(1)兩代家庭比率減少：由29.8%減少至25.8%；(2)獨居增加：
由9.2%上升至11.1%；(3)僅與配偶（同居人）同住者上升：由18.8%上升至
20.6%。其原因可能是老年人的健康隨著社會的變遷有所改善，故獨居增
加，僅與配偶同住者增加及兩代家庭減少。故我國老人的身體健康有逐步
上升之現象。茲將55至64歲，及65歲以上兩組老人家庭組成的調查結果列
表如10-1-2。

表10-1-2　我國55歲至64歲及65歲以上老人家庭組成情形（%）

調查時間	年齡	獨居	僅與配偶（同居人）同住	兩代家庭	三代家庭	四代家庭	僅與其他親友同住	住在機構或其他
2013年	55至64歲	5.6	18.3	47.3	25.5	1.8	1.2	0.4
	65歲以上	11.1	20.6	25.8	36.6	1.0	0.6	3.4
2009年	65歲以上	9.2	18.8	29.8	37.9	0.8	0.8	2.8

資料來源：衛生福利部，2014：3。

第二節　高齡期的配偶及與成年子女的關係

家庭是老年人生活的重心，也是最重要的生活場域。家庭的人際關係直接影響老年人的身體健康與幸福感。在家庭人際關係中，最重要的就是與配偶及成年子女的互動關係。老年配偶的關係，雖然二人自結婚建立家庭之後，已歷經數十年的相處，但俗云：「少年夫妻，老來伴」，可見到了高齡階段，配偶間的相處模式不同。再者，現代的高齡者，由於社會的變遷，生命期不斷的向後推移，因此，壽命不斷延長，其子女亦已成長至中年或老年，此一時期也非早年年輕父母與幼小子女的關係可比。高齡者與成年子女間的關係，在過去由於個體壽命不長，無法體驗，因此，現代的高齡者與成年子女間的關係，就歷史而言，應屬空前。二者之間如何互動，實為當前社會所關注的課題。有鑑於此，本節乃針對老年配偶及與成年子女的關係加以探討。

一、老年的婚姻關係

婚姻關係是成年生活的中心。在所有關係中，配偶被視為最可能成為知己，提供支援，有助於與社會互動，促進心理健康與預防寂寞等功能（Dykstra, 1995）。老年階段的婚姻關係，直接影響個體的自尊、焦慮及沮喪的情緒（Mancini & Bonanno, 2006）。以下就婚姻滿意度及夫妻互動兩方面探討老年的婚姻關係。

（一）婚姻滿意度

一般而言，在整個成年期中，婚姻滿意度呈現所謂「上揚假設」（upswing hypothesis）的說法，即在子女未出生前，有高度的婚姻滿意度，其後在養育子女和建立職業階段，婚姻滿意度降低。晚年，婚姻滿意度又再度上揚，但可能沒有結婚初期的高水準。上升的時期，約在孩子開始離家之時。此時夫妻仍然健康，工作壓力與親職責任相對減少，較能享受自由的時光（如圖10-2-1）。

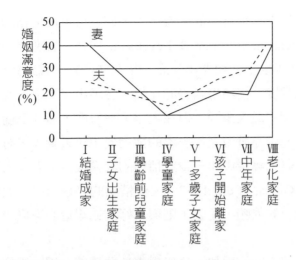

圖10-2-1　婚姻滿意度的上揚假設

資料來源：Anderson, Russell & Schumm, 1983。

　　上揚假設的說法，係根據橫斷研究對已婚多年者晤談的結果。事實上，有些夫妻雖仍維持婚姻關係，但已面臨壓力，或已分居、離婚。老年離婚率在某些國家，如日本、美國等有明顯的上升趨勢。1997年美國65歲以上的銀髮族，離婚或分居的比率為7%，至2001年上升至10%。日本結婚20年以上的「熟年世代」，至2004年，離婚的對數為42,000對，為1985年的2倍，30年以上的夫妻離婚對數為1985年的4倍（周威整，2007）。我國近年來社會的發展，也有此種趨勢，依內政部（2008）的統計，離婚對數10年來平均年增率為4.15%，以婚齡30年以上之離婚者增加11.89%最多。25至29年者增加9.78%次之。故婚齡25年以上離婚者的比率，有明顯逐年增加的趨勢。故老年離婚率的上升，曾被視為一種流行病（epidemic）。總之，老年夫妻的互動情形為何，仍待進一步了解。

（二）老年夫妻的互動情形

　　究竟老年夫妻的互動情形如何？情感如何？研究發現在多年夫妻之後，即使雖有不滿意和負向的情緒，但多數夫妻是快樂的、滿意的。與中年夫妻相較，一般發現老年夫妻較少負向情感和情緒緊張，有更多的情感

存在。亦即老年夫妻反應不滿意者,大多僅限於負向情緒的表露。卡斯坦遜等人(Carstenson, Gottman & Levenson, 1995)曾進行中年夫妻(年在40-50,婚齡15年以上)和老年夫妻(年在60-70,婚齡35年以上)在衝突議題、婚姻滿意度、情緒表露等的比較,發現中年夫婦反應,「孩子的問題」為雙方衝突的最大來源;但在老年夫妻方面,僅列為衝突原因的第四位。此外,研究中亦發現老年夫妻的衝突較中年夫妻少,有更多的共同參與活動。另有研究發現中年夫妻對情緒的表露較多,老年夫妻則能作較多的情緒控制(Gross, et al., 1997)。就情緒的依賴而言,通常男性對於妻子有較多情緒上的依賴,而妻子則與其好友或親近的家庭成員分享自己的情緒。

總之,隨著年齡的增加,老年夫妻負向情緒有減少的趨勢,並能作更多的情緒控制,和對問題的因應。卡斯坦遜(Carstenson, et al., 2006)認為負向情緒減少,正向情緒增加和更多的情緒控制顯示老年人的情緒生活比年輕夫妻愉快,並較能作好情緒管理。

(三)疾病與婚姻

在漫長的老年婚姻中,夫妻中總會有罹患較長期疾病的時候,通常會導致婚姻關係的惡化,因疾病帶來的痛苦或疼痛,很難再有精力注意到對方,此時照護的責任往往由另一位健康的配偶承擔。若夫妻一方還在,真正來自子女的照護不多(Gatz, Bengtson & Blum, 1990)。

亞契利和米洛(Atchley & Miller, 1983)曾探究面臨退休、移居及生病等三個事件對老年夫妻的影響,發現只有疾病才是具有影響力的壓力事件。夫妻一方生病了,另一半士氣減退。此種情形,對女性的影響較大,產生低生活滿意度與低士氣的現象(Quirouette & Gold, 1992)。如果疾病的來臨,是較「及時」(on time)的話,則較不會影響彼此的「承諾」。詹森(Jonnson, 1985)曾晤談76位有配偶從醫院回到家中的另一半,大多數表示衝突情形減少,仍給予情緒支持。他指出如果要長久的擔任照護工作,可能會改變這樣的感覺,即所謂「久病無孝子」的說法,在夫妻間亦可能會發生。

當一方生病後，照護責任往往由另一方承擔，通常較不會依賴其他協助的資源。如就子女與配偶提供的照護而言，配偶的照護較周到、密切、持續較久，較全心投入，較少有矛盾情感、衝突和壓力存在（Johnson, 1983; Montomery & Kosloski, 1994）。

（四）再婚

社會對晚年的相愛、尋求新的伴侶或再婚，已越來越能接受。晚年的愛情，往往稱之為「秋天的愛」（autumn love affairs）。晚年的愛多數在尋求伴侶，並非要再婚。尤其婦女表示再婚並無必要，因為她們已不想再有小孩，也害怕承擔起照護者的角色。她們多數已照護丈夫多年，不想重蹈覆轍，但也有少數會再走入結婚的殿堂。65歲之後再婚，究竟她們是否快樂？在一項研究中發現，受訪婦女認為再婚改變了她們的生活。再婚的理由，以尋求伴侶最多，可以有伴去旅行或共同做事，墜入愛河被列為第二。大多數再婚者表示，他們第二次的婚姻比第一次快樂，因為他們此時已較為成熟。這種婚姻的快樂，來自教養子女和工作壓力的解除（Belsky, 1997）。

（五）鰥寡

老年夫妻在婚姻的後期，會走入鰥寡的階段。此一階段以婦女居多，且婦女寡居往往會有一段相當長的時間，其原因在於婦女的生命期較長，且傾向嫁給比她年長的男士。

鰥寡意味失去了伴侶，對個體而言，是一種激烈的生活改變。對家務的處理，如財務、準備三餐、修理水電等都會落在存活的一方。與朋友的關係也會改變，與其他親屬的關係也會弱化。寡婦要重作自我的認同，改變過去是某人太太的角色認知，從中解脫出來，另作自我的認同。在老年階段中，最嚴重的生活事件就是配偶的死亡。一般而言，配偶的死亡，對男性的打擊比女性要嚴重，其主要原因為：

1. 老年男性的健康較差：到了高齡階段，男性的健康情形往往不如女性。

2. 男性欠缺生活自理能力：男性大部分時間都專注在事業上，對家

務並無經驗，一旦妻子過世後，高齡男士產生不知所措的空虛感，尤其在妻子死亡的初期。

3. 親戚來往疏遠：男性通常與親戚間來往的密切程度不如妻子，因此在妻子過世後，需要重新建立與親戚的關係。

4. 男性在家中扮演支配者的角色：妻子過世後，此種角色無法實現，產生恐懼感。

5. 情緒無法獲得抒解：男性較不易表露情緒，在喪偶後較無法由同性朋友處獲得心理的支持。

老年女性在喪偶後，可能遭遇的困難，包括經濟、行動與社交的困難。在經濟上，寡婦通常較有經濟的問題；行動上，丈夫過世後無人可開車，要自己開車，單獨出門，安全感降低；在社交方面，常由丈夫帶領參與，喪偶後要自己處理。因此，喪偶後的老年婦女，也會產生若干衝擊，但與鰥夫相較，仍以鰥夫所受的打擊較為嚴重。

二、老年父母與成年子女的關係

由於壽命延長，高齡父母與成年子女的關係也越來越長。一般而言，高齡父母與成年子女間仍維持親密的關係，二代間常有接觸與往來。但成年子女與母親的接觸多於與父親的接觸，母女之間有較強的緊密連結（Fingerman, 1996）。母親經常是家族的維繫者，更常與家人接觸，提供家人較多的支持。

二代間的親近關係顯示家庭的團結，通常表現在情感、接觸和相互支持上。但雙方仍會有緊張關係存在。研究發現老年父母較不會承認他們與成年子女間有緊張的關係（Mancini & Bleiszner, 1989），此即為所謂代間賭注假設（intergenerational stake hypothesis），即老年父母以較樂觀的眼光看待其子女；反之，成年子女想要建立自己的世界，較不能以相同的態度對待父母。

另一項探討老年父母與成年子女間衝突的研究，其研究對象為老年

父母，平均年齡爲62歲，成年子女平均爲39歲，採用開放式問卷進行。有2/3以上的受試者願意承認彼此間有緊張關係存在。老年父母提出的衝突問題類皆與生活型態的選擇有關，如衣服的式樣、髮式、教育或職業的選擇，或飲酒等；而成年子女提出的則係有關溝通的問題，如互動情形不佳、欠缺溝通、呼叫或批評等（Clarke, Preston, Raksin & Bengston, 1999）。

第三節　祖孫關係及與手足關係

　　老年的人際關係，以與配偶及成年子女的關係最爲密切，其次爲祖孫關係及老年的手足關係。由於壽命的延長，祖孫之間相處的時間也拉長。祖孫關係會影響高齡者的幸福感，是老年生活慰藉與快樂的來源。但由於社會變遷，祖孫間的關係也會產生本質上的改變。另外一個老年的重要關係是手足之情，手足是個體一生中最長的關係，在老年階段，往往彼此相互支持，手足也是老年人情感的重要連結。

一、祖孫關係

　　由於壽命的延長，老年人扮演祖父母的角色已相當普遍，且可長達40年以上。但由於少子化的現象，支竿式家庭興起，未來的祖父母，其孫子女的人數可能會較過去爲少。但他們成爲祖父母的機會卻大增，甚至也有很大的機會成爲曾祖父母。

　　祖父母角色的性質，依其性別、社經地位、婚姻狀況、種族、孫子女年齡、祖父母年齡、扮演祖父母的生命階段等而有不同。如祖父母年紀輕，通常仍有小孩在家，且仍全時工作，對孫子女關注的時間就不多；如祖父母年紀較大，通常已退休，就會有較多的時間投注在孫子女身上，但與孫子女間的互動，須視其健康而定。如祖父母健康良好，通常會帶孫子

女出外遊玩或進行拜訪活動。當然，雙方距離的遠近也須考量。如果祖父母住在附近，就較有機會看到孫子女。

至於祖孫間的關係型態為何，基維尼克和辛克洛（Kivinick & Sinclair, 1996）提出三類型的說法，即遙遠型（remote）、友伴型（Companionate）和涉入型（involved）。

1. 遙遠型的祖父母：係指祖孫雙方在情感上有距離，且扮演正式的祖父母角色。此類祖父母通常住在遠方，忙於工作或其他的興趣。

2. 友伴型祖父母：係指與孫子女玩樂，共享閒暇時光者（玩遊戲或烘烤餅乾）。這是現代社會中最常見的祖孫型態。一般而言，他們避免干涉孫子女的教養，將此留給其父母。

3. 涉入型祖父母：此類祖父母會花大量時間與孫子女相處，或可能是其父母須出外工作，由祖父母負責照料他們。由於離婚率增加，父母必須外出工作，會要求祖父母來幫忙照顧子女。尤其當其子女未能負起教養孫子女的責任時，涉入型祖父母往往代之負起教養的責任。此種全時照顧孫子女的監督型祖父母已越來越普遍，就美國而言，從1990至2001年增加了30%（Hayslip & Kaminski, 2005）。此種情形與離婚率的上升有關。

祖父母的婚姻狀況也會影響與孫子女相處的時間。寡居的祖父母，通常是祖母，會花較多時間與孫子女相處。祖父母離婚也會影響與成年子女及孫子女的關係，其中之一可能會花較少的時間在孫子女身上，尤其是當他們再婚後，關注就較為減少。

二、手足關係

早年手足間的依附與競爭會影響兄弟姐妹間的社會化。隨著手足長大成家，養育子女，手足間的競爭消失，或各忙於工作與家務而關係淡化，到了晚年手足關係會再強化。彼此間距離的遠近，是重要的因素。

（一）手足關係的特性

手足的關係與其他的人際關係不同，手足關係的特徵具有下列4項（Cicielli, 1991）：

1. 手足間有33%至66%的基因是相同的：故手足間的連結非屬志願式，而是具有生物學上的基礎，他們在相同的家庭中出生，因此，此種關係永遠存在，不能割捨，即使功能不彰，仍然存留。
2. 手足關係是家人關係中最長久的關係：始自個體的出生而終止於死亡。
3. 手足擁有漫長的家庭經驗史：除了他們有部分基因相同之外，手足間亦有共同的家庭生長經驗，因而可能會有相似的價值觀，彼此較會了解對方的觀點，這不是其他人際關係所能做到的。
4. 手足關係是平等的：手足間有相等的權利、義務與責任。手足間較其他親屬更易建立同伴的關係。

研究指出，手足可以提供24%的情緒支持，所有的手足可提供21%的幫助。在大多數的人際關係裡，手足的人數較其他種類的人數多（Wellmen & Wortley, 1989）。整體而言，手足有時較其他親屬更像朋友，因其提供了同伴的關係；在另一方面，手足是比朋友更密切的親屬，他可以提供情感的支持，比朋友更能維持遠距離的活躍關係。

（二）手足關係的鐘擺效應

在一生中，手足關係上有一種鐘擺效應（hourglass effect）存在，亦即過去手足住在一起有密切連結者，到了早、中成年期呈現弱化現象，但到了晚年又回復積極連繫的狀態。晚年，手足連結重行建立與加強，其原因有五：(1)晚年因孩子已離家有較多自由的時間；(2)早中成年期各自所建立的友誼網路，由於遷居、離婚及死亡而縮減，會轉移到手足關係上；(3)過去手足間地理的隔絕，在退休後，可能移居回到家鄉而重聚；(4)過去手足間衝突的因素已不存在或不重要。如受到配偶的影響與干預，已因離婚或死亡而消失；或因分擔照顧年邁雙親的責任而產生的衝突，已因雙親住進安養院或死亡而抒解；(5)個體到了老年，較重視共同過去的記

憶，而手足就是可以分享此種共同記憶的人（Cicirelli, 1995）。

（三）手足關係性質與影響因素

一般而言，親屬間的情感支持度與血親遠近成正比，依序爲：配偶、子女、手足、其他親屬（Dykstra, 1993）。手足間的互動，雖不如與配偶及子女間密切，但一般認爲較屬志願性。依照階層補償模式（hierar-chical-compensatory model）的說法，個體會依層級順序來尋求幫助，即老年對求助對象的選取，會依層級的關係先找最高一層的配偶及成年子女。當這些協助資源無法獲得時，才會轉而尋求手足或較低層次的人。階層補償理論可以解釋，何以單身或寡居的老年人受到手足的協助，比結婚配偶健在或有成年子女的老人多的原因。

手足的人數與性別也會影響支持的資源多寡。一般而言，擁有二個以上手足的老年人，其所獲得的支持較僅有一個手足者爲多。此外，來自姐妹的支持往往多於兄弟，其原因爲婦女對原生家庭往往有較強的連結。男性往往與其妻子的家庭有較緊密的依附（Benston et al., 1996）。

（四）手足關係類型

手足關係的類型爲何？高爾德（Gold, 1989）曾依情感的密切程度將手足的關係分爲五類：

1. 親密手足（intimate siblings）：彼此有高度的忠心，相互了解與愛護，認爲彼此是最好的朋友。常打電話或登門拜訪，接觸頻繁。

2. 意氣相投的手足（congenial siblings）：有較強的友誼感與照護心，但情感連結不深，除非在危機或有壓力的時候會有連繫。彼此接觸是一週或一月一次。此類人往往將配偶或子女列爲最親近的人，手足是其次。

3. 忠誠手足（loyal siblings）：有共同家庭背景的連結和強烈的家庭責任感，彼此少有接觸，但在家庭有重要事件的場合中會出現，如結婚、喪葬及節日等。彼此很少交換情感的支持，但在生病或財務困難時，會伸手幫助。

4. 冷淡的手足（apathetic siblings）：彼此疏遠，沒有興趣對其他人負責。家裡有重要事件的場合也不出現，彼此接觸很少，即使住在附近亦然。由於彼此不關心，可能多年不通話，但這是屬於不關心，並非生氣或有衝突。

5. 有敵意的手足（hostile siblings）：避免相見，彼此鄙視及生氣，拒絕對方求助要求，彼此具有負面的情感。此種敵意有時係來自早年的爭執、嫉妒或父母的偏心等。

　　高爾德（Gold）的研究樣本不多，因此，他的分類要推論到更廣泛的群體上，有其限制。由於離婚率不斷上升，且少子化現象嚴重，因此對於未來的老年人，手足的支持資源可能會比現在更重要。故進一步對晚年手足關係的研究，將益顯重要。高爾德的分類架構，提供了對手足關係的一些了解，但其缺點在於未掌握家人互動關係史的複雜性。當子女長大離家後，家人的互動關係並未停止，如中年後共同關注父母的健康，手足關係就可能強化；而對於照護父母責任的不均，也會增加手足間的緊張關係（Erber, 2010）。因此，手足間的關係頗為複雜，而且是一種動態的過程，有需要進一步的研究，才能獲得更深入的了解。

第四節　高齡期的朋友關係

　　朋友關係，也是高齡期重要的人際關係。老年的友誼相當重要，它與生活滿意及幸福感有關。通常朋友越多，個體的生活滿意度越高，幸福感也會提升。我們一般所謂的「五老」，即包括老友在內。所謂老友係指同年齡、同背景的朋友。老友係能夠分享內心深處感覺的人，故有時老友比自己的子女還重要。因此，老年的友誼也相當重要。本節探討老年的朋友關係，茲就友誼的性質、友誼的發展、友誼的建立及老年友誼的情形等四部分分述如下。

一、友誼的性質

友誼（friendship）是什麼？不同的人解讀不同。每個人心目中的友誼，其圖像或觀點不一，個人或許只掌握其中幾項要素，以致看法不同。常聽到的說法是「我把你當朋友看待，你卻沒有」，可見對友誼的內涵、觀點不一。一般而言，友誼包括以下八項要素：

1. 享樂（enjoyment）：與朋友在一起感到快樂，願意一起共度時光。
2. 接受（acceptance）：能相互接受，不必作任何改變。
3. 尊敬（respect）：尊敬對方，認為朋友有權自己作決定。
4. 相互幫助（mutual assistance）：願意幫助及支持朋友，也希望朋友也能對自己支持與協助。
5. 信任（confiding）：認為朋友是可信任的對象，可以相互分享經驗。
6. 了解（understanding）：認為朋友能了解自己，了解自己的嗜好與興趣。
7. 自動自發（spontaneity）：會自動自發為朋友做事。
8. 坦誠（trust）：開誠布公，沒有隱瞞欺騙。

友誼的要素包括以上八種，有些人可能僅掌握其中若干項，故會造成彼此的認知不同。

二、友誼的功能

一般而言，友誼具有四項功能：(1)保護：朋友聚在一起，可以獲得保護；(2)滿足成長的需求：朋友彼此分享經驗，相互接納，適度的自我坦露，有助於個人的成長及對自我的了解；(3)消除寂寞孤獨：朋友相聚，相互為伴，可以消除寂寞孤獨；(4)可提高價值感與自重感：朋友相互尊敬，認為每個人都有其價值，而相互接納，可以提升個體的價值感。

此外,懷特伯恩(Whitbourne, 2007)從理論的觀點提出友誼的二種功能,包括:(1)互惠:就是一種相互的感覺。互惠是指彼此有深厚的情感,涵蓋親密、支持、分享和陪伴等,可以從中取或予。互惠在行為的層面上,包括:交換禮物、忠告和恩澤等;(2)社會化:透過生命轉換彼此相互幫忙,包括健康改變、婚姻關係、居住安排及工作等。

三、友誼的發展

友誼的發展,主要在於雙方具有相同或相類似的因素,如同性別、社經地位、種族、同學、同鄉、同居住處、同生長背景、同經驗等,相同的因素越多,越可能發展友誼(Adams & Blieszner, 1995)。

友誼的發展,由形成到解體係經由一系列的發展軌跡,由陌生、熟悉到朋友的過程。在維持階段,彼此有積極的興趣和融入,並定期評估友誼的品質來決定涉入的程度,此時「互惠」程度達到最高。維持的階段,可能歷經多年,甚至數十年,依親密程度而定。友誼的結束來自於瓦解,雙方互惠感逐漸減少,關係也下降,此時友誼就會逐漸走入結束階段。有時也會因衝突和意見不合,透過意識決定而中斷友誼。

四、老年的友誼情形

在高齡階段,如果家人關係存在,友誼在較高年齡者的社交網絡中只占一小部分。至高高齡階段(75歲以上),家庭外的社交網絡會逐漸減縮,但朋友仍然是老年人社交網絡中的重要一環。

朋友在高齡階段,可以提供情緒的支持,尤其當家人無法提供時,朋友的支持更顯重要。朋友是享樂、情緒良好和士氣提升的重要來源。與朋友交談,可以幫助減輕壓力。但與家人關係不同,朋友不受制於義務或任何形式的規則,它是自願性的,無論取與予,「互惠」都相當重要。

　　個體至老年階段，通常不會把成年子女當成親密的朋友，主要的原因是彼此係處於不同世代的人，在情感交換上不能平衡的互換。在高齡階段的生活中，年齡的同質性在促進友誼關係中扮演著重要的角色，其原因為年齡相仿的人，能共同分享生命中的相同經驗，避免了與子女或工作夥伴相處時可能會出現的代溝問題，因此，同年齡的老友能夠擁有更多等量的情感互換，容易結為親密的友伴關係。

　　朋友也可能基於共同興趣而來，或彼此基於深厚、長期的情感連結而來。因興趣而結合的朋友，如一起打橋牌或打高爾夫，在老年階段因健康惡化或交通受限等，友誼就會下降。基於長期情感連結而建立的朋友，如多年的鄰居，或小孩上相同的學校，此種友誼到老年階段就較能維持。

　　老年人由於身體移動受限或沒有交通工具，與親近朋友的連繫往往要透過電話。到了高高齡階段，老年人偏好留在家中獨處，不參與社會的互動。這些都會影響老年友誼的維持。

　　女性通常是友誼的發動者及維持者，在已婚夫婦中，男性通常依賴太太進行社交活動和開拓社會網絡，太太往往成為唯一的密友。此種情形，使其在喪偶後遭逢更大的痛苦。而女性在生活中，傾向於透過與其他婦女建立親密的友誼關係，使其在情感上不完全依賴其配偶。當面臨喪偶、離婚或分居時，她們可以尋求朋友的幫助。故寡婦從朋友那裡可以得到較多的協助。在一項縱貫性的研究中發現，男性隨著年齡增長，在新朋友的數量、對親密關係的渴望上，以及家庭外活動的參與度都會隨著降低（Field, Nichols, Holen & Horowitz, 1999）。在老年階段，婦女較可能成為寡婦，也較不會再婚，因此，老年婦女較會有時間與朋友相處，這可能是老年婦女較能維持友誼的原因。故老年婦女比男性擁有較多更親密、多樣化或深切的友誼關係。

第十一章　高齡期角色的發展

　　社會老化最重要的具體表現在於角色的轉換與改變，這也是社會對有關老人或老化認知的重要層面。對老化或老人的認知，除生理層面外，最重要的是社會的層面。社會層面的改變通常顯現於外，較能爲他人所觀察或察覺的部分。在高齡期中，由於角色的轉換或改變，對於高齡者的心理與行爲影響至鉅。本章探討高齡期的角色發展，茲分四節加以說明，第一節探討老化與角色發展，第二節闡述高齡期角色發展的理論；第三節分析高齡者所扮演的重要角色，第四節則針對角色的改變，提出調適的重要策略，以供參考。

第一節　老化與角色發展

　　老化會帶來角色的改變，影響老年人的社會地位、人際網絡、自我價值及自我觀念的改變。因此，老化是角色改變的重要預測變項。社會學家長期以來已注意到從角色和角色轉換的研究來了解老化的過程，提出一些相關理論或研究成果，釐清了老化的社會層面，甚具貢獻。雷利、詹森和佛諾（Riley, Johnson & Foner, 1972）早在1970年代，就將老化界定爲：「透過社會老化的成功參與而累積的經驗」（p.10）。角色可以幫助界定老化過程和對生命歷程的變遷。角色的增加或減少也會對擁有某種社會地位者提供一些行爲的規範，及形塑其生命歷程。以下就角色的意義、老化與角色轉換的研究及角色改變的效應等三部分說明之。

一、角色的意義

　　角色是一般人常用的一種名詞，代表著一種職位及其社會的地位。角色（role），原指在戲劇中所扮演的人物，其後在眞實生活中，就成爲泛指一個人的職業、任務、位置或地位。在社會心理學上，角色一詞常有兩種意義，包括：(1)指個體在社會團體中被賦予的身分及該身分應發揮

的功能，因此，角色係一種類別或屬性，如父母、子女、雇主、雇工、教師、學生等都是角色，每種角色均有其權利與義務；(2)指角色所具有的行為規範或組型。社會上對每種角色，均賦予期待的行為特徵。如父母、子女、教師、學生應有那些行為表現，這是個人在社會化歷程中，所要學習或型塑的重要部分（張春興，1989）。社會認為個體既扮演了某種角色，就應該有該角色的行為表現，這是個體在終身學習中的重要部分。上述二種意義，彼此相互影響，前者指個人與團體的關係，後者指角色期待下的行為，但有時二者相互為用，未作區分。角色是社會組織的基礎，實際上，組成組織的成員不是具體的人，而是老闆、董事長、經理、雇員等這些角色，角色構成了社會組織，具體的個人則扮演某一種角色。如果失去了這些角色，組織便解體或變質。在社會系統分工中，角色就定義了每個特定崗位的技能和工作職責。一般而言，個體所扮演的角色具有三種特徵：

（一）角色多重

個體在同一時間中所扮演的角色不只一個，而是多重角色兼具。例如個體可能兼具為人配偶、父母、子女、工作者、學習者等多重角色，個體在社會中以不同的角色與他人來往互動，角色被編織成網，形成角色叢。當角色越多，個人的相對義務與責任就會增加，通常兼具多重角色的人相當忙碌，這也是成年人的重要特徵之一。

（二）角色改變

個體所扮演的角色，並非不變，而是隨著在團體中的人際間關係與互動而變動。每個人都必須在社會化的歷程中，不斷學習符合各種角色的社會行為。在不同情形中，扮演的角色不能混淆，當個體角色改變，通常會影響其人際關係及行為表現。故角色的改變會帶來一些好處，也會帶來一些行為上的壓力。角色的改變，也是學習產生的契機，成為最可教（teachingable）的時機。角色的學習主要包括角色的責任、義務和權利的學習，和角色的態度和情感的學習。

（三）角色衝突

個體扮演了某種角色，每種角色均會帶來某些權利與義務。這些義務與責任，就是對個體的一種要求。當不同角色的期待或要求有所不同時，就會造成個體的心理或行為的困擾，此即爲角色衝突。許多個體的行爲問題，事實上，都是來自角色的衝突。衝突常發生於二種情境，包括：(1)角色間的衝突：指同時扮演多重角色所形成的顧此失彼的情形；(2)角色內衝突：指擔任同一角色，但無法同時滿足多方面需要的心理困擾。如身爲多個孩子的母親，無法使每個孩子感到滿意的心情。

二、老化與角色轉換的研究

老化會影響角色轉換，反之，角色轉換也會影響老化的過程。有關老化與角色轉換的研究，也有相當長的歷史，在研究的理論與方法也有若干的改變。本節旨在就最近50年來，老化與角色轉變的相關文獻作一回顧與分析，以了解不同時代的研究所強調的發現與重點的不同。有關老化與角色轉換的研究，約可分爲三個時期：

（一）問題觀的角色轉換

1970年代以前有關角色轉換的研究，將老化視爲「問題」（problem）。老年的角色主要有二個大的問題（big two），即寡居與退休。此二者皆爲一種角色的喪失，會對個人的適應造成挑戰，理想的適應即在於活動，因而形成老化的活動理論，主張活動越多，生活越滿意。由於個體在家庭和工作層面角色的喪失，老年人如想維持積極的自我，就必須在其他層面尋求新的角色，以爲替代。此種問題取向的研究，從早期一直持續到1960及1970年代初，而引發了1960年代初期的撤退論，指出角色喪失會導致社會孤立、士氣消沉及健康的衰退，這是一種生命的危機事件，會造成個體生理和社會功能的減退。儘管這種說法受到不少批評，但當時甚多的學者類皆接受了由於老化的關係，個體應從社會活動中撤退的說法。

（二）多元觀的角色轉換

1970年代後期至1980年代間，有關角色轉換的研究，採取了更多的持續觀點（contingency perspective）。雖然過去的許多研究，都側重在社會撤退和功能的減退，但1980年代的研究指出，老年的角色轉換會帶來更多元的結果。社會與健康的衰退只在某些情境中發生，但在其他情境中則不然。有關對寡婦和退休的研究，也指出角色的轉換會有更多元的結果，而非只是社會活動和身體健康的衰退（Lopata, 1973; Streib & Schneider, 1971）。有些角色的轉換，只對某些人有衝擊，對其他人則無影響；有些角色的轉換，還會增進社會的參與和健康的促進。

造成這種對角色轉換觀點的改變，其最重要的原因在於研究設計上的突破，表現在兩種情況：一為縱貫研究的採行，發現了角色轉換會在社會和身體健康上的維持持續，而非橫斷研究所得到的簡單結論——撤退；二為研究樣本更為擴大。1970和1980年代的研究樣本更為廣泛，甚至以全國為取樣對象，而非如過去局限在社區，探討有無某種事件經驗者差異的比較（Ferraro, 1989）。

此時期的角色轉換的研究，指出轉換結果的多樣化和個人適應的複雜性。角色轉換，對某些人來說，可能是生命危機事件；但其他人可能由於因應的妥適，而認為是愉快的。此種差異亦可證明老人人口的異質性。不同的理論強調不同的角色結果。此外，生命轉換模式也注意到在不同社會的情境中，角色的妥協性（negotiation of roles）（Marshall, 1995）。

（三）生命軌跡的角色轉換

進入1990年代後，有關角色轉換的研究呈現了不同的取向，雖然仍繼續採用1980年代的持續理論觀點，但更強調早年生活經驗對角色轉換的影響，及其對後續個人適應的形塑，因而建立了生命期發展心理學及年齡階層觀，採取以長期的觀點來研究角色轉換。

此種研究取向，認為角色的轉換與早期生命環境及生命的轉換有關，它不僅是一種人格或行為的持續性問題，它打開了早期人格或行為對晚期的影響，並評估角色轉換的效應。很多早期的生命週期（life-cycle）理論都認為生命轉換的可預測性，但生命軌跡與角色轉換的研究都指出結

果的多樣性，並尋求在生物、歷史和社會資源上的可預測變項。其中最重要的特徵，就是認為角色轉換有內源性（endogeneity），而非只探討角色轉換的「效應」（effect）。研究者進而關注導致角色轉換的選擇過程，如退休、成為祖父母或照護者等。即使是外在原因造成的，亦有必要了解此種角色轉換的內在因素，如配偶死亡的時間及方式，都會對寡居產生不同的結果。這種對角色轉換的發生及對結果的關注，有助於了解個人的適應歷程。生命軌跡論的角色轉換，目前大量依賴縱貫資料的應用。

三、角色轉換的效應

個體的角色轉換會帶來社會層面的影響。角色轉換對高齡者的影響，最重要的就是寡居、退休及照護等三方面，以下就家庭、工作及社會網絡等三方面，加以說明之。

（一）家庭角色的轉換

晚年的家庭角色轉換最明顯的就是配偶的死亡。65歲以上的老人，失去配偶的機率約為50%，而65歲以下則在10%以下。一般而言，配偶的死亡是一種非志願性、無法掌控的事件。而社會學家早就提出非志願性的生命轉換對個體的健康及幸福感影響較大。

配偶的死亡，較可能發生在女性的身上，男性因生命期較短，較不可能發生，即使有，也較可能以再婚作為因應。有不少的研究指出，寡居會導致身心健康的衰退。配偶死亡後的強烈悲傷期約為一年左右。寡居後，社會參與並不必然減少，有些縱貫性的研究指出，寡居後仍然相當活躍，視其在事件發生前的活動程度而定，甚至基於補償作用，在配偶死亡後的2至3年，社會參與反有增加的情形（Ferraro, Mutran & Barresi, 1994）。

生命軌跡論者認為配偶死亡的時間，對寡居生活的影響相當重要。大多數的研究均指出配偶死亡會對健康及幸福感有所影響，但如果事件的發生是可預測的，配偶的死亡可能也是一種解脫。因此，生命軌跡論者認

為配偶死亡的衝擊程度，受到很多因素的影響，包括婚姻的品質、健康狀況、配偶死亡的型態和個人與社會資源的多寡等。

另外在家庭角色轉換受到關注的是親子及祖孫關係。晚年的父母親角色特徵不明顯，但親子關係的改變仍是了解晚年角色轉換有意義的一面。通常子女長大離家，家人關係仍然相當凝聚。子女仍然是高齡父母的重要資源，親子關係的品質是雙方尋求社會支持的重要決定因子。成年子女是克服寂寞和分離的要素，是僅次於配偶能提供父母幫助的重要資源。

對高齡者而言，祖父母也是一個重要的角色。祖父母角色通常在中年期開始扮演，持續至孫子女成長至青少年期。祖孫關係有各種類型，自我效能較高者，對祖父母角色的涉入較深。就大多數祖父母而言，尤其是祖母，通常會感覺祖父母角色是令人滿意的。

（二）工作角色的轉換

高齡期工作角色的轉換是多元的，包括進入或重新進入勞動市場，尋求或接受工作的發展等。儘管工作角色轉換多元，但大多數的研究仍然側重從工作離開，包括部門縮編、關閉或被解僱。工作重新安置，通常收入會減少40%，晚年再就業已有越來越多的趨勢，但退休長期以來一直是研究的重點。在早期1950和1960年代的研究，都將退休視為危機（角色喪失），會導致健康和社會關係的衰退。個體退休之決定，受到多重因素的影響，如配偶的工作地位及態度、家庭歷史、經濟情況和健康狀況等。

退休是否會導致健康的惡化，早期的研究都指出退休對健康是有害的，但新進的研究也發現退休會改善健康情形（Midanik, Soghikian, Ransom & Tekawa, 1995）。至於退休與社會孤立、沮喪的關係，也受到質疑。多數的退休者已尋找參與社會生活的新管道，適應得相當良好。退休並不會對社會支持的質與量，有重要的影響。

（三）社會網絡的角色轉換

社會網絡也提供另外的角色轉換機會。在社區網絡中，有角色的退出也有新角色的加入。整體而言，社會互動的水準下降，但並非是來自老化與角色轉換的問題，健康可能是一項重要的原因。高齡者參與社會網

絡的層面，一般可分為三方面：(1)扮演生產性的角色：可能是有薪或無薪的工作，如擔任兒童照護、做家事、服務NGO組織、擔任非正式的協助者、幫助老人及年輕人等；(2)擔任志工：老年人熱中於志工的參與，特別是早年即有志工參與經驗的人，到了高齡階段，老年人常會把工作角色轉換為志工角色，積極參與志工活動。中老年人是志工組織的重要組成分子，老年人擔任志工，對其身心健康均有所幫助，會減少死亡的機率（Musick, Herzog & House, 1999）。依據教育部所委託的一項以我國高齡者3,127人為對象的研究，發現曾參與志工的比率為22.3%，且反映擔任志工會提高生活快樂者達91.2%（黃富順、林麗惠、吳淑娟，2010）；(3)宗教角色：這也是高齡者參與社會網絡的另一種型態。研究發現，老年人對宗教活動的參與度較高（Moberg, 1997），包括參與宗教組織擔任志工角色，或持續協助宗教教育或慈善活動。這種角色雖亦屬志工，卻融入了宗教的成分。

第二節　高齡期角色發展的理論

　　探討角色的發展，如能透過理論或模式的指引，可以很快了解角色轉換的原因與結果，以指引個體生命過程的因應。老年期的角色發展，具有相當的複雜性與變異性，它會受到社會階級、種族、性別等社會階層的影響。甚多的研究也指出社會資源是個體進出角色的重要變項。角色轉換是一個動態及互動的過程，在個體一生中隨時受到家庭、職業和社會網絡、社會資源的影響。佛雷洛（Ferraro, 2001）曾以漩渦的概念來說明角色轉換的動力狀況，如圖11-2-1。在圖11-2-1中，漩渦的底層為社會的結構與人類的組織，其後受到來自家庭、社會資源、社區及工作等因素的影響，而形成角色轉換漩渦，逐步發展，構成了個體的生命歷程。

　　現已發展出來，可以幫助我們了解老化和角色轉換的理論，包括生命歷程理論（Life Course Theory）、累積不利理論（Cumulative Disadvantage Theory）及補償論（Compensation Theory）等，茲分述如下。

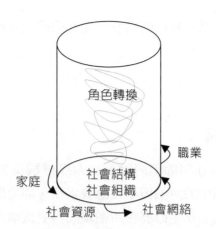

圖11-2-1 佛雷洛（Ferraro）的老化與角色轉換漩渦

資料來源：Ferraro, 2001: 323。

一、生命歷程理論

　　生命歷程論，強調個體的角色轉換是生命歷程事件發生的一種結果。生命中所發生的事件，對於其後的角色轉換有所影響。此一觀點以耶爾德和詹森（Elder & Johnson, 2001）爲代表。他們提出生命歷程論的五個原則爲：(1)個體的發展和老化是終身的歷程；(2)角色轉換的先在變項與結果，與個體生命中若干事件發生的時間（timing）有關；(3)人際網絡會影響對個體生命歷程的適應；(4)角色轉換受到歷史和文化的影響；(5)組織的運作可以突破社會勢力的限制。這些勢力會影響個體建構自己的生命歷程。

　　在老化與角色轉換的漩渦中，生命歷程論可以幫助我們對個體的歷史和過程作系統的檢視，以了解他們與其後角色扮演的關係。例如生育子女的時間，尤其是第一個小孩何時出生，可能會影響工作的歷史與退休的決定。它也可能影響祖父母的扮演。其他家庭角色的轉換，如離婚及再婚，不僅會造成個體其後家庭角色的轉換，如扮演祖父母或照顧者，甚至影響職業及社會角色的轉換（Elder & Johnson, 2003）。總之，生命歷程的理

論，以長期的觀點來探討角色轉換及打開其間的交互作用，確有其貢獻所在。

二、累積不利理論

　　此一理論係建基在年齡階層論、生命歷程觀及生命全程的發展觀之上。它主張生命歷程中的危險因素效應會累積，因而形成晚年的個體異質性。個體的改變，與早年生命歷程所顯現的特質或個性有密切相關。改變是可預期的，但改變的性質與早年經驗、能力與資源相連結。故累積不利論堅決主張，個體或社會的生命軌跡來自生物、行為和社會結構勢力的交互作用。

　　角色的轉換，如來自內發性的原因，個體在角色轉換時（如離婚或扮演隔代教養的角色），就會面臨較大的危機，即使大多數人都是面臨這種轉換，但角色轉換的時間性（timing）會產生一種規範性的行為。早期的經驗，如兒童期生病或中年的失業、犧牲，會更增加角色失敗的風險，並及早退出該角色。

　　有些人在早年是有利的，這些利基會在未來一生中均發揮作用。有些人受到來自基因或環境的不利因素，這些不利因素也會累積，成為一種累加的現象。某些人有早期利基，其後會導致有利的人生；有些人早年處於不利，就需要更努力工作，以獲取相同的社會地位或健康狀況。如未能克服早年的不利現象，未來就會面臨更多角色上的風險，影響其健康、財富及幸福感。

　　累積不利理論強調生命歷程中，會對不利產生反饋機制和造成循環的改變。研究指出，此種機制的影響，隨時間的累積而逐漸減少（Farmer & Ferraro, 1997）。依累積不利理論的觀點，「介入」幾乎都是沒有用的，這也是累積不利理論受到批評的地方。

三、補償理論

　　另一種受到研究支持的理論是補償理論。越來越多的證據顯示，成人對角色轉換的適應採取多種因應的方式，其中被廣泛使用的就是補償。補償的觀念，在大多數古典的行動社會學理論中即已存在。結構功能主義（structural functionism）、符號互動論（symbolic interactionism）和交換理論（exchange theory）都指出，個體不斷地在評估、調整自己的行為以達成所要的目標。當面臨「喪失」或受到「不平等」對待時，個體就會想加以補償，以求平衡。

　　補償理論與亞契利（Atchley）的持續論的觀點有相似之處。亞契利（Atchley, 1989）提出持續論的中心概念就是在選擇適應方式上，中老年人傾向保留或維持現有的內、外在架構，並以這種持續的方式來達成目標，不希望有所改變。雖然在面臨某些改變時，維持或持續並不盡然正確，如失去配偶，但繼續的策略與價值仍然存在。亦即儘管改變是不斷地發生，但整體的生活型態仍然是持續的。當角色轉換所帶來的健康狀況或社會地位失去時，個體傾向以替代補償的方式重回先前的狀況。

　　補償的觀點，不管是喪失或不利，在社會科學中，都不是新的概念，卻是許多研究文獻中，令人感到興趣的主題（Ferraro & Farmer, 1995）。在社會活動中，補償的議題在許多有關老化的理論文獻中，有越來越多的趨勢。如活動理論（activity theory）就指出角色的喪失，要採取補償的方法以維持生活的滿意度；而老化的交換理論，也將補償作為適應的正常反應。補償理論提供了探討角色轉換更寬廣的觀點。

　　補償理論已經被柏提斯等人（Baltes & Baltes, 1990）發展為老化的最適策略之一。它以「得」與「失」來說明老化和成功老化的異質性，使老年人面對喪失時，也能成功的掌握目標。當個體能夠尋求替代來維持幸福感，補償行動可以說是成功老化的象徵。過去50年來，在有關老化與角色轉換的研究上，它一直歷久不衰。

四、綜合探討

上述三種當代的角色轉換的模式，用以解釋老化與角色轉換的關係與結果，均有其立論的依據，各有其重點以及適用之處，均有其貢獻，但無法解決老化與角色轉換的所有現象，可見老化與角色轉換是一種極具變異性與複雜性的現象，未來在理論的研究上，尚須繼續發展。三者的共同點就是以長期的觀點，來了解老化與角色轉換的關係及其影響。

角色轉換不會在社會的真空中發生，因此未來需要探討更多社會結構與過程對角色轉換的影響。未來對老化與角色轉換的研究，將會從生命歷程或生命軌跡的取向進行探討。在研究方法上，目前來自橫斷研究或回顧的研究，已提供了不少的成果；但展望未來，長期縱貫的研究，尤其是有關社會的部分，更宜加緊腳步，積極進行，以了解社會互動、健康等對角色轉換的影響，尤其是來自非規範性的轉換對身心健康的影響，更宜關注。

第三節　高齡期重要的社會角色

個體在進入高齡階段後，在社會層面的發展，最具體顯現即是角色的改變。即在高齡階段，因工作與身心的改變，會從工作及其他社會領域中退出，但也會加入其他組織，而成為新的一員，也可能並未退出某種組織，但在該組織的功能、定位，產生了本質上的改變。亦即在高齡階段，有些角色會喪失，也會有新角色的取得，也可能在持續扮演的角色上產生質變。故高齡階段的角色發展，是一種不斷改變的動態過程。就高齡階段而言，個體扮演的社會角色大致可從家庭、工作及社會組織中獲得了解。在家庭中，重要的角色就是父母、配偶、鰥寡及祖父母等；在職場上，主要的角色是工作；在社會層面中，主要的角色是擔任志工及成為學習者。茲分述如下：

一、高齡者的家庭角色

家庭角色的改變，也是個體社會老化的重要形式。家庭的角色一般包括父母、配偶、子女，兄姊、弟妹等多種形式。在這些角色中，最主要的就是扮演父母、配偶、鰥寡及祖父母的角色。這四種角色是老年人常見的家庭角色。這些角色在高齡期中，也產生了質變。

（一）父母角色

家庭結構通常包括核心家庭（nuclear family）及延伸家庭（extended family）。在當前我國社會中，最普遍的家庭型態是核心家庭。所謂核心家庭，係指由父母與同住的未婚子女所組成的家庭。核心家庭到父母老年階段，已發展為一個老年夫婦家庭和多個獨立的核心家庭，亦即成為父母家庭和子女家庭。家庭結構產生了改變，導致父母角色在權利、義務和社會期望方面的改變。依衛生福利部（2014）的調查，我國65歲以上老人屬於二代同住家庭者，占25.8%（包括與配偶及子女同住、僅與子女同住、僅與父母同住、與孫子女同住者）。

傳統家庭具有經濟、生育、教育、保護、情感等功能，由父母角色來具體表現與達成。現代社會變遷後，家庭中的部分功能移交社會相關部門，家庭的主要功能成為生育撫養和教育子女兩部分。家庭在進入空巢階段後，這兩種功能均產生了本質上的改變。首先在撫養子女方面，父母的角色長期以來負責提供經濟和情感支持的義務，因子女離家，已具獨立的人格，父母監護人或家長的角色權力也隨之淡化，亦即父母不再負有撫養子女的責任；在教育子女方面，父母的角色也因子女長大成人，由教育者及教育條件的提供者，轉為非教育者和非教育提供者的角色。社會對成年子女和空巢父母的角色期待也顯著不同。如果父母角色未作改變，將成年子女仍視同未成年一樣，會造成代間關係的緊張，也會被社會視為不近情理（鄔滄萍，1999），甚至認為食古不化，不知變通。故空巢期階段，因子女長大離家，父母角色不再負責養育與教育的責任，同時社會的期望也大為降低，因此父母角色的調整有其必要。

延伸家庭中，父母親的角色，在權利、義務和社會期望上，也均呈

現淡化的現象。所謂延伸家庭係指超過二代以上的家人所組成的家庭，亦即父母與已婚子女及其下一代所組成的家庭。過去40年來，以全球而言，老年人與子女同住的比率，幾乎都下降了。當然不同國家之間有相當大的差異。此種情形，在中國和日本就比美國和西歐高得多（Schaie & Willis, 2002）。依據我國衛生福利部（2014）對老人狀況的調查，2013年度全國老人仍與子女及孫子女等三代住在一起者，占37.5%（包括與子女及〔外〕孫子女同住、與父母及子女同住、及與父母及〔外〕孫子女同住），四代家庭者占1.0%。

在延伸家庭中，雖沒有空巢階段，但高齡父母的角色也呈現淡化現象。在形式上，父母與成年子女雖仍共居於一個家庭內，但父母已不再對成年子女負有責任。父母的價值觀仍會對家庭中的兒孫有影響（如生育下一代）。在社會期望上，父母往往成為家庭的助手，盡力幫助子孫，如做家事、照顧孫子女，這也是高齡期扮演父母角色的一種自我要求。

（二）配偶的角色

在高齡家庭中，配偶的角色（夫或妻）仍然存在，但本質上亦有所改變。所謂「少年夫妻老來伴」，年輕時的激情減退，但情感的連結可能仍在，配偶的角色轉為伴侶，相伴為生，相互為伴。在高齡階段，家庭和老伴是老年人生活的最後慰藉。研究發現，老伴在經濟支持、日常生活照料和精神慰藉等方面，都發揮著子女們無法取代的作用（鄔滄萍，1999）。因此，對高齡者而言，喪偶所造成的壓力及衝擊，遠大於其他生活事件。

隨著壽命的延長，個體在高齡階段不工作的生活增長。以當前國人的壽命而論，此一期間可能長達20、30年之久。在這樣漫長的生活中，老伴角色在高齡階段的生活益顯重要，越具意義，老伴幾乎扮演了全方位的角色，如生活照顧者、陪伴者、精神慰藉者及經濟支持者等。

（三）喪偶角色

在高齡階段相互為伴的日子裡，難免有一方會先行離去，即為喪偶的事件，使高齡者由擁有老伴的角色轉入了鰥寡的角色。

　　由於老伴角色的重要，故喪偶會對老年人身心造成重大損害。喪偶的發生，多數在老年的婦女，因女性的平均壽命較長。65歲以上的女性喪偶者比率達50%以上，而男性則僅為15%（Cavanaugh & Blauchard-Field, 2002）。由統計資料的分析，可知我國女性一般喪偶的平均長度約在8至10年之間，因男女平均壽命一般相差5至6年，加上婚姻時男女年齡的差距約為3至4年，故高齡婦女獨自生活的時間平均約為8至10年。

　　喪偶的發生時間，因各國平均壽命的長短不一，亦有其差異。一般而言，西方先進國家喪偶發生的時間較晚，喪偶期較短。在高齡階段（65至74歲間），女性喪偶者為39%，男性則為20%。在高高齡階段（75歲以上），則女性喪偶者為65%，而男性為32%（Schaie & Willis, 2002: 87）。故女性一般在70歲以上，多數已成為寡婦；而多數男性，則要到85歲以後才成為鰥夫。在我國社會中，2010年65歲以上女性喪偶者計361,067人，喪偶率達47.18%；65歲以上男性喪偶者計175,035人，喪偶率為14.73%，可見高齡婦女約有一半喪偶。如就65-74歲的高齡者及75歲以上的高高齡者作區分，則65-74歲者，女性喪偶率為28.2%，男性為6.31%；75歲以上者，女性為64.1%，男性為22.29%（內政部，2010c）。可見我國高齡女性喪偶率約與西方國家相當，但男性則較低，其原因尚待進一步探究。

　　喪偶代表長期生活伴侶的終結。寡婦常顯孤獨，常認為自己與他人不同，是另一種類型的人，或認為自己對其他夫婦是一種威脅。單獨一人進餐或看電影，對喪偶者而言，都是令人不愉快或不滿意的經驗，故常寧願留在家中，更造成別人誤認為他們喜歡獨處。

　　喪偶後，最初幾個月單獨一人生活，日子最艱困。在生理上，易有疾病的危險；在心理上，則可能會有沮喪、失去地位、經濟困難及低社會支持的情形。

　　男女兩性在喪偶後的反應不同，男性在喪偶後有較高的死亡危險，可能是自殺或自然死亡的原因（Smith & Zick, 1996）。有些人認為男性失去太太後的打擊，更甚於女性失去丈夫。因妻子通常是老年男性唯一親近的朋友和最信賴的人，且男性通常沒有做好獨自一人生活的準備，包括料

理食物、購物、整理家務等均無法自理，他們往往與其他家人在情感上是孤立的。

對女性高齡者而言，喪偶的情緒變化可分為三個階段：(1)震驚和失去感覺，常強烈否定或排除所發生的事；(2)憂慮和悲傷，通常會伴隨哭泣、沮喪、憤怒與內疚等一系列的感情反應；(3)悲痛開始減少，逐漸放棄找回伴侶的希望，隨之而來的是悲傷和孤獨，常持續消沉，甚至難以應付日常生活（鄔滄萍，1999），此即為女性高齡者喪偶的角色變化特徵。

就我國高齡女性而言，喪偶意味著失去了經濟的依靠，因男性往往為經濟的主要提供者，故喪偶也意味著失去生活的依靠，故喪偶對女性的打擊不小。總之，喪偶的影響不僅在生活層面，也表現在心理層面上。

（四）祖父母角色

對大多數人來說，扮演祖父母的角色是令人興奮的事，它也代表新角色的獲得。成為祖父母通常發生在中年，約50歲以前，而非老年。依據美國全國調查資料顯示，子女年齡在40歲以上的高齡者，有95%扮演了祖父母的角色（Himes & Fang, 2006）。基於生命期的延長，目前絕大多數的兒童通常具有一個以上的祖父母。社會的變遷之下，祖父母的角色已有改變。研究發現42%的祖父及30%的祖母，每週仍然工作30小時。就祖父母而言，約有1/3其父母仍然健在，形成四代同堂的家族（Szinovacz, 1998）。此種狀況，與傳統的祖父母形象已有所不同。傳統社會中，祖父母通常是家庭中最年長的一群，不再工作，含飴弄孫，享受晚年的天倫之樂。現代社會的祖父母圖象已有所改變。

扮演祖父母的角色，有其積極的意義存在。基維尼克（Kivnick, 1982）曾以286位祖父母為對象進行研究，發現祖父母角色有五種意義存在：(1)生活有重心：祖父母角色是高齡者生活中重要的角色；(2)有價值感：在家庭中被視為一個具智慧且有用的人，亦即「家有一老，如有一寶」；(3)綿延不朽：透過代間相傳，家庭已由一代增至兩代，代代相傳，繼續不斷；(4)引發對過去的回憶：使高齡者回想到自己過去與祖父

母的相處情形；(5)可以表現寵溺：祖父母可以寵溺自己的孫子女，可以與他們一起玩，享受含飴弄孫，尋求生活的樂趣，獲得生活的滿足。

社會變遷也帶來祖孫間關係不像過去那麼緊密，其原因包括遷居、移民、工作地點改變、離婚等，使祖父母與其子女及孫子女不住在一起，加上祖父母仍在工作，積極參與各種活動，會使祖父母角色淡化，大多數高齡者除非他們沒有其他的選擇，對於這種祖父母角色的淡化，感覺良好；對於將養育子女之責任留給其父母，也感到快樂（Szinovocz, 1998）。事實上，對於孫子女教養覺得有責任者，對祖父母角色的滿意度低於比僅與孫子女玩樂者（Thomas, 1986）。故就祖父母而言，尋樂型角色滿意度高於隔代教養型者。

基於上述，高齡者在家庭中的角色，包括父母、配偶、鰥寡及祖父母，這些角色的發展顯現出同樣的趨勢，即是角色的淡化，使得高齡者在家庭中的地位也產生了改變。此種地位的改變，主要表現在兩方面：(1)從戶主到非戶主的角色，由家庭中具絕對權威的成員轉變為一般成員；(2)從撫養者的角色轉為被奉養的角色。高齡者由於經濟弱勢，生理功能衰退，而使其在家庭中的角色起了變化，成為被贍養的一員，被奉養的程度隨著年齡的增高而加深。這些改變均會影響老年人的心理，使其更加脆弱。

二、高齡者的職場及社會網絡的角色

有些高齡者在高齡階段，仍在職場上工作，扮演生產性的角色；另在社會網絡上，高齡者最常扮演的角色是志工及學習者。茲將此三種角色分述如下：

（一）工作者的角色

個體在65歲的高齡階段，仍繼續參與職場工作，扮演積極的生產性角色，並不是普遍的現象，在1950年代，美國男性退休年齡的中位數

爲67歲，至1980年代下降爲63歲；2000年下降至62歲（Himes & Fang, 2007），但在進入21世紀初，預期將會上升，因工作者希望留在勞動市場比過去更長的時間。新近的研究發現65至69歲的高齡者仍留在職場的比率增加（Sterns & Sterns, 2006），其原因在於新一代高齡者健康情形大爲改善、經濟的需要（壽命延長，需要更多的養老金）、職場上體力的要求減少、強迫退休制度取消及經濟的誘因等。仍繼續在職場上工作者，通常是屬於專業人士及自我僱用者。依據衛生福利部2013年的調查，我國65歲以上老人仍在工作者占10.3%，其中農林漁牧者占3.88%，其次爲服務及銷售工作人員暨基層技術工及勞力工，各占1.97%。

　　高齡者繼續在職場上工作，可能是經濟的因素或個人的偏好。自我僱用者可能缺乏養老金和退休的福利；而專業人士繼續留在勞動市場，可能係由於工作帶來更多的生活滿意度及離開工作的代價過高。目前不少人在離開專業或工作、領取退職金後，仍持續在另一個新的專業上工作，此種情形已益趨普遍，使得對退休的界定更爲困難。其他的高齡者，也可能在原工作上退休，仍持續作部分時間的工作，以彌補退休金及社會安全等的不足。高齡者持續參與勞動市場的情形，男女有別，男性有逐漸減少的現象，而女性則有逐漸上升的趨勢。其原因與退休前職場參與度的性別差異以及健康因素有關。

（二）志工角色

　　擔任志工，也是老年人另一項重要的角色。以美國情形而言，2002年估計有1,500萬老人從事志工活動（Hilmes & Feng, 2007）。65歲以上高齡者擔任志工的比率爲25%，未來嬰兒潮世代的高齡者預估將增高爲50%（Morrow-Howell, 2006）。就我國情形而論，依衛生福利部（2014）的調查，從事志願服務者占26.6%，其中定期參加者占13.3%，偶爾參加者占13.3%。另依據教育部所委託的一項以我國55歲以上3,127位高齡學習者爲對象的調查研究，發現曾擔任志工者占46.24%（黃富順、林麗惠、吳淑娟，2010）。且年有成長，爲志工人數成長最快速的一群。老年人擁有時間及專業知能，這是一項服務社會的寶貴資源。故

社會中很多的組織，包括宗教團體、非營利組織（NPO）、非政府組織（NGO）、機關機構、學校、醫院、養護之家、政治團體等紛紛招收高齡志工來服務社區，工作範圍包括擔任老師、解說、導覽、教學、輔導諮商、小組領導者以及各種行政處理事項。這些組織對老年人的服務時間及才能都表示相當的肯定。就高齡者而言，能夠將自己的專業知能、經驗及體力等貢獻社會，爲社會創造溫暖、溫馨的一面，也正是高齡者樂意做的。高齡者因從事志工活動而感到快樂的比率高達97.07%（黃富順、林麗惠、吳淑娟，2010）。因此，高齡者擔任志工，既能幫助社會，又能使自己生活快樂，幸福感提高，使自己生活有意義（Erber, 2010），這是一種雙贏的工作。如何創造平台，激發更多高齡者來參與服務，將是和諧社會的重要課題。

（三）學習者角色

高齡者扮演學習者的角色，已成爲社會發展的新趨勢。過去的社會採取年齡分化（age-differentiated）的觀點，將人生三項重要的事情，分別分配於人生的早、中、晚期。此種直線式的生命計畫型態，已被證實不當；代之而起的是一種年齡整合（age-integrated）的觀點，即將教育、工作及休閒分配於成年期中。

因此，在一個高齡的社會中，高齡者再參與學習活動，扮演學習者的角色，已是社會發展的新趨勢。高齡者扮演學習者的角色，是一種社會的需要，也是高齡者內在的需求。尤其嬰兒潮世代，現已逐漸進入退休，邁入老人的國度，這些高齡者健康良好、教育程度高、經濟有保障、學習的動機強烈。學習者的角色，未來在高齡生活中將更趨重要。我國老人參與學習活動，依據衛生福利部（2014）的調查，55至64歲參與進修活動者爲11.8%，其中定期參加者7.4%，偶爾參加者4.4%。65歲以上參與進修活動者爲7.5%，其中定期參加者4.6%，偶爾參加者2.9%，可見高齡者參與學習活動者仍屬少數，極待政府相關部門積極推展。

高齡者參與教育活動，其主要的型態有二：一爲參與學校正式課程，進入正規教育機構，參與學習，目的在完成學業，以圓過去未完之

夢。這些人多半在早年的人生歲月中，因種種原因，未能完成某一階段的教育，到了高齡，重行進入學校以圓夢，學校為協助這些高齡者，通常會提供一些支援的措施。第二種為參與非正規的課程，此部分又可分為二種，一為學校系統所開設的非正規課程，如歐洲國家的第三年齡大學、美國的老人寄宿學習活動（Elderhostel）、退休學習學會的活動，以及大學為高齡者開放的一些短期學習課程。我國為因應高齡社會的快速來臨，也自2008年開始鼓勵大學開辦高齡學習活動，2008年推出老人短期寄宿學習，共有13所大學校院開辦，參與學員820人；2009年再度推出樂齡學堂，共有28所大學辦理，參與學員1,975人，2015年開辦樂齡大學，共有103所大學辦理，參與學員約3,100人。因此，大學辦理高齡學習活動，將是未來高齡社會發展的一項趨勢。另一種由民間所辦理的非正規教育活動，包括宗教團體、民間組織及機構等，也在時代變遷下，熱烈開展高齡學習活動，就我國情形而言，有老人大學、長青學苑、樂齡學習中心、社區樂齡班等，紛紛應運而生。因此，高齡者扮演學習者的角色，將越來越趨普遍。

第四節　高齡角色改變的適應

　　個體進入高齡階段後，角色會有所改變，可能帶給高齡者無限的惆悵與感慨；但也可能帶來新的生活，令人振奮與愉快，端賴高齡者如何面對角色的改變。個體的一生，就是一個適應的過程，隨時會學習新角色，發展新的行為，來適應不同階段的生活。

　　高齡者角色的發展，主要反應在家庭、工作及社會網絡等層面。高齡者面臨這種角色的改變，如何作適當的調適，乃為社會及高齡者所關心的議題。高齡者面對角色的改變，如能妥善因應，將為成功老化奠定利基，創造高齡生涯健康愉快的生活境界。有關高齡角色改變的調適，已在本書第五章第三節提出社會老化的因應途徑。以下謹再提出六項調適的策略，

藉供參考。

一、發展新的角色，以因應工作角色的中斷

影響高齡生涯最重要的事件，乃是退休。退休會導致工作角色的中斷。工作者的角色影響個體行為與心理，既深且廣。工作會帶來經濟、社會和心理的效用，同時制約個體的日常行為，個體通常以工作者的角色作自我的認同。因此，工作角色的中斷，將會造成個體在自我認同的困惑與混淆。但是要不要承擔工作者的角色，並非全由個體自己決定，它涉及整體社會的制度、倫理及對行為的期待。因此，面對工作者角色的中斷，其適應之道，首在於建立新的角色，來維持自我的連續與一貫，包括尋求新的工作機會、扮演新的工作角色、擔任部分時間的工作者、擔任志工，或成為學習活動的參與者等，均為可行的途徑。

二、提供再教育的訓練，增進高齡者扮演新工作角色的知能

新一代高齡者身體健康良好、教育程度高，擁有豐富的經驗及專業知能，他們願意持續工作或在退休後，重新擔任生產性的角色。事實上，由於少子化的關係，社會勞動力不足，未來更需要高齡者投入職場。高齡者尋求新的工作，再度投入職場，已有越來越多的趨勢。研究指出，自1980年中期以後，退休者再從事全時間或部分時間的工作，已有顯著的增加（Herz, 1995）。但雇主對於高齡工作者的看法，正、負兩面的觀點均有。正面的看法是，認為高齡工作者缺勤率較低、人事變動低、留任率高、工作態度良好、工作動機強烈、工作技能熟練、對公司忠誠度高（Hassell & Perrewe, 1995）。負面的看法包括健康的費用增加、排拒新的知能以及不適合再訓練等，這顯然是受到傳統對老人刻板化看法的影響。因此，整體而言，僱用老年人往往僅限於某些部門，如較少體力要

求、彈性工作時間、彈性工作安排、低度技術和低訓練要求之企業等單位（Hardy, 2006）。在工作上需要密集使用電腦者，一般不僱用老年人（Hirsch, Macpherson & Hardy, 2000）。

　　因此，如何解決前述有關僱用老年人的問題，首在於針對老年工作者的強項與弱項予以再教育的機會，使老年人能在工作上發揮其優勢，並針對其弱點加以強化；其次，對於老年工作者的刻板化印象亦應加以消除。事實上，影響工作表現的因素，並非年齡，研究發現情境因素才是重要的影響力量，包括工作特性、職場特定的身心要求，以及必要的資源提供等（Avolio, 1992）。年齡僅能說明個體間工作表現的部分變異，實際上，經驗比年齡對工作表現更具預測力（Avolio, Waldmen & McDomiel, 1990）。

　　基於上述，為促進高齡者再擔任工作者的角色，除宜消除對高齡工作者的刻板印象，政府與雇主均宜提供高齡者再教育與訓練的機會，使高齡者增能（empowerment），提高其再工作的機會；高齡者亦宜多參與相關的教育與訓練課程，改善自己的弱點，強化自己的優勢，擴展工作的範圍，勇於承接新的工作挑戰。

三、調整心態，面對家庭角色的淡化

　　高齡者在家庭角色的改變，主要顯現於父母、配偶、鰥寡以及祖父母等角色的淡化。家庭角色的淡化，影響老年人在家庭中的地位及心理至巨，使高齡者從一家之主轉變為家庭成員，從撫養者轉變為被贍養者，這是一種角色的倒置，對高齡者心裡的打擊相當大。面對這種家庭角色的改變，高齡者宜調整心態，建立正確的觀念。家庭角色的改變，乃是家庭發展的歷程，是家庭生生不息、永續傳承的現象，也是高齡者對家庭或家族的貢獻，是自我價值的體現。如能建立這種傳承的觀念，更可彰顯生命的意義與價值，提高生活的滿意度，而達到艾利克遜（E. H. Erikson）所提出的統整圓滿的發展任務。

四、擔任志工，提升生活滿意度

　　高齡者投入志工的行列，已有越來越多的趨勢。高齡者參與志工，可以對社會有直接的貢獻，同時也可以提供自己的價值感，促進生活的滿意度。因此，面對高齡階段角色的中斷與喪失，加入志工的行列是一項甚佳的調適途徑。從事志工，可以使生活有重心，既有的經驗與才智，得以繼續發揮，同時能夠擴展社會網絡，增進人際互動，是一種因應老化的最適策略之一。故就社會的層面而言，應建立高齡者參與志工的平台，提供供與需之間的橋梁，以促進高齡者扮演志工角色的機會；就高齡者而言，宜多主動搜集相關資訊，開拓志工角色扮演的機會，而有助於高齡階段生活滿意度的提升。

五、積極進行學習活動，扮演學習者的角色

　　社會的變遷，使高齡者有參與學習活動的需要；同時，社會的變遷，也帶來高齡者參與學習的可能，使高齡者參與學習能夠落實。學習，將是未來高齡者相當重要的活動，也是高齡者要扮演的新角色。學習會帶來成長與快樂，學習也會使生活滿意度提高。因此，學習者角色的扮演，也是高齡者對抗老化的良好途徑之一。近年來，由於高齡人口不斷地向上攀升，因此，高齡學習機制也不斷地創新與發展，各種型態的高齡學習活動有如雨後春筍，紛紛崛起，高齡學習機會已大爲擴充。因此，高齡者要扮演學習者的角色，不在機會的不足，而是在於理念與心態。有正確的參與理念和積極的參與心態，才是扮演高齡學習者角色的關鍵因素。個體在高齡階段，宜建立終身學習正確的理念，塑造積極的學習態度，參與各種類型的學習活動，以提高生活滿意度，進而開發潛能，達成自我的實現。

六、面對角色改變，做好情緒控制，促進心理健康

　　高齡期由於角色的改變，會影響心理的健康，是心靈上脆弱的時期，故對心理健康的維護，至關重要。高齡者面對角色的改變、社會地位的降低，難免會有不愉快的情緒，因此，作好情緒控制，乃首要之務。其調適之道可以以認知的方式來化解壓力，導引正向的情緒發生；也可以採用移情的方法，如音樂、散步、運動等行為來消滅或移除不愉快的情緒經驗；或專心於工作，以忘卻或擺脫不愉快的情緒。

第十二章　高齡的社會政策與社會福利

　　由於老年人口不斷增加，高齡社會的需求越來越明顯與急迫，其中整體的規劃有賴老年的社會政策與社會福利。一般的社會政策涵蓋面相當廣泛，包括對整個社會生活品質造成影響的所有決策，因此環保政策、都市計畫以及人口政策都算是一種社會政策。

　　至於老年的社會政策是有特定範圍的，尤其是指政府對高齡社會的政策，例如人口政策白皮書、高齡社會對策等。若政策要達到穩定的局面，就要透過立法，有更好的執行效果，使政策更有其法定地位，例如社會救助法、老人福利法等，都是因應政府的政策而創立的法案。

　　為了對老年人口提供幫助與支持，可分為經濟和精神兩方面的協助，以多樣化的社區資源或服務來支持，包括經濟援助、住屋援助、醫療援助和輔導服務等，這些都需要社會工作與社會福利的進行，以便能協助有需要的高齡者解決其困難。

　　因此，本章乃針對老年的社會政策與社會福利加以探討，首先說明老年的社會政策，其次探討老年的社會工作，最後探究老年的社會福利。

第一節　高齡的社會政策

　　不論哪一個國家，面對高齡社會，必須有相應的老年社會政策。因為高齡化社會變遷快速，引發新的需求與問題，向來是政府及民間關注的焦點，需有相對的規劃及因應對策與措施，加強法規的修訂，俾使政策、立法、服務工作合一，有效落實老人福祉。在高齡社會裡，如何讓老人維持尊嚴和自主的生活是一項挑戰，也是整個社會包括老人本身、家庭、民間部門和政府共同的責任。以下分別從高齡社會的需求與問題，以及高齡的社會政策來加以探討。

一、高齡社會的需求與問題

隨著醫療及社會的進步，老年人口及其比率，因國民壽命延長與出生率降低而顯著增加，社會隨著經濟發展、環境衛生的改變、醫療水準的提升，以及民眾保健知能的增進，使得平均壽命不斷地延長。吳爾克（Walker, 2002）指出，在工業化國家中，人口結構和社會變遷對老年的社會政策帶來甚多挑戰，包括政府的財政壓力、勞動力老化與不足問題、社會保險和健康照護的需求升高等，有關高齡社會的需求與問題說明如次。

（一）高齡社會的需求

就需求來說，常提及民生有食、衣、住、行、育、樂等六大需要，或從馬斯洛（A. Maslow）需求層次所指出之基本生理需求、安全感、愛與歸屬感、自尊與被尊重、自我實現等種種需求，都可作為審視高齡者需求的參考。因為高齡社會的願景就是要成為不分年齡、人人共享的社會，這是老人社會政策之真正目標，茲就高齡社會的需求歸納為以下幾點：

1.高齡醫療、衛生與營養的保障

人到老年病痛增多，需要更整合性的醫療照護，並且最好是預防重於治療，營養和保健衛生對老年也很重要，所以必須保障老人能獲得醫療衛生、保健營養各方面的協助與指導。

2.高齡持續享有安居樂業的生活

人到老年，幸福的基礎在於安定的家庭生活，包括固定的住處、良好的家庭關係，擁有安身立命之所，達到在宅老化、社區老化的理想。為提供安全、安心，以及地理上更接近家人、交通、服務的地方，最好是居留原地，或至少自己本身熟悉之處所。除了安居，若能有職業寄託更好，因為老年仍然有很多人認為自己身體還不錯，想找份固定工作，以證明自己在社會上仍然是個有用的人。享有職業生活是有益的，從事有報酬的職業，不但以勞動保持身體健康外，而且還可以從報酬中獲得生活費用來源，一舉兩得。

3. 高齡擁有文化、教育與學習機會

　　人到老年，參與文化教育活動具有終身學習的意義；人類一輩子沒有辦法與教育和文化隔離，重視文化與教育是充實老人精神生活最具體而有效的途徑。特別是戰後嬰兒潮與其父母輩相較，文化水準較高，具有繼續學習之能力基礎與意願，終身學習已成為一種社會態度和生活型態。加上社會不斷變遷，老人需要取得資訊與學習的機會，因為老化因素促使其生活中充滿風險與未知，學會應用資訊與通訊科技，可加強在宅的安全生活，增進使用新科技的技能與信心，豐富生活及持續參與社會活動。

4. 高齡從事適合的休閒娛樂活動

　　人到老年空閒時間多，必須積極外出活動與他人一起休閒娛樂，充實自己的生活，保障老年多采多姿且有意義的人生。儘管老年健康與機能下降，但休閒娛樂型態相當多樣化，可配合日常社會生活。例如志願性工作本身也可能是一種休閒娛樂活動，從事規律的休閒活動，不但能夠自我肯定和情緒抒解，並可增強體能、減緩身體機能衰退的速率，進而增進生活品質、減少醫療支出，提供高齡者藉由休閒活動的參與來適應及維持生活滿意。

5. 高齡積極進行社會參與的活動

　　社會參與的活動很多，上述有關文化、教育、休閒娛樂都可以是選擇項目。隨著平均壽命的延長與健康水準大幅提升，許多高齡者仍保持如年輕人般積極與獨立的生活型態，並期待持續參與社會生活。例如參與宗教活動，人類年紀越大就越需要精神寄託與心靈的歸宿，最好的解決辦法就是宗教活動，激發宗教情懷以滿足精神需求。又政治活動的參與也是，老人越熱心政治活動者，老化速度就較慢，生活也較愉快（江亮演，1993；江亮演、余漢儀、葉肅科、黃慶鑽，2005）。

6. 高齡持續參與社會服務的工作

　　人到老年，社會服務比較偏於貢獻社會的服務，例如當志工。參與志願服務工作的老人，不但是貢獻者，也是受益者，因為可以消磨時間、促進人際關係，手腳並用使頭腦不老化。這是社會互動的機會，退休後沒工作，人際關係也會隨之減少，同時家庭結構跟著改變，導致家庭成員的互

動減少，容易產生身心疾病。其實老人在家庭與社區可以是積極的成員，如可成為照顧者、志工，有些人持續尋找有給工作的就業第二春，以較佳的健康與收入享有運動、藝術與旅遊等類休閒活動。同時他們有更多時間接受教育、追求休閒、從事娛樂，以及展開文化活動與志工服務。

（二）高齡社會的問題

由上可知，人口老化加上需求增加，使得高齡社會的問題與影響是全面而深遠的，包括財政、經濟、政治、福利、商業、教育、家庭等幾乎均受波及。

歸納來說包括以下幾大項（黃富順，2004）：(1)財政上負荷加重；(2)經濟上生產及成長下降；(3)政治上老人政策爭論增多；(4)商業上行業及消費行為改變；(5)教育上學習對象的轉移；(6)家庭上結構調整及功能不彰。由此可知，高齡社會快速來臨，雖聽不到槍炮聲，聞不到煙火味，對整個社會的衝擊是靜悄悄但威力卻相當強大。銀髮革命浪潮是新社會一種無聲的革命，必須妥適因應。上述種種問題都要勇於面對，努力尋求因應及解決之道，重點方向包括：

1. 結合社區服務：將老人的休閒、娛樂、教育與志願服務結合，以社區為單位形成老人自助團體，讓服務變成一種快樂的、喜悅的與他人互動和交流的機會。

2. 重視高齡教育：透過教育可增進老人的自我成長，引導參與社會及社區服務，不僅利己也利人。

3. 鼓勵志願服務：對於從事志願服務的老人來說，志願服務工作不僅提供一種互惠利益，並且增進和維持個人的福祉。

4. 考量需求差異：老人的異質性很大，必須針對老人不同特性與需求給予個別協助與照顧，並且賦與老人新社會價值。

5. 強調休閒娛樂：幫助老人克服生活困難與強化其獨立性，並且增進其能力以從事休閒、娛樂與觀光活動（江亮演，1993；黃久秦等，2010）。

綜合上述，人口老化意味勞動人口遞減、退休人口遞增的狀況，財政收支、扶養人口如何因應是執政者施政的重大課題。個人要準備健康身

體，做好財務規劃；社會要儘速培育照護老人的醫護人力、興建老人安養機構、落實老人居家護理、擴大護理專業服務範圍、建立老人服務人力銀行、普及老人衛生保健知識等。世界衛生組織特別強調，協助高齡者保有健康和活力乃是一項必要的措施，而非一項奢侈的作爲（WHO, 2002）。正如Moody（2004）所強調的，高齡社會正預期壽命會再延長，也凸顯老年生活的重要性，必須協助高齡者保持良好的健康和活力，才能使高齡者活得久又有意義。

　　因此，針對上述需求與問題所提供的高齡社會政策，不僅必要且至爲迫切，下面繼續說明之。

二、高齡的社會政策

　　面對高齡社會來臨及人口結構改變所帶來的衝擊，不論已開發或開發中國家均應著手進行規劃與準備。邁入高齡社會，要同時解決人口少子化及高齡化問題，當然不僅是提升生育率而已，無論政府如何努力扭轉出生率下降趨勢，仍無法避開人口高齡化的既定事實，這是要實際面對的課題。要努力將人口高齡化的負面影響降至最低，積極推出因應計畫，才能有比較長的期間去準備及適應高齡社會的來臨。以下分別從國際組織及國內所提的高齡社會政策加以分析之。

（一）世界衛生組織的觀點

　　世界衛生組織揭櫫活躍老化的觀點，提出高齡社會的因應策略。全球人口高齡化的快速來臨，根據聯合國世界衛生組織在其〈活躍老化：政策架構〉（Active Ageing: A Policy Framework）報告書顯示，人口高齡化是全球普遍的現象，活躍老化在世界衛生組織的大力提倡之下，已在世界各地受到廣泛的重視。活躍老化（active ageing）概念之提倡，源自於1999國際老人年（Year of Older People）（Davey, 2002）。聯合國在1992年10月召開的第47屆聯合國大會，通過一項從1992年到2001年爲關懷老人的

10年行動策略,並將1999年訂為人類史上的第一個國際老人年。國際老人年的訂定,主要是希望透過各界的合作,共同創造一個不分年齡、人人共享的社會(舒昌榮,2008)。

維護高齡者的健康和獨立,進而將身心健康的訴求擴展到社會正義和公民權的參與,世界衛生組織希望將活躍老化涵蓋的層面,由高齡者個人的身心健康和獨立層面,擴展到社會參與和社會安全的層面(Davey, 2002);並將活躍老化界定為個體在老化過程中,為個人健康、社會參與和社會安全尋求最適合的發展機會,以提升老年生活的品質(WHO, 2002)。

活躍老化強調積極參與活動和健康之間的連結(Walker, 2002)。所謂活躍一詞,係指持續參與社會、經濟、文化、宗教和公民事務,而非局限於身體活動的能力、體力或參與勞動市場的能力或勞動力;所謂健康一詞,根據世界衛生組織所界定的意涵,係指生理、心理、社會層面均達到舒適安好的程度。因此,在活躍老化的政策架構中,所有的政策和方案,除了應提升個體的健康狀況之外,也應關注個體的心理健康及其與社會的連結,而其目標即在於延長個體健康的預期壽命,並在老化的過程中維持良好的生活品質(WHO, 2002)。

事實上,活躍老化之概念係奠基於對老年人權的尊重,以及聯合國國際老人年所提出的五項原則,包括獨立、參與、尊嚴、照顧、自我實現等,促使推行活躍老化的策略規劃從需求導向(needs-based approach)轉變為權利導向(rights-based approach),強調全民在邁向老化的過程中,仍享有各種公平的機會和對待的權利(WHO, 2002)。

根據歐盟執行委員會(European Commission)的看法,活躍老化的關鍵要素包括以下五項:(1)可以工作得更長久、(2)延後退休、(3)退休後仍相當活躍、(4)參與維持健康的活動、(5)強調獨立自主並且盡可能地融入社會之中(Davey, 2002)。當健康體系、勞動市場、教育系統以及社會政策等各層面均能支持活躍老化的概念時,社會將呈現以下的前景(WHO, 2002):(1)在具有高生產力的生命階段,降低提早死亡的發生;(2)減少老年期的慢性病及其伴隨而來的失能狀態;(3)讓更多人在老

化的過程中，享有良好的生活品質；(4)讓更多人在老化的過程中，積極地參與社會、文化、經濟、政治、家庭以及社區生活；(5)降低在醫療和照護服務體系所支出的成本。

綜合上述，世界衛生組織之論點強調活躍老化涵蓋的層面，與高齡社會的需求緊密結合，由高齡者個人的身心健康和獨立層面，擴展到社會參與和社會安全的層面。若只關注高齡者個人的身心層面，而無法兼顧社會層面，將難以讓高齡者享有公平的機會和對待的權利。根據上述活躍老化觀點，提出的高齡社會因應策略是值得重視的。

首先，世界衛生組織認爲推動活躍老化的整體策略，強調營造老年人參與社會活動的優質生活環境，包括社會參與、個人健康和社會安全，政策目標在於開發老年人力資源，增強老人資本存量，其中資本的內涵包括健康資本、知識資本、社會資本及經濟資本，並將其視爲因應21世紀人口老化挑戰的積極作爲，期能爲高齡人口提供一個積極的扶持環境，讓老年人能妥善適應高齡化社會的發展與變化（舒昌榮，2008；Harrison, 2006；WHO, 2002）。

其次，世界衛生組織在「活躍老化：政策架構」報告書中，將社會參與、個人健康和社會安全視爲活躍老化政策架構的三大支柱（WHO, 2002），並分別從這三大面向，提出高齡社會的具體回應策略。這三大支柱甚爲重要，包括：

第一個支柱：個人健康

當慢性疾病的危險因子（包括環境因素和個人行爲）降低，保護因子提高時，高齡者將享有較長的壽命和較佳的生活品質，而在老化過程中，也能保有健康並處理自己的生活。這類健康的高齡者較不需要昂貴的醫療照顧成本和照護服務系統。有鑑於此，世界衛生組織乃將個人健康視爲活躍老化的第一大支柱，並且提出以下四項策略：

1. 預防並降低失能、慢性疾病以及提早死亡所帶來的負擔。
2. 降低伴隨疾病而來的危險因子，並強化維護身體健康的因子。
3. 發展一套具近便性且高品質的健康和社會服務體系，以符合高齡者的需求和權利。

4. 提供教育和訓練給照顧提供者，以涵養其照顧高齡者的專業知能。

第二個支柱：社會參與

當勞動市場、教育系統、健康體系、社會政策和方案，均能支持高齡者依其人權、能力、需求和喜好之考量，鼓勵其參與社會經濟、教育文化和宗教活動，將有助於高齡者在老化的過程中，對社會貢獻其生產力（包括有酬和無酬活動之參與）。有鑑於此，世界衛生組織乃將社會參與列為活躍老化的第二大支柱，並且提出以下三項策略：

1. 從生命歷程發展的觀點，提供教育和學習機會給高齡者。
2. 鼓勵高齡者在老化的過程中，依其個人的需求、興趣和能力，參與經濟發展活動、正式和非正式的工作，並從事志願服務。
3. 鼓勵高齡者在老化的過程中，參與家庭和社區生活。

第三個支柱：社會安全

當政策和方案能滿足高齡者在社會、財務、身體安全的需求和權利時，將能確保高齡者受到保護、尊重和照顧，同時也應規劃配套措施，以支持家庭和社區負起照顧高齡者之責。有鑑於此，世界衛生組織乃將社會安全列為活躍老化的第三大支柱，並且提出以下二項策略：

1. 提倡保護、安全和尊嚴的措施，以確保高齡者在社會、財務和身體安全的權利和需求。
2. 滿足女性高齡者在安全方面的權利與需求，並降低其不公平性。

綜合上述，世界衛生組織所提的三大支柱，提供全球、各國家和各地區，因應人口老化的政策架構，此一架構提供了一個藍圖，以利設計跨部門的活躍老化政策，並藉此強化高齡人口的健康和參與，進而確保當高齡者需要協助時，能有足夠的安全、保護和照顧系統（舒昌榮，2008）。

（二）我國人口政策白皮書的觀點

在人口結構及政策上，少子女化、高齡化及移民三大議題，是我國極需面對的重要課題。因此，行政院在97年3月正式核定我國首部「人口政策白皮書」，以因應少子女化、高齡化及移民等三大議題為主軸，其中高

齡化方面希望透過相關策略的具體實踐，讓老人擁有健康、安全、活力、尊嚴的人生，使台灣成為一個充滿健康、活力、幸福及永續發展的新國度。

在因應高齡化社會對策的部分，既然健康與福祉被聯合國認定為老人的兩大迫切與普及的社會議題，而「健康」根據世界衛生組織定義「是一種生理、心理及社會全面安適的狀態，而不是沒有生病或障礙」，白皮書提出我國高齡化社會對策之目標，在於「建構有利於高齡者健康、安全的友善環境，維持老人的活力、尊嚴和自主」，其價值理念包括對老人個別性、自我決定、選擇權、隱私權和對外在環境掌控能力之尊重。即使老年期失能致行動無法自理，亦能透過長期照顧制度所提供之服務獲得適切的照顧，除了健康照顧之外，完善的老年所得支持體系將可保障國民之經濟安全，而無障礙的住宅和交通環境之構築，有利國民在老年期享有安全、安心的生活，免於受到社會上的年齡歧視或社會排除。

為達成高齡化社會對策之目標，白皮書以「建構有利於高齡者健康、安全及終身學習的友善環境、以維持高齡者活力、尊嚴與自主」為總目標，推動策略包括「支持家庭照顧老人」、「完善老人健康與社會照顧體系」、「提升老年經濟安全保障」、「促進中高齡就業與人力資源運用」、「推動高齡者社會住宅」、「完善高齡者交通運輸環境」、「促進高齡者休閒參與」、「建構完整高齡教育系統」等八項對策，各項對策相關措施的主協辦機關及實施期程重點，方向上已朝著與聯合國世界衛生組織揭櫫的活躍老化政策脈絡趨勢發展（舒昌榮，2008）。

（三）我國高齡社會政策的重點

根據上述可知，目前國內高齡社會政策歸納為「支持家庭照顧老人」、「完善老人健康與社會照顧體系」、「提升老年經濟安全保障」、「促進中高齡就業與人力資源運用」、「推動高齡者社會住宅」、「完善高齡者交通運輸環境」、「促進高齡者休閒參與」、「建構完整高齡教育系統」等八項對策，茲分項說明如次。

1. 支持家庭照顧老人：推動喘息服務措施、推動心理暨教育支持方

案、持續發放中低收入老人特別照顧津貼。

2. 完善老人健康與社會照顧體系：辦理疾病預防與健康促進措施、推動長期照顧政策及措施、推動「健康促進法」之立法研議、長期照顧與健保制度之銜接、評估以社會保險方式辦理長期照顧可行性。

3. 提升老年經濟安全保障：完成國民年金開辦之籌備作業、開辦國民年金、推動提高勞工退休金勞工自願提撥人數相關措施、調整勞工保險老年給付方案、整合老人福利津貼體系、促進商業年金保險與保障型保險的普及率、推展老人財產信託。

4. 促進中高齡就業與人力資源運用：加強辦理中高齡者就業服務、鼓勵企業增加僱用中高齡者、強化職業訓練體系、協助中高齡者學習就業技能、強化社會立法與社會倡導、消除對中高齡就業者之就業歧視、鼓勵老人參與志願服務、發展銀髮人才中心、促進老人就業媒合、研議放寬中高齡者領取就業促進津貼相關規定、持續加強辦理中高齡者之就業服務、研訂高齡化社會就業促進法、修訂勞動與退休相關法令、鼓勵高齡就業者繼續就業、持續鼓勵企業繼續留用高齡者。

5. 推動高齡者社會住宅：訂定建築物無障礙設施設計規範規劃、建構無障礙的居家環境規劃、建構通用化的社區環境、研議推動並建構質量兼具之高齡者社會住宅、研訂整合高齡者社會住宅配套措施及相關法令、研訂鼓勵二代、三代或隔代近居優先入住社會住宅相關機制。

6. 完善高齡者交通運輸環境：強化高齡者人行道安全環境、強化高齡者搭乘大眾運輸之安全管理、強化高齡者駕駛機動車輛之安全管理、規劃交通工程通用設計相關措施、規劃建置高齡者旅運資訊服務系統。

7. 促進高齡者休閒參與：推動行動式老人文康休閒巡迴服務、提供多元休閒活動機會及各種研習課程、鼓勵大專院校開設高齡者休閒活動規劃課程、培訓老人運動休閒活動相關專業人才、培訓輕

度失能老人及其照顧者之運動休閒活動相關專業人才、整合現有
休閒資源、強化老人休閒服務網絡、建設便利老人行動與友善老
人休閒環境、針對輕度失能老人設計適宜之運動休閒活動、建立
高齡者運動休閒活動專業指導人員證照制度。

8. 建構完整高齡教育系統：創新老人教育方式、培訓老人教育專業
人力、建立分區高齡教育輔導中心、增設老人學習空間、正規教
育納入老化知識、協調大專院校開設適合老人學習之課程、建置
及統整各有關部會辦理老人教育資訊平台、研訂各單位執行老人
教育獎勵及評鑑辦法。

2015年10月13日行政院核定我國第一份高齡社會白皮書，其重點包
括：1.高齡社會挑戰：包括人口老化速度快、家庭照顧壓力大、生活型態
改變多及社會價值變遷大。2.高齡社會願景及具體理念：以建構「健康、
幸福、活力、友善」高齡新圖像爲願景，具體理念包括「健康生活—延長
健康時間，提升生活品質」、「幸福家庭—永續長照服務，促進世代共
融」、「活力社區—促進多元參與、提高自我價值」及「友善環境—普及
支持網絡，消弭障礙歧視」。3.行動策略：共計4大面向、11項策略及28
個具體方向：(1)健康生活：包括健康促進保功能及醫療照護固健康。(2)
幸福家庭：包括完備長照減壓力、世代交流創天倫及生活無虞好安心。
(3)活力社會：包括銀髮動能貢獻大、多元社參促圓夢及青壯接力迎未
來。(4)友善環境：包括服務網絡眞便利、食衣住行無障礙及歧視障礙盡
破除（衛生福利部，2015）。

這些除延續之前施政重點，更希望開展新的方案，以高齡者全照顧
政策藍圖與行動策略，由政府引導民間參與，達成延長老人健康年數並減
少失能人數、落實爲老人找依靠施政主軸、減輕家庭中年輕世代照顧壓力
及促成銀髮產業發展環境與商機等4大目標。期盼各部會依據本白皮書目
標、理念及行動策略，積極配合檢討研擬短、中、長程具體措施，由衛福
部整合提出本白皮書具體行動方案據以推動辦理。同時，經由中央建立協
調及推動機制，定期召開會議邀各界代表，採納多方建言，做爲本白皮書
推動之重要依據。進而因應社會變遷，透過全民參與機制，蒐集各界意見

滾動修訂本白皮書內容（衛生福利部，2015）。

在高齡社會的發展趨勢中，21世紀的到來代表著高齡化、少子女化的時代來臨，再加上人口老化已是全球普遍的現象時，凸顯老化議題的重要性。從活躍老化的觀點來看，高齡社會的因應策略應包括社會參與、個人健康和社會安全等三大支柱，方能協助高齡者妥善因應高齡社會的衝擊與挑戰，進而提升晚年生活的品質，並邁向活躍老化，上述的政策符應此趨勢。

在失能者長期照顧制度上，政策引導政府部門施政投入相當的資源至健康促進、文康休閒等相關體系，實為正向且正確的作法；因為OECD最近研究發現，藉由健康促進及失能預防工作的推動，可降低長期照顧需求，這也是各國政府試圖降低對長期照顧負擔所採行的作法，期能實踐「疾病壓縮」理念，延緩老化或失能，以降低長期照顧的負擔（舒昌榮，2008）。

而強調建構完整高齡教育系統，除符合聯合國世界衛生組織有關活躍老化的方向，扮演促進高齡者社會參與的重要推手外，並可作為培養全民具備正確老化知識、態度，進而付諸行動的關鍵。其他重要策略，包括提升老年經濟安全保障、促進中高齡就業與人力資源運用、推動高齡者社會住宅、完善高齡者交通運輸環境等項，也都扮演著基礎建設的角色，是達到活躍老化過程缺一不可的要素。

綜合來說，老人健康及經濟安全保障必須政府部門結合民間組織與團體力量，落實人口政策白皮書及高齡社會相關政策，完善老年健康與社會照顧、經濟安全、人力資源、社會住宅、交通、教育及休閒等相關設施，使老人及其家屬享有優質生活，豐富老年生命；同時，肯定老人對社會的貢獻，視老人為社會的珍寶，讓老人擁有健康、安全、活力、尊嚴的人生終極價值，邁向新的高齡社會願景。

第二節　高齡的社會工作

有了上述的高齡社會政策需要貫徹加以實施及服務，這就有賴老年的社會工作。社會工作是一項專業服務，老年的社會工作是其中一個服務領域。因此，為協助老人適應社會變遷，如何協助及支持，就是老人社會工作的重要內涵及使命。以下討論如次。

一、老人社會工作之意涵與目標

基本上，老人社會工作是運用社會工作個案、團體、社區等服務方法，去了解老人疾病或常見的老人情緒問題與老人生理或心理健康有關工作的過程（李增祿，2007）。因此，老人社會工作主要目的是在調適老人的生活環境，幫助老人適應不良社會環境，像是疾病、經濟、家庭關係等一些問題，從而可以使老人過正常的生活。進一步而言，更要鼓勵老人參與社會活動，如宗教、教育、志願服務、社會團體等，以滿足精神生活。

由此可見，老人社會工作的內涵與目標相當廣泛，主要包括提供老人的健康維護、經濟安定、生活照顧、教育休閒、老人保護、照護機構輔導等。以下分別說明之。

（一）健康維護

包括老人預防保健服務、辦理中低收入老人重病住院看護補助。具體項目為：進行老人健康檢查及保健服務，使中低收入者因重病住院無專人看護期間，能獲得妥善照顧並減輕經濟負擔。

（二）經濟安定

為保障中低收入老人的基本生活水準，對年滿65歲以上、生活困苦無依或子女無力扶養，且未接受政府收容安置者，直接提供經濟援助。

（三）生活照顧

包括居家照顧、社區照顧、提供營養餐飲、日間照顧等。具體項目為居家服務、設置居家服務支援中心；對於未接受居家服務或機構安養的獨居老人，或因子女均就業無法提供家庭照顧的老人，設置日間照顧中心機構式照顧。

（四）教育及休閒

包括長青學苑、興設老人福利服務（文康活動）中心、辦理各項老人休閒育樂活動。具體項目為：滿足老人求知成長需求，利用老人文康活動中心或其他適合場地設立長青學苑，項目包括語文、書法、繪畫、音樂、運動、衛生保健等項目。另外，充實老人精神生活、提倡正當休閒聯誼、推動老人福利服務。推廣屆齡退休研習活動，鼓勵高齡者參與社團或社會服務活動，鼓勵、規劃老人參加各項教育活動，增添老人生活情趣，辦理各項敬老活動，如金鑽婚、園遊會、長青運動會、歌唱比賽、登山健行、才藝觀摩與社會關懷等相關活動。

（五）老人保護

設置老人保護專線，加強運用社會資源服務老人。針對身心障礙中低收入的獨居老人，提供緊急救援連線服務。

（六）照護機構輔導

加強輔導未立案老人安養照護機構，就原因分類建檔，擬訂輔導計畫，組成專案輔導小組，成立「單一窗口」受理申請案件。

老人社會工作項目所需人力及經費龐大，在國家財政持續吃緊的情況，其因應之道在結合民間資源，協助老人運用社會資源。幫助老人增強個人能力，預防生理或心理上的迅速退化，共同提供老人體能運動協助、營養指導、心理調適輔導等，促使老人身心健康。加強分享實際經驗供有關單位及人員參考，進而從老人社會工作實務心得、老人福利措施的得失，為修正、頒訂政策、以及改善措施之參據（李增祿，2007）。

《長期照顧服務法》於2015年5月15日在立院三讀通過，確立長照制度法源，未來只要身心失能六個月以上，需要生活及醫事長期照顧者，家

屬可透過長照機構聘僱受過訓的長照人員或外籍看護，採取居家式、社區式、機構住宿式或家庭式等服務模式，得到最佳照顧，也讓自行照顧的家屬獲得喘息服務。不過，新法通過後沒有馬上上路，給予整合資源等緩衝期，自公布後二年施行。長照法保障的對象，爲身心失能持續已達或預期達六個月以上者，依其個人或照顧者之需要，所提供之生活支持、協助、社會參與、照顧及相關之醫護服務。 長照法可整合居家、社區及機構住宿式長照服務，及小規模多機能或團體家屋之整合性服務模式取得法源依據，長照法也明定，將失能者家屬、照顧者及照顧機構一併納入，以健全長期照護體制，估計將惠及百萬以上家庭（長期照顧服務法，2015）。

　　該法條文明定，中央主管機關爲均衡長照資源發展，得劃分長照服務網區，規劃區域資源、建置服務網絡與輸送體系及人力發展計畫，並得於資源過剩區，限制長照機構設立或擴充；於資源不足地區，應獎助辦理健全長照服務體系有關事項。基金來源包含政府預算撥充、菸品健康福利捐、捐贈收入、基金孳息收入和其他收入。長照服務過去是模糊概念，長照法立法後明確定義，財源則以未來的長照保險法支應，長照基金則用來建置長照服務體系和擴充資源，包含偏鄉和失智等服務，都可納入（長期照顧服務法，2015）。

　　不過，2016年5月20日面臨第三次政權輪替，將擔任行政院政委、台大社工系教授林萬億一直是民進黨社福領域的重要智囊，曾在陳水扁時代主導「長照十年」，如今爲蔡英文時代籌劃「長照2.0」。面對新舊政策交接，林萬億接受專訪，針對台灣發展長照提出四大問題和解方。問題一：服務人力供不應求，尤其是本地人力不足，長期需讓本地服務人力增、外籍人力減。問題二：服務或設施遠遠不足，各地需先盤點老年人口數，並考量不同家庭照顧模式（有無外勞等），才能了解需求、擬定服務。甚至結合既存的社區關懷據點，作爲長照銜接，或轉型成日照中心、小規模的多機能服務機構，未來外籍看護家庭能獲得社區的喘息服務。問題三：城鄉分配及文化差異，目前多採同套制度，不僅切割掉在地系統，也無法提供誘因發展偏鄉服務。會盡快要求各縣市政府盤點需求、差異，讓中央調配資源。問題四：財源爭議，前三個問題，都和「錢」相關。新

政府主張用稅收制而非長照保險制。一來長保制全民須納保、勞工負擔增。二來若採長保制，中央政府易淪為花錢機器，錢也易於流向大宗的家庭照護者津貼或大型機構。如此政府不會細膩規劃各種社區化服務（林怡廷，2016）。

可見，新舊政府長照政策最大差異就在財源爭議，認為長保制實行將如同全民健保，中央控制、地方政府角色萎縮。但地方政府最了解當地長照需求和資源。而稅收制能避免上述問題。那稅基夠嗎？新政府要改革房地合一稅和遺贈稅將增加兩百多億元，若再加上0.5％消費稅，將有四百多億元。估計目前僅需三百億元，對比原有長照預算的五十三億元已足夠。其挑戰反倒是：如何讓五十三億的供給量增加到三百億？這都需從人力、設備，到城鄉差異規劃。未來服務量增加，還可考慮納「碳稅」。這些對現狀的理解和解方，已很明確。這些爭議及將來成果如何，均有待時間來考驗（林怡廷，2016）。

二、老人社會工作的知能與技巧

要做好上述老人社會工作的內涵，達成其目標，必須善用老人社會工作的知能與技巧。通常在處理高齡案主的過程中，專業社會工作者往往會運用不同的個案理論和老人做互動。這些不同理論都有它獨特的信念和著重點，從不同的專業及學理演繹、修改及融合而成為一套社會工作專業知識。具體而言，老人社會工作專業知識包含兩大類：

1. 用以解釋的知識：主要是在個案專業評估時使社會工作人員明白案主問題所在，以及和其他相關變項的動力關係。

2. 用以介入的知識：主要是在個案處置時輔助社會工作人員一些工作手法上的技巧和指引，以方便社會工作人員能有效地幫助高齡案主解決困難問題所在（關銳，1996）。

所以，要仔細察覺並協助解決老年人經常面對的問題：(1)設法適應健康和身體衰退的問題、(2)設法適應退休和收入減少的問題、(3)設法適

應配偶去世後的問題、(4)設法與同年齡的老年人建立友誼的問題、(5)設法適應新社會角色規範的問題、(6)設法找到合適的居住環境的問題。這些問題呈現老年現象的依賴性（dependency），主要有兩方面：一是身心上的依賴，由於身體健康的衰退或配偶親人的相繼去世，老年人依賴他人的程度也會增加。這並不是說所有的老年人都真的需要依靠別人維生，而是一種心理上的恐懼，恐懼被人遺棄，恐懼無人可依靠。二是經濟上的依賴，大多數的老年人是退休人員，收入減少，常常會恐懼積蓄可能不夠用的問題，也害怕社會安全輔助津貼不夠或甚至停止的問題（徐麗君、蔡文輝，1991）。

另外，社會政策的策劃者和制定者要認識科學資訊對專案發展、評估和決策的重要性。用科學資料來評估社會政策和專案的有效性是非常重要的。必須重新認識到系統變化要付出的經濟和人力代價，尤其是短期和長期收益之間的差距。同時，要有變革的勇氣，做好積極的心理準備，老人社會工作的發展及實施可能要對現有政府機構或系統進行重新建構，以便建立一個全新的老人及家庭服務方案。

至於老人社會個案工作的實務技巧方面，特別強調的項目有認識年齡歧視、人際關係及行政管理、了解評量設計與工具、個案管理與照顧管理等（黃久秦等，2010）。事實上，從政策釐定、新計畫創設到服務提供都是環環相扣，也要關注高齡案主在健康上的困境及其對當事人心理精神上的影響。

具體而言，老年人許多危機是可以預防的，如果社會工作人員能保持高度敏銳觸角及觀察，就能發現老人們在危機出現之前，會發出不少實際的求助訊號。因此社會工作人員與案主間建立良好的工作關係是相當重要的。除了提供輔導外，社會工作人員亦需察知案主的身心健康、家居環境和社會經濟需要進而提供幫助（關銳，1996）。

協助及輔導過程中，老年社會工作人員必須熟練訪視技巧，包含：(1)設計方針時，必須把老人與其重要親友包括在內；(2)儘量讓老人自己做決定；(3)蒐集正確資料，並加以評估，必要時可與其他人或團體商量；(4)探求其他可行的解決辦法；(5)將後果通知老人，如果錯了，則協

助他改正；(6)不要曲解事實或答應做不到的事，不要認為自己知道所有的答案或堅持你的答案是最良好的答案；(7)主動探訪需要幫助的老人；(8)儘可能在團體方式下進行；(9)爭取社區的支持與參與；(10)替老年人發言或爭取應有福利（沙依仁，1996）。

　　綜合來說，老年社會工作人員必須重視的原則包括：(1)認識並了解老人之問題；(2)認清到底有哪些途徑或資源可以用來幫忙，並一起設計出一個可行的策略；(3)幫助老人提高士氣、與老人建立良好關係、溝通意見，實行已定策略。為達到上述的要求，必須進行人才培育，尤其老人社會政策要求團隊合作的方式，加強與老人學領域的專家和學者團結合作是成功的關鍵。因為任何成功的政策和服務專案都需要政府官員、老人學專家、專案的策劃者和提供者、私人贊助機構、基金會和老人消費者共同努力。

第三節　高齡的社會福利

　　要落實高齡社會的政策，必須有適當的資源可以提供，這是老年社會福利服務的重點。由上述可知，隨著老年人口的增長，福利政策與措施不僅需要對這群人口需求予以回應，也必須發展出新的回應方式，以確保老人良好生活品質或生活風格的可能性，福利政策與服務措施應該正視相關的問題。

　　老年人口越來越多，社會型態所產生的家庭結構的改變，出生率與死亡率雙低結構，老年人承受的衝擊日益顯著，所遭遇的問題也日趨頻繁和複雜，使得老人對於福利服務的需求也越趨殷切。老年人口所衍生的醫療保健、居住環境、安養機構、育樂休閒活動、進修學習、經濟安全等一系列問題，政府有必要積極地、主動地、全面地、制度化地擬定一套針對老人福利的政策與措施，藉由政府的福利政策和相關措施的推行，一方面解決老人所遭遇的各項問題，另方面協助老人適應退休後的生活，增進其社會參與的能力，使其能安享晚年。

一、老年社會福利的意義及內涵

就廣義的老人福利來說，泛指公部門、私部門和非營利部門對於老人所提供的各項服務方案和福利措施；而狹義的老人福利，則單指由政府的社政或衛政單位對老人所提供的各項福利和服務，包括老人安養、照護、醫療保健、教育休閒、再就業、中低收入戶的補助、免費公車等服務項目。

在此，老年的社會福利亦指狹義的老人福利，是透過國家公權力的行使，由中央和地方的行政機關所提供給老年人口的各項物質上、精神上的方案、措施和服務。換言之，老年的社會福利就是要針對老年人口的身、心、靈需求，尋求其社會制度面的保障，包括經濟生活的、健康醫療的、教育休閒的、心理的及社會適應的、居住安養的、家庭關係支持的等面向，以構成老年人生涯活動的服務網絡和介面（徐立忠，1996）。

就其內涵而言，呈現在與老年社會福利有關的法令，主要爲「老人福利法」、「老人福利法細則」、「老人福利法機構設立標準」、「老人福利法機構設立許可辦法」、「老人長期照護機構設立標準及許可辦法」、「私立老人福利機構接管辦法」等。分析其類別，包括兩大項：(1)現金式福利：如保險、退休金、社會津貼等；(2)非現金式福利：如供給照護相關方案的型態、各種健康生活之服務項目等（黃久秦等，2010）。

具體來說，爲因應高齡社會，老年社會福利會以經濟安全、健康維護、生活照顧三大規劃面向爲政策主軸。然後，爲周全對老人的身心照顧，並就老人保護、心理及社會適應、教育及休閒亦分別推動相關措施。凡此種種老人社會福利措施，可以因應老人人口的照顧與居住安養需求，並積極規劃推動長期照顧體系、建立社區照顧關懷據點、提升老人福利機構安養護服務品質，以及推展行動式老人文康休閒巡迴服務，從而讓老人均能獲得在地且妥適的照顧服務。

二、老年社會福利的重點與展望

　　爲因應高齡社會不斷擴增的需求與問題，以下分別闡釋老年社會福利的重點與展望如次。

（一）老年社會福利的重點

　　人口老化加上小家庭結構與工商社會等外在環境的轉變，老人福利服務相關需求益形殷切，並讓老人照顧的相關問題備受各界重視。爲解決人口老化所衍生議題暨提升老人福利服務，必須落實推動各項照顧政策，以達聯合國老人綱領所揭示的獨立、參與、照顧、自我實現、尊嚴之目標。特別是落實到社區化，服務項目的種類包括膳食服務、辦事服務、送醫服務、居家照顧、家事服務、交通運輸、購物服務、日間照顧、臨時照顧等。實務運作上，先調查區域內老人的需求，決定舉辦的項目，加強照顧與支持，結合更多社區組織協同合作。

　　從前面兩節所討論的需求、問題、各種政策、服務設施看來，爲回應高齡社會的挑戰，必須建構老年社會安全與支持體系，主要重點包括：

1.盡力滿足需求與解決問題

　　經濟與就醫安全、生活品質的維持、社會的參與和自我價值的實踐及生命價值與人性尊嚴的維護等，也就是所有高齡者無論其社經地位和身心條件，皆能依其所需，在此體系中獲得適當的滿足與照料。特別是失能需要在不同場所被照顧的高齡者，如何被妥善的照料，更是政府的施政重點與嚴苛挑戰。

2.設施應符合在地老化的理念

　　在地老化是讓老人在家庭中或社區中老化，在地老化的老人福利政策，更爲人性化。在地老化的老人社會福利的導向必須有完善家庭政策的配合、社區政策的配合、社會保險政策之配合以及醫療體系之配合，才能使在地老化眞正能落實執行，而不是一項口號，或是政府將老人福利推給家庭或社區負責的一種消極的政策。所以，居家與社區照顧服務成爲建構長期照顧體系的核心部分，讓被照顧者能在其熟悉的生活環境，持續獲得支持和協助，避免過早或不當的被安排進入陌生的照顧場域。

3. 健全家庭功能與在宅服務

　　在溫馨家庭安度晚年是理想願景，要使家庭具有讓老人在家庭中老化的功能。除建構基礎性的國民年金制度，使所有老人在年老及退出工作場所後，均能維護其基本的生存權，透過老人生活津貼的方式，來滿足老人基本生活的需求，勞工保險退休新制以及勞工保險採年金制，亦具有確保退休後基本生活之需求。透過積極宣導，使老人在退休前做好生涯規劃，養成儲蓄習慣，準備好退休後生活的預備金，均是在地老化的必要條件，當然建構三代同堂或鄰近居住的住宅政策，並健全三代間家庭關係，使在家老化成為具有高度可行的老人福利政策。

　　然後透過老人在宅服務、老人營養午餐、老人日托中心以及對於家庭照顧者的支持系統的建立，使家庭功能更為健全，甚至透過宣導，重新建立現代社會新孝道之觀念，更使得在家庭中老化成為可能。甚至透過機動性護理和醫療體系，在某些特殊家庭中，可以有專職家庭照顧者，如引進外勞，並由機動性護理和醫師人士之參與，使老人同時在家人和專職外勞的協助下，使老人可以做好在家安養、療養、醫療等，使在家老化更為延伸，自然可以節省醫療設施，使在家老化之功能更為提升。

4. 整合社區需求共同面對問題

　　為落實執行在社區中老化的老人福利政策，推動福利社區化的工作要逐漸落實在社區的基礎上，社區日托中心、社區老人活動中心、社區老人營養午餐，以及各種社區內老人福利服務工作，如老人運送服務、社區老人緊急救助體系、獨居老人社區服務等工作逐漸落實在社區基礎上。尤其小型社區或家庭式老人安養中心、社區老人護理中心，均可使在社區中老化老人福利政策，落實在社區的基礎上。這種在地老化政策，必須由政府主導，以經費和專業的支持、社區的充分配合，以及民間資源的整合，才能使在社區中老化成為具體可行的老人福利政策。

5. 滿足不同需求對症下藥

　　老人福利政策之規劃要滿足不同社經地位和健康狀況，及老人本身生涯規劃的需求，對於那些高社經地位以及本身生涯規劃十分良好的老人，老人社會福利政策亦可以走向投資性的，甚至是營利性的，一種高經營價

值的老人安養、療養和醫療體系的老人福利政策，使老人成為高經濟價值的產業，就像美國佛羅里達州以其地理和氣候因素成為美國高社經地位老人退休聖地，州政府以其老人產業和老人安養、療養、醫療設施，以及周全的醫療照顧和退休生涯規劃，使佛州高比率之老人人口，不僅不是州政府財政負擔，反而是一種高經濟價值的投資。而台灣在最近幾年來，由於老人的需求，以及滿足不同健康狀況、妥善生涯規劃之老人，以其高社經地位，已有相當數量的大企業投資高水準，即所謂六星級的老人安養、療養和醫療機構，以及以養生、長壽為名的造鎮計畫，這種多元化老人福利體制的建立，對於滿足不同老人的需求，有實質上的價值。

　　對於低社經地位的老人、低收入老人或特殊老人，如獨居老人或遊民老人，均必須建構公設或委託經營的老人安養、療養和醫療機構，由於低收入老人沒有經濟能力負擔自費安養、療養和醫療機構的費用，透過社會福利和社會救助體系的支援以及社會福利基金的支持，才能有效維護低收入老人的生存權和健康權。

6.政府結合民間拓展新政策

　　要達成目標與願景，政府扮演老人福利政策主導角色，並結合民間資源，以更多元化老人福利政策，來滿足不同社經地位老人的實質需求，並更周延地規劃基礎性和發展性老人福利政策，建立多元老人福利體制，並以在地老化的策略，使老人在家庭和社區中老化，維護其尊嚴以及獨立自主的生活。因為高齡化社會的快速成長，依賴人口的持續擴充，應及時從反年齡歧視的政策來思維，避免人力資源的浪費。尤其對那些有工作能力的老人持續工作和再就業輔導方案有效設計，應該可以減輕高齡人口增加對於家庭、社會和國家所產生之壓力。加上生命餘年的持續延伸，顯示年齡越大的老人，風險越大，而傳統的人壽保險已無法滿足一般老人實質的需求，尤其老人對於長期照護的需求風險更大，建構老人長期照護保險體系，使高齡社會長期照顧的風險透過保險體制分擔。

（二）老年社會福利的展望

　　展望新的高齡社會趨勢，必須持續創新方案與策略，展望未來的老年

社會福利，要注意以下的發展方向：

1.積極建構長期照顧服務體系

為齊備各項長期照顧服務資源，讓民眾有多元選擇的機會，積極輔導、協助政府結合民間單位，持續發展、整合、連結失能者所需居家及社區式服務資源。另為使民眾與社會各界對長期照顧有更清楚了解與支持，加強溝通宣導，增進民眾使用長期照顧服務之意願，維護失能者照顧服務品質，減輕家庭照顧負荷。

2.落實高齡社會政策的福利服務

從人口政策白皮書，配合當前問題及未來人口結構趨勢，讓高齡者老有所養、老有所用、老有所為、老有所學等安居樂為的理想。確實做到支持家庭照顧老人、完善老人健康與社會照顧體系、提升老年經濟安全保障、促進中高齡就業與人力資源運用、推動高齡者社會住宅、完善高齡者交通運輸環境、促進高齡者休閒參與、建構完整高齡教育系統等因應對策，整合相關部門落實推動與辦理，以有效因應高齡社會的來臨。

3.持續創新友善老人的服務方案

為更積極、有效並前瞻性地因應人口高齡化趨勢，要全面關懷友善老人服務方案，期以積極預防、主動友善的原則，規劃推動全方位的服務措施；透過加強弱勢老人照顧、推展老人預防保健、保障老人公民權利，及倡導世代融合社會等策略，建構有利於老人健康、安全與活躍之友善社會，讓老人享有活力、尊嚴、快樂與自主的生活。

4.增進機構服務品質與經營管理

因應高齡化社會之來臨，針對老人長期照顧之需求，積極鼓勵民間興辦或採公設民營方式辦理老人收容業務，推行人性化管理，給予安養、長期照顧之老人親情溫暖，使其有一安全可靠之安居場所。繼續輔導各公私立老人安養機構兼辦或轉型辦理老人長期照顧業務，協助充實或改善設施設備，俾使因年邁自然老化形成癱瘓殘疾、生活自理能力缺損之老人，得以在機構就地安養、就地老化。

第十三章　高齡期的健康促進與照護

　　人到老年，健康狀況更要注意。健康不僅是不生病，還要身心靈、社會各方面均健全發展良好，這就有賴老年的健康促進與照護。長壽者一定要健康，否則人老了，卻還得和病魔纏鬥，苦都苦死了，長壽就沒什麼意思了。

　　老年健康促進需要跨部門、跨學科的合作，整合相關資源，以增進能力、改善健康，提高健康生活品質。特別是個人的健康知識與能力，是控制及影響健康的重要因素。世界衛生組織將健康定義為沒有疾病，並包括一個生理、心理和社會等方面的完整狀態。健康可以被視為在正常老化的生理、心理和社會影響內，盡量將個人的潛能發揮出來的歷程（WHO, 2002）。

　　老年健康促進不僅增進老人身心健康，預防慢性病，也可增進生產力與獨立自主的生活，提升老人的生活品質，活得久更活得健康快樂。不過當疾病來了，就必須有接受照護的機會，包括醫療的照護，以及更長期的社區照顧服務。例如居家服務，設置居家服務支援中心；對於未接受居家服務或機構安養的獨居老人，或因子女均就業無法提供家庭照顧的老人，設置日間照顧中心照顧等。

　　本章探討老年的健康促進與照護，首先說明老年的健康促進，其次提出老年的醫療照護，最後探討老年的社區照顧服務。茲分別討論如次。

第一節　高齡期的健康促進

　　健康促進是民眾為了過更健康的生活而從事有益健康的活動，老年的健康促進對高齡社會的發展更為重要及迫切，茲就其意涵、目標與重點說明如次。

一、老年健康促進的意涵與目標

有關老年健康促進的意涵與目標,討論如下:

（一）老年健康促進的意涵

何謂健康促進?簡言之,健康促進(health promotion)就是健康教育加上健康政策,是目前公共衛生所要追求的一個理想。老年健康促進乃針對老年人實施健康促進的方案。因此,老年健康促進是以一種新的策略、新的工作方法,透過衛生教育、預防及健康保護(health protection)三個層面的努力,來增強正向健康與預防負向的健康(WHO, 2002)。

又如國民健康局提及老人健康促進係於其業務執掌範圍內,透過公共政策的制定、支持環境之建構、社區行動力之強化、健康技巧之增進、多元可近性之服務、推廣健康教育、提供預防保健服務等措施,使老人能採取有益健康之生活型態(行政院衛生署國民健康局,2009)。

由此可知,健康促進是結合教育和環境的支持,使民眾能採取有益健康的行動及生活方式。廣義的健康促進是使人們能夠強化其掌控並增進自身健康的過程,至少實施健康教育是方法之一,是健康促進的重點。

健康促進與疾病預防是有差別的,健康促進是以更健康的生活從事有益健康的活動,健康促進包括衛生教育、政策、環境。對象是健康的人,採取的是有益健康的行為,可以說健康促進是比較積極的。疾病預防(disease prevention)是因疾病由某項危險因子引發,疾病預防是去除此危險因子或行為,心態上就比較消極。一般來說,疾病預防分為三段:防止疾病發生(衛生教育的重點—發現及減少危險因子)、早期診斷健康的問題(衛生教育的重點—鼓勵篩檢)、殘障的防止及復健(衛生教育的重點—教育遵醫囑行為)(黃久秦等,2010)。

至於老年健康促進的內容是什麼?整體來看,主要內容包括營養、菸、酒及其他藥物、家庭計畫、體能活動與體適能、心理健康與心理失調、暴力與虐待性行為、教育與社區本位計畫等。另一方面,增進老年健康促進的場所,可以從職場、學校、醫院、公司、社區等地方進行健康促進的營造、以及健康促進的行動綱領與工作項目,政府則必須建立健康的

公共政策、創造支持性的環境、強化社區行動、發展個人技巧、重新定位
健康服務等。

（二）老年健康促進的目標

　　基本上，隨著平均壽命增加，老人及老年期越來越長，但活得久並
不代表身體健康的時間一樣久，把平均壽命扣除因為疾病和殘障的失能時
間，就可以計算出健康平均餘命。所以，除平均壽命外，現在聯合國倡導
健康平均餘命，是重視質的概念，因為活得久未必活得健康。尤其是近年
隨著高齡者死亡率降低及慢性病增加趨勢，要活得長又活得健康，就要有
健康平均餘命的概念，進一步涵蓋平均壽命的健康水準衡量。

　　因此，老年健康促進希望以增進健康平均餘命為目標，世界衛生組
織在2000年首度公布「經失能調整後的平均餘命」（Disability Adjusted
Life Expectancy, DALE），用以評估該組織成員國，初生嬰兒能健康地活
多少年；且於隔年增納資料予以改進，並改稱為健康平均餘命（Healthy
Life Expectancy, HALE），這項指標不再是以傳統平均餘命估測生命量，
而是對生命作「質」的估測（行政院主計處，2006）。有了健康促進的
觀念、行為、習慣，避免過早罹患慢性病，養成健康生活形態，同時降低
醫療支出，提升生活品質。

　　具體來說，老年健康促進可以防治疾病、增進健康、延緩老化與益壽
延年，分別說明如次。

1. 防治疾病：健康促進可以防治疾病，預防醫學觀念與主張以各種
   健康生活的方法來防治疾病；科學家可藉著精密的科學實驗化驗
   出食物的成分，進而探索它們對防治疾病的療效；採用食療和合
   理的健康促進方式防治疾病，是最自然、最有效，而且沒有副作
   用的防治良方。

2. 增進健康：人類真正的健康，要吃正常的食物，並且生活在自然
   的環境中，才是增進健康的基本要素。健康自然的食物、合理的
   健康促進方式、均衡的營養，能改變我們的體質，增進我們的健
   康。隨著各種健康食物與各種營養資源的研究與開發，已有更多

食物增進健康的新發現和證實，如何善加利用，是食物增進健康的主要關鍵。

3. 延緩老化：研究延緩老化的科學家，證明延緩老化使青春常駐的主要因素，是自然而均衡的營養、適宜的運動。自然而均衡的營養是未經加工的天然食物，營養素搭配均衡的餐飲，每個細胞的滋養料，如碳水化合物、蛋白質、脂肪、維生素、礦物質、纖維素和水分等，配製均衡，適應身體的需要；而營養過剩、營養不足或營養失調，均會導致健康衰退，加速老化。自然而均衡的營養，可以防止過氧化作用所產生的自由基，破壞正常細胞的代謝作用，導致皮膚粗糙有皺紋、老人斑、血管硬化而發生老化現象。

4. 延年益壽：健康促進可延年益壽，世界各地長壽村的人瑞，他們吃的是自然健康的食物，飲的是沒有汙染的礦泉水，加上日常生活的體力活動，並採用蛋白、低脂肪、低熱量和高纖維食物結構，天然健康食物和合理的健康促進方式是人類健康長壽的主要因素，這是能夠保持年輕、健康、長壽的祕訣。

整體而言，透過健康促進維護老人日常生活之獨立性、自主性、降低老人的依賴程度，進而使老人都能「健康生活、延緩老化、延長健康餘命」（行政院衛生署國民健康局，2009）。維持健康的習慣應從年輕時開始，並終生持之以恆，這樣才能更有效減低老年期功能殘障和慢性疾病的風險。

綜合來說，老年人是人口的重要組成部分，是社會的寶貴財富。如何使老年人保持旺盛的生命活力，防病抗衰、延年益壽，這已是人人關心的重要議題。影響老年人壽命和健康的因素是多方面的，而健康促進是重要的，糖尿病、高血壓、冠心病、痛風症、痴呆症、癌症等，都是錯誤的生活習慣所造成的。隨著年齡的增長，老年人的生理機能在逐漸改變，對健康促進的要求也在不斷發生變化。結合生理功能改變的特點，對健康促進做相應的調整，以適合年齡增長的需要，從而達到預防疾病和延緩衰老的目標。

二、老年健康促進的重點

從上面的說明看來，老年健康促進相當重要。而活躍老化是一個近年受到世界衛生組織和世界各國所關注的概念。活躍老化是一個過程，充分利用機會發展健康、參與和保障，以達致在年齡增長的同時，提高人們生活素質。所以，就推展老年健康促進的重點與方案而言，必須政府及個人加以重視，以下分別從不同面向加以討論。

（一）世界衛生組織推展的活躍老化

世界衛生組織揭櫫活躍老化的觀點，以維護高齡者的健康和獨立，進而將身心健康的訴求擴展到社會正義和公民權的參與。可以說活躍老化涵蓋的層面，由高齡者個人的身心健康和獨立層面，擴展到社會參與和社會安全的層面（Davey, 2002）；並將活躍老化界定爲個體在老化過程中，爲個人健康、社會參與和社會安全尋求最適的發展機會，以提升老年生活的品質（WHO, 2002）。

活躍老化強調積極參與活動和健康之間的連結（Walker, 2002）。所謂積極係指持續參與社會、經濟、文化、宗教和公民事務，而非局限於身體活動的能力、體力或參與勞動市場的能力或勞動力；所謂健康一詞，根據世界衛生組織所界定的意涵，係指生理、心理、社會層面均達到舒適安好的程度。因此，在活躍老化的政策架構中，所有的政策和方案，除了應提升個體的健康狀況之外，也應關注個體的心理健康及其與社會的連結，而其目標即在於延長個體健康的預期壽命，並在老化的過程中維持良好的生活品質（WHO, 2002）。

活躍老化的關鍵要素包括參與維持健康的活動（Davey, 2002）。當健康體系、勞動市場、教育系統以及社會政策等各層面均能支持活躍老化的概念時，社會將呈現以下的前景（WHO, 2002）：(1)在具有高生產力的生命階段，降低提早死亡的發生；(2)減少老年期的慢性病及其伴隨而來的失能狀態；(3)讓更多人在老化的過程中，享有良好的生活品質；(4)讓更多人在老化的過程中，積極地參與社會、文化、經濟、政治、家庭以及社區生活；(5)降低在醫療和照護服務體系所支出的成本。

綜合上述，世界衛生組織之論點，強調活躍老化涵蓋的層面，宜由高齡者個人的身心健康和獨立層面，擴展到社會參與和社會安全的層面。若只關注高齡者個人的身心層面，而無法兼顧社會層面，將難以讓高齡者享有公平的機會和對待的權利。

世界衛生組織在〈活躍老化：政策架構〉報告書中，將社會參與、個人健康和社會安全視為活躍老化政策架構的三大支柱（WHO, 2002），其中第一個支柱就是個人健康。當慢性疾病的危險因子（包括環境因素和個人行為）降低，保護因子提高時，高齡者將享有較長的壽命和較佳的生活品質，而在老化過程中，也能保有健康並處理自己的生活。這類健康的高齡者較不需要昂貴的醫療照顧成本和照護服務系統。因此，提出以下四項策略：

1. 預防並降低失能、慢性疾病以及提早死亡所帶來的負擔。
2. 降低伴隨疾病而來的危險因子，並強化維護身體健康的因子。
3. 發展一套具近便性且高品質的健康和社會服務體系，以符合高齡者的需求和權利。
4. 提供教育和訓練給照顧提供者，以涵養其照顧高齡者的專業知能。

世界衛生組織提出這些觀點，以供全球、各國家和各地區因應人口老化的政策架構，設計跨部門的活躍老化政策，並藉此強化高齡人口的健康和參與，進而確保當高齡者需要協助時，能有足夠的安全、保護和照顧系統。

（二）衛生福利部推動的老人健康促進計畫

衛生福利部國民健康署前身之行政院衛生署國民健康局（2009）提出老人健康促進計畫（2009-2012），係因應我國人口老化快速，老人健康促進及慢性病照護需求增加，儘早規劃相關政策。經檢視我國相關法規、制度、實證資料，進行現況、問題評析與未來環境預測；並參酌先進國家老人健康政策，包括世界衛生組織、英國、歐盟、日本、美國等文獻回顧；考量我國國情及未來政策推動能與國際接軌及比較，審慎擇取美國

疾病管制局發展的15項老人健康指標，作爲計畫目標訂定之參考，據以研訂執行策略、績效指標及預期成效等。

上述計畫目標旨在維護老人獨立、自主的健康生活，降低老人依賴程度，並提出具體健康促進策略，包括促進健康體能、加強跌倒防制、促進健康飲食、加強口腔保健、加強菸害防制、加強心理健康、加強社會參與、加強老人預防保健及篩檢服務等八項重要工作（行政院衛生署國民健康局，2009）。

根據行政院衛生署國民健康局（2009）的推動方案，各工作項目的策略重點分別如次：

1. 促進老人健康體能：主要策略有建立健康體能公共政策、建構健康體能之支持性環境、強化健康體能社區行動力、增進個人健康體能技巧、提供老人多元可近之健康體能服務、建立夥伴關係提升老人之體能健康等。

2. 加強老人跌倒防制：主要策略有訂定公共政策、建構支持性的環境、強化社區行動力、發展個人技巧、提供老人多元抗鬆防跌服務、建立夥伴關係加強老人防跌等。

3. 促進老人健康飲食：主要策略有建立健康飲食公共政策、建構健康飲食之支持性環境、強化健康飲食社區行動力、增進個人健康飲食技巧、提供老人多元可近之健康飲食服務、建立夥伴關係促進老人健康飲食等。

4. 加強老人口腔保健：主要策略有訂定老人口腔健康公共政策、建構口腔健康之支持性環境、強化口腔健康社區行動力、增進個人口腔健康技巧、提供老人多元可近之口腔健康服務、建立夥伴關係提升老人口腔保健等。

5. 加強老人菸害防制：主要策略有訂定以老人爲考量的菸害防制政策、創造老人的無菸支持性環境、強化社區行動力、不同族群性別發展、適合之老人預防二手菸吸菸戒菸及拒菸之個人技巧、提供不同族群之老人多元之預防二手菸戒菸服務、建立夥伴關係降低老人吸菸率等。

6. 加強老人心理健康：主要策略有整合現有服務體系建立網網相連防治網絡、建立機構及體系內老人自殺防治標準模式、增進照護者與守門人的動機與專業知能、營造有利的防治氛圍促進老人心理健康、強化資訊蒐集方案評估與研究、建立夥伴關係降低老人自殺死亡率等。

7. 加強老人社會參與：主要策略有訂定公共政策、建構支持性的環境、強化社區行動力、發展個人技巧、提供老人多元可近之社會參與服務、建立夥伴關係提高老人社區活動參與率等。

8. 加強老人預防保健及篩檢服務：主要策略有建立提高老人定期接受健康檢查及癌症防治政策、建構支持性的環境、強化社區行動力、增進老人保健個人技巧、提供老人多元可近之保健服務、建立夥伴關係提高老人健康檢查及健康篩檢之接受率等。

　　經由上述各項目的執行，短期的成效達到：(1)養成規律運動的習慣，提升兩性健康體能，延緩或降低慢性病的發生；(2)強化社區具性別意識的組織行動，推展健康促進活動提升老人健康；(3)強化衛生所規劃和推動具性別意識的疾病預防和健康促進服務的功能；(4)提升老人健康促進相關專業人員具性別意識的知識與服務；(5)改善健康服務中存在的性別偏差，與健康不平等現象；(5)改善老人健康生活型態及減少危險因子之危害，增進老人健康。

　　進一步推動，其長期成效在：(1)提升老人健康，降低醫療支出與社會成本；(2)尊重老人就醫權益及自主性，營造老人健康促進環境；(3)強化具性別意識的老人健康促進服務體系；(4)逐步建構具性別意識的老人健康促進支持性環境；(5)健康政策消弭性別、族群差異，保障老人健康權益；(6)維護老人獨立、自主的健康生活，降低老人依賴需求。

　　同時，此計畫強調老人的健康促進尚結合其他部會相關聯的計畫，包括內政部的我國長期照顧10年計畫、人口政策白皮書—高齡化社會對策，以及教育部的邁向高齡社會—老人教育政策白皮書，還有行政院衛生署2020健康白皮書、婦女健康政策、老人健康分級管制的19項計畫等（行政院衛生署國民健康局，2009）。

　　根據高齡社會白皮書，高齡社會願景及具體理念：以建構「健康、幸福、活力、友善」高齡新圖像爲願景，具體理念包括「健康生活－延長健康時間，提升生活品質」、「幸福家庭－永續長照服務，促進世代共融」、「活力社區－促進多元參與、提高自我價值」及「友善環境－普及支持網絡，消弭障礙歧視」。行動策略共計4大面向、11項策略及28個具體方向：(1)健康生活：包括健康促進保功能及醫療照護固健康。(2)幸福家庭：包括完備長照減壓力、世代交流創天倫及生活無虞好安心。(3)活力社會：包括銀髮動能貢獻大、多元社參促圓夢及青壯接力迎未來。(4)友善環境：包括服務網絡眞便利、食衣住行無障礙及歧視障礙盡破除（衛生福利部，2015）。

（三）老人實踐自我健康促進之道

　　從上面看來，健康促進計畫需要公部門的推動、社區健康的營造，以及個人的健康促進行爲，其中老人自己占有非常重要的角色。如果個人從日常生活就能注意均衡健康促進、控制體重、多運動、不吸菸等控制慢性病危險因子，定期做健康檢查，做好健康管理，即能擁有健康的身心靈及社會參與的基本條件。

　　老人常見的健康議題包括營養、身體活動、肥胖、戒菸酒、防跌、居家安全、口腔衛生、健康檢查、慢性病防治（腦血管疾病、心臟疾病、糖尿病、癌症）、接種疫苗、心理健康、退休準備及社會參與。維持健康促進的生活形態是基本要求，包括健康的飲食行爲、健康的運動行爲、健康的睡眠行爲，以及正常的排泄與疾病防治等（黃久秦等，2010）。實踐自我健康促進之道，簡單說明如次：

1. 飲食是人類維持生命的基本條件，與人的健康長壽有密切的關係。自然的健康食物、均衡的營養，是健康長壽的一項重要因素。多吃纖維質食品：糙米、全麥麵包、水果、蔬菜、紫菜、海帶，少食肉，少食魚類等海產。多飲水、果汁，保持排泄暢通和皮膚潤澤。吃有營養的食物，酸性食物、鹼性食物平衡，油、糖、鹽少吃，吃淡一點，消化不好的東西少吃，血壓正常、血糖

正常，一切正常，不可偏食。高齡者普遍的營養問題包括營養不
良和營養過剩。

隨著年紀增長，身體所需的能量減少，但身體對於水分、蛋白
質、許多的維他命（維生素）和礦物質的需求卻沒有減少，有些
更甚而增加。由於整體能量的吸取隨著年長而減少，造成某些營
養素吸取不足。高齡者特別容易出現營養不良的情況，營養不良
的特徵包括缺乏蛋白質、能量、微量營養素的攝取以及導致經常
性的感染或疾病。適當節食有益長壽，有節制，有規律，定時定
量，不過飽，不過饑，不偏食，過量會引起肥胖，而肥胖又可引
起多種疾病。

尤其盡量少食肉，以豆類製品、蔬菜、水果等易消化的天然食物
爲主食，避免吃零食、宵夜和油脂多的食品。烹調以清淡爲主，
少用煎炸。更要根據個人情況，自己控制食鹽量。尤其患有心、
腎、肝病者，要遵照醫師的指導，節制食鹽的份量。清晨飲水有
益，水是構成人體組織的重要成分，體內的新陳代謝，都需要水
來參加才能完成。水對老年人有更重要的作用，每天清晨喝一杯
水，並且能夠持之以恆，對健康和延年益壽有好處：利尿作用、
促進排便、預防高血壓、動脈硬化，可以降低高血壓和動脈硬化
的發病率。

常吃水果可防衰老，水果中各種營養成分爲人體提供豐富的維生
素和無機鹽，容易吸收，有助於一些老年病的防治，增強免疫功
能。這是簡單又容易辦到的防病抗衰老的方法，有決心有恆心加
以實踐，一定能夠達到理想的效果。

2. 要養成每天運動的習慣，多步行，做健身操，加強血液循環，促
進新陳代謝。一定要運動，走路甩手最方便，不一定要激烈運
動，視自己的狀況而定，運動時間宜分開，不過勞，也不過久，
養身以動。如此可以保持血液循環順暢，促進新陳代謝，有利於
防止組織器官的衰老，有益於防病和健康長壽。

一般體力活動可以定義爲日常生活中的所有身體活動，包括在工

作、日常起居、餘暇、運動、體育活動方面的身體活動。而運動是一種閒暇的體力活動，當中包含有計劃、有規律及重複的身體動作。養成活躍的生活習慣是終生受用的，參與體力活動或運動對身體功能和健康狀況會有顯著的改善，也有助防止或減低高齡者患病的機會。如此可以改善體能、延年益壽、平衡肌肉與脂肪的比例，以控制體重、改善心臟和肺部功能、減低高齡者患常見疾病的風險，如心臟病、高血壓、糖尿病、骨質疏鬆、骨折和癌症等，又能改善情緒狀況及提高自我形象，減少抑鬱和焦慮等負面情緒改善生活品質。

為引發及維持運動的習慣，可以與家人、朋友作伴，一同參與運動。並有選擇性參與令人快樂及享受的運動，彈性地選擇不同種類的運動，訂立一些簡單可行的目標以及在達成目標時予以獎勵。

3. 每天保持七至八小時的睡眠，晚上十時左右應該睡覺，讓肝臟得到休息，能夠保持紅潤有光澤的容顏。睡眠正常，良好的睡眠，精神肉體疲勞的恢復，身體正常的運作，一定要睡得好，睡得香又甜，精神會飽滿，無煩無惱就健康。

4. 培養良好嗜好：種花、習字、彈琴、下棋，修身養性，有益身心，提高氣質。戒除菸酒，菸傷肺，酒損肝。假日到郊外遠足或爬山，與大自然全接觸，享受田野、山水的景色，擴大視野，開拓心胸，令心情開朗豁達。

5. 知足常樂，珍惜現在，樂觀向前，保持旺盛的進取心，熱愛人生，積極進取。助人為樂，與人為善，保持愉快的笑容，使生活充滿溫馨，益人益己，保持身心健康。名利放得開，一切煩惱不放心上，不要太固執己見，心理與生理二者均重要。同時找有意義的事做，當志工、教學、寫作、繪畫、音樂等。生命有創造力，有人生的目標。樂觀過日子，不悲觀，結交朋友，打開心胸，不自閉，打開自己生活的空間，開開心心過健康長壽的晚年（行政院衛生署國民健康局，2009）。

第二節　高齡期的醫療照護

　　老年與疾病是相當緊密的，就疾病的治療而言，老年人的醫療照護需求不僅於門診的預防保健與急、慢性病治療，還要加上急性重症時住院的診療、長期照護及安寧療護等（黃久秦等，2010）。茲分別討論如次。

一、老年的醫療照護需求

　　老年的醫療照護需求不斷增加，顯現在幾個層面上：

（一）老人之醫療照護使用率及醫療費用增加

　　依據健保醫療照護使用情形分析顯示（行政院衛生署國民健康局，2009），老人平均門診就診率95.6%，平均每人每年門診26.8次，平均每年住院就診率21.7%（約5人中有1人），平均每人每年住院4.6日，且隨著年代的增加，就診率、門診次數、住院就診率及住院日數皆上升。以衛生署國民醫療保健支出資料來看，60歲以上的醫療費用，皆較59歲以下各年齡層高出許多倍；10-59歲各年齡層，女性平均每人每年個人醫療費用高於男性；70歲以上男性平均每人每年個人醫療費用高於女性（行政院衛生署國民健康局，2009）。

（二）老人罹病及死因以慢性病為主

　　根據台灣中老年身心社會生活狀況長期追蹤調查顯示（行政院衛生署國民健康局，2009），老人罹病及死因以慢性病為主，8成以上（88.7%）老人自述曾經醫師診斷至少有一項慢性病，老年女性自述罹患慢性病的比率高於男性。研究發現，長者最常見的慢性病前5項分別為：高血壓（46.67%）、白內障（42.53%）、心臟病（23.90%）、胃潰瘍或胃病（21.17%）、關節炎或風溼症（21.11%）等。以性別比較，高血壓、白內障皆為男、女性之第一、二位外，骨質疏鬆、關節炎或風溼症、心臟病分列女性排序的第三、四、五位；心臟病、胃潰瘍或胃病、糖尿病

分占男性的第三、四、五位。

所謂慢性病，主要包括高血壓、糖尿病、心臟病、中風、肺或呼吸道疾病（支氣管炎、肺氣腫、肺炎、肺病、氣喘）、關節炎或風溼症、胃潰瘍或胃病、肝膽疾病、髖骨骨折、白內障、腎臟疾病、痛風、脊椎骨骨刺、骨質疏鬆、癌症、高血脂、貧血等17項（行政院衛生署國民健康局，2009）。

從生命統計分析，女性較男性長壽，顯示在慢性病的預防與照顧需求上，老年女性比男性更需要重視。造成重要慢性病的危險因子與風險，相關研究與健康促進介入計畫，較少顧及性別差異與弱勢族群的需求；疾病預防保健宣導也缺乏性別評估機制。因此，為提升老人慢性病的自我疾病照顧，避免併發症的產生，教育宣導策略與執行措施應加入性別觀點，確保老人生活品質，是慢性病照顧的重點，也是老人健康促進工作的目標。

老年人口主要死亡原因，以惡性腫瘤最多，除糖尿病外其他主要死亡原因排名順序男、女性都不相同；就死亡率言，除高血壓、糖尿病外，男性死亡率均高於女性；差異最大者為事故傷害，男性死亡率為女性之2.1倍，死因上呈現性別差異。長期趨勢觀察，其中與生活型態有關之死因，慢性病占了七個（惡性腫瘤、糖尿病、慢性阻塞性肺疾病、腦血管疾病、心臟疾病、腎病變、高血壓）；在十大死因中，腦血管疾病、事故傷害、慢性阻塞性肺疾病之死亡率呈下降的趨勢；惡性腫瘤、糖尿病、肺炎、腎病變之死亡率呈上升的趨勢。再以性別觀之，惡性腫瘤、腦血管疾病、心臟疾病、糖尿病等慢性病，皆為男、女兩性的主要死因；又，老年女性糖尿病的死因高於老年男性（行政院衛生署國民健康局，2009）。

（三）長期照護需求增加

依據2007年「台灣中老年身心社會生活狀況長期追蹤調查」顯示，老人在進食、洗澡、穿脫衣服、上廁所、上下床、室內走動等日常生活活動（Activities of Daily Life, ADLs），至少有一項困難者占14.5%，二項以上有困難者占12.8%。在單獨進行買日常用品、處理金錢、獨自搭車、粗重工作、輕鬆工作、打電話等工具性日常生活活動（Instrumental Activities of Daily Life, IADLs），至少有一項困難者占47.6%，二項以上有困難者占30.5%；其中老人慢性病的控制，以及慢性病併發症的發生，是導致老人失能的主要原因（行政院衛生署國民健康局，2009）。爲維護老人日常生活之獨立與自主性，重要慢性病危險因子（包括關節炎、心臟疾病、糖尿病、高血壓等）的預防，必須透過宣導教育與健康促進活動，推動具性別友善、可近性之保健、篩檢服務，提升自我照顧能力，降低老人長期照顧需求。

二、高齡社會之醫療照護特色

為因應高齡社會之醫療照護，老人醫療有其特色，包括老人症狀病因複雜、老年病症候群的診斷、老年醫學周全性評估與照護、老年照護團隊等（黃久秦等，2010）。茲分別加以說明如次。

（一）老人症狀病因複雜

有些疾病幾乎只發生在老年人身上，稱之爲老年綜合病徵或老年病。另外一些疾病影響所有年齡的人，但在老年人身上更常見或更嚴重，或引起不同的症狀或併發症。老年人常常患與年輕人不同的疾病，同一疾病在老年人可引起不同的症狀。例如甲狀腺功能低下常常引起年輕人體重增加，表現爲懶惰而遲鈍。而在老年人，甲狀腺功能低下常引起診斷上的混淆，誤診爲痴呆。甲狀腺功能亢進，常引起年輕人變得急躁、易激動和體重減輕；而在老年人，甲狀腺功能亢進常使患者變得嗜睡、孤僻、抑鬱、迷糊。抑鬱在年輕人中常引起流淚、孤僻和明顯的不愉快；而在老年人，抑鬱有時引起迷糊、記憶力喪失和情感冷漠，所有這一切都易與痴呆混淆。

又如急性病，如心臟病發作、髖關節骨折和肺炎，曾經是引發老年人死亡的常見疾病，而現在這些疾病常常是可以治療和控制的。慢性疾病也不再意味著喪失勞動力和殘廢。許多患有糖尿病、腎臟病、心臟病和其他

慢性疾病的人，現在都能維持正常功能和獨立生活能力。

（二）老年病症候群的診斷

　　有關老年病症候群的概念，包含老、貧、殘、病四種特徵之表現。老人有多種慢性病、多重用藥、使用醫療資源頻繁者；加上貧殘之弱勢族群、諱疾忌醫、老人虐待；又有器官系統老化、易罹病且病情表現非典型的現象等。

　　至於老年病症候群之診斷，老年病症候群有其共同的機轉，以功能障礙為核心衍化出各系統的老年病症候群，主要來自三方面：1.生物因素：包括前置因素如年齡、認知、肌力、行動、平衡、骨質等；肇因如多重用藥、急性病、手術等；亦可分內在或外在因素。2.行動目標：指各種生活需求如健康促進、運動、日常活動等。3.環境因素：包括人、地、時、物等之支持或資源（黃久秦等，2010）。

（三）老年醫學周全性評估與照護

　　老年醫學是對老年人的醫學照護，從老年病學加強研究老年與衰老情形。如此可了解老年全程照護的各個環節，這些概念有助於病人的安置，也對老年人的醫療照護有較為完整的概念。

　　老年人大多同時伴有幾種疾病，這些疾病相互影響。例如，抑鬱可以使痴呆更嚴重，糖尿病可以使感染更嚴重。心理因素常常使老年疾病變得更為複雜，假如疾病引起暫時或永久性獨立生活能力喪失，老年人就可能變得抑鬱，需要社會及心理上的幫助。此外，社會性因素在老年人的醫療中占有重要的功用，有配偶及朋友或興趣相投的人，其醫療照護的麻煩較少。例如，有伴侶的高齡者比獨居老人健康，獨居老人比有人作陪的高齡者其住院的比率較高。高齡者的健康和其教育水準有關聯，教育水準較高的人比較能夠早期發現疾病，因此及早發現治療的效果比較好。經濟性的因素也會影響高齡者利用的醫療方式，和所有世代的人相比，高齡者的收入相對較少。由於施行全民健康保險，因此高齡者在醫療照護的保障平均比歐美日要好。然而，其他醫療照護費用的支出，可能會迫使收入較少的高齡者發生應治療而未治療的經濟考量。

　　社會學和經濟的因素常常改變老年人尋求和接受照顧的方式，許多老年人都傾向隱藏一些小問題，不去求醫，等到這些小問題變成了大問題才會住院治療。可見，老年醫學及老年醫療照護，由於醫療照護費用的昂貴與家庭支持系統的不足，老年醫療照護仍有其困境所在。

（四）成立老年照護團隊

　　基於上述情形與理由，老年病專家常常忠告應進行多學科綜合治療。用這種治療方式，醫務團隊成員包括醫師、護士、社工、治療師、藥師和心理學專家，在主治醫師領導下，來制定和執行醫療和護理。因為理想的老年全程照護是以家為中心，以老年人的基層醫師（Primary Care Physician, PCP）或老年科醫師（Geriatrician）及其他專業醫護人員組成的老年醫療團隊為主要協調者，強調整合運用社區中社政與衛政的資源來達到在地老化的目標，也儘量減少對機構式長期照護的依賴。

　　若沒有老年醫學的次專科醫師，仍暫時藉著照會不同科別的方式來進行醫療，但臨床上常出現多頭馬車沒有整合的現象，心臟科開心臟的藥，胸腔科開胸腔科的藥，骨科也開骨科的藥，結果藥物一大堆，可能產生不良作用，反而不利於病情恢復。

　　所以，不管老年人在哪一種醫療場所接受醫療服務，都是由同一個老年醫療團隊來進行。一個理想的老年醫療團隊，應包括醫師（以內科醫師或家庭醫學科醫師為主）、護理師與社工師為核心成員，再加上臨床藥師、營養師、復健師、心理師、宗教師等專業人士。

三、老年醫療照護的發展重點

　　為滿足老年的醫療照護需求，展現高齡社會之醫療照護特色，發展老年醫療照護的重點方向如下：

（一）重視老年醫療照護的原則

　　有關老年醫療照護的原則：

1. 詢問正確的問題，保持臨床的警覺性，站在代言人的立場，整合家庭和其他照護者的角色。

2. 強調功能、正確的診斷、系列性的觀察，認識到即使是一項好的介入性治療都可能造成傷害。

3. 設定清楚的目標，確認標的症狀和組織好的追蹤，追究遵醫囑性不佳或不來就診的病人。

4. 讓病人有足夠的時間恢復功能，延遲失能的產生以及良好的溝通。

5. 在問診時必須了解病人的感受，尤其是害怕和希望，對主要問題的看法，問題是否嚴重至影響日常活動以及病人對病情和照護者的看法。

6. 周全性整合照護模式，從衡量身體的結構與功能，考慮復健治療的可行性，及可恢復的容量來決定目標之設定；配合活動以協助病人的參與並排除個人和環境的障礙。

（二）提升老年醫療照護的品質

對許多罹患多重疾病、生活功能障礙及社會功能不全的老年人來說，急性醫療為導向的照護模式，是無法滿足他們健康照護需求的。因此，除預防醫學、門診治療、急性、亞急性與長期照護之外，緩和醫療與安寧照護讓病人得到善終也是很重要的概念，如此才能整體提升老年醫療照護的品質。

提升老年醫療照護品質的主要重點包括：慢性病控制與管理、醫源性傷害、急性病後之失能預防和復健、老年健康生活型態、正向老化態度、長期照顧安置與管理、照護者的身心健康、老人虐待、末期照護以及倫理靈性等議題之加強。同時，老年醫學臨床的治療包括急性病房、日間照護中心、一般門診評估、記憶特別門診和電痙攣治療等，並和社區復健或照護單位互相聯繫，形成一個完整的照護系統，持續提升老年醫療照護水準。

（三）整合老年醫療照護的系統

基本上，老年病患的醫療照護系統必須從急性住院到社區安置或長期照護，如此的老年醫療不論在政府的政策層次或是實際執行的醫療單位都有待加強整合。因為缺乏實務經驗，衛生政策制定者及各部門基於本位主義，常無法提供符合需求的務實服務。以常見的老人失智症為例，整體的照顧體系一直無法建立，從協助患者的居家治療、日間照顧，至專業的失智症病房和最終的安寧照顧，不僅醫療與社政無法彼此聯絡合作，連各類服務的提供應隸屬於哪一領域都仍無法明確化。而欠缺整合的服務體系更使得已開辦的服務無法被有效利用，使得有必要求助的老年人在這凌亂的資訊系統中更顯得困惑而無助。

針對這些情況，有必要整合老年醫療照護的系統。努力方向包括：(1)老年健康照護體系完整化，讓保險給付合理，不要浪費資源，暢通管道以建立及發揮應有之功能；(2)政府整合醫療系統，推動以老年醫學專科、家醫科或內科醫師為主的老年病患就醫系統，由第一線的醫師轉介病人到相關次專科，再進行次專科的診治及安置；(3)整合成一暢通網絡，讓資訊透明，使醫院、長期照護機構、居家護理及社區中心能互相聯繫合作，打造老年人安心的醫療環境及支持系統。

人口老化在已開發國家已是十分重要的課題，造成的老年問題的影響是多層面的，從個人生理疾病、心理障礙、精神疾病、到造成家庭困擾及龐大社會負擔等。整個社會照顧老人之負擔十分沉重，各種老年問題日益明顯，老人失智失蹤、無依受虐、多重疾病、喪偶自殺等醫療、家庭、社會問題會更嚴重。

同時，老化不只是生理層面，也是心理和社會層面的改變。生理固然會衰退，心理、認知和行為上也會隨著老化而產生種種改變，社會角色的轉換亦造成衝擊，三者之互動衍生出老化之種種現象和問題。老化後隨之而來的家庭及社會角色改變是影響老年生活品質之重要原因。退休、喪偶或分居等產生之失落經驗可能造成老年憂鬱症及自殺傾向。子女長大成家立業後，老人如何扮演父母和祖父母的角色將對自己及家人造成明顯影響，扮演得當則可能父慈子孝，享受天倫之樂，不當則可能成為孤

獨無依之老人，進入惡性循環，生理心理健康均一起衰退（黃久秦等，
2010）。

　　要維持適當之社交活動（包括宗教活動），是大家庭結構明顯解構的
時代中一大重要指標。良好的社交互動不但提供心理支持，也可能增進生
理健康。尤其宗教活動更可能提升靈性健康，為不可避免的死亡疑懼提供
解答。政府要結合民間資源推展相關計畫，逐漸整合規劃中長期照護業務
與長期照護系統，特別是社區化的體系。

第三節　高齡期的社區照顧服務

　　目前先進國家的老年照護政策均以在地老化為指導原則，在熟悉的
社區與環境中自然老化的高齡者，較容易獲得自主、自尊與隱私滿足。因
此，社區照顧在長期照顧體系中有著重要的角色功能，不但可以協助家庭
提供專業照顧，減輕家庭照顧者身心與經濟負擔，對於降低醫療成本也大
有助益，是護理之家與機構外，最符合人性化和成本效率的照顧方式。下
面加以討論之。

一、老年社區照顧服務的意涵與目標

　　何謂老年社區照顧服務？社區照顧（community care）的概念最早由
英國提出，意指去機構化之照顧，並由社區自發性提供照顧給需要幫助的
人，包括高齡者、身心障礙者及幼童等。近年因為高齡人口快速增加和社
會結構的變遷，使得社區照顧工作中的老人社區照顧更顯重要，老年社區
照顧服務受到世界各國重視（王念蒔，2009；詹火生，2009）。

　　由於家庭人口結構多以小家庭為主，對於夫妻倆都需外出工作的現代
社會來說，已經無法完全承擔，因此在照顧上更需要公部門及民間單位的
協助才能將社區照顧工作做更完善的規劃及服務。

　　社區照顧服務強調服務供給者須立即回應當地社區居民的需要，社區中由誰來擔任老人需求的滿足者或服務的供給者呢？教會、廟宇、里活動中心、非營利組織或慈善團體等皆可。由社區中老人最迫切的需要著手，由單一據點、單一方案，逐步發展成單據點多元服務中心，並隨著不同方案的發展，建立與公私部門間的合作關係，進行垂直與橫向的整合機制。

　　因此，遍布基層社區之高齡者關懷據點的設立，就是展開布點的工作，也能回應高齡化社區老人的迫切需求。他山之石，可以攻錯，日本比台灣提早23年進入高齡化社會。社會福利及人才教育培訓都有相當的經驗及成果，從2000年開始實施介護保險（長期照顧保險），機構及療養院所床數已經無法負荷申請等待之人數，規劃方向也逐漸將民眾從占大宗的機構式照顧，轉成為社區式照顧。其目的便是為了讓高齡者能夠在居住習慣的社區保有其尊嚴，並延續其生活，即便身體狀況退化，也能夠依循高齡者之需求提供服務。

　　就實務而言，社區照顧相關服務及給付項目，大致包括：居家服務、居家護理、居家復健、日間照顧服務、社區照顧關懷據點、短期或臨時照顧、營養餐飲服務、緊急救援暨擴充服務、中低收入老人改善住宅設施設備補助、中低收入老人重病住院看護費補助、中低收入老人特別照顧津貼等項目。

　　所以，相對於將老人送到機構內受照顧，社區及居家照顧是將服務送到老人生活的身邊，送到老人的住家、送到老人所熟悉的社區去。社區照顧服務傳遞模式有其重要性且符合效益，大多數的老人都希望能住在自己熟悉的社區裡並與家人同住，社區在地化的多元服務近幾年開始受到重視。我國老年人的社會性寂寞較情緒性寂寞高。老年人為了立即性的情緒需求，多傾向於選擇與自己熟識的人在一起，包括家人與好友。家人提供情感的依附，好友不只提供情感上的親密與相伴，在互動的過程中，亦讓老年人覺得自己是有價值而且是被喜歡和被需要的，關係中的安全與親密感較能被滿足。

二、老年社區照顧服務的重點

由於高齡人口隨時間激增，為思維全人照顧的意義，意味著本土的社區照護模式或配套措施必須重新架構，且運用點、線成面的思維，整合於社區之中，以彌補機構照護資源有限和城鄉資源不均之缺口。老年社區照顧服務的重點包括以下幾項：

（一）加強社區與居家照顧的服務模式

有關社區與居家照顧的服務模式，包括以下幾部分（王念蔣，2009；詹火生，2009）：

1. 社區照顧關懷據點：社區照顧關懷據點是根據在地化發展出來的社區照顧型式，政府以經費補助的方法來鼓勵民間團體實踐社區營造及社區自主參與，提供在地的初級預防照護服務。讓老人家在自己所生活的社區中即可享受各項福利措施和所需服務，並增進其社區參與感，以延緩其進入機構的時間，達成老人家在地老化的理想。

   為了照顧社區老人生理及心理層面的需求，政府要求社區關懷據點需提供下列服務中至少三種：關懷訪視、電話問安、諮詢及轉介、餐飲服務、健康促進活動。根據各據點經營主體特性的不同，所提供的服務類別也各有所長。成功的關懷據點，不僅讓長輩快樂生活在社區中，也達到健康促進、延緩老化的目的。照顧關懷據點能永續經營是繼續努力的方向。

2. 日間照顧服務：日間照顧是指提供白天的照顧服務，分為社區式日間照顧服務及機構式日間照顧服務。日間照顧服務的服務內容、服務提供單位、服務人數、設施設備規定與工作人員的配置均有規範。

   一般而言，日間照顧服務提供的模式可區分為社會模式和醫護模式。社會模式提供許多增進社會互動機會，提供高齡者照顧、休閒娛樂及身心維持功能等為主，較適合輕度身心障礙的高齡者。醫護模式以技術性的醫護型照顧為導向，有醫生及護理人員指導

並監督個案的活動與服藥等。因此,要以當地社區老人需求爲本位,隨著需受照顧的高齡者特質,在兩者之間取得動態平衡。

3. 居家服務:或稱爲居家照顧服務、居家照顧、在宅服務等,都是指提供服務到住家環境中,只是不同方案,服務內涵也略有不同。廣義的居家式服務,如國內老人福利法規定,包含醫護、復健、照顧、餐飲家務服務等。讓老人能盡量在自家中受照顧,因而廣義的居家式服務被視爲取代護理之家的一種選擇。狹義的居家服務則專指運用受過專業訓練的人員,協助居家之罹患慢性病或無自我照顧能力者,促使其獨立及具社會適應力。

國內1998年通過加強老人安養方案,由中央政府編列預算補助縣市政府普遍設置居家服務支援中心,由照顧服務員依老人日常生活能力失能程度的不同,提供不同的服務,包括家務及日常生活之照顧(如陪同就醫、聯絡醫療機關、家務服務、餐飲服務等)及身體照顧(如協助沐浴、大小便、穿衣、進食、翻身拍背、陪同散步等)(詹火生,2009)。

4. 失智者照顧模式:失智者因生理而引發的異常行爲,而使其照顧模式有其特殊性。尤其是中重度的失智症照顧需有較多醫護人員的參與,是當前失智症照顧以機構醫院爲主的原因之一。爲延伸失智症日間照顧服務的功能,以及建構與居家以外之照顧服務的概念下,規劃失智症老人團體家屋試辦計畫,以官方輔導、補助民間社團執行一種小規模、生活環境家庭化及照顧服務個別化的服務模式,來滿足失智症老人多元照顧的需求,並提高其自主能力與生活品質的理想。在輔導閒置老人福利機構空間轉化爲團體家屋照顧概念的想法下,也頒布老人福利機構失智症老人照顧專區試辦計畫,輔導老人福利機構的轉型。

綜合以上來說,面對高齡人口增加,現階段高齡者社區與居家照顧以公部門補助及第三部門提供服務爲主,其共同目標就是:「健康促進、延緩老化、降低長期照顧成本,實踐在地老化、老人福利社區化、老人福利家庭化以及去機構化。」。讓被照顧者

住在家庭裡，也住在社區裡，社區的資源如何進到家庭提供服務，需要服務支援中心，位在社區裡、平常熟悉的、能信任的、就近的服務窗口協助提供資訊和連結整合，運用在地資源和激發鄰里情感，達到互助和共同參與社區事務，進而能互相關心彼此照顧，這就是社區照顧的真義和理想。

（二）強化日間照護中心的服務模式

日間照護中心服務模式的確立與普及是未來社區照顧發展的關鍵要素，所涵蓋的內容有生活照顧、自立訓練、健康促進、文康休閒活動、交通服務提供或連結、家屬教育及諮詢、復健與備餐服務。

基本上，日間照護中心的精神主要有四：重整及了解自身角色功能、有目的的生活安排、有意義的回歸社區生活、發展人際支持以協助生活之種種困難。而日間照護中心的目標也有四：評估精神問題並提供治療、評估個案的能力功能及問題、協助個案從醫院過渡到社區、提供社區中精神狀態不穩定的老人支持與協助，以避免長期住院。

就其服務項目而言，包含照顧服務、居家護理、居家復健、輔具購買、租借及居家無障礙環境改善、喘息服務、交通接送、機構式照顧、營養餐飲等服務，分項說明如下（王念蔣，2009；詹火生，2009）：

1. 照顧服務（含居家服務、日間照顧、家庭托顧）：(1)補助時數：輕度失能，每月補助上限最高25小時。中度失能，每月補助上限最高50小時。重度失能，每月補助上限最高90小時。(2)補助經費：每小時以180元計（隨物價指數調整）。(3)民眾使用照顧服務（含居家服務、日間照顧、家庭托顧）可於核定補助總時數內彈性運用。

2. 居家護理：除全民健保居家護理給付2次以外，經評定有需求者，每月最高再增加2次。每次訪視服務費以1300元計。

3. 社區式及居家復健：對重度失能無法透過交通接送使用健保復健資源者，每人最多每週補助1次居家復健服務，每次補助新台幣1,000元。

4. 輔具購買、租借及居家無障礙環境改善服務：補助金額為每10年內以新台幣10萬元為原則，但經評估有特殊需要者，得專案酌增補助額度。

5. 喘息服務：輕度與中度失能者使用喘息服務每年最高補助14天；而重度者最高補助21天，即每月至少可使用1.5天。可混合搭配使用機構及居家喘息服務。

6. 交通接送服務：補助重度失能者使用交通接送服務，以滿足就醫與使用長照服務為目的，每月提供車資補助4次（來回8趟），每趟新台幣190元為限。

7. 機構式照顧：家庭總收入未達社會救助法規定最低生活費1.5倍之重度失能者如有進住機構之需要，由政府全額補助；家庭總收入未達社會救助法規定最低生活費1.5倍之中度失能者，經評估家庭支持情形如確有進住必要，亦得專案補助。

8. 營養餐飲服務：為協助經濟弱勢失能老人獲得營養餐飲服務補充日常營養，補助標準方面，政府最高補助每人每日一餐50元，對家庭總收入未達社會救助法規定最低生活費用1.5倍者全額補助；家庭總收入符合社會救助法規定最低生活費用1.5倍至2.5倍者補助90%。

（三）增進社區與居家照顧的服務品質

在地老化、福利社區化已成為全球各國面對老人照顧問題的核心理念，在此理念下，社區與家庭照護為主、機構照護為輔的政策目標，已成為規劃老人長期照顧體系的依據。面對高齡者多重複雜與持續的需求特性，若缺乏完整與前瞻的規劃與服務，將使老人服務供應體系呈現片段和不連續的問題，並讓有限的資源無法有效的整合與應用。

透過專業人員的專業協助，才能促使輕症老年患者恢復功能，生活正常化。而藉由支持團體之形成，使病患彼此互相幫忙，共同成長。所以有各種活動內容與設計，包括各種團體，如健康衛教團體、目標設定團體、情感團體、認知團體、休閒團體、生活規劃團體等。通常一週2到3

天，病人自備中餐，大家可以藉中餐時間談天說笑，彼此傾吐心聲，互相支持，有時工作人員也會一起進餐，甚至藉機會辦理慶生、結婚紀念等活動，有時雖沒有任何名目，也有人會自動攜帶蛋糕或糕點來與大家分享，可以說是相見愉快，增進情誼，對寂寞的老人實在有其正面效果。

活動設計方面，高齡者日間靜態活動範圍廣泛，包含以休閒、康樂、文藝、技藝、進修及聯誼等為目的的活動。可以融入地方特色、結合社區營造等不同元素，活動設計的巧思往往令人驚豔。各項活動帶來的效果可以是多元的，例如在認知性、藝術性、娛樂性、社交性等不同面向。此外，動態的身體活動對健康的助益是眾所皆知的，而成功的團體活動之社交性對滿足高齡者被愛、歸屬感與自我實現需求更是重要。

為了確保活動的永續發展，活動的經營應依循「步驟一，創造參與的動機」，引起老人的興趣、讓服務人員了解活動也能帶給自己健康。「步驟二，落實經營的基礎」，使經營者有持續進行活動的決心。「步驟三，種子人才自立帶動」，培養種子人力帶動能力。「步驟四，落實永續參與」，結合各方資源，定期辦理小中大型競賽，創造活動持續進行的動機（李美珍，2009；詹火生，2009）。

在增進社區與居家照顧的服務品質上，個案管理越來越受到重視。通常個案管理員是社工人員，他們會協助個案進行各種轉介服務，並定時追蹤諮詢，了解個案情況，給予最佳建議，以免老年個案在各種複雜情況中無所適從。失智症及生理功能差的老人，個案管理特別重要，接受個案管理的老人感到自己擁有較大的控制權，滿意度較高。

（四）發展長期照顧管理中心的服務模式

家庭原先承擔照顧功能與財力逐漸弱化，缺乏照顧人力與照顧負荷過重的問題日趨嚴重，凸顯長期照顧議題的迫切性。為了讓長期照顧需求者及其家庭，能在居住的環境與社區中，就近獲得所需的服務，國內於2007年正式啟動長期照顧十年計畫，除規劃與提供整合多元的長期照顧服務，同時為解決民眾申請服務多頭馬車的困擾，由「長期照顧管理中心」做為「單一窗口」，採用「密集式照顧管理」模式，結合相關之醫

療與社會福利等專業，讓民眾能獲得連續性與綜合性的服務（李美珍，2009；詹火生，2009）。

　　長期照顧管理中心具有開發多元長期照顧服務、統合行政部門推動機制、統合照顧管理制度、培訓各類長期照顧專業人力與長期照顧服務宣導等重要任務與功能，關鍵之執行人員為「照顧管理專員」與「照顧管理督導」。「照顧管理專員」負責「照顧管理機制」之執行，當民眾來電提出申請，或醫院出院準備服務、衛生所、區公所等發掘新個案，並轉介至「長期照顧管理中心」，照顧管理專員即會安排時間至案主家，進行整體性評估，依照申請者之失能程度與需求，擬訂一份個別化的照顧計畫，並協助安排、連結適當之長期照顧服務，另外，在服務執行期間追蹤服務品質，同時，協助民眾在使用各項服務時所產生的問題解決與溝通協調等工作。

　　凡設籍與居住同一縣市，年滿65歲以上的老人及50歲以上的身心障礙者，日常生活自理有困難需協助者，可向「長期照顧管理中心」提出申請服務項目，包括：(1)居家服務，可協助失能高齡者日常生活照顧的服務，由照顧服務員到家中協助如沐浴、家務服務、餐食準備與陪同就醫等；(2)若因外出困難難以使用健保資源者，可視情況安排使用「居家復健」、「居家護理」、「居家營養」等服務，由專業人員至家中評估並教導案主及其照顧者相關技巧；(3)為了讓照顧者能有持續照顧的能量，政府提供「喘息服務」，藉由安排長輩至適合之照護機構，或由照顧服務員到家中暫時取代照顧工作，以抒解長期照顧失能長輩的壓力，讓照顧者得以短暫休息；(4)為減輕民眾之經濟負擔，服務費用依家庭經濟狀況不同予以補助，低收入戶全額補助，一般民眾由政府補助60%之費用（詹火生，2009）。

　　「一通電話、服務到家」、「一通電話、全套服務」，是長期照顧管理中心成立的目的與服務理念，而整體服務需求評估與服務輸送過程，照顧管理專員扮演著關鍵的角色，是長期照顧居家式照顧團隊中的靈魂人物，也是長照服務使用者權益和品質的守護者。

（五）奠定長期照顧制度的發展基礎

　　長期照顧是一個勞力密集的「愛的勞務」，除德國、日本、荷蘭等國以長期照顧保險來推動長期照顧外，大部分國家都以政府一般稅來補助國民使用長期照顧所需經費。以日本介護保險爲例，爲因應高齡社會的來臨，日本於1990年開始實施「老人保健福利推動10年戰略（黃金計畫）」（Gold Plan），1994年底重修制定「新黃金計畫」，2000年起推動介護保險，提出使用者本位、普遍主義、提供綜合性服務及社區（地域）主義等四大基本理念，俾使任何需要照護服務者都能就近獲得服務以經營自立生活。而英國以一般稅作爲財源，推動長期照顧社區化，英國於1989年通過「照顧人民」（Caring for People）的社區照顧白皮書。2001年，英國政府再通過「老人之全國性服務架構」（National Service Framework for Older People），這是英國第一個特別針對老人照顧的整合型10年計畫，期待透過照顧標準的建立，降低全民健康服務之健康及社會服務提供時的差異；計畫目的旨在確保老人能夠獲得公平、高品質，以及整合性的健康和社會服務（詹火生，2009）。

　　國內推動的長期照顧制度以1994年日本「新黃金計畫」爲標竿，希望以10年爲期，將我國長期照顧所需居家式服務、社區式服務、機構式服務、交通服務、住宅服務、輔具服務，以及長期照顧管理制度建構完成，以因應未來人口快速老化所需的大量社會與健康照顧需求。因此，強調對人的照顧要非營利化，採社會照顧模式，以一般稅作爲財源，中長程再研議採行長期照顧保險的可行性。其重點目標包括：1.以專有穩健之財源，建構可長可久之長期照顧制度。2.引進民間資源，建構多元且完善的社區照顧網絡，並帶動周邊相關產業創造產值。3.提高服務提供的質與量，增加服務受益人數。4.創造就業機會。5.減緩外籍監護工人數的成長。6.照顧管理制度的單一窗口服務，提供民眾快速近便服務。7.藉長期照顧基礎服務人力與設施的舖設，有助照顧服務科技的發展（詹火生，2009）。

　　由此看來，長期照顧必須有在地、高品質的人力，以及服務輸送系統，如照顧管理中心、服務設施、服務資源連結等；同時，也需要相關科

技支援，如遠距照護設備、資訊科技、輔具、交通、居家安全設備等。但若未能完善長期照顧體系的建立，很難帶動照顧科技的發展。

基本上，長期照顧的實務模式，也可分為社會模式（social model）與醫療模式（medical model）兩者，前者指將長期照顧對象視為是「老人」，而提供在宅、社區為主的服務，服務提供者包括家人、鄰里、社區、照顧服務人員、醫護人員、社會工作人員等；後者指將長期照顧對象視為是「病人」，而提供以醫療與照護機構為主的健康照顧，服務提供者以醫護人員為主。社會模式成本低，對老人而言較有尊嚴、自主，且符合在地老化的原則。醫療模式成本較高，對老人而言較易產生「疾病化」、「機構化」現象。

就重點服務對象而言，為日常生活需他人協助之失能者，包括：(1)65歲以上老人；(2)55歲以上山地原住民；(3)50歲以上之身心障礙者；(4)僅工具性日常生活活動功能（IADLs）失能且獨居之老人等四類。至於失能等級之界定是：(1)輕度失能：一至二項日常生活活動功能（ADLs）失能者；(2)中度失能：三至四項ADLs失能者；(3)重度失能：五項（含）以上ADLs失能者（詹火生，2009）。

就服務項目及補助方式而言，其原則有三：(1)針對一般社會大眾，補助型態以實物補助（服務提供）為主，現金補助為輔，而以補助服務使用為原則；(2)依老人失能程度及家庭經濟狀況，提供合理的照顧服務補助，失能程度分為三級：輕度、中度和重度，失能程度越高者，獲得政府補助額度越高；(3)照顧服務補助對象在補助額度下使用各項服務時，仍需部分負擔費用，部分負擔的費用則與失能者之經濟狀況有關，家庭總收入未達社會救助法規定最低生活費用1.5倍者政府全額補助；家庭總收入符合社會救助法規定最低生活費用1.5倍至2.5倍者政府補助90%（自付10%）；而一般戶則補助60%（詹火生，2009）。

另外，也建立長期照顧管理中心及綜合評估機制。失能者及其家庭通常面臨複雜問題，為使長期照顧需要者獲致最大的滿足，並使服務提供的品質與效率達到極大化的效果，有必要透過照顧管理制度，以民眾多元需求為導向，由照顧管理者（care manager）擔任需要照顧者與照顧體系間

的橋梁，透過需求評量、服務資格核定、照顧計畫擬訂、連結服務、監督服務品質以及複評等職責之執行，連結需要照顧者與其所需的服務體系及資源，並強調老人的自主與選擇權，以及與照顧者及服務提供者間的夥伴關係，進而發揮提升照顧品質及控制照顧成本的功能，確保照顧資源之有效配置。

同時，進行長期照顧人力培訓。長期照顧服務之範圍相當廣，除了照顧管理者外，也需要來自醫學、護理、社工、職能治療、物理治療等專業人力的參與，更需要提供生活照顧最主要人力之照顧服務員的投入。照顧管理者係由具備兩年以上長期照顧相關實務經驗，且接受照顧管理培訓課程之社會工作、護理、職能治療、物理治療等相關專業人員擔任。至於長期照顧經費，包括三大部分：(1)補助服務使用者；(2)補助長期照顧資源建置；(3)補助地方政府聘任照顧管理者、照顧管理督導及照管中心設備、業務費之費用（詹火生，2009）。

實施長期照顧保險，是因應世界潮流與人性需求，在地老化仍為主要施行目標之一，因此確立長期照顧未來之發展，仍以社區及居家為最主要的規劃重點。

雖然在地老化在具體落實上仍有一段差距，主要原因除客觀條件上服務供給與需求相對不平衡外，在服務供給面的經營效益問題，一直為大家所顧慮與探討。

（六）建構完善的老年社區照顧服務體系

要建構完善的老人社區照顧服務體系，須兼顧老人人口群的異質性，同時考量城鄉人口老化程度和資源分布的差異性，有效結合和開發在地的力量，以發展出適合在地老人優先需要的服務方案。主要努力方向如下：

1.整合資源共享

要因應具有高度挑戰性的老人照顧服務問題，必須針對公部門警政、衛政、社政、民政及教育等加以整合，資源整合入單一服務據點，提供社區或居家老人及其照顧者所需之服務，有效運用資源與提高服務近便

性與效率。單一據點內，多種方案的開拓整合與輸送，據點間的資源轉介與互動機制，需求評估與服務輸送的準則，逐步納入垂直與整合的協調機制中加以規範。誰有資格接受服務？誰來提供服務？誰來付錢？都必須建立明確規則（李美珍，2009；詹火生，2009）。

2.單一窗口服務

為回應社區或居家老人的需求，除行政部門的整合與功能調整，重要的是提供充足與近便的第一線服務老人的據點。要有效的了解與掌握現有的服務據點，加以調整擴充，或增設新的據點，達到單一窗口、多元服務、近便供應、資源活用等目的。譬如教會、廟宇、老人活動中心、里辦公空間、社區和校園內閒置空間的再利用，及社會福利服務中心和衛生所功能再造等，能讓衛生福利優先整合、就近輸送，都是可以思考的方向。

3.提供實質服務

在維護老人的基本經濟安全生活之外，各項給錢的福利措施，應有所調整並將所節約的資源，轉為服務方案的提供，以滿足日益增加的老人福利需求，譬如老人送餐或用餐服務，雖是基本的生理欲求的滿足，但對需要的老人而言，是維生的基本要求，也可藉此方案當作媒介，進一步建立關係，評估需求，提供較完整與持續的服務，再舉例如日間照顧中心的設立，可提供滿足老人基本生理、心理及社會的需要，減緩照顧者的壓力。這些都是在建構符合在地老人需求的社區照顧網絡，必須採取的新思維與新做法。如此掌握當前老人照顧的理念精神與發展趨勢，從布點、連線做起，建構完善高齡者的社區照顧網絡，為社區高齡者謀求最佳的福利與提升其生活品質。

4.關懷照顧人員

當照顧議題成為高齡社會重要與關注的課題，在建構失能高齡者長期照顧服務體系的過程中，誰來關心照顧者？也需被等量齊觀，一起納入制度性的考量。發展具有可靠性與敏銳度照顧者負擔量表，有助於服務提供者真實評估照顧者在不同照顧服務方案中，如機構照顧、居家服務、喘息服務、成人日間照顧等真正的照顧負擔，並適時提供符合照顧者所需的服務項目，縮小兩者之間的落差。加上雖具有相同的照顧者負擔分數，但

其負擔的樣態也十分不同，此也顯示提供者需針對照顧者不同的社會心理需求，採取不同的介入方式，以減低其各自面臨的照顧壓力種類。而具體提供照顧者所需的支持或補充性服務如照顧津貼、居家服務、短期日間照顧、照顧者支持團體及喘息服務等，對照顧者身心壓力可帶來眞正的幫助與實質效益。

其實，大多數的服務方案都對老年病人維持獨立生活有幫助，但是資金的缺乏是主要的問題。每個人將來都會變成老人，良好的老人健康促進與醫療照護體系是很重要的，包括政策面（如社會安全法案，從年輕就存老年保險金），社福面及醫療面都要環環相扣，以形成完整的健康促進及照護網。換言之，健康促進（如社區心理衛生、教育組織等）和醫療照護都很重要，由於醫療及照護費用的節節升高，老年健康照護問題由於老年精神病患又伴有精神及行爲問題，在照護上更爲不易，都是值得重視的議題。

根據長期照顧服務法，長照法保障的對象，爲身心失能持續已達或預期達六個月以上者，依其個人或照顧者之需要，所提供之生活支持、協助、社會參與、照顧及相關之醫護服務。長照法可整合居家、社區及機構住宿式長照服務，及小規模多機能或團體家屋之整合性服務模式取得法源依據，長照法也明定，將失能者家屬、照顧者及照顧機構一併納入，以健全長期照護體制，估計將惠及百萬以上家庭（長期照顧服務法，2015）。

第十四章　高齡的教育型態與教育活動

　　人到老年，還是要繼續參與社會活動，透過教育與學習來參與及適應社會，也才能因應社會變遷的挑戰。高齡者學習活動的發生，可以說與人類的歷史相同久遠，但有組織、有計畫的高齡教育活動，則在老年人口明顯出現後才產生。就高齡社會的發展而言，歐美國家要比東方國家爲早。因此，高齡教育活動的發展，也首先出現於西方社會。

　　由於高齡者需要教育與學習，就要提供符合其學習需要的教育型態與教育活動。所以，高齡教育的實施得經由不同的高齡教育型態，亦有賴於高齡教育機構的成立，而其中的課程與學習活動則成爲高齡教育的最重要內涵。

　　可見，高齡的教育型態與教育活動即爲探討高齡教育的二大關鍵要素，本章乃就高齡的教育型態與教育活動進行綜合的探討，首先說明高齡教育的意涵與發展，其次探討高齡的教育型態，最後再分析高齡的教育活動。茲分節加以討論之。

第一節　高齡教育的意涵與發展

　　隨著人類社會的發展，教育已是一項基本的人權，高齡教育亦爲其中的要項。從1980年代開始，終身學習理念在聯合國教科文組織的引領下，成爲各國教育改革的動力，促使成人教育發展，亦帶動高齡教育的產生。高齡教育由漠視而引發注意，在教育界逐漸受到關注。1980年代後，由於大量的高齡人口出現，爲因應這些龐大人口的教育需求，各種不同型態的高齡教育乃應運而生，各自展現其特色，高齡教育受到先進國家的重視，開始提出相關的法令與政策（黃富順，2008b）。

　　本節先就高齡教育的意義及內涵提出探討，然後說明高齡教育的目標與發展，茲分述如下：

一、高齡教育的意義及內涵

高齡教育就是俗稱的老人教育，在不同國家或地區亦有所不同，常見的有老人教育、老年教育、第三年齡教育、銀髮族教育、長者教育、資深公民教育，各有其區域偏好及文化背景特性。平心而論，以「老」來稱呼已較不爲高齡者接受，因往往帶有貶損之意，「長者」稱呼係過去尊稱而在港澳地區較適用，至於「第三年齡」或「資深公民」的稱呼，爲歐美社會所創用，國內社會仍不多見。因此，乃以高齡教育加以統稱，有關其意義及重要內涵探討如次。

（一）高齡教育的意義

基本上，高齡教育即提供「高齡者」的「教育」，茲分別說明如下：

「高齡者」可依生物、心理及社會等不同層面的指標來界定，但以實足年齡的標準仍爲最普遍的一種界定，不僅簡單、明確，且具有法律上的依據。目前國際上採用的年齡指標，就是60歲及65歲兩種。以教育的層面而言，國際上高齡教育活動所涵蓋的範圍，各有從55歲、60歲或65歲開始者。如歐洲相當知名的第三年齡大學、美國的老年寄宿所活動、退休學習學會的活動、日本的長壽學園等，均以55歲爲招生入學的下限。因此，美國學者蘭登和弗葛特（Lamdim & Fugate, 1997）在其所著的《高齡學習》（*Elder Learning*）一書中，就將「高齡學習」界定在55歲以上的學習活動。就國內來說，高齡教育機構的入學標準，亦以55歲爲下限，如老人大學、長青學苑、松年大學、長青大學等。所以，就教育層面而言，無論是學術研究或實務運作，所謂「高齡者」，乃指55歲以上的人爲準（黃富順，2008a）。

至於「教育」的意義，通常係指社會或國家對其成員施以教化的作爲，是一種有意的、有目的、有組織和較持久性的活動以傳授知能或形成態度爲目的之過程。以國外而言，聯合國教科文組織就將教育界定爲：「有組織且持續性的教學；以傳授生活中各種知識、技能和價值的活動」（Jarvis, 1990）。而美國成人教育顧問委員會（National Advisory Council On Adult Education, 1980）將教育界定爲：「有計畫的提供個體持續性的建構及重行建構其認知與情意世界的機會。」就國內來說，賈馥茗（2000）認爲：「教育是人類特有的稟賦和理想，本著文化傳承和世代綿延的精神，希望精益求精，而發生的上一代爲實現其責任感，教導下一代學習必須的知識、技能，並陶冶品格，而與下一代從事交互活動。」因此，所謂「教育」，乃指有計畫、有目的、有組織的活動以促成知能、情意與態度改變之歷程。

　　所以，高齡教育就是指提供年滿55歲以上的人有計畫、有目的、有組織的學習過程，以期促成知能的增進、情意與態度的改變，進而達致自我的實現（黃富順，2008a）。

（二）高齡教育的內涵

　　高齡教育的內涵即如上述意義，包含教育對象、教育過程及教育目的，重點爲：

1. 教育對象：爲年滿55歲以上的民眾；
2. 教育過程：強調有計畫、有目的、有組織的學習過程；
3. 教育目的：希望促成知能的增進、情意與態度的改變，進而達致自我的實現。

　　另外，也有與高齡教育相類似的名詞，包括高齡學習、第三年齡教育及教育老人學等，以下分別加以說明。

　　在高齡學習方面，高齡教育與高齡學習的分野，即在於「教育」與「學習」二個名詞的不同。使用「教育」一詞，通常係從國家、社會、機構或施教者的觀點出發；而「學習」一詞，則較從個人的立場著眼，強調以學習者爲主體。因此，學習的範圍大於教育。在機構式的活動看來，教育與學習事實上是一體的兩面。從機構的立場而言，它在提供或辦理教育活動；從學習者角度出發，他在進行學習的活動。但非機構式的活動而言，則只有「學習」而已，如自我學習、網路學習、經驗學習等。

　　在第三年齡教育方面，「第三年齡」一詞源自法國，該國對高齡階段所提供的教育措施，往往以「第三年齡教育」稱之，如法國有所謂的「第

三年齡大學」（University of the Third Age, UTA），英國也以「第三年齡大學」（University of the Third Age, U3A）稱之。所謂第三年齡，係將人生分爲四個年齡階段，此種分法始自法國的拉斯里特（Laslett, 1989）。他在《新的生命圖：第三年齡的誕生》（*A fresh map of life: The emergence of the third age*）一書中提出，第一年齡係自出生開始至個人開始工作時爲止，這是一個依賴的時期；第二年齡係指開始工作、結婚至退休爲止，這是最具生產力的時期，也是人生承先啓後的年齡階段；第三年齡係指自退休開始，至身心機能開始進入快速衰退的時期，這是個人成就和自我發展的時期；第四年齡係指個體身心機能開始迅速衰退至生命期結束爲止，這是一個脆弱和衰退的時期（黃富順，2008a）。

　　拉斯里特的人生四個年齡階段的劃分，係建立在各階段功能的基礎之上，並非依據實足年齡而來。就高齡階段的範圍而言，應包括第三及第四年齡。但從教育的觀點而言，第三年齡者才是教育的主要對象，第四年齡可能已進入失能的階段，已非教育所能著力，因此，就實務的層面而言，高齡教育即指第三年齡的教育。採用「第三年齡」一詞，係以生活型態的觀點出發。日本學者山口峻宏認爲以「第三年齡」來統稱退休的高齡者更爲貼切。他認爲所謂「高齡者」、「老人」、「銀髮族」這些名詞，均有負面的意義。人生到了第三年齡階段，就應該爲自己而活（楊瑪利、黃漢華、林孟儀，2007）。但首先提出「第三年齡」名稱的法國，在1990年代後已逐漸揚棄此一名稱，認爲這個名稱含有歧視的味道，「第三年齡大學」紛紛改爲自由時間大學、混齡大學或全民大學等名稱（黃富順，2008a）。

　　至於教育老人學（educational gerontology）的名詞，在北美地區廣爲使用。首先使用此一名詞的是被譽爲「教育老人學」之父的馬克拉斯基（Howard McClusky）。他在1970年於密西根大學（University of Michigan）的博士課程中，首先開設此一研究領域，探討教育和老人之間的問題。其後，洛杉磯南加州大學（University of Southern California）的彼得遜（D. A. Peterson）對此一名詞的範圍加以擴充，予以作系統性的界定。他指出教育老人學是在成人教育和社會老人學（social gerontology）發展

下的一個新研究領域，探討有關老人和老人教育的實務和研究。它包括三個相關的層面：(1)提供給老人的教育；(2)有關老化的教學；(3)提供從事有關老化和老人的服務者，具有專業和半專業知能的預備教育（Glenden-ning, 1985）。教育老人學的名詞，目前已成爲全球老人教育研究領域上被接受的名詞，係指對老年人教育理論與實務的研究。

由此看來，高齡教育的內涵隨著不同提供者而重點有別，也因不同社會文化背景而差異，加上不同觀點與學科的交互影響，未來的擴充與發展當有更新的面貌值得期待。

二、高齡教育的目標及發展

根據前述可知，高齡教育有其目的存在，爲達成這些目的或目標，乃有高齡教育的實施，從而發展高齡教育的種種實務，茲就高齡教育的目標與發展分別說明如次。

（一）高齡教育的目標

前面提到高齡教育希望促成高齡者知能的增進、情意與態度的改變，進而達致自我的實現。分析言之，高齡教育的目標包括（黃富順，2008a）：

1.加強身心健康維護的能力

高齡期是個體身、心開始衰退的時期。在生理上，無論內在或外在系統均持續改變，器官功能下降，視聽能力減退，動作與反應能力下降。教育的提供，可以使高齡者了解自己身體的變化，進而採取因應、補救或預防的措施，維持或延緩生理機能的衰退，保持健康的身體。在心理上，面對認知功能的下降，包括記憶的減退、流質智力的衰退、注意力不能集中、理解力的減弱，以及解決問題的能力不足。教育就是延緩認知功能下降的良方，研究顯示經常參與學習活動、繼續增長新知、吸收新的訊息，可以使晶質智力持續增長。謝伊和魏利思（Schaie & Willis, 1996）的研

究發現參與第三年齡的學習有助於認知與記憶，他們指出學習可以減緩或阻止心智能力的下降，甚至延緩到80歲之後。故教育具有增強老年人身心的保健，維持身心健康的功能。

2.提供生涯發展需要的知能

高齡期是一個與過去生活型態不一樣的時期，它有新的發展任務要完成，也有新的角色要扮演。就社會層面而言，鑑於少子化社會的快速來臨，將面臨職場人力不足或照護人力欠缺的問題，其最有效的方法之一就是高齡人力的再運用。鼓勵高齡者投入適合自己身心狀況的職場工作，將是未來社會不可或缺的一環。此外，甚多的高齡者亦希望投入志工的行列，顯示其對社會的貢獻，高齡志工也成為社會最重要的志工來源。無論是再工作或投身志工，均需要透過教育的途徑，來賦予其擔任新工作或扮演志工角色所需要的知能，才能勝任這些新角色的要求。此外，在家庭中，高齡者如何扮演祖父母的角色、老年配偶的角色以及中年子女的父母角色，也需要透過教育獲取相關的知能，才能因應這種家庭人際角色的改變。總之，教育可以提供新角色所需要的知能，達成新的發展任務，而使生活適應良好。

3.充實生活內涵及增進生活滿意的活動

教育不但可以提供益智性、知識性的內涵，提供高齡者生活及發展上所需的知能，使其適應生活的需要，而且可以提供生活上一些休閒、娛樂的知能，直接充實個人生活與精神內涵，提高生活的滿意度。越參與教育活動的高齡者，其生活滿意度越高，越具幸福感（well-being）。1997年在澳洲維多利亞的一項針對老人參與學習對積極老化長達580頁的報告指出：「參與社會、休閒和身體的活動與健康程度、自尊心和生活滿意度有正相關存在」（林麗惠，2001）。教育就是一項重要的社會參與活動。因此，老人教育可以充實生活內涵，提高生活的滿意度與幸福感。

4.提升生命價值及成長體驗的功能

前述有關老人教育價值取向的分析中，已經指出老人教育可以開發個人的潛能，使其持續成長，達到自我實現，這是老人教育的最高目的。事實上，老人教育的提供也在使個體對其經驗的意義和重要性獲得檢視與回

顧，引導其將個人的知識與經驗作較高層次的了解，而獲得圓滿與統整，這就是艾利克遜（E. H. Erikson）所提出的人生發展的最高境界。日本是世界平均壽命最長的國家，爲因應高齡社會的來臨，早在1986年就提出「長壽社會對策大綱」，1995年更訂頒「高齡社會對策基本法」，1996年提出「高齡社會對策大綱」，2001年並加以修訂。在高齡社會對策大綱中，提出高齡社會的三大對策爲有關僱用或就業的問題、老人福祉問題與增進老人生活品質，以及生命意義的問題。第三項問題被認爲是高齡社會對策中最重要的部分，高齡者認爲生命要有意義，有充實感及喜悅感，否則僅是生物壽命的延長，並無意義。故日本高齡者教育的主要目的，即在於使高齡者持續成長，達成自我實現，體驗和感受生命的意義與價值。

　　從另一角度來看，爲成功解決老年的生活適應問題，正面迎接高齡化社會，積極促進社會發展，老人參與教育活動可達到的效益包括：

1.克服老年期產生的問題

　　生理老化會逐漸影響身體與心智，老人最關心自己的身體健康，最想知道如何做好身心保健，透過學習的方式，老人汲取養生及保健知識，增加休閒與益智活動，改善或因應生理老化的問題。除了生理老化的壓力，老年的生活型態也有很大的改變，生活重心轉移、人際關係改變，老年安養與社區關係、經濟安全、社會福利等內容，經由學習活動，吸收新的知識，可以提升克服問題的能力，適應面臨老化的情境。學習的參與不僅協助解決生活問題，也讓生活因此獲得充實感與生活重心。

2.提升自信心與生命價值

　　學習可以幫助老人解決生活問題，自信心自然而然就會增加，更可以降低情緒性疾病的發生，且經由和他人互動，可以更肯定自己，不僅促進身心健康，也讓自我具有價值感。健康良好的老人，如果有更多自由時間，有繼續貢獻社會的願望，也可透過學習活動，引導爲志工，開展老年人力，如此不但對老人的個人身心健康有益，生活比較充實，並且能提升其生命意義感，讓個人達到統整、圓滿與成熟的智慧，體驗到生命的意義。多樣的學習與教育活動，不僅滿足老人身、心、靈的需求，建立老人的自信心，也讓他們心靈保持活躍狀態，提升個人生命價值。

3.增進社會人力運用與發展

　　老人參與學習活動，個人可以讓生活適應更良好，以社會角度而言，老人吸收社會新知，可以促進世代間了解彼此想法，可以和諧相處，減少衝突，而老人因為能適應快速變遷的社會，更具有自信心及獨立性，因此降低家庭及社會負擔。目前少子化的社會現象，造成社會人力不足，老年人成為不容忽視的資源，學習可以讓老年的人力再運用與開發，鼓勵年長者重回工作職場，增加社會的參與，減少社會負擔，減少老人的孤獨感及無用感，老人感受個人的社會貢獻與成就感，且適時補充社會基層勞力缺口，有助社會的發展與提升。

4.符合社會與時代需要

　　以教育的觀點，學習是一項基本人權，不屬於某一階段年齡，每個人生存於世界上，都同樣享有學習的權利。老人學習權觀念的提升，讓教育重點有了改變，教育部在「邁向高齡社會老人教育政策白皮書」揭示四大願景，包括終身學習、健康快樂、自主尊嚴、社會參與，將保障老人學習權益，列為重要施行意義的第一項，正說明老人學習的社會趨勢及時代意義（黃富順，2008a）。

　　總地來說，高齡教育的目標，在為高齡者準備新生活及擔負新的發展任務，如適應家庭中角色的轉換、準備再就業或擔任義務性的工作；或以追求心靈的成長，開發內在的潛能為目的；也可能在於防止個人生理、心理和社會機能的衰退；也可能要對自己一生的經驗作一評斷，以了解或體會經驗的意義與生命價值；也可能在於將個人知識和經驗作較高層次的了解。彼得森（Peterson, 1990）認為高齡教育的目的，在於為新工作做準備，擔任志工的角色，經由內在的探索而獲得心靈的成長，防止身心與社會能力的衰退，對知識與經驗作超越的了解，以發現生命的意義。

（二）高齡教育的發展

　　從教育發展的歷史而言，教育的對象最早受到關注的是兒童、青少年及青年前期，這些人應享受教育的資源，殆無疑義；其次基於提高生產力的觀點，而將教育的對象擴充到成人。而高齡者的教育，長期以來被認為

是沒有效益的、沒有必要的，因爲對高齡者的教育是不符合投資報酬率。

現代醫藥發達，人類平均壽命不斷延長，老年期也加長。老年期因爲受身心老化影響，更需要透過學習來調適生命歷程的改變。老人從生活經驗中，學習如何適應身心老化，或面對疾病與生命終點，這些都融入在生活中個別、自我的學習活動。第三年齡人口的明顯出現，要到1950年代才在歐美西方先進國家發生，而且到1980年代才眞正成爲社會結構的特徵之一。其原因乃在於社會整體的平均壽命獲得普遍提高之後，第三年齡人口才會大量出現。在1950年代之前，第三年齡人口相當罕見，因大部分在經歷第一年齡的準備階段和第二年齡的成年勞動階段後，便迅速進入衰老的第四年齡階段，歷經短暫時間後即行生命終止，故古人有「人生七十古來稀」之語。1950年代之後，健康、快樂、活潑的第三年齡人口日漸增多，才有屬於老人的教育活動出現（黃富順，2008a）。

所以，高齡教育眞正開始於1962至1972年之間，老人教育對許多老人的生活有著重要的影響。從世界高齡教育發展的先進國家來看，有組織、有計畫的高等教育活動，在高齡人口急劇增加後始行出現。高齡教育發展的遲緩，除了與第三年齡人口的顯著出現有關外，傳統上一直不把老人視爲教育的對象，也是重要因素之一。在過去，老人教育並未列爲整體教育領域的一環，未受到關注，其原因主要爲：(1)沒有學習權的觀念：不把學習視爲基本人權，不將學習視爲人人應平等享有的權力，故老人的教育活動受到忽視；(2)認爲老年人已沒有學習的能力，社會普遍認定「老狗學不了新把戲」；(3)認爲老年人沒有學習的必要，只要平心靜氣、安養天年即可；(4)老人健康情形不佳，不能參加學習活動；(5)個體生命期短，故在結束工作後沒有餘裕的時間參與學習；(6)教育老人不具投資報酬率；(7)沒有多餘的經費來支持老人教育的費用。以上這些因素就是老人教育發展遲緩、不受重視的重要原因（黃富順，2007a）。

隨著第三年齡人口的逐漸出現，老人教育亦逐漸在社會中生根發展。而各國在老人教育的發展過程中，由於社會文化的不同，也各自發展出適合其國情與社會狀況的高齡教育型態，形成各自的特色。以下分別說明美、英、日及台灣地區高齡教育的發展情形。

1.美國

由於生命期的延長，美國老人人口逐漸增加，為20世紀人口學上最大的特徵之一。此種人口結構的改變，影響了美國社會的各層面，包括政治、經濟、社會和教育；尤其對老年人參與教育活動有重大的影響。1949年，全國教育聯合會成人教育部（The Department of Adult Education of the National Education Association, NEA）開始成立老化教育委員會（Committee on Education for Aging）。1951年，美國成人教育協會（The Adult Education Association of the United States）成立，老化教育委員會歸併於其下。在此一期間，該委員會出版了第一本探討老年人教育方案的專著，《晚成熟者的教育手冊》（*Education for Later Maturity: A Handbook*）。1960年代及1970年代初期，對老人教育的興趣逐漸增加，主要受到兩個因素影響：成人教育和高齡學的誕生。例如1971年白宮老化研討會（White House Conference on Aging），強調要重視高齡學習者的需求，提供美國社區及初級學院學會（American Association of Community and Junior Colleges, AACJC）2年的經費補助，使得公立社區學院可以獲得經費支持，來因應老年人的需求和提高生活品質（楊國德，2007）。

美國老人教育的實施，主要可分為機構及非機構二大類。機構式的活動，大多由大學院校辦理，包括四年制學院及大學社區學院、老人寄宿所（Elderhostel）、退休學習學會（Learning in Retirements Institutes, LRIs）、圖書館、老人中心（Senior Centers）、老人服務及資訊系統（Older Adult Service and Information System, OASIS）；非機構式的則包括電腦、遠距、旅行等方式。詳細內容將於後面節次說明之。

2.英國

工業革命之後，科技進展一日千里，帶動了經濟的高度發展，使得人類壽命不斷地延長，無論是已開發或開發中國家皆然。英國工業化的產生甚早，其社會老化的現象至為明顯。因此，就逐漸發展出一些和老年有關的組織或機構，如「幫助老人」（Help the Aged）、「關心老人」（Age Concern）、「貝斯強森基金會」（The Beth Johnson Foundation）、「老化政策中心」（the Centre for Policy on Ageing）、「退休前教育協會」

（Pre-retired Education Association）、「老人教育權利論壇」（Forum on the Rights of Elderly People to Education, FREE）、「卡內基第三年齡計畫」（Carnegie Third Age Program）以及「教育老年學協會」（Association for Education on Gerontology）等，均十分積極介入有關老年和老化相關的政策及實務的議題，扮演相當重要的角色（黃錦山，2007）。當然，這些組織亦相當關注高齡教育的發展，而形成不同型態的活動。故英國的高齡學習活動起源甚早，型態亦屬多元。

由於很多新的老人或老人議題的組織出現，連帶這些組織亦關注老年人的學習，提供各種教育機會，老人教育的活動乃在這種情況下出現。1975年後，英國的老人教育活動逐漸浮現，成為提升老人整體生活品質計畫的一部分。英國老人教育的提供者類型頗多，屬於全國性發展的機構，包括地方教育當局（Local Education Authorities, LEA）、高等教育機構、開放大學、第三年齡大學和住宿學院等均提供高齡者教育的機會，其中第三年齡大學係專為提供老人教育而成立的組織，在英國最具盛名，亦富特色。此外，尚有其他地方性質的機構與組織，更能滿足當地老人的需要。他們類皆由公立機構與政府組織共同支持，且由當地民眾主導，尤其是由第三年齡者自己來主導，其中基督教老化委員會（The Christian Council on Aging）、大倫敦老人論壇（The Greater London Forum for the Elderly）等，均為較知名的活動（黃錦山，2007）。詳細內容將於後面節次說明之。

3.日本

日本是當前世界上人口最為高齡的國家之一，其老人人口所占比率相當高。對老人教育關注，也成為政府及民間組織共同的課題。由於老人人口快速的增加，使得日本政府對長壽社會所帶來的挑戰，很早就提出對策因應。在此種社會潮流之下，高齡者成為被關注與重視的族群，連帶使政府及民間重視高齡者教育的問題，而有各種學習機會的提供，高齡教育逐步發展而漸成體系，頗具特色。

日本對於高齡教育的推動首先係由社會福利部門開始，它重視高齡者的福利措施，學習只是其關注的主題之一。但因高齡者福利問題多年來均

為政府政策中極重視的一環，連帶影響高齡學習的發展；其後，教育行政
部門亦積極投入，目前係由二種行政體系相互配合，成為高齡教育的二個
重要主導體系。日本提供高齡者教育措施的機構或單位相當多，包括大學
校院、開放大學、公民館、終身學習中心等，均開設高齡者教育活動，但
專門針對高齡者而辦理的教育活動，則有高齡者教室、長壽學園及老人大
學等。其中高齡者教室及長壽學園，係由教育行政部門所辦理；前者由文
部科學省提供經費，補助市町村辦理；後者由「都道府縣」辦理（田中七
重，2007）。老人大學則係由福利部門所支持辦理。詳細內容將於後面
節次說明之。

4.台灣地區

　　台灣剛光復時老人人口僅占2%，老人教育尚無由發展。當時社會百
廢待舉，貧窮落後，其後勵精圖治，促進了工業的發展，創造了舉世聞名
的經濟奇蹟，老人教育也在這種經濟發展之下，逐漸萌芽發展。其發展分
為萌芽期、福利服務取向時期、教育行政介入時期及政策研訂時期等階段
分述如次（黃富順，2007b）：

(1)萌芽期

　　萌芽期係指有系統、有組織老人教育活動的誕生時期。此一時期自
1978年至1983年，不同類型的組織化老人教育活動，先後在台灣地區萌
芽，大多由社會行政及民間組織所主導產生。最早可以追溯至1978年，
台北市基督教女青年會為弘揚倫理道德，增進老人福祉，乃於1978年元
月首創青藤俱樂部，提供有系統的老人教育活動。其後高雄市社會局為擴
大辦理老人福利服務，乃與高雄市基督教女青年會合作，於1982年12月
聯合開辦老人教育，名為「長青學苑」的老人大學終於誕生。

(2)福利服務取向時期

　　此一時期自1983年萌芽期後至1993年間，台灣地區的老人教育主要
由社會行政部門設置的長青學苑所主導，福利觀點的老人教育成為此一時
期的特色。繼台北市於1983年設置長青學苑之後，台灣省其他各縣市亦
起而效尤，先後陸續設置長青學院，提供老人休閒及充實精神生活內涵。

(3)教育行政介入時期

　　此一時期自1993至2004年止，教育行政主管機關開始介入老人教育。傳統上，教育主管單位並不認為老人教育為教育行政機關主管業務，因為自有老人教育活動開始，老人教育業務一直由社會行政部門主導，教育部門並不過問。1989年教育部舉行第六次全國教育會議，提出要研訂「老人教育實施計畫」，以協助老人自我實現、重新就業及擴充生活領域。1993年，教育部發布「獎助辦理退休老人教育及家庭婦女教育實施要點」，補助各鄉鎮市區開設老人學苑及婦女學苑。1994年第七次全國教育會議，亦提出應對銀髮族教育詳加規劃，開啓了終身學習的風潮。自教育主管機關開始介入老人教育之後，以經費支持老人教育活動，並鼓勵大學校院成立老人的相關系所或研究中心，老人教育在此種政策走向之下，教育部門所舉辦的老人教育活動積極展開，逐漸與社會行政部門的長青學苑有分庭抗禮之勢，同時也展開了相關人才的培育與研究工作的進行。

(4)政策研訂時期

　　此一時期自2004年開始，主管教育行政機關開始著手進行政策的研訂。教育行政主管機關雖於1993年即介入老人教育的辦理，但僅屬於實務層面，並未有政策的研訂，或中、長程發展實施計畫的研擬，可見長遠規劃之不足。在老人教育政策研究之後，教育部復依據研究結論進行老人教育政策的研訂，而於2006年11月正式訂頒「邁向高齡社會的老人教育政策」白皮書，提出老人教育政策的7項目標、11項實施策略及11項行動方案。這是我國辦理老人教育以來，首次對老人教育政策作明確的宣示，也是老人教育最完整的政策主張。

(5)高齡教育推展時期

　　此一時期自2008年開始，主管教育行政機關開始推動全面性高齡教育措施。教育部為落實高齡者追求健康、自主、快樂學習的願景於2008年開始接受申請設置樂齡學習中心，目的在於提供高齡者學習機會，增進老人在地學習。申請設立的對象為直轄市及縣市政府。設置地點為鄉鎮公所、公共圖書館、各級學校及民間團體等。招收年齡55歲以上之高齡人士，以日間開設為原則。同時辦理樂齡大學，鼓勵大學校院開放校園，使

高齡者得以進入大學校院就讀的具體措施，凡公私立大學校院均可提出申請。並於2012年4月起積極培訓樂齡教育專業人員，包括講師、管理師、自主學習團體帶領人等（教育部，2016）。

　　特別是根據2016推動高齡自主學習團體終身學習活動試辦計畫，除原有推動相關教育與學習活動外，更希望高齡者獲得獨立自主、學會發展的機會。因此，培訓238位自主學習團體帶領人，分為六區（含新北市、桃園市、苗栗縣、臺中市、嘉義縣、高雄市）籌組高齡自主學習團體，以促進高齡者獨立自主、自發之學習機會，增進其社會參與及終身學習。期盼培植更多自主學習團體專業人員，深耕偏鄉及離島地區，推展高齡教育工作，發揮資源共享及利用之效益（教育部，2016）。

第二節　高齡的教育型態

　　為滿足高齡者教育與學習的需求，達成高齡教育的目標，必須促成高齡教育的實施，因而有了各種不同的高齡教育型態。這些教育型態有的經由高齡教育機構提供，有的則由非機構式的型態加以實施。以下分別加以探討之。

一、機構式的高齡教育型態

　　高齡教育機構的類型相當多元化，各國老人教育的實施，受到其歷史社會與文化的影響，而逐漸發展符合其社會特色的高齡教育機構。如美國的老人寄宿所組織、英國的第三年齡大學（U3A）、法國的自由時間大學、日本的長壽學園、大陸的老年大學等，均有其社會與歷史文化的因素存在。茲歸納相關的分類方式，以提供者的觀點，將高齡教育機構分為下列五大類（黃富順，2007a）：

（一）老人自助性的學習組織

這是由高齡者自行組成學習的團體，來提供高齡者教育的課程。所有的行政及教學的工作，類皆由團體中的成員來擔任。一般而言，其實施的場所常與大學校院合作。此種自助性學習團體，如美國的退休學習學會（Learning in Retirement Institutes, LRIs），1972年更名爲終身學習學會（Lifelong Learning Institute）。此一學會的運作，完全由學會成員主導，其施教場所則與大學院校合作。英國的第三年齡大學（University of the Third Age, U3A）也是一種由成員自行主導運作的學習組織，強調自助、互助及志願的原則，視老年人爲資源的創造者，而非享用者，也與大學校院合作。此種老人的自助性學習組織爲數不少，且各具特色，在老人教育組織中享有盛名。在大英國協所影響的地區，此類性質的第三年齡大學頗富盛名。例如澳洲的第三年齡大學（U3As）創立於1985年，其後即快速發展，特別是在維多利亞（Victoria）地區最爲興盛。此類機構，並迅即由澳洲傳至紐西蘭。至1999年全澳已有176個獨立的自助性第三年齡大學，參與學員達43,000人，開設課程超過100種以上，不收取學費，每年只收取會費約20元至30元澳幣（Dale, 2001）。

（二）大學校院

這是指由大學校院、社區學院來提供課程給高齡者學習。一般而言，大學院校內往往設有高齡學習中心（Elder Learning Center）或類似的機構來爲高齡者設計專門的課程，提供高齡者參與學習。例如美國北卡羅萊納大學（University of North Carolina）即在校園內設有亞斯維爾資深公民領導中心（Leadership Asheville Seniors）及老化研究中心（Institute on Aging）來提供高齡者課程。有些大學校院並未爲高齡者提供專門性的課程，而允許高齡者直接參與一般爲傳統學生所開設的課程，並提供減免學費的措施以鼓勵高齡者參與。唯基於要與傳統學生在課堂內一起學習，對高齡者而言，也許就是一項帶有威脅性的挑戰，因此，高齡者參與此類課程者仍屬不多。韓國在1999年訂頒終身教育法之後，很多大學紛紛設置終身教育學院，提供民衆終身學習機會，至2006年韓國大學中設有終

身教育學院的達300多所，其中開設老人相關課程者有36所，提供55歲以上高齡者就讀，課程內容包括社會福利制度、健康保健、國民和經濟、國民和政治、社會變遷、文化及國際關係等。自2002年起，部分大學並對修讀的高齡者提供優惠或免費課程。在全韓300多所設有終身教育學院的大學中，有16所大學的終身教育學院並經韓國教育開發院終身教育中心（Lifelong Learning Center of Korean Educational Development Institute）的篩選，獲得授權開設高齡教育專門人員培訓的課程，包括梨花女子大學、大邱大學、慶尚大學、濟州大學等，招收高齡教育機構現職人員、終身教育或老年福利領域的公務員、終身教育師或社會福利師，及有意從事高齡教育的志願者，每期50至70名學員，免收學費，經費全由政府提供，教學時間90小時以上，課程內容包括高齡教育概論、高齡教育方法、高齡教育專案開發、老年志願者論、高齡教育行政及經營、老年學習理論及老年心靈論、高齡教育機構現場實習等。學員修畢本項課程，獲頒發結業證書，並被派到地區的高齡教育機構工作。此種由大學有系統的設置高齡教育專業人才之培訓，尤令人印象深刻（黃富順，2007a）。

（三）民間組織

這是由民間組織成立老人教育機構或辦理活動，提供課程給老年人修讀。例如美國的老人寄宿所，在1975年剛成立時，是由新罕布夏大學（University of New Hampshire）及另外四所大學共同主辦，在1977年成立公司組織，並定位為非營利性質迄今。故美國老人寄宿所的統籌單位是民間的非營利組織，執行單位則是大學指派的老人教育相關系所或老人教育推廣中心。此外，美國的老人服務與資訊中心（OASIS），亦是一個民間的組織，其對老人教育的推動相當積極。該中心過去一直與五月百貨公司（May Department Stores Company）合作，由五月百貨公司在美國各地據點提供場地與經費的資助，後五月百貨公司由梅西（Macy's）公司所併購，仍繼續資助經費與提供場地，在美國老人教育的活動上享有盛名。韓國重要的老人教育專屬機構，包括老年學校及老年大學均由韓國老人協會（the Korean Association of Old People）所設立。韓國老人協會是一個

老人的民間組織，在全韓設有242個支會及1,927個分會，其在全韓共支持設立老年大學20個，老年學校278個，占全韓314個老年大學中的7.2%。世界各國由民間組織來辦理老人教育者相當多，尤其是在先進國家，頗為盛行。我國甚多老人教育機關，如在台北市的老人社會大學即由中國老人教育協會於1989年所附設；另外，高齡學會亦設有退齡學院，台北市敬老協會設有敬老大學。此外，甚多的基金會、老人會等組織亦提供老人教育課程。因此，民間組織在老人教育的推展上，扮演了相當重要的角色（黃富順，2007a）。

（四）宗教團體

　　宗教團體也是辦理老人教育活動的另一股重要力量。尤其在西方社會，宗教對個人生活的影響，相當廣泛而重要。宗教團體關注老人教育活動，源遠流長，不夠也或多或少帶有宗教的意味。例如美國的善牧中心（Shepherd's Center）即由教會所設置之教堂學習團體。善牧中心的課程均由高齡者自行設計，教師並由高齡者擔任，其行政亦由高齡者負責；課程規劃的目的在於充分利用老人的知識、才藝、技術和興趣，來與其他同儕老人共同分享。這是一種服務與學習相互結合的方式，為未來高齡學習活動的主要發展趨勢之一。英國的基督教老化委員會（The Christian Council on Aging）於1983年設立，關心老化和老年的議題，在探討老年的宗教信仰及提供老人教育課程上扮演重要的角色。

　　在我國相當有名的高齡教育機構—松年大學，係由台灣基督教長老教會於1989年所設置，招收55歲以上高齡者就讀，課程分大學部、碩士班與博學班等三種。每學年分上、下兩期上課，每期6學分，每週上課兩次，每次3小時，課程內容包括：(1)聖經：人生哲學10學分；(2)保健常識10學分；(3)社會新知10學分，包括國內外重大新聞、政治、社會、法律、經濟、生態保護等常識；(4)康樂活動8學分：包括詩歌、健身操、土風舞、書法、會話、手工藝、插花、游泳、定期旅遊；(5)事奉關懷10學分，從事義工、關懷他人、教會行政、語言教學及探訪、協談訓練等。為便於高齡者就近入學，並於全台各地設置41處分校，總計修讀學員約

3,000多人（黃富順，2004）。這是台灣地區教會設置的老人教育機構中規模最大的組織。此外，天主教聖母聖心修女會，亦於1994年設立曉明長青大學，其校址即在台中市曉明女中內，招收55歲以上認同該會宗旨之高齡者就讀。課程分一般科學學位及專業科學學位兩類，另佛光山台北道場亦設立松鶴學苑，招收55歲以上的銀髮族，課程內容包括佛法義理、梵唱、禪座、醫學常識、食療養生等，每期招收30多位學員（黃富順，2004）。經由上述的探討，可知無論國內外，宗教團體在老人教育的辦理上深具影響力，參與人數不少。

（五）政府部門

係由政府提供經費所支持設立的老人教育機構，包括政府部門直接設立、委託辦理、公辦民營及政府機構所設置的老人教育機構。例如美國的高齡者中心係由政府提供經費設立的老人服務與活動的多功能場所，歷史相當久，對老人教育課程的提供相當積極，課程內容包括健康、營養、語言、遊戲與休閒、社會化（派對、電腦、代間）及藝文等六大類，頗具特色。日本的老人教育機構，主要由教育行政及社會福利等兩部門辦理，並提供經費。由教育部門所辦理的，包括高齡者教室及長壽學園。高齡者教室係由文部科學省提供經費補助市町村辦理；長壽學園則由「都道府縣」辦理。社會福利部門所支持辦理的，通稱為「老人大學」，由厚生省依據「高齡者保健福利十年策略」，於都道府縣設置「快樂的長壽社會推進機構」，主要的工作項目為辦理老人教學，以培養高齡活動的領導者。由此可知，日本的重要高齡教育機構，係由政府相關部門所設立，並提供經費支持。此種政府經費支持的作法值得深思與借鏡。韓國的老人教育機構，主要亦由保健福利部門及教育行政部門的大學負責。保健福利部門設有老人福利會館、老年教室及終身福利館，均提供老人教育課程。其所開設的老年教育課程包括韓國文字、個人興趣、數學、體操、觀光、敬老活動、健康保健、傳統四物表演、韓國傳統舞、傳統韻律操、書法、表演班等，以個人興趣居多，以豐富生活情趣及充實精神內涵為主（黃富順，2007a）。

　　台灣地區的老人教育機構，大致與日、韓等國相同，由社會福利及教育行政等兩部門來提供。在社會福利部門方面，最主要的就是辦理長青學苑，有採自辦、委辦、合辦等方式進行，以55歲以上的高齡者爲對象，課程內容亦以個人興趣與休閒爲主，充實其生活內涵爲目的。在教育部門方面，早期主要由社教館，包括台東及台南兩館設置老人社會大學或長青大學來進行，其系統性、嚴謹性或經費的支持性，與先進國家相較，均顯有所不足。

　　爲因應人口高齡化，教育部95年所公布「邁向高齡社會老人教育政策白皮書」，以4大政策願景、11項推動策略，據以執行老人教育相關方案。將老人教育從個人層面、家庭層面、學校層面及社會層面切入，讓國民具備終身學習理念，才能活到老、學到老，更能活得好，並且教導孫子女敬重家中的老人，透過宣導及世代交流活動，以建構在地化的學習場所爲主，提供老人再教育及再參與社會的機會，降低老人被社會排斥與隔離的處境，營造對於老人親善的社會。依據〈教育部補助辦理家庭教育老人教育及婦女教育活動實施要點〉補助民間團體辦理在地化的老人學習活動，補助政府機關及民間團體辦理社區老人教育計畫。運用學校閒置空間，增設老人學習中心，並結合地方性的組織及團體，於各鄉鎮市區設置樂齡學習中心，規劃之學習如下：1.基礎生活課程：包括高齡社會趨勢、退休準備教育、高齡心理等。2.興趣特色課程：包括資訊科技、藝術教育等。3.貢獻影響課程：包括基礎志工課程、高齡者學習特質與活力老化策略、如何經營自主學習團體等，並得依當地特色及實際需要提出創新課程。另爲使老年人有機會進入校園和年輕學子共同學習、互動，享受大學校園優質的學習環境，補助大學院校辦理樂齡學習計畫，讓老年人進入校園和學生共同學習，促進世代交流（楊國德，2010）。

二、非機構式的高齡教育型態

　　非機構式的高齡教育型態，主要包括圖書館、電腦、遠距學習和旅行

學習等，這些方式更能因應個別學習者的需要。即以先進國家為例說明如次。

（一）圖書館

圖書館是社區中具有豐富學習資源的地方。依據1948年美國的調查顯示，僅有18%的成人和不到50%的兒童在過去一年中曾使用圖書館。至1991年，國家教育統計中心（NCES）的調查，成人的使用率上升至53%，約為1948年的3倍，使用者多數為白人、中等階級及高教育程度者，65歲以上的使用者約占1/3（Lamdin & Fugate, 1997）。高齡者對使用圖書館相當積極，當被問到自己使用何種學習資源時，47.2%均將圖書館列入其中，甚且有1/3的人表示，這是他們最常使用的方法。尤當問及他們使用何種社區的學習資源時，41%的人都指向圖書館，遠遠高出教堂的28.5%。老年人在圖書館中常使用的資源是影印資料。對他們而言，所謂「識字」（literacy）的意思就是書本，而非電腦。閱讀是他們最為偏好的學習型態。閱讀是他們自己的選擇，是娛樂，是基於好奇心的驅使，而非基於必要（黃富順，2004）。

（二）電腦的學習

電腦是當前社會獲取資訊不可或缺的工具，非印刷材料可以替代。電腦創造了對知識的新思維，保留資訊的新技術。時至今日，電腦已在社會中普及化，也深入了每個家庭。年輕人幾乎人人一部手提電腦，成為生活中不可少的工具。對於高齡者而言，電腦的新科技，他們也還能使用。第三年齡者仍然對電腦有興趣，其對電腦能力與興趣並不亞於其中年子女。退休給予高齡者更多的時間學習電腦。其學習電腦的理由為「可與時俱進，避免落伍」、「可以了解孫子女所生活的世界」，及「嘗試新的事物是一件有趣的事」等。有13.6%的高齡者表示電腦是他們偏好的學習型態，男性略高於女性，其原因可能是性別與科技的刻板化印象，但仍然有不少婦女挑戰此一刻板印象。對電腦有興趣者，其年齡從55歲至95歲均有，顯示不受過去教育程度或收入的影響。高齡者學習電腦的場所，皆在學校、電腦公司、高齡者中心、圖書公司，或自行學習、透過朋友鄰居及

孫子女的幫忙。電腦可以協助高齡者學習語言、建構族譜、財務管理、作新聞摘要、安排旅遊行程、藝術品搜集及欣賞等，似乎生活中的事務均可應用電腦。

為協助高齡者透過電腦學習，美國於1986年成立了「高齡者網站」（Senior Net），這是一個非營利組織。1988年會員僅22人，至1997年已增至17,000人，成長相當迅速，成員遍及全美50州及海外地區。在全國75個學習中心內，約有一半的志工或學生在進行高齡者電腦課程的教學，其他人則透過網路學習，足見高齡者透過電腦學習已越來越普遍化（黃富順，2004）。

（三）遠距學習

遠距學習並非新的概念，長期以來係為偏遠地區、交通不便、身體殘障者或不便離家的家庭主婦等提供的一種學習活動。近年來無論在方法、技巧、傳輸方式均有相當大的改進，也提供高齡者進行學習。此種新的科技，對高齡學習者也頗為合適，其理由為：(1)此種學習沒有壓力，可以依學習者自己的步調進行；(2)可依個人的學習型態，選擇適當的管道；(3)可以適用於殘障者；(4)能雙向互動，反應與否可由學習者自行決定；(5)學習時間的長短，可依自己的步調進行；(6)沒有競爭，學習者不會感到焦慮；(7)可以與朋友一起學習或單獨學習。

（四）旅遊學習

旅遊學習幾乎為每一個高齡學習者所偏好。旅行具有教育、娛樂雙重功能，它可以擴展個人的視野。波格利賓（Letty Cottin Pogrebin）說：「這是延緩老化最好的方法。當旅行時，我們走到陌生的地方，會再度引發好奇與懷疑的兒時感覺，同時我們感覺到時間似乎緩慢下來，而生命似乎不斷的擴展」（Lamdin & Fugate, 1997: 139）。依據調查結果顯示，高齡者將旅遊視為自己喜好的學習型態者占55.7%，在過去2年曾經進行有關旅遊學習者占51.6%。可見，旅遊學習普受高齡者歡迎。旅遊學習是一種有組織的旅程，要挑選有經驗的導遊，每天至少有一場的演講，主題係有關歷史、地理、文化、動物和植物等領域。在晚餐後，會對今天的活動

作簡要的歸結，並對次日的活動先提供必要的資訊。旅遊學習的確有助於高齡者的認知、社會和身體的活動，使他們有強烈的欲望來了解世界。此一學習方式，無疑的將會越來越受歡迎，也吸引更多高齡者參與。

（五）自主學習團體

推展高齡學習是當前的重要政策，為增進高齡者終身學習的機會，在各地設置樂齡學習中心、成立社區樂齡學習班、辦理樂齡大學等，加上長期以來的長青學苑、社區關懷據點等，都可以擴展樂齡者學習機會。然而，隨著人類社會的發展，讓高齡者參與學習活動已是基本的人權，樂齡學習越來越重要，為因應大量高齡人口極其龐大的教育與學習需求，如何提供高齡者需要的學習方案引發大家關注。因此，除陸續推動相關教育與學習活動外，更希望高齡者獲得獨立自主、學會發展的機會。因此，推動高齡學習活動必須善用自主學習團體，以促進高齡者獨立自主、自發之學習機會，增進其社會參與及終身學習。同時，輔導高齡者組成自主團體，遴定多元學習主題及自主、自助運作方式。鼓勵高齡者設計自主學習課程、教材及教案，提升學習品質，增進學習效果。培植自主團體專業人員，深耕偏鄉及離島地區，推展高齡教育工作，發揮資源共享及利用之效益。

此外，還有更多可以發展的學習模式，以因應高齡者異質性大，讓學習多元化、內容多樣化。可以兼具知性、休閒與養生，以及為完備的退休前準備，包括理財、退休生涯規劃、老年身心保健及老年家庭生活適應等。各種語文、人文藝術、才藝技能等學習，因為處在人生的最後階段，對生死問題的好奇心，也促使他們對生死教育與臨終關懷的學習相當感興趣。總之，提供豐富的學習資源、舒適的學習場所、適合學習的方案，成為當前推動老人學習刻不容緩的重要課題。沒有壓力、快樂的學習，是高齡學習的特性，參與休閒旅遊觀光的學習，老年的生涯規劃也把教育和學習活動加進來，讓自己一生中學得更多的知識、技能和態度，可以適應不斷變遷的社會生活，在社會的角色扮演得更好。

第三節　高齡的教育活動

　　有關高齡的教育活動，與上述的教育型態是相呼應的，機構式的內容呈現其課程規劃的特色，非機構式的內容展現其學習上彈性多元、自我導向的特點，茲分別說明如次。

一、以課程規劃為重點的活動

　　為了滿足老年期的需求與改變，必須重視參與者學習的各種差異。有的提供一般的保健養生、體育休閒、藝術教育、家庭人際、消費保護、理財規劃、職能發展、觀摩學習及科技資訊研習等活動。有的為退休準備者進行理財規劃、退休生活規劃、保健養生，以及老年家庭生活適應等研習。

　　這種比較結構化的課程設計，也呈現出多元多樣，幾乎涵蓋生活的每個層面。茲就國內外高齡教育機構所提供的課程簡述之。

（一）國內高齡教育機構的課程

　　由於機構繁多，所開設的課程各有其重點，所提供的課程亦相當多樣，依其性質與重點而有不同特點。茲將提供的課程歸納為以下類別（黃富順，2004）：

1. 人文類別：包括語言、文學、歷史等類課程；其中語言類通常開設本地語言、外國語言的學習；文學類則包括文學、詩詞、易經等，歷史類則包括我國歷史的研習等。
2. 藝術表演類別：包括美術、音樂、技藝表演、花藝等類課程；其中美術類，如國畫、書法、陶藝、漫畫、油畫、編織、手工藝創作等；音樂表演類則包括吉他、歌曲、國劇、二胡、笛子等；花藝類包括盆景、園藝、藝術造花等。
3. 體育舞蹈類別：體育類包括氣功、太極拳、瑜珈、宇宙操、元極舞、游泳、老年體適能等；舞蹈類包括土風舞、社交舞、古典

舞、各國風情舞、韻律操等。

4. 養生保健類別：如老人的飲食營養、慢性病預防、疾病照顧、運動養生、老人疾病、民俗醫療等。此類課程幾乎所有的高齡教育機構均會開設，頗為老年人所喜愛。

5. 資訊類別：如電腦、網路、各項軟體、程式設計、文書處理等。

6. 社經類別：包括法律、經濟、生活禮儀、環保、教育等。

7. 其他類別：如志工訓練等。

（二）國外高齡教育機構的課程

國外高齡教育機構的區域不同、類型眾多，所提供的課程內容亦極為廣泛，可以歸納為以下類別（黃富順，2004）：

1. 博雅課程：包括文化、歷史、文學、人文、社會、自然科學、經濟等。

2. 運動體能：如徒步旅行、騎車、賞鳥、高爾夫、網球、滑雪、泛舟、航海等。

3. 服務學習：如考古學、露營、社區發展、社區戲院、助理教師、環境研究、古文物保存、天然資源保存、農學及家庭教師等。

4. 海上探險：如海上旅遊、航海生活、海釣、衝浪等。

5. 個人技藝類：藝術、攝影、電腦、科技、烹飪料理、手工藝、健康、減肥、語文、表演藝術等。

6. 旅遊學習：通常分國內及國外兩大類，包括經驗學習、探索學習。其共通的程序為：行前教育、旅途中專人解釋、討論、現場體驗與學習、活動結束的總結與心得分享。

7. 代間課程：包括社會、自然、科學、兒童文學、戶外活動、教育等主題。

所以，國內外高齡教育機構課程有其不同特色，大致上國內的課程以靜態性科目為主，強調養生保健、休閒娛樂性質居多；而國外的課程則動態與靜態兼具，強調充實個人新知、旅遊及服務取向的課程居多，彼此在本質上有較大的差異性。

二、以學習者爲中心的活動

　　學習活動必須以學習者爲中心，透過縝密評估學習需求、整合學習資源，促使各種學習獲得充分的協調發展。學習活動設計以老人爲中心，從了解需求、決定對象、活動實施到資源尋求等。尤其高齡者身心正處於衰退階段，無論活動內容、地點、時間，要考量其身心發展狀況，以及老年生活的型態特性，作爲學習活動規劃的重要參考。

（一）活動內容方面

　　活動要依據高齡者需求設計，考慮體能，時間不能太長，期程不要太長。費用收取必須考慮老人的經濟條件，同時規劃各種變通方案與措施，例如經費補助、學習津貼、分期攤還、徵求贊助及免費課程等。運用多元管道讓老人可以透過各種管道參與學習，例如社教機構、當地學校、圖書館、文化中心，或是社區組織、長青社團、老人俱樂部、老人團體等，以多元管道提供彈性選擇。以彈性機制考慮老人身心狀況特殊，學習時間、學習方式、學習進度、學習評量等給予彈性安排。

（二）活動地點方面

　　就近方便的地點，把握近便性原則，尤其老人的活動空間多以社區公共設施使用爲主；老人在行動上遲緩或不便，老人學習活動要以社區爲中心設計，而且社區地點與成員的熟識性，會讓老人參與學習具有凝聚力及持續性。注意安全的場所，因應老人活動及運動機能衰退，提供無障礙空間，包括教室、桌椅設計、燈光、溫度、地板、環境布置及廁所的安排，均要妥爲規劃，例如階梯高低差、安全扶手、走道寬度、坡道設計等，以及室內光線照明和亮度，要能符合老人需求，讓他們獲得安全感。

（三）活動策略方面

　　創造沒有壓力的學習情境，給予較多適應與反應的時間，鼓勵依自己速度參與活動，激發學習動機，並且在學習過程中多給予關愛與肯定。運用多元的策略，以實際操作代替口頭解說，並利用參訪圖書館、博物館，運用視聽中心、服務中心等進行，也可以電視、廣播、網路、旅遊學習、

寄宿學習、代間學習、讀書會等方式學習，或是有計畫的一系列講座，康樂性、學藝性、聯誼及服務性社團活動等，都可作為老人的學習方式。

重視學習者的生命經驗，老年人有相當豐富的生命經驗，又背景因素差異性大，教學方法應偏重問題討論，進行生活經驗及生命意義的分享，透過老人同儕的互動，增長可貴的人生智慧，而且老年人參與學習的重要理由之一是結交朋友，也符合擴展人際關係的期望。不急於學習成果，老年人的學習活動，要賦予其選擇及掌握自己學習的能力，不要急著看到學習成果，重視老人的情緒表達，給予活動中反覆練習的機會，以增加學習效果。配合老年學習者的自身經驗，增進學習與自信。

（四）活動資源方面

結合社區資源，例如社區組織、社教機構、社福機構，以及當地學校、圖書館、文化中心、志工團體等資源，不僅能提供老人學習的多元管道，也讓他們生活機能便利，有心理歸屬，更有助於克服學習障礙，並維持學習動力。

建置以老人為中心的學習型組織，結合政府與社區資源，促成社區多元的學習組織型態，例如依老人興趣籌組社區長青社團、老人俱樂部、老人自助團體，或是發展老人讀書會、組織社區老人教育委員會等，加強參與學習的動機，提高老人參與學習的機會與管道。也可以參酌國內、外各種辦理方式，如國內各縣市的長青學苑、老人大學等，大學院校辦理老人短期寄宿學習活動，國外不乏值得參酌學習的例子，如退休學習學會、高齡者中心、高齡者服務資訊中心等機構組織，而美國大學連結退休社區之發展，英、法設置第三年齡大學，日本的長壽學園、老人大學等，都能因地制宜可為借鏡。

老人學習受到個體老化、學習動機與興趣、及老人異質性影響，加上老人豐富的人生經驗與專業，他們在學習的過程中會有不同喜好的學習方法。所以，在設計老人學習方式時，教學方法與教材設計要以學習者為中心，適應與滿足他們的學習需求，進一步幫他們學習如何學習。

（五）活動方法方面

老人的學習方法很多，偏好的學習方法包括自學、課堂上課、小組討論，以及講述和討論併用（黃富順，2004）。

1. 自學：係指學習者未與他人進行互動，也未獲得他人的協助，獨自一人進行學習，包括自己研讀、自行蒐集資料解決問題、閱讀、網路學習、旅遊學習、觀看錄影帶、聽錄音帶等方面，此為高齡者參與學習的重要方法。

2. 課堂上課：係指在機構或組織內，於固定的上課時間與地點，由專人來進行的學習活動。具有結構性，較偏重講述法，是老人參與學習的重要方法。

3. 小組討論：係指由參與學習的成員，分別組成不同的小組，對於學習內容進行討論與經驗交流，進而獲得共識的方式。

4. 講述和討論併用：係指在教學過程中，除教師講課之外，也輔以參與學員討論的方式，讓參與者有機會對講授的內容進行反思，以利學習者的舊經驗與新經驗的結合，亦為老人學習的重要方法。

（六）新型態的學習方式

新型態的學習方式包括角色扮演的讀書會、社區的敘述咖啡館、代間學習、網路學習、休閒旅遊學習，以及社會參與的服務學習，還有情境式的互動學習。

1. 角色扮演的讀書會：以小眾團體選擇特定的主題做為閱讀與討論的題材，透過參與者熱烈討論，培養反思能力。對老人而言，以角色扮演的方式，可以融入豐富的生活經驗為討論的內容，提升參與感與自信心，更滿足老人交朋友的需求。

2. 社區的敘述咖啡館：以學習者為本位，讓參與者進行問題導向學習、自我調控學習的方式，從生活事件、生活體驗、生命處境、社區事務與成功老化為核心議題，彼此分享與學習成長，促進老人學習者之間良好的互動與溝通、結交朋友，甚至激勵對社區的

投入與文化的推展（吳明烈、楊國德、陳雯萍，2007）。

3. 代間學習：隨著家庭結構改變，隔代教養問題日增，如何打破祖孫間的代溝，成了重要的課題。如英國的代間實務中心方案，讓老人重返校園扮良師協助減少年輕人犯罪率、年輕人為老年人進行服務的方案。城市藝術方案，讓不同世代進行城市藝術的營造合作，並分享彼此的生命經驗（黃富順，2004）。

4. 遠距學習：科技發達讓學習不再受到時空限制，以網路所建置的軟硬體平台所進行的遠距學習，豐富老人學習內容的多樣化，提供就近學習的方便性，也成為新型態的老人學習方式。

5. 旅遊學習：老人喜歡沒有壓力、輕鬆快樂的學習，旅遊學習正可以滿足這樣的需求。因此，規劃老人的學習方式，休閒旅遊式的學習，是重要的新型態學習方式。

6. 服務學習：服務學習的方式，不僅讓服務學習成為一件非常快樂的事，更激發他們精進自己的專業知識，這是一種自我導向學習的昇華，還能對外延伸學習領域、轉化學習，產生認同、反思與批判，增強學習動機與活動力，實現靈性治療。

7. 情境式的互動學習：讓老人結合生活經驗與專業進行學習，也是非常符合老年人的學習方式，例如博覽會與短期研討會、社區的銀髮商店等。日本的「老人商店」（銀色商店），利用老人資源、生活經驗與智慧，以社區議題集合老人的力量推動創意產業，展現老人的智慧與創意結晶，並再造生產力（吳明烈、楊國德、陳雯萍，2007）。

總之，隨著第三年齡人口的逐漸出現，老人教育亦逐漸在社會中生根發芽。自古以來，不管是個人或團體，為了生存與適應，一直在持續學習。後來建立教育制度，大部分人都在學校從事有計畫的學習活動，因此大眾誤將學習與學校劃上等號，以為學習就是到學校受教育。其實個人從出生開始，不管是在學校內、外，終其一生都在進行學習。

第十五章　高齡國際組織與合作交流

　　高齡學的發展受到不少組織力量的影響，尤其是國際組織的著力甚多，有關的合作交流亦頗爲密切。首先，聯合國是國際組織的最上層機構，轄下所屬有不少與高齡社會議題直接相關的組織，例如世界衛生組織（World Health Organization, WHO）、人口基金會（United Nations Population Fund, UNFPA）。其次，高齡學有相關的國際組織加以推動，如國際老年學及老年醫學會（International Association of Gerontology and Geriatrics, IAGG）。最後，高齡學的發展更需要有相關國際研究機構、中心加以推展，經由組織交流活動、出版刊物，以帶領全球理論與實務工作者共同促進高齡學的發展，如國際老化研究中心（International Institute on Ageing）、以及《老年學：國際實驗與臨床老年學期刊》、《老年學期刊》（*The Journal of Gerontology*）。

　　因此，本章爲探討高齡國際組織與合作交流，第一節說明聯合國有關的高齡國際組織與活動，第二節探討高齡學有關的高齡國際組織與活動，第三節則分析高齡學研究的組織與合作交流。以下分節加以討論如次。

第一節　聯合國有關的高齡國際組織與活動

　　在高齡學的發展上，主要針對人口老化及高齡社會的需求爲重點，這方面聯合國及其相關組織影響甚大。世界各國與地區的高齡政策發展與實施，不少都在聯合國及其相關組織的引導與協助下大力拓展，例如老化國際行動計畫、聯合國老人綱領、國際老人年以及活躍老化等都是顯著的例子。

　　茲就聯合國及其相關組織在有關高齡社會議題的運作架構與組織活動分別討論如次。

一、聯合國

聯合國乃當前影響力最大的國際組織，數十年來創設的單位與發展的計畫，對世界各國共同面對的問題產生廣泛的指導力量，包括人口老化與高齡社會對策的議題（楊國德，2008；United Nations, 2011a）。

聯合國憲章是一個國際條約，其宗旨之一在合作解決國際問題、增進對人權的尊重，以及成為協調各國行動的中心。因此，在老化及高齡社會的議題上，聯合國扮演的角色與功能，就是協調各國共同面對高齡化社會的來臨、針對人口老化提出因應對策，以及保障與增進高齡者的人權與福利服務。

針對全球人口老化的議題，聯合國大會於1982年通過由世界老化會議提出的「老化國際行動計畫」；然後，1991年聯合國大會又正式通過「聯合國老人綱領」，提出「獨立、參與、照顧、自我實現、尊嚴」等五項要點，呼籲世界各國共同致力於老人的關懷事宜。接著，1992年聯合國繼而發表「老化宣言」，期盼世界各國創造一個不分年齡、人人共享的社會。同時也決議將1999年訂為「國際老人年」（Year of Older People），並以每年的10月1日為「國際老人日」，藉以引導世界各國採取聯合國秉持之理念，實踐「老吾老以及人之老」的理想，真正落實保障高齡者的人權與建構友善的高齡社會願景（楊國德，2008；United Nations, 2011a）。

根據聯合國老人綱領，關懷老人的五大要點（十八項訴求）是大家努力的方向，包括（楊國德，2008；United Nations, 2011b）：

（一）獨立：老人應有途徑能獲得食物、水、住屋、衣服、健康照顧、家庭及社區的支持、自助。老人應有工作的機會，老人在工作能力減退時，能夠參與決定退休的時間與步驟。老人應有途徑獲得適當的教育及訓練。老人應能居住在安全與適合的環境，老人應盡可能長久的居住在家中。

（二）參與：老人應能持續融合在社會中，參與相關福利的政策制定，並且與年輕世代分享知識與技能。老人應能尋找機會來服務社區與擔

任適合自己興趣及能力之志工。老人應能組織老人的團體或行動。

（三）照顧：老人應能獲得符合社會文化價值、來自家庭及社區的照顧與保護。老人應有途徑獲得健康上的照顧，以維持身體、心理及情緒的水準，並預防疾病的發生。老人應有途徑獲得社會與法律的服務，以增強其自治、保護與照顧。老人應能夠在人性及尊嚴的環境中，適當利用機構提供的服務。老人在任何居住、照顧與治療的處所，應能享有人權和基本自由，包含了對老人尊嚴、信仰、需求、隱私及決定其照顧與生活品質權利的重視。

（四）自我實現：老人應能適當地追求充分發展的可能，有途徑獲得教育、文化、宗教、娛樂的社會資源。

（五）尊嚴：老人能在尊嚴和安全感中生活，自由發展身心。老人應不拘年齡、性別、種族、失能與否等狀況，都能被公平的看待。

由上面的主張看來，之後聯合國的相關計畫乃一貫以促進老人儘可能參與社會，以及確切認知他們的需求與所關心的事爲重點。

所以，聯合國大會根據1992年通過的老化宣言，希望敦促國際社會要加速透過各界與國家的合作，擴及於發展社區、媒體、民營企業部門與年輕世代，大家共同努力創造一個不分年齡、人人共享的社會。國際老人年活動就是要發展各類方案，建議從中央到地方、政府到民間、團體到個人都能採取各項觀念上與行動上的措施，一同來關心高齡社會的相關議題，邁向新世紀與新時代（楊國德，2008；United Nations, 2011b）。

近年來，聯合國持續關心高齡社會的發展，一再呼籲人口老化是全球議題。

2010年10月1日是聯合國設立「國際老人日」20週年，聯合國人權事務高級專員皮勒（Navi Pillay）說，全球有數百萬老年人人權遭漠視，人口老化已成爲各國必須面對的議題。聯合國統計，過去20年，全球人口結構產生史無前例的變化，平均每10人有1名是超過60歲的老年人，估計2050年，將提高到每5人中有1名老人。皮勒呼籲，不久前人口老化議題只是少數國家的問題，現在統計已顯示，每個國家都必須面對這個議題。人權社群對人口老年化反應過慢，老年人缺乏接近決策機制的能力，因此

在政策或立法位階上經常受到漠視。許多老年人面對失業、遺棄或遭受親人或看護的暴力虐待，甚至酷刑相向；老年女性尤其脆弱，許多女性無家可歸，或無權繼承來自家庭、丈夫或小孩的權益。皮勒建議，必須積極消除歧視與排斥老年人的政策與立法，並確保老年人服務措施符合所需；聯合國「經濟社會與文化權利國際公約」與「公民與政治權利國際公約」可以作爲保障與推動老年人權的規範（楊國德，2008；United Nations, 2011b）。

二、世界衛生組織

聯合國還有14個重要的國際組織，以及與這些組織有關聯的非政府組織及非營利組織的國際性團體，世界衛生組織就是其中相當重要的國際組織，且與老化及高齡議題密切相關（楊國德，2008；United Nations, 2011a）。

世界衛生組織（簡稱世衛組織或世衛）是聯合國轄下最大的國際公共衛生組織，總部設於瑞士日內瓦。世界衛生組織的宗旨是使全世界人民獲得儘可能高水平的健康，組織給健康下的定義爲「身體、精神及社會生活中的完美狀態」。世界衛生組織的主要職能包括：促進流行病和地方病的防治；提供和改進公共衛生、疾病醫療和有關事項的教學與訓練；推動確定生物製品的國際標準等。該組織推動專題與方案，乃透過專門小組及出版報告書，與老化及高齡議題最直接相關的就是老化暨生命歷程處（Aging and Life Course），並連結到很多該組織內外部的策略聯盟夥伴或計畫，如聯合國經濟社會部的人口局（Population Division, Department of Economic and Social Affairs of United Nations）、聯合國老化方案（*United Nations Programme on Ageing*）等（WHO, 2011）。

世界衛生組織於2002年發表了著名的〈活躍老化：政策架構〉（*Active Ageing: A Policy Framework*）報告書，提供國際社會面對人口老化相當重要的指導原則。人口高齡化是全球普遍的現象，活躍老化在世界衛生

組織的大力提倡之下，已在世界各地受到廣泛的重視。活躍老化概念之提倡，源自於1999國際老人年（Davey, 2002），聯合國在1992年10月召開的第47屆聯合國大會，通過一項從1992年到2001年為關懷老人的十年行動策略，並將1999年訂為人類史上的第一個國際老人年，國際老人年的訂定，主要是希望透過各界的合作，共同創造一個不分年齡、人人共享的社會（WHO, 2002）。

世界衛生組織揭櫫活躍老化的觀點，提出高齡社會的因應策略，將活躍老化涵蓋的層面，由高齡者個人的身心健康和獨立層面，擴展到社會參與和社會安全的層面（Davey, 2002）；並將活躍老化界定為個體在老化過程中，為個人健康、社會參與和社會安全尋求最適的發展機會，以提升老年生活的品質（WHO, 2002）。活躍老化之概念係奠基於對老年人權的尊重，以及聯合國所提出的五項原則，包括獨立、參與、照顧、自我實現、尊嚴等，促使推行活躍老化的策略規劃從需求導向轉變為權利導向，強調全民在邁向老化的過程中，仍享有各種公平的機會和對待的權利（WHO, 2002）。

世界衛生組織在〈活躍老化：政策架構〉報告書中，將社會參與、個人健康和社會安全視為活躍老化政策架構的三大支柱（WHO, 2002），並分別從這三大面向，提出高齡社會的具體回應策略，以供全球、各國家和各地區，因應人口老化的政策架構，此一架構提供了一個藍圖，以利設計跨部門的活躍老化政策，並藉此強化高齡人口的健康和參與，進而確保當高齡者需要協助時，能有足夠的安全、保護和照顧系統。

這項基本原則影響深遠，成為世界各國擬定老人健康政策的主要參考架構。例如，歐盟提出健康老化計畫，建議以「老人之社會價值、健康促進之必要性、平等性、自主性、特異性（性別、文化、健康的不同、社經）」等原則，來擬定國家健康老化之政策、研究與實務。英國政府通過「國家老人服務架構」（National Service Framework for Older People），提出老人照顧整合十年計畫，連結社會服務支持系統，強調老人獨立自主與促進健康；透過照顧標準的建立，縮小服務的落差，確保老人獲得平等、高品質、整合性的健康和社會服務，達到下列四項目標：排除年齡

歧視、以個人為中心的照顧服務、促進老人健康及獨立性、滿足老人的需求等。美國2007年提出「2010年健康人：全國健康促進和疾病預防目標」，在老人群體方面，有身體活動、安全、慢性病防治、健康促進與疾病篩檢四部分，讓每一位老人「長壽、良好的生活品質、具有生產力、且能獨立生活」。

日本2002年提出「健康增進法」，強調國家整體、產官學共同努力，地方依其特性擬訂計畫發展，主要的政策以改善生活習慣為目標，2005年提出「高齡化社會對策」研擬三項對策：(1)終身建立健康的身體；(2)建立健康的環境設施；(3)推動照護預防服務（行政院衛生署國民健康局，2009）。

從這些先進國家老人健康促進政策提供的啟示，就是維護老人健康、預防慢性病、增進老人生產力及獨立自主的生活，以提升生活品質。此外，亦可建構高齡友善城市指標，主要依據WHO提出的活躍老化政策架構發展出來，使健康、參與、安全達到最適化機會的過程，以便促進老年的生活品質。國內進行高齡者相關的政策制定與執行，無論教育學習、健康促進、社會人口等，都有一個願景：為高齡者建構一個友善、支持性的生活環境，正好與WHO所提倡高齡友善城市之精神呼應，改善高齡者日常生活在軟硬體設備環境順利的成功老化。

綜合來說，世界衛生組織因應全球老化的趨勢，1995年就推動老化與健康全面性計畫，取代早期只著重健康面向的老人保健計畫（Health of the elderly）。1999年開始強調整個生命歷程的發展，思考老人的健康照護，重視健康促進，尤其是活躍老化的觀念。希望在生命歷程每個階段，讓生理、社會和心靈有最安適的發展機會，進而延年益壽，活躍參與社會各種事務且活得很健康。到了2002年提出完整的活躍老化政策，強調跨部會與跨領域之專業人員的共同合作，讓老人維持獨立與自主是最重要的目標（WHO, 2002）。

三、聯合國人口基金會

　　1966年聯合國大會通過一項決議，促請聯合國系統的組織在人口方面提供技術援助。1967年祕書長設立人口活動信託基金會，1969年定名為聯合國人口活動基金會（United Nations Population Activity Fund, UN-FPA），1979年成為聯大附屬機構。1987年大會決定改名為聯合國人口基金會（United Nations Population Fund, UNFPA），英文縮寫保留，總部設在紐約（United Nations Population Fund, 2011）。

　　由於聯合國重視高齡化議題，人口高齡化成為人口基金會在人口和發展領域工作方案裡的重要部分，包括人口和貧困的關聯及資料蒐集。人口基金會研究如何使高齡問題成為生殖健康、性別問題和在衝突局勢中提供人道主義措施各領域的主流，人口基金會亦鼓勵各國家辦事處積極宣導並協助執行各項行動計畫和審查。人口基金會的方案主要集中於四個方面：宣導、技術援助、培訓和研究。人口基金會鼓勵各國蒐集按年齡和性別分類的資料，以便能掌握資訊進行政策規劃及方案制定、監測和評價。人口基金會支持對人口高齡化、老年人及老年人的需要進行注重文化上公正和性別問題有敏感的研究。在中國、印度、蒙古、巴基斯坦、南非、泰國和越南等國進行研究。人口基金會努力消除歧視、暴力和對婦女的虐待，包括對老年婦女的虐待，並提倡有助於實現老年人性別平等的政策。還支持對人口高齡化的研究，包括研究這一問題的社會文化方面和產生的社會經濟影響（United Nations Population Fund, 2011）。

　　2005年人口基金會召開專家會議，討論基金會在人口老化領域政策和方案方面的優先工作、比較優勢和發展策略。基金會正在編寫政策報告書，為方案工作提供指導，並鼓勵國家辦事處提供必要的技術援助，支持執行馬德里行動計畫。基金會鼓勵共同國家評估有關聯合國發展援助框架、減貧策略和未來十年發展目標報告之貧困老年人重點。基金會還協助相關國家，為政策制定、方案規劃以及監督和評估，蒐集並分析按年齡性別分列的資料。基金會利用2007年人口與發展委員會第40屆會議的機會，商討這一領域的人口方案，著重研究人口老化對發展的影響，並重點

制定方案措施，以因應人口老化的挑戰（United Nations Population Fund, 2011）。

聯合國人口基金會積極參與制訂高齡問題國家計畫和方案。例如老有所爲國家計畫、瓜地馬拉的老年人國家政策、柬埔寨的老年人國家政策，以及越南的高齡問題國家行動綱領。人口基金會與烏干達政府密切合作，制訂並頒布了人口政策，其中有專門關於老年人問題的一節。此外，人口基金會還參與了由烏克蘭議會和聯合國高齡問題方案共同主辦的2006年馬德里行動計畫執行情況政策講習班（United Nations Population Fund, 2011）。

人口基金會支持增強政府在高齡問題上制訂並執行計畫和政策的能力。人口基金會支援開發老年人口普查資訊資料庫，以及爲老年人設立專項人口調查。在中國，人口基金會與中國高齡問題全國委員會以及非政府組織國際助老會合作開展專案，目的是制訂專門強調老有所爲和健康老年的政策。此外，人口基金會支持就中國老年人權益保障法的執行情況進行參與式審查和評估，此項法律於2007年進行修訂（United Nations Population Fund, 2011）。

在馬來西亞，人口基金會協助審查現行法律條文，以便提出建議，鼓勵增加老年人就業。在泰國，人口基金會委託進行研究，分析愛滋病毒／愛滋病如何對老年人的經濟、社會、健康和情緒狀態造成影響，並支援愛滋病毒／愛滋病和老年人方案，其目的是引導國家預防愛滋病，並指導機構關切受到愛滋病毒／愛滋病影響的老年人的需要。此外還開展研究，查明泰國人口高齡化所帶來的各種新問題，並審查針對老年人的各項國家政策、計畫和服務及其落實情況。人口基金會還資助關於烏干達老年婦女保健的資料蒐集工作，並爲該國2002年人口和住房普查提供大量資助，此次普查包含有關老年人的社會經濟狀況的資訊。在烏克蘭，人口基金會開展了一項題爲「烏克蘭人口高齡化：某些人口、社會—經濟和醫療保健問題」的狀況分析，爲有效因應人口高齡化挑戰的政策提供建議。在越南，人口基金會努力增進政策制定者和政府領導人對於人口高齡化問題和相應對策的認識，並強化關於護理和干預的政策框架（United Nations Population Fund, 2011）。

在支持高齡問題國家能力建設的過程中，人口基金會培訓作爲重點優先事項之一。在全球層面上，人口基金會與馬爾他的國際高齡問題研究所合作制訂一項針對政府高級官員的培訓方案，旨在提高其制訂、執行、監督和評估高齡問題的政策及方案的能力。人口基金會還資助多名政府官員和基金會員工參加在國際老化研究中心舉辦的人口高齡化問題培訓班。在瓜地馬拉，人口基金會支持對老年人的看護者進行培訓以及爲老年人開辦日托中心。人口基金會與烏干達助老協會和國際助老會非洲區域發展中心合作，資助在人口高齡化問題上對決策者和基金會員工的培訓（United Nations Population Fund, 2011）。

四、國際老化聯合會

上述聯合國的推動方案，除其內部組織外，尚有不少配合的非政府組織及非營利組織的國際性團體。在老化議題方面，最重要的是國際老化聯合會（International Federation on Aging, IFA）（International Federation on Aging, 2011）。

國際老化聯合會創立於1973年，主要宗旨在結合各界力量，持續不斷運用各種方式爭取老年人的權利。該會不僅參與草擬很多方案與計畫，也主辦全球性研討會，出版研究報告及論文。例如1990年撰寫完成的老人權利與責任宣言，聯合國於1991年正式通過爲「聯合國老人綱領」，1999年在加拿大蒙特婁召開第四屆全球研討會，聚集61國主管老化政策的部長級官員與會，發表蒙特婁老人權利與責任宣言。因此，每兩年一次的全球研討會，促使各國負責老化領域的公私部門學者專家共聚一堂，商討各項政策與方案，2012年第11屆全球研討會將於捷克布拉格召開，主題是「老化連線」（Ageing Connects）。同時，該會透過調查研究、出版期刊及通訊、網站資訊管理，提供國際社會有關老化及老年人議題的最新研究成果與訊息（楊國德，2008；International Federation on Aging,

2011）。

　　國際老化聯合會相當重視其使命與任務，透過宣導、教育培訓、提倡
活動等過程，不斷發展及提出增進全世界老人生活品質的政策與實務。該
會扮演影響及推展全球各國社會對老人正面改變的力量，希望更多會員參
加，以整合全球有意願承擔老人生活品質改進的組織、團體及個人力量，
經由政策革新、草根團體互助，以及加強關切老化議題的公私部門之間的
聯繫管道（楊國德，2008）。

　　由於國際老化聯合會是影響聯合國老化政策的重要國際組織，在聯合
國總部就有4位代表。經該會參與擬定與老化政策有關的文件，從1983年
維也納老化國際行動計畫到2002年馬德里老化國際行動計畫共有4件。且
國際老化聯合會也是許多國際組織的顧問團體，包括聯合國經濟及社會理
事會的諮詢顧問、世界衛生組織等組織的代表團體。而與其建立長期廣泛
組織網絡關係的團體，遍布全球60多個國家，為數千萬老人發聲。其他
與高齡學有關的國際組織，則於下一節再討論之（International Federation
on Aging, 2011）。

第二節　高齡學有關的國際組織與活動

　　高齡學組織分別從歐美國家興起，逐漸擴及到其他國家與區域，再結
合上述有關聯合國的國際組織，乃成為全球化的高齡國際組織，其活動也
遍布各地，影響相當廣泛，以下分別加以說明。

一、國際老年學及老年醫學會

　　首先，不得不提的是國際老年學及老年醫學會（International Asso-
ciation of Gerontology and Geriatrics, IAGG）。國際老年學及老年醫學會
於1950年比利時列日成立（Liege, Belgium），最先稱為國際老年學學會

協會（International Association of Gerontological Societies），以老年學爲主，後又改稱爲國際老年學會（International Association of Gerontology, IAG），2005年才加入老年醫學一詞。由於創立於比利時，其運作方式均遵行該國法規要求（International Association of Gerontology and Geriatrics, 2011）。

該會宗旨在研究老年學、老年醫學及其他相關科學之學術，促進老年學、老年醫學及其他相關科學之發展及應用，並加強國際老年學、老年醫學之交流，增進老年健康與福利等。所以，就其使命而言，該會強調老年學及老年醫學之學術、促進老年學及老年醫學等科學之發展及應用，以及加強國際交流、增進老人發展與健康爲重點。其目標包括：

1. 提升全世界老人學研究與訓練的最高成就水準；
2. 增進其他國際、跨國、非政府組織的互動；
3. 提高全球老年學利益及會員組織的代表地位；
4. 推展活動著眼於提升所有人在經歷老化時個人與社會層次上生活與福利的最高品質（International Association of Gerontology and Geriatrics, 2011）。

換句話說，該會任務不僅提升老年學研究與訓練的水準，也要增進與國際組織、政府組織、非政府組織的互助，以利於推展老年學事務，爭取代表會員組織參與各項活動，以提高個人和社會生活品質和福祉。國際老年學及老年醫學會有兩個常設組織，亦即國際防止老年虐待網絡（International Network for the Prevention of Elder Abuse, INPEA）、國際老年學學生組織協會（International Council of Gerontology Students Organization, ICGSO）。學會主要活動爲年會及研討會，1951-1981年是每3年一次舉辦世界大會，自1985年起每4年一次，中間則召開區域會議及執行委員會。2005年第18屆大會於巴西里約熱內盧舉行，2009年第19屆大會於法國巴黎舉行，2013年第20屆大會將於韓國首爾召開，主題是「數位與老化：健康照護與活躍老化的新視野」（Digital Aging: New Horizon for Health Care and Active Aging）（International Association of Gerontology and Geriatrics, 2011）。

國際老年學及老年醫學會的官方刊物為〈老年學：國際實驗與臨床老年學期刊〉，提供會員及全球有志於此一領域發展者參考，並透過網站提供會員間及各界的訊息傳遞與成果交流。就其與聯合國等組織的關係來說，有以下的合作情形（International Association of Gerontology and Geriatrics, 2011）：

1. 1978年起，國際老年學及老年醫學會就是聯合國經濟及社會理事會第三類非政府組織的諮詢顧問；

2. 自1985年起，國際老年學及老年醫學會是聯合國非政府組織顧問會議（Nongovernmental Organizations in Consultative Relationship with the United Nations, CONGO）的成員；

3. 國際老年學及老年醫學會與聯合國老化方案（UN Programme on Ageing）、世界衛生組織老化與生命歷程處、聯合國發展處、聯合國人口基金會等機構都有緊密合作關係。

所以，近幾年來，國際老年學及老年醫學會協助聯合國發展不少特定的活動，包括（International Association of Gerontology and Geriatrics, 2011）：

1. 主持編撰專書《老年的新觀點：決策者須知》（*New Perspectives on Old Age: A Message to Decision Makers*）提供1982年第一次老化世界會議（First World Assembly on Ageing）參照；

2. 1989年9月應聯合國秘書長之邀於聯合國總部舉行國際募款協助人口老化政策與方案討論會；

3. 1992年撰擬世界老化會議10年聲明；

4. 從1997到2001年協助聯合國老化方案研發21世紀老化研究新課題；

5. 2002年主辦西班牙瓦倫西亞論壇（Valencia Forum）提供專家建議於第二次老化世界會議（Second World Assembly on Ageing）參考；

6. 2002年主持西班牙馬德里世界非政府組織老化論壇（World NGO Forum on Ageing）之世界衛生日會議；

7. 2002年於西班牙馬德里「對話：老化的未來」（Dialogue 2020: The Future of Ageing）會議上代表官方正式發表瓦倫西亞論壇，以及21世紀老化研究新課題兩項研究報告。

由此可見，聯合國及其相關組織對國際老年學及老年醫學會之重視，給予人員獎勵及出席紐約、日內瓦、維也納等各種會議的代表資格。

而該會所參加的聯合國各項專案、會議，代表的是全球60個國家、63個會員組織的46,000名會員（International Association of Gerontology and Geriatrics, 2011）。

以國內來說，也有其會員組織的台灣老年學及老年醫學會（Taiwan Association of Gerontology and Geriatrics, TAGG），成立於1982年7月10日，現有會員約2,000人。該會也以研究老年醫學及相關科學之學術，促進老年醫學及相關科學之發展及應用，並加強國際老年醫學會之交流，增進老年健康為宗旨。該會將於2011年11月25日與國際老年學及老年醫學會在台北共同舉辦「2011年衰弱（Frailty）研討會」（台灣老年學及老年醫學會，2011）。

台灣老年學及老年醫學會之具體任務包括：從事有關老年學、老年醫學及其他相關科學之研究發展及應用。舉辦有關老年學、老年醫學及其他相關科學之學術演講及討論會。發行有關老年學、老年醫學及其他相關科學之學術論文或出版有關雜誌刊物。聯繫公私立醫療及研究機構，以推展老年學、老年醫學及其他相關科學之發展。參加國際有關組織活動，藉以促進國際交流，提高我國老年學術地位。辦理有關老年學、老年醫學及其他相關科學事項，以促進國民健康（台灣老年學及老年醫學會，2011）。

近鄰的香港由一群熱心安老服務的專業人士於1986年成立香港老年學會（Hong Kong Association of Gerontology）。該會設立的主要目標是聯繫世界各地從事或研究老年服務的機構、組織及個人，開展安老事業的工作經驗或學術的交流和分享，希望透過彼此間的合作推動安老服務的發展（香港老年學會，2011）。

二、其他老年學相關組織

　　從美國來看，隨著社會正視老年人口問題，1940年代美國人便開始正式研究老化。1945年，美國老年學學會（Gerontological Society of America, GSA）成立，集結一小群有興趣的研究人員和實務工作者，研究老年學和老年醫學。1945年，老年學成為美國心理學協會（American Psychological Association）的一項研究領域，隨後納入美國社會學協會（American Sociological Association）的研究範圍（王政彥主編，2009；楊國德，2008）。

　　另外，美國政府早在1962年即由白宮召集全國性老年醫學討論會，促成政策架構，於次年由聯邦政府編列預算支應老年醫學的研究發展。1971年白宮再度召集全國性老年醫學研討會，決定成立國家級老年醫學研究機構。3年後國會正式通過立法，成立國家老化研究所（National Institute on Aging, NIA），隸屬國家衛生研究院（National Institutes of Health, NIH），每年的經費預算達4億美元以上。實務發展上，醫療體系有不同養護之家（old-age home、nursing home、day care、community care）等多種機構，收容診治各種不同的老年人口，且保險給付也有其特殊方式，值得研究其發展經驗（王政彥主編，2009；楊國德，2008）。

　　前已提及，1946年國家衛生研究院於巴爾的摩（Baltimore）市立醫院，成立一所老年學研究中心，1985年開始一項縱貫性研究，探討社會上年紀較長的健康男性老人其生理變化，之後把女性也納入研究，統稱巴爾的摩老化縱貫性研究（Baltimore Longitudinal Studies of Aging）（陳武宗，2009；楊國德，2008）。此外，也開始探索老化的社會面向，在哈維赫斯特（Robert Havighurst）的帶領下，全力研究老化的社會層面，探索成人發展中社會心理的層面（陳武宗，2009；楊國德，2008）。

　　從研究成果而言，《老年學期刊》（*Journal of Gerontology*，為美國著名的老年學學術期刊）於1946由GSA創刊，對於傳遞老年學知識扮演開路先鋒，1988年發展成兩份期刊《生物暨醫學期刊》及《心理學暨社會學期刊》（陳武宗，2009；楊國德，2008）。

若從高齡教育組織來說，隨著高齡教育的發展，各類的高齡教育組織逐漸興起，特別是具有國際性的重要高齡教育組織，更值得注意。高齡教育的發展與社會發達的情況息息相關，歐美發展較快的社會，對高齡教育的需要與推展最早受到重視。由於這些發達國家因應社會情勢而先興起各類高齡教育組織，例如在美國、法國、英國等都有相關的高齡教育組織，同時透過不同國家與地區的交流，也產生與該類高齡教育有關的跨國際組織。第三年齡大學是一個全球性的非營利組織，專門為50歲以上已經退休、在家庭及工作上都自由的人士提供教育服務。

1975年國際第三年齡大學總會（International Association of University of the Third Age, AIUTA）成立，受法國第三年齡大學的影響，得到很多歐陸國家迴響，比利時、瑞士、波蘭、義大利、美國和加拿大的魁北克等都有第三年齡大學的課程。總會成立後，每年皆由不同的國家及地區召開年會。總會在世界各地爭取老人教育的權利，是強而有力的遊說團體，積極參與聯合國教科文組織（UNESCO）、世界衛生組織（WHO），以及歐洲議會（Council of Europe）等國際組織（楊國德，2008）。

第三節　高齡學研究的組織與合作交流

高齡學研究經由不少個人、組織的貢獻而發展，而不少的研究中心、研究機構更是功不可沒，以下加以討論之。

高齡學術研究的起源，主要是針對老化過程的生物研究及人類發展的心理層面研究，回顧其進程，主要重點包括（陳武宗，2009；楊國德，2008）：

1. 1900年以前：比利時統計學家及社會學家凱特爾（Adolphe Lambert Quetelet）確認老化的多重因素，奠定老化科學的根基。然後，英國19世紀初期的人類學家高爾頓（Francis Galton），將兩個變數之間的關係密切量化，並對於各種健康與行為測量如何與

年齡產生關係，首先發展出一套測量方法，以遺傳學、社會與環境的影響來表達有機體的力量。

2. 1900到1940年：老年學（Gerontology）名詞首創者為俄國微生物學家麥奇尼柯夫（Elie Metchnikoff），以生物學觀點研究老人問題，發現噬細胞抵禦急性感染的第一道防線，並研究產乳酸的細菌可使人類長壽，於1901年正式命名老年學。1909年維也納的那斯契（Ignatz Nascher）創造老年醫學（Geriatrics）一詞，奠定老年生物醫學研究之基礎。

3. 1940到1990年：因對於老年人口的議題意識增加，在1940年代出現正式的老年研究。1945年，美國老年學會成立，將當時對老年學及老年醫學有興趣的研究者及實務者集合在一起，從事老年生物學、老年臨床醫學、老年行為、社會科學，以及老年社會問題、政策與執行等方面的研究。1950年，於比利時列日市成立「國際老年學會」，老年學的國際性組織與學術研究得到空前發展。1970至1990年代先進國家老年學相關研究成果仍持續擴大進行，且有縱向性的世代追蹤研究，可探索成長、發育、老化各種相關指標隨時間的變化，提供較具說服力的研究結果。

4. 2000年後：現代之老年學研究趨勢，轉向老年醫學、老年社會照顧、老年與社會病理學等領域。也就是現今老年學已轉變為學科間相互合作，即不同領域的基礎、臨床、行為、社會科學的專家在老化特殊取向的研究計畫上一起工作（陳武宗，2009；楊國德，2008）。

以社會工作學門為例，如美國柏克萊大學社會福利學院的老年學碩士學程，其主要發展學生在職場能提供長者及其家庭個案管理、跨專業整合服務、權益倡導等知能，並取得下列就業機會為教育目標：老人照管專員、精神社工師、長期照顧方案專家、成人日間健康方案協調師、成人保護服務工作者（陳武宗，2009）。

一、聯合國國際老化研究中心

由於上述的發展過程與趨勢，高齡學研究中心等單位逐漸興起，其中有聯合國、國家政府支持的，其他大部分則爲設立於大學的研究單位。

首先，最受重視的是聯合國國際老化研究中心。1987年聯合國經濟及社會理事會41號決議，建議聯合國秘書長設立「國際老化研究中心」（International Institute on Ageing, INIA）。因此，1987年10月9日聯合國與馬爾他政府簽署正式協議，創立國際老化研究中心，成爲聯合國贊助的自治體。該中心於1988年4月15日由聯合國秘書長正式揭牌設立（International Institute on Ageing, 2011）。

根據聯合國與馬爾他政府協議規定，該中心主要目標包括：滿足發展中國家訓練需求，以加速實現「維也納老化國際行動計畫」（Vienna International Plan of Action on Ageing）。提供與老化特定相關領域中多學科教育與訓練，以及催化與老化議題相關的資訊交流（International Institute on Ageing, 2011）。

1995年起該中心爲全球不同國家進行訓練方案，每項訓練方案配合相關國家的個別需要。過去14年來，共實施66項此類方案，分別有以下國家參與，包括巴貝多、白俄羅斯、巴西聯邦共和國、中華人民共和國、埃及、迦納共和國、印度共和國、科威特、馬其頓共和國、馬來西亞、墨西哥合眾國、巴拿馬共和國、菲律賓共和國、卡爾、羅馬尼亞、俄羅斯聯邦、新加坡共和國、南非共和國、泰國、突尼西亞共和國、土耳其共和國、阿拉伯聯合大公國等，參與人數計有1,974人（International Institute on Ageing, 2011）。

這些訓練方案專爲發展中國家人士而設計，其職位有決策者、規劃者、方案執行者、教育工作者，以及目前從事或有意從事老化與老年人的專業與輔助專業的人員。這些訓練方案也從其他中心的活動獲得增強，這些活動包括資料蒐集、建立檔案、資訊交流、技術合作及研究出版等。因此，國際老化研究中心也進行研究專案計畫、主辦專家團體會議，以及提供諮詢服務。該中心也有責任催化合作與分享網絡，以增進國際、區域和

國家間能與聯合國及其機構、區域組織、政府及非政府組織的合作協力。該中心的運作還有9位國際委員會委員的指導，委員會主席及6名委員是由聯合國祕書長任命，考量區域均衡分配，另2名委員則由馬爾他政府任命，國際委員會委員任期3年（International Institute on Ageing, 2011）。

二、其他高齡研究相關組織

其次，在世界各國的大學設立更多的高齡學研究系所及單位，提供培訓人才課程及相關研究。而代表這些單位的團體，就是美國高等教育老年學協會。美國高等教育老年學協會（Association for Gerontology in Higher Education, AGHE）是國際上促進老化教育而以致力老年學及老年醫學之機構會員的領導組織，成立於1974年。其使命有兩方面，包括增進學術機構的老年學及老年醫學教育、提供教育機構師生老年學及老年醫學的引導與支持（Association for Gerontology in Higher Education, 2011）。

其會員對老年人福利有強烈之承諾，同時，該會與高等教育機構的老化研究課程致力於以下任務：(1)培育直接服務老年人的服務人才；(2)培訓精通老化生理、心理社會與政策議題的教育人員；(3)教育整體社會有關老化過程及高齡社會的意涵；(4)教導老年人在複雜與挑戰的年代追求最好的選擇。

美國高等教育老年學協會利用有限的資源，加強提供更多國內外會員入會的支持，若能獲得財務贊助更有益於維持目前的方案與成長。美國高等教育老年學協會是美國老年學會的教育夥伴，關係密切（Association for Gerontology in Higher Education, 2011）。

此外，高齡學更擴展到其他領域，其中社會工作的專業領域是其中的顯例。社會工作老年學會（Association for Gerontology Education in Social Work, AGESW）提供老年社會工作教育人員、研究人員及有志於老年學的老年社會工作教育、研究、政策研討，促進合作、夥伴關係以及觀念交流。該會可追溯自1981年，一小群老年社會工作教育者認為社會工作

教育委員會（Council on Social Work Education）不夠重視老年學，決定自立老年學組織，稱爲老年社會工作教育國家委員會（National Committee for Gerontology in Social Work Education, NCGSWE），以期在各校課程中加強老年學。該組織於1995年改爲現在會名，以反映國際會員情形及更好用的簡稱（Association for Gerontology Education in Social Work, 2011）。

該會目標包括：促進社會工作教育人員合作、夥伴關係及交流；確認與社會工作有關的當前老化議題；推展可以增進老化專業的教育活動；開發資源支持特定出版計畫；提供課程與機構的諮詢服務以強化社會工作教育的內涵（Association for Gerontology Education in Social Work, 2011）。

總地來說，隨著高齡學的擴展，從網路上可以連結到不同國家、地區、機構、組織在各專業領域中有關高齡學的應用，不論理論與實務、組織發展、刊物出版、培訓工作都受到重視與發展，值得有志於此一領域發展者持續加以注意與投入（陳武宗，2009；楊國德，2008）。

第十六章　高齡學與未來

　　高齡學是研究個體與集體的老化現象及其因應對策的科學。因此,探討高齡學與未來的發展,首先涉及未來人口的老化情形,這是政策的重要挑戰;其次為社會變遷的狀況。社會變遷會影響個體與集體的老化現象,又會影響相應對策的提出與採行。在社會變遷下,也將形塑未來社會的老人圖像,故對未來社會的老人圖像宜有所了解。以上這些改變,將決定未來高齡學研究的主要議題。本章依此架構,將全章分為四節,首先探討未來人口高齡化的現象與政策挑戰,其次為未來科技發展與老人的關係;第三為未來社會的老人;第四為未來高齡學的重要議題,茲分述如下。

第一節　未來全球人口高齡化的現象與政策挑戰

　　人口老化是一個全球正在發展中的議題,20世紀後半葉開始吸引許多政策決定者、人口學家、經濟學家及其他社會科學家的注意,同時也引發了重要組織的關切。例如歐洲聯合國經濟委員會(the United Nations Economic Commission for Europe)就率先檢視其會員國人口快速老化的長期效應。由於「全球灰色化」(graying world)的現象越來越明顯,產生了多面向的效應與影響。經濟合作發展組織(Organization for Economic Cooperation and Development, OECD)及其他國際組織也都注意到了這種人口革命,對國家安全、財政、經濟成長率和競爭力,以及社會健康和長期照護系統造成的影響。例如經濟學者早在兩伊戰爭前,就注意到因人口老化所產生的資源減少,以及因應老化所帶來的基本資源的增加,在此兩者之間所產生的戰爭問題。

　　對全球271個開發中及已開發國家而言,大多數的國家仍然側重有關兒童的議題,而非人口老化的問題。人口老化無疑將是21世紀正在展開的複雜實務(reality)(Takamura, 2007)。對人口老化問題重視不足的原因,可能是對老化或老人的偏見造成的,亦可能是因為對於長壽革命的預測與了解的不足。如與目前仍然在全球各地存在的嬰兒死亡問題相比,

老化相關的議題，仍然是一種新現象。因此，雖然網際網路（internet）
及其他傳播工具已相當發達，可將資訊廣泛傳輸，但全球老化的議題，未
來仍將成為普遍而引人注意的焦點。本節探討對未來人口老化的現象及重
要的挑戰，茲就未來全球人口持續發展、未來人口老化的重要現象及人口
老化的重要政策挑戰等三部分說明如下。

一、人口老化將持續發展，成為21世紀的重要議題

　　本書第二章中，曾對未來人口老化現象進行探討，並指出此種現象將
持續發展，成為21世紀各國的重要議題，無論是開發中國家或已開發國
家皆然。目前全球60歲以上的老人，主要居住在開發中國家。未來開發
中國家老人的成長，將持續以驚人的速度發展。2000年，全球60歲以上
老人約為6億，已開發國家有2.26億，開發中國家有3.74億，平均每月增
加80萬人，估計至2030年將達10億，占全球60歲以上老人人口的75%；相
對的，在已開發國家，同一時間預估將只增加至3.62億。在60歲以上的高
齡者中，80歲以上的高高齡者，更將以2倍的速率成長（較之60歲以上老
人的成長率）；100歲以上的人瑞從2000至2050年更將以18倍的速率成長
（Takamura, 2007）。因此，在21世紀中，老人人口持續增長，尤其是高
高齡及人瑞的成長更為快速驚人，全球人口向高齡階段發展已是必然的趨
勢，這是一種銀髮的革命，將成為21世紀的重要議題，必須加以正視，
並及早因應。

二、全球人口老化的重要現象

　　前述探討指出，未來人口老化現象，以開發中國家最為快速。其中
居住於亞洲地區最多，占54%，其次為歐洲，占24%。全球有三個國家的
人口老化現象值得觀察，即日本、中國大陸及美國。日本為當前世界老人

人口比率最高的國家，中國大陸爲老人人口最多的國家，美國爲世界經濟
發展最好的國家。就日本而言，其65歲以上老人至2025年，預估將達27%
（1995年僅爲14.6%）。至2030年，65歲以上的老人中，超過80歲者將達
40%，至2050年，預期日本仍爲本世紀老人人口比率最高的國家。中國大
陸未來仍將是老人人口最多的國家，至2020年，上海市的老人將達1/3。
至2050年，中國大陸的老人將達3.31億，約等於美國的總人口數。美國
及經濟合作發展組織（OECD）的國家，其老人的經濟地位較佳，但仍有
9.8%的老人生活在貧窮線以下，多數爲女性，占12%；而男性貧窮者只占
7.0%（Takamura, 2007）。除了上述三國未來老人人口值得觀察外，尚有
三種現象亦值得關切，即嬰兒潮世代的老化現象、都市與鄉村人口的老
化，及性別與老化等。

（一）嬰兒潮世代的老化

　　嬰兒潮世代，係指出生於1946至1964年間的嬰兒。這些人在進入21
世紀後，將陸續進入老人的國度。這些嬰兒潮世代的老化與過去的世代有
所不同，了解這些人的老化情形，有助於對新一代老人人口的因應。嬰
兒潮世代的老化所帶來的挑戰，包括：(1)以年齡本位的退休制度與「老
年」的認定，受到挑戰：以65歲作爲退休及老人的指標，自1916年的德
國建立此一制度後，即被各國效法並奉行不渝。由於生命期的延長，近年
來不少研究都指出以年齡爲本位的退休及老年指標，在今日已不再適合。
美國國家老化委員會（National Council on Aging, 2000）曾針對3,000位
各種年齡的成人進行調查，指出對老年的界定應以「可辨別的生理能力的
衰退」爲依據，而非實足年齡。此外，在一項廣達10個國家，對象涵蓋
11,500個成人的調查中，也強烈指出退休年齡及對老年的界定不能與實足
年齡相連結，對退休年齡和老年的決定應依個別化與個人化的情形而定
（Hong Kong and Shanghai Banking Corporation, 2005）；(2)在已開發國
家，嬰兒潮世代的老人被認爲生活水準較高，但在經濟上的異質性大。他
們在收入、住屋的擁有及個人的資產等方面彼此的差異頗大。這些挑戰，
都會給國家的因應政策帶來相當的影響。

（二）鄉村與都市民衆的老化

　　都市與鄉村地區老人的處境不同，在州際或地區性的比較中均可發現。在亞洲，老人及老婦人傾向於住在都市地區；但在非洲，老人或老年男性則傾向住在鄉村地區。在已開發國家，74%的老人住在都市的環境中（Takamura, 2007）；而在開發中國家，則大都住在鄉村地區，二者形成強烈的對比。但由於都市化的趨勢，估計不到10年間，有一半以上的老人都會受到影響，移住都市地區。在鄉村地區，往往資源較爲不足，公共設施、健康措施、社會福利的基本架構及經濟基礎均較爲欠缺，故年輕世代較不可能像他們的長輩那樣長留鄉村地區，而會移至都市地區居住與生活。

（三）性別與老化

　　21世紀，老年婦女無論壽命及人數均較多於男性，故未來老年婦女的影響力將持續增加。就人數而言，65歲以上男女比例爲0.79：1；如依年齡再作區別，則年齡越大，男女的比例差距越大。80歲以上，男女的比例將達1：2（United Nations, 2002）。在21世紀，與老年婦女有關的議題仍然是最被關注的。在開發中國家，老年婦女主要的問題是貧窮和衰弱，尤以寡婦爲甚。在低度開發國中，60歲以上的婦女有一半以上是寡婦、獨居，處於最貧窮的危險群。但在當前社會變遷的時代中，老年婦女是否仍願扮演傳統的角色，居住在鄉村地區過著傳統的生活模式，也似乎在全球各地逐漸地鬆動，他們希望扮演自我的角色，傾向於搬到都市地區，追求自己的幸福與自由。全球老化的現象不會在眞空中發生，各種社會、經濟、政治、氣候及其他的勢力與趨勢，均會對長壽革命及老人的生活品質帶來影響，值得關切。

三、人口老化的重要政策挑戰

　　21世紀全球人口的老化，將會對生活的各層面帶來多項的影響，故要在社會結構及社會過程、需求等進行革新與調適，才能因應這種人類歷

史上空前的人口老化現象。國際間政策的結合、研究成果的交換及合作，也是非常重要的。但是，是否能夠獲得成功，端視國家能否具有高度的熱忱及研訂長期而優先的政策而定。未來全球人口老化，在政策上的重要挑戰，主要爲經濟的安全、長期照護及活躍老化等三方面，茲分述如下。

（一）經濟安全

聯合國發展計畫（The United Nations Development Program）對「收入貧窮」的界定是每天的收入在1美元以下。而「貧窮者」就是文盲、健康不佳與營養不良的代表，貧窮是一種生活的實際問題，往往來自收入的不足。

在已開發國家和開發中國家，貧窮的分布、層面及原因等彼此不同。例如，美國老人人口僅9.8%在貧窮線以下，但全球老人絕大多數是貧窮的，這是相當強烈的對比。世界上最窮的人，有2/3係住在非洲撒哈拉的鄉村地區和南中亞地區。由於收入不足，老年人面臨食物、飲水和住屋的欠缺，這些就會耗盡他們的精力，且影響其參與經濟、社會和政治性的活動，更造成個人收入的低落，陷入循環的狀態。

目前全球享有社會安全保障的居民不到50%，能夠獲得足夠保障者約20%，在開發中國家，不到10%的人口享有社會安全的保障。在東南亞、墨西哥及撒哈拉非洲也是如此。因此，在全球人口老化的趨勢中，如何使老年人擁有經濟的安全，將是未來人口高齡化對政府政策的嚴重挑戰。

（二）長期照護

就全球而言，長期照護的主要模式係由家庭負責非正式的照顧。以美國爲例，對老年人的長期照護，有80%係由家庭成員提供，估計全美有4,400萬名家庭照顧者，提供數百萬小時的照顧，相當於每年2,570億的產值（Takamura, 2007）。這些照護者也往往出現了健康問題、沮喪及提早死亡的現象。這些非正式的照護者，越來越多是嬰兒潮世代的族群。他們爲了照顧親人，常要調整工作上的安排。目前相關的就業法規，並沒有提供他們有足夠的喘息機會，而照護時間常超過一年，甚至二年，一天達到24小時。社會並沒有提供支持的服務措施，由於沒有其他的照護選擇，

因此9%的照護者辭去了工作，17%採取請假的方式。

經濟合作發展組織（OECD）2005年曾檢視其19個會員國長期照護的政策與計畫，發現已有不少國家透過立法來提供家庭照護與各種型態的幫助。瑞典和挪威早在1980年代，就以提供家庭照護者維護其職場角色的方式來加以協助。斯堪地那維亞國家的計畫，就包括了機構和家庭照護的選擇以及金錢的幫助。德國與法國以社會補助方式，對非正式照護者提供幫助。

中國大陸的問題特別獨特，因其採取一胎化的政策，經過3代後就產生了4-2-1的問題，即一個小孩要照護4個年老的祖父母及2個邁向老化的父母，其負擔是何等的沉重。日本由於其人口高齡化的過程發生最早，在長期照護上，已建立了廣泛的年金制度及健康保險計畫。日本自1990年就提出長期照護的黃金10年計畫，作爲老年人的健康和福利的實施策略。經10年的實施，目前已發展出長期照護保險制度（the Long-term Care Insurance System, LTCI），這是一種綜合的、公共的長期照護制度，所有40歲以上的人都必須參加，在社區中提供了社區本位、住家和機構的照護。

台灣社會高齡化的速度非常快速，老人人口急速增加，至2016年全台有長照需求人口228人，及40萬失智、失能長者（戴伯芬，2016），長期照護已成爲社會所面臨的嚴峻挑戰。2016年新政府上台，採取由稅收支應的「長照十年2.0」方案，以遺產稅、房地合一稅改置基金，不足再調整營業稅。計畫在中央政府設長照推動委員會，成立長照局，負責行政事務。建立醫療日照中心，服務對象爲需要長期照顧人士，包括50至64歲身心障礙者、55至64歲山地原住民、65歲以上老人及日常生活失能的獨居老人。按長期照顧涉及的中央部會相當多，如教育部、勞動部、內政部、科技部、經濟部、衛福部等，如何整合，以及覓妥穩定財源、充實及提升照顧人力、健全社區照護體系，以落實在地老化等，均攸關長照政策實施的成敗，故未來長照的實施成效仍待觀察。

總之，面對全球人口的高齡化，如何提供綜合的、全面的、足夠的各種形式的照護，使個體晚年能夠獲得安養，也是21世紀各國政府要面臨

的重大挑戰。

（三）活躍而生產性的老化

自1997年在丹佛市召開G-8高峰會議後，活躍與生產性的老化就成為國際會議探討的主題，這也是日本率先把老化作為全球政策議題的開始。已開發國家意識到工作者與退休者比率的下降，並依據對社會參與、生理與心理活動和經濟及社會生產力相關的研究證據，乃積極提出使老年人持續貢獻其潛能的措施，以活化國家的經濟，創造社會深遠而重要的資產。這些國家了解，如果老人的慢性病和功能性失能可以事先預防的話，國家花費在老人的健康和長期照護的費用，就可以大幅降低。他們也了解如果每個國家的老人均能透過終身學習來增進其心智及創造社區的資本，則老人的「獲得」（gains）就自然增加，身心也更健康，國家也可獲益。

活躍老化是一個組織化的概念，改變過去對老化的觀念與定義。在已開發國家，大多數現在及未來的老人都同意當年由德國俾斯麥（Otto von Bismarck）所定下的65歲退休的實足年齡指標是不正確的，70歲或更高齡才是適當的。他們認為即使老人有慢性病，並不必然會影響其積極的生活型態。

活躍老化的概念為聯合國所採納成為千禧年的目標，主張以經濟發展作為消除老人貧窮的手段，同時促進國家的成長。在開發中國家，也了解到活躍老化與發展的相關性。泛美健康組織（Pan American Health Organization）曾針對阿根廷、智利和烏拉圭的老人進行研究，指出三國均應加強使老人了解活躍老化與健康老化的重要性（Takamura, 2007）。在中國大陸，活躍老化的概念也積極推展中，使民眾了解個體均有權作終身的學習，改變過去老年不活動的生活型態（Chang, 2005）。

在美國現在已有更多老年人從事全時工作（Gendell, 2006），另有些研究發現至少有一半的工作者在退休後重新回到職場（Mellor & Rehr, 2005）。統計指出，65歲以上無論男女在勞動市場的參與率，均逐步上升。在1993至2005年間，65歲以上的男性老人，職場的參與率從1/4上升至1/3（34%）；婦女也有類似的情形，從16%上升至24%（Federal Interagency Forum on Aging-Related Statistics, 2006）。

　　由於年輕人參與職場的人數減少，生產率下降，加上生命期延長，活躍老化及生產性老化的概念，已在各公、私部門獲得共鳴，也在中、高齡者中獲得迴響，他們期望留在職場的時間比預期更長。因此，有些國家提高了強迫退休的年齡，如日本。法國對於要獲得強制保險給付者，也提高了服務的時間。這些將是越來越多先進國家所要採行的趨勢。因此，面對未來人口高齡化的現象，政府如何回應老年人的社會參與，以及藉由活躍老化來促進經濟的持續發展及社會資本的積累，這些都是未來很多國家在政策上的重要挑戰。

第二節　科技發展與老人

　　20世紀是人類在科技發明達到空前發展的時代，很多重要的科技產品，均在20世紀產生，如電話、電視、電腦等，對人類的生活造成重大的影響。這是人類的重大成就，也是人類在20世紀重大的勝利。21世紀，人類的科技發展仍將持續進行，預估與生活有關的發明將持續問世。這些科技的發展與老人的關係如何？老年人受到這些科技發展的影響，生活上會有哪些改變？這也是我們了解未來老人生活所不可或缺的部分。本節探討科技發展對老人生活的影響，茲就醫藥進展與生命期、自動化與老年的工作、技術革新與老年的休閒、網際網路與老人生活等，分述如下。

一、醫藥進展與生命期

　　人類在20世紀的重大成就之一，就是生命期倍增。人類進入20世紀時，平均生命期約為40歲左右，至2000年，全球生命期已達70歲左右，亦即在100年間，人類的生命期幾乎增加一倍。這是任何一個世紀做不到的，其成就是空前的，也可能是絕後的，預期未來任一世紀也不可能做得

到。20世紀人類生命期的倍增，主要來自醫藥水準的提高、環境衛生的改善、經濟的發展、營養的充足以及生活型態的改變，涉及的因素甚多，但無疑的，醫藥技術的進步，乃是一大關鍵因素。未來醫藥水準將持續提高，人類的生命期是否還會像20世紀那樣產生大幅度的增長，其答案可能是否定的。蓋20世紀所產生的人類生命期的倍增，事實上是來自嬰兒夭折率的減少，而非生命期望值本身有多大的延展。對老年族群而言，活得越老，現代醫藥所能增加的壽命就相對減少。對許多老年人深感痛苦的疾病，如癌症、心血管疾病等，至今仍無法治癒，其對生命期的延長相當有限。此外，一種疾病如找到了治癒的方法，也並非有延長生命期的明顯效應。因此，展望未來，老年人到達70歲後，似乎很難期望未來能增加多長的歲月，亦即個別疾病可以找到治癒的良方，但並無法克服全面性老化衰退的問題（Hamilton, 2006）。即使未來能夠真正找到治療疾病的方法，如果其費用太貴，只允許少數人使用，亦無法解決集體高齡化現象所帶來的生命期延長的問題。因此，有學者認為真正能有效延長生命的長生不老丹，並不會出現。

二、自動化與老人的工作

科技發展的另一個重要的影響是職場的自動化。後工業革命社會的重要特徵，就是全面以機器代替人力，尤其電腦的發明及電腦軟體的突飛猛進，使職場工作進入全面自動化的時代。工作自動化，已成為現代科技社會的一個顯著的特徵。工作自動化的結果，將帶來人力需求的大量減少，白領階級的職業需求面臨下降，大大縮減就業的空間。這種工作空間的局限，不僅在一般的工作上，連專業的人員也面臨威脅。科技發展所設計出的「專家系統」（expert system），能夠執行專家的診斷與治療服務，這種設計的採用，也會使專家面臨工作被壓縮的命運（Hamilton, 2006）。大量的投資和金融機構，已經藉由電腦進行股票市場的監控與分析，可自動進行股票的買賣。現代社會科技發展所帶來的自動化結果，改變了工作

的性質，也會局限老年人就業的空間，並影響未來世代老年人的生活，使老年人的行為模式及生活型態產生改變。

三、技術革新與老年人的休閒

電話、電視和收音機等的發明，使現代社會的老人可以與廣大的外在世界緊密相連，而不會被孤立於主流社會之外，對老人生活的充實與連結，產生了重大的影響。在休閒活動方面，電視更發揮了難以估計的影響。研究發現老年人主要的消遣仍以電視為主。在一項針對5,642位我國老人生活幸福感的調查研究中，發現老人與家人互動的方式，看電視居第三位，占17.16%，僅次於聊天及吃飯（黃富順、林麗惠、吳淑娟，2010）。電視除了作為消遣活動外，也使老人能看到外在世界的各種風貌，及戲劇、音樂會、其他藝文活動等。即使老年人身體不夠健康，經濟並不富裕，仍能經由電視來享受這些文化的饗宴，但是時下電視節目，主要以滿足年輕人的需求為主，至目前為止，甚少有專為老年人提供的節目，因此，其內容主題並不適合老年人或對老人無益，並不能滿足老年人的休閒需要。即使是有此種節目，也非在適合老人收視的時間播出，通常安排在不是太早、就是太晚的離峰時間，均不利於老年人收看。因此，電視是老年人最主要的休閒活動，未來它將占去大多數老人的休閒時間，如何提供適當的內容、安排在適當的時間播出，以充實老年人的精神生活，提供其心智成長的機會，厥為未來人口快速老化的社會，應予關切的重要課題。

四、網際網路與老人生活

電腦的發明、網際網路的使用，不但擴大了老人的視野，還使老人遨遊於浩瀚無垠的網路世界中，享受成長的喜悅，充實生活的內涵，提升精

神的層次。21世紀將是一個徹底的網路時代，網際網路與我們的生活息息相關，甚至被其左右，控制了個人的生活與行為，現代人已幾乎不能離開網路而過活。老年人也是一樣，生活在21世紀的網際網路時代，其整體生活與行為模式自深深受其影響，雖然老年人受網路的影響沒有年輕人深遠，但其影響亦難以估計，可見網際網路與老人生活關係密切。

網際網路的使用，現已相當普遍，它可以提供大量的資訊，使老年人有機會參與不同團體的討論。但即使在網際網路使用相當普及的美國，老年人仍然是使用最少的族群（Culter, Hendricks & Guyer, 2003）。其原因可能是缺乏操控能力、焦慮及不習慣於電腦的非人性化設計；另有些人覺得電腦並非令人感興趣的東西，常有一些可怕的報導、色情的圖片等，故有些老人視上網為畏途，甚至認為上網不是老人適當的活動。研究發現，老年人上網，多數是作為通訊之用（Hilt & Lipschultz, 2004）。這種作法，使網路發揮了社交的功能，故網路確有其價值所在。研究也顯示，老年人通常是正向使用網路最可能的族群（Chen & Persson, 2002）。但整體而言，拒絕使用電腦的老人，或學習中半途而廢的老人，仍然相當多（Namazi & McClintic, 2003）。因此，面對21世紀的科技社會，如何讓老年人樂於接受電腦、使用電腦，設計適合老年人使用的軟硬體，這也是未來老年人生活上重要的一面。老年人不能自外於電腦，但電腦軟硬體的設計也要能符合老年人需求，這也是有待解決的課題。

總之，21世紀仍將是一個受到科技驅使的社會，老年人的生命期、工作、休閒及生活等各層面，均會受科技發展的影響，而形塑其行為模式與生活型態。技術會形塑生活，如何為老年人提供適合其使用的科技產品與內容，以及促使老年人應用這些科技的用品，將是未來社會及新一代老人所要共同關切的課題。老年人不能拒絕新發明，新的科技產品也不可排斥占有20%潛在市場的老人。能為老年人設計產品，可將各種年齡的人一網打盡，只為年輕人設計，則將排斥老年人。一種新的科技產品的設計，要本著使各種不同年齡的人均能適用的立場。老年人會排斥新的科技產品，係因為他們不能了解到新產品的效益與價值，因此，為創造晚年美好而令人滿意的生活，需要從社會及老年人兩方面均進行調適與改變。畢竟

美好而滿意的晚年生活，不是來自上天的賞賜，而是要主動、持續的追求
與努力的結果。

第三節　未來社會的老人

　　未來社會人口高齡化的現象必將持續進行。老人為社會成員之一，在
社會環境中生存與發展，必然會受到社會環境變遷的影響。科技的發展，
必然影響老人的行為模式與生活型態。因此，未來社會中的老人，究竟是
怎樣的一個人，生命的後段將如何？對此議題的探討，當有助於對未來
社會老人的了解與認識。探討此一問題之前，宜先對何謂老人作澄清。我
們通常以實足年齡來劃分老人與非老人，但本章第一節已指出，以實足年
齡作為界定「老人」的指標已非適當，這是未來社會對有關老化的重要挑
戰。故本處所探討的老人，係依法國學者拉斯里特（Laslett, 1989）所提
出的四個年齡（age）階段的說法。拉斯里特將人生分為四個年齡階段，
所謂第一年齡係指出生至個體開始工作為止，這是一個依賴的時期；第二
年齡係指開始工作、結婚至退休為止，這是最具生產力的時期，也是人生
最長的年齡階段；第三年齡係指自退休開始，至身心機能開始進入快速衰
退的時期，這是個人成就和自我發展的時期；第四年齡係指個體身心機能
開始迅速衰退至生命期結束為止，這是一個脆弱和衰退的時期。拉斯里特
的人生四個年齡階段的劃分，係建立在各階段功能的基礎之上，並非依據
實足年齡。就老人而言，應包括第三及第四年齡，故本處所指的老人，係
指第三及第四年齡而言。如以年齡作比對，第三年齡約涉及65至74歲左
右的人口，第四年齡約與高高齡階段相當（Erber, 2010）。以下分別就此
兩年齡階段進行探討，以俾對未來社會的老人能有所了解。

一、第三年齡者

依拉斯里特的劃分，第三年齡是中年的延伸，但已無工作和養育子女的責任，仍有足夠的健康和活力。在活動上，沒有身體上的重要限制，孩子已到了成年階段，個人已從職場退休，領有退職金和擁有相當的儲蓄，使其能維持與工作時大致相同的生活水準。

事實上，當前第三年齡者的生活究竟如何？典型的生活型態大致為：(1)在生活上已沒有限制：可以去旅行、打高爾夫球，拜訪子女及孫子女，或待在家中，偶爾與親朋好友相聚；(2)相當注意身體的保健：包括散步、游泳或進行其他運動；(3)進行認知訓練：包括記憶、聽演講、看電影，玩能刺激思考的遊戲；(4)協助家人：因家人的疾病，或遭遇成年子女離婚而需要他們的協助。一般而言，第三年齡者享有相當的自由，有些在社區中從事志工或培養興趣嗜好，有些重回大學圓夢，參與課程或修習學分以取得學位。目前已有很多大學為老年人開設非學分的終身學習課程。然而，仍有一些人開始新的工作生涯（Weiss & Bass, 2002）。

上述魏斯和柏斯（Weiss & Bass）對第三年齡者的描述，以目前美國而論，多數的老人已能享有，並過著這種生活。其主要的理由有二：(1)當前大多數中等階級的退休老人，生活水準都相當高：由於公司的退休金及自己的儲蓄和投資理財、不動產的買賣，使得他們擁有高水準的生活；(2)生命期增長：醫藥的進步、疾病的防止及有效的治療，使得第三年齡者仍然健康良好。也就是所謂的「病態的壓縮」（compression of morbid-ity），即將身體的不健康狀態，包括罹患疾病和身體的損害推向生命歷程的後端。顯然地，上述對第三年齡者的描述，並不適用於在工作生涯中欠缺準備、收入較低的工作者、健康不佳的人，或不能享有醫藥照顧以維持晚年良好生活品質的人。

至於未來第三年齡者的圖像為何？沒有人可以確切的加以描述。伊伯（Erber, 2010）曾依當前第三年齡者的現況以及未來社會的發展趨勢，描繪第三年齡者的圖像，其主要特徵歸結如下：

1. 健康良好，具有活力，生命期持續增長：由於醫藥水準的提升、

環境衛生的改善，未來的第三年齡者，其生命期將持續增長。這
些人普遍健康良好，具有活力，積極參與社會活動。

2. 延後退休成為趨勢：像現在在60歲早、中期退休，未來將成為歷
　史。以實足年齡領取社會安全養老金的福利將延長為66或67歲。
　中等階級者的工資收入較無法儲蓄，對於負債亦較為坦然。健康
　照護的花費升高，同時企業雇主可能會對工作者及退休者的健康
　安全福利予以刪除，亦即越來越困難以儲蓄來支付20、30年的退
　休生活。

3. 工作期間增長，工作與退休界線模糊：工作的期間將超過65歲，
　工作與退休的界限模糊，因很多第三年齡者將持續從事部分時間
　的工作，作為工作至退休的橋梁。
　雖然未來第三年齡者可能有較長的工作生涯，但由單一公司僱
　用，而最後獲得公司給予終身退職金者將減少，亦即轉換工作次
　數增加，工作流動增多，個體在中高齡時都會重啟新的職涯。

4. 追求更多教育訓練的機會：由於技術的更新，個體需要追求職場
　上新的技術，以避免落伍，故未來將有更多第三年齡者尋求再教
　育的機會。

5. 婦女參與職場的比率增加：婦女將更早進入職場，在中、高齡階
　段再進入學校接受訓練以培養自己的專業，其工作生涯型態將更
　與男性相似，以期在晚年有更好的財力來支應生活。對於配偶而
　言，由於婦女更多參與勞動市場，會使先生更有可能縮減工作時
　間或重啟一個新的職涯。

6. 對年輕世代的教養將負起更多的責任：面對青年、中年離婚率的
　提高，因此，老年族群更有可能負起教養孫子女的責任。第三年
　齡者自己也更可能離婚或再婚，因此，家庭結構將更趨複雜，包
　括了繼子女及繼孫子女等。

7. 肩負更多照護老年世代的責任：未來第三年齡者將為三明治的世
　代（sandwich generation）。所謂三明治世代，一般係指中年婦女
　肩負照護子女及老年父母兩代任務的情形。但未來更多的婦女會

工作到第三年齡階段，而當年齡較大的家人需要照顧的時候，初老期者不論男女，都可能要承擔照護的責任。當家庭成員無法提供照護的時候，未來對高高齡世代的服務就需要更多專業人員的投入。未來的家庭結構，更容易產生支竿式家庭（beanpole family）的型態，亦即家庭成員包含更多的世代，但旁枝甚少，每代成員單一。因此，第三年齡者將分擔更多照護父母的責任。當然，孫子女或曾孫子女也可能扮演更多的照護角色。

8. 儘早規劃高齡生活：由於生命期將持續增長，因此，未來第三年齡者需要及早作生活的規劃，如住屋的安排。這種規劃對於想要在社會中獨立生活以至終老的人來說，是相當重要的。

總之，由於要負擔更多的責任與工作，未來的第三年齡者休閒的時間勢將減少，但第三年齡階段仍然是一個銀色的年華。魏斯和柏斯（Weiss & Bass, 2002）指出，許多今日的第三年齡者儘管樂活，但有些人並不覺得他們與社會有所牽連或幫助。未來的第三年齡者，其生活型態將與此不同，很多人仍持續工作（至少部分時間），他們又需要照護年幼和年老的世代，肩負更多的工作，故在其生活中將注入更多的目的與意義。

二、第四年齡者

進入80歲後，通常被認為是走入第四年齡的里程碑（Baltes, 1997）。一般而言，此一階段常與老年期（75-84歲者）及高高齡期（85歲以後）相重疊。第四年齡者是目前已開發國家人口成長最快的族群。已過80歲生日的人，還有極大的機會至少再存活7年以上。

未來第四年齡者的特徵及其生活的狀況如何？依據研究結果及相關文獻的探討，可以歸結為下列五項：

1. 健康開始衰退，獨立性降低：一般而言，第四年齡者身體的健康已開始衰退，獨立性減弱，多數已有某種程度的功能受損，而使其活動性受到限制（Baltes, 1997）。此種功能的受損，不僅發

生在生理部分，且兼及認知的部分。如罹患阿茲海默氏症的失智
者，自60歲至90歲間，隨著年齡的增加，罹患率快速攀升。雖然
多數人可以獲得赦免，但更多的第四年齡者罹患此病，卻也是事
實。有關心理健康的部分，未來第四年齡者會更願意尋求協助，
也更有管道獲得幫助，而使自己最後的生命階段獲得快樂與滿
足。

2. 進行住宅的規劃及交通的安排：影響第四年齡者生活品質的因
素，尚包括住宅環境及交通安排。住宅能作良好的安排，能增進
第四年齡者的獨立性。例如視力線索的改善，即可讓80歲的人
更加安全，而能繼續駕車。在離危險路段較遠的地點，設置明顯
的警告標誌，並裝置於車內，即可幫助聽力有困難的老人順利開
車。而已不開車或不宜開車者，亦宜有其他替代性交通工具的提
供。對「門對門」（door-to-door）的交通服務，也將有更大的需
求。對於步行者，亦宜設計有足夠的時間，以使其能安全的橫越
馬路。

3. 接受到宅的服務：當家庭成員不能提供經常性的照護，到宅服務
的提供成為必要。例如，他們需要日常用品能直接送到家中，並
能進行線上的購買，第四年齡者多願意支付此種到宅的服務費
用。此外，社區中心可以提供白天照護、白天的活動或可以引發
老人社會和認知刺激的活動，這也是第四年齡者所甚感需要的。

4. 多數居住於安養機構中：大多數的第四年齡者會居住於社區中的
安養機構。機構提供交通和其他服務的措施。居住安養機構中的
老人，其主要的挑戰是要與外界多連結。典型的這種安養機構的
安排，是可以安全地走路到雜貨店，近距離即有巴士站，有足夠
道路的庭院、有學校或社區中心，使有意願的老人，可以扮演志
工的角色。

5. 普遍使用新科技的產品：包括電腦、電子郵件（e-mail）及skype
等，這些科技產品對第四年齡者而言，是一種恩賜。對第四年齡
者而言，個人電腦是日常生活中最重要的物品，目前已越來越多

的老人能夠使用電腦。目前美國安養機構中,有提供電腦者約占 70%(Culter, Hendricks & Guyer, 2003)。教育程度是使用電腦最重要的預測指標,未來的第四年齡者,其教育程度將比現在的老人高。E-mail可以使住在不同地區的家人有連繫的機會,也使老人可與朋友相連繫。Skype除了可以作遠距而面對面的聯繫外,也可以作健康照護之用,尤其是對於居住在鄉村地區的人,更是一種便捷的照護監控管道。電腦也可以作遠距照護之用。故未來,新的科技產品對第四年齡者的安全,及與親人、朋友的連繫和健康照護等,將扮演更重要的角色。

第四節　未來高齡學的重要議題

　　高齡學係研究個體與集體高齡化現象及其因應對策的科學。人類的老化現象相當複雜,它涉及到生物、心理及社會等因素,這些因素彼此產生交互作用。高齡學的發展,雖已有一段時間,對於老化現象的了解已有相當的實證研究資料提供,也提出了一些有實用價值的對策,但隨著社會的變遷、環境的改變,高齡學對老化的研究與探討,仍有其努力的空間。目前有關老化的研究仍屬初期。為進一步了解有關人類老化的現象,高齡學未來研究的重要議題,可以歸納為以下七項:

一、老化與原因

　　人類的老化現象原因甚多,涉及的層面甚為廣泛,而其間的交互作用又相當複雜。雖然高齡學致力於老化的研究,但要窺見其真貌,仍有相當的距離。過去在研究上,常把老化歸因於「年齡」的變項,這種做法過於簡化,反而會有誤導的危險,而模糊了對真相的探查。年齡不是各種老化現象的原因,事實上,因年齡而帶來的各種生物、神經心理、社會的因

素，才是真正能夠說明產生與年齡有關改變的因素。年齡雖是生命事件、生命轉換、社會情境和資源的重要變項，但年齡自身並非一個重要的「原因」變項。柏特維尼克（Botwinick, 1978：307）指出：「年齡是一個概念，是時間的同義詞，但年齡本身並不會影響生活功能、行為或其他事項。時間不會引發任何事件，它沒有物理的屬性可以影響大腦或感覺器官。……時間是很多事件與經驗的粗劣指標，這些指標事件才是真正的『原因』。因此，未來高齡學的研究，對於造成老化的真正原因，仍將持續進行探討，以窺見老化的全貌，進而加以掌握與因應，這才是高齡學真正的目的所在。」

二、老化與多層面改變

老化包括了個體在生物、心理和社會層面的改變，而且各依不同的速率在進行，其與實足年齡的關係或許不是直線的。老化的過程在性質上也是多面向的。因此，要了解老化必須認識這種老化的動力學及各層面間的動力關係。個體的老化過程包括生物、心理與社會層面的改變，而個體所處的社會與文化情境，也一直在改變。因此，生物學家注意到生物的時鐘，而社會學家則側重在人口的變化，注重對個體間變化的同質性與異質性的問題。總之，老化層面多樣，各面向的動力關係複雜，如何加以釐清？也是今後高齡學的探討重點。

三、老化與基因

基因確實會對個體發展和老化產生影響。基因的影響不僅在生命期，而且也對生命全程的生物和行為過程產生影響。實證性研究明確指出，基因對有機體老化過程的影響是不可否認的。對於人類而言，主要的證據來自代間、或家庭血親與雙胞胎間壽命的關連。經由家庭代間關係的

研究，顯示其壽命的相關性；對雙胞胎的研究，更顯現同卵雙生子壽命的一致性。一般都逐漸認同，基因可以解釋壽命25%的變異（Counnil & Kirkwood, 2001; Vijg & Suh, 2005）。但受到新陳代謝及氧化的影響，基因與壽命期的連結也會改變（Vijg & Suh, 2005）。研究發現，基因可能會幫助個體防止氧化的傷害或使有機體避免疾病的侵襲，包括癌症和循環系統的疾病等。未來高齡學需要了解的是基因對有機體老化的影響方式，基因是否對有機體改變生活型態的能力有所影響？某些疾病的產生顯然受到基因的影響，有些則影響較小。未來高齡學應進一步探討基因與環境的互動關係，及其在人類老化過程中扮演何種角色。

四、老化與異質性

老化與人口的異質性有正向的關係存在。在老化的研究中，常把老人族群的異質性視為基本的定則。雖然在研究上，常把年齡作為分析的變項，但這些並不意味相同年齡者會發生很多相同的事件。尤其在研究個體的生命歷程時，很多學者都一致同意個體越老越不相同。故在個體生命初期時，採用年齡分級的作法，或許有其效用。但隨著年齡越大，個體會經歷很多非規範性的生命事件，逐漸累積而對生活產生影響，使個體間的差異度加大。異質性究竟是如何造成的？認知的改變也許是因素之一。柏提斯（Baltes, 1993）指出個體到達晚年時，即使沒有任何大腦的疾病，認知功能也可以作正向的改變。其他的研究也發現，透過對認知功能的適當介入（如教導或訓練），可以使認知表現改變。因此，老年的心理和生理功能的衰退，透過適當的介入，是否可以減少或避免，這也是未來高齡學所要探討的另一重要課題。

五、老化與生命過程的分析

老化不會在眞空中發生，它受到基因與環境因素的影響。同時，老化也是一個終身的歷程，它是從出生到死亡的一系列轉換過程，不管好的或不好的都包括在內。高齡學研究的重點已從老人轉爲研究老化的過程。因此，有必要去了解終身生命歷程的轉換。在個體老化的過程中，早年的生命轉換及造成這些轉換的環境因素，也有必要了解。同時，老化也與社會文化的時空背景有關。社會文化背景不同，個體老化的歷程也不相同。高齡學知識的累積，就是期望以早年的生活資訊來預測晚年的態度、人格、行爲和健康。因此，如何進行個體的生命歷程的分析？如何進行不同年齡組別間的比較分析？或進行多個不同年齡族群的小組研究，這也將是未來高齡學所要探討的部分。

六、老化與損害累積

老化的發生是個體在生命過程中，來自於新陳代謝的運作和與環境互動中損害的累積。透過對個體內改變的研究和不同年齡群體差異的研究，均可使高齡學的內容更加眞實，增進對老化的了解。

損害的累積，也是貫穿整個生命歷程。此一概念有助於我們了解來自早期一些不利事項的發展軌跡。它可以使我們了解個體早年的有利事項，這些事項會隨時間而累積；有些來自基因或環境因素所造成的不利事項，也會隨時間而累積。爲補償這些早期的不利事項，有些人會透過努力工作或更堅忍，但他們所受的挑戰是相當明顯的。因此，損害可能是個人生命機會的疤痕（Perston, Hill & Drevenstedt, 1998）。很多個體晚年的不利事項，事實上都是早年所建立的。故健康不佳，並不是老年才發生。有很多的文獻指出種族在出生時健康的不同，到嬰兒期、兒童期至成年期依然存在。如果高齡學家能有系統地檢視這些不利事項的累積，不管是氧化的傷害或財務的壓力，就較能了解來自早期不利事項如何形成個體間發展的

差異。高齡學不僅是要研究老人，更要包括對早期不利事項如何形塑晚年
生活進行了解。因此，高齡學家也應以更廣闊的角度來找出生命歷程中危
險因子的累積現象。

　　但早期不利事項的效應並非都是不好的，有時它也有某種程度的可
塑性。有些人的不利經驗已經結疤；有些人經歷不利經驗，反而發展出力
量，而有利於未來對不利事項的處理。因此，對這種生命歷程挑戰與調適
的研究，會使人檢視常發生於生命歷程中的反饋機制和循環改變，已有越
來越多人採用縱貫性的資料來了解衰退的機制，其目的就是要找出晚年衰
退現象的長期先在線索。這也是未來高齡學所要著力的地方。

七、老化與老年歧視

　　在現代社會中，老年歧視確實存在。老年歧視也會發生於老年族群
中，或有關老人工作者的身上，甚至對老化研究有興趣的學者身上，均可
明顯的看到（Ferraro, 2007）。

　　高齡專家對於對老人的偏見與歧視，也應有所了解，畢竟高齡學是
存在於整個社會的氛圍中，必然受到社會氣氛與看法的影響。因此，高齡
學要關注社會和社會結構對老人的不同看法。學者發現在進行社會的比較
時，老年歧視現象確實存在（Fry, 1997）。

　　在日常生活中，常與不利老人接觸或工作的人，較易存在對老年的偏
見，這種偏見或許不會發展成為歧視行為，但可能顯現對老人較不和藹、
不親切的態度。臨床人員也常有這種對老人歧視的現象，因此，會對高齡
學的臨床觀點產生誤導的危險，即把老化視為朝向疾病、失能和死亡的
發展現象，老年人就成為一種不同的族群。事實上，大多數的老年人仍然
健康、獨立、充滿活力和機智。如果為老人服務的專業人員，都不能排除
這些看法，將無法認清這個族群，健康而獨立的老年人就成為隱形的老人
（invisible elders），不為人所看見。會受媒體注意的，多數是極端的個
案，通常是極其衰弱的老人。

　　社會學家指出對種族、性別及老年的歧視，都是一些制度文化的結果。換言之，社會結構中可能存在了強化或維持這些偏見的基礎（Minkler, 1990）。因其具有制度的基礎，因此，社會會對某類人抱持相同的觀念，甚至發展出歧視的行為。而當個體把這些現象內化，就會顯現出老年歧視的態度與行為。老年歧視也會深深刻印在高齡個體的身上，使高齡者也會對老人或老化存有偏見，甚至加以拒斥。老人通常所顯見的自我貶低行為，事實上就是這種現象的最好證明。

　　基於上述，對老人的歧視，在整個社會中頗為普遍，不但發生於日常生活情境中，也發生於就業機會，甚至在政府的健康照顧政策上，如在政策研訂時一些有利於兒童、而不利於老人需求的代間平等的爭辯，就是一種對老人的歧視現象。故如何消除社會對老人的歧視，建立對老年的正確觀念與圖像，也是未來高齡學要努力的地方，也是老年學者責無旁貸的工作。

參考文獻

一、中文部分

內政部（2008）。婚姻與家庭——離婚人數。2011年5月15日，取自http://www.moi.gov.tw/stat/gender.aspx

內政部（2009）。老人狀況調查報告。內政部統計處編印。

內政部（2010a）。人口政策白皮書核訂本——少子女化、高齡化及移民。2011年1月25日，取自http://www.ris.gov.tw/ch9/0970314.pdf

內政部（2010b）。地方政府社會處（局）所轄志工。2011年6月17日，取自http://sowf.moi.gov.tw/stat/year/y04-22.xls

內政部（2010c）。性別統計資料—15歲以上現住人口數按性別、年齡、婚姻狀況及教育程度分。2011年7月16日，取自http://www.moi.gov.tw/stat/gender.aspx

內政部（2011a）。民國100年5月戶口統計資料分析。2011年6月17日，取自http://www.moi.gov.tw/chi/chi_news/news_detail.aspx?type_code=01&sn=5249

內政部（2011b）。99年國人零歲平均餘命估測結果。2011年7月13日，取自http://sowf.moi.gov.tw/stat/Life/T05-lt-quary.html

內政部（2013）。人口政策白皮書——少子女化、高齡化及移民。2016年2月12日取自http://www.gec.ey.gov.tw/Upload/RelFile/2712/703845/%E4%BA%BA%E5%8F%A3%E6%94%BF%E7%AD%96%E7%99%BD%E7%9A%AE%E6%9B%B8.pdf。

內政部（2015）。育齡婦女生育率。2016年2月12日取自http://sowf.moi.gov.tw/stat/year/y02-04.xls。

內政部（2016a）。現住人口出生、死亡、結婚、離婚登記。2016年2月12日取自http://sowf.moi.gov.tw/stat/month/m1-02.xls。

內政部（2016b）。育齡婦女生育率。2016年2月12日取自http://sowf.moi.gov.tw/stat/year/y02-04.xls。

內政部（2016c）。103年簡易生命表。2016年2月16日取自http://sowf.moi.gov.tw/stat/Life/103年簡易生命表.xls。

內政部（2016d）。戶籍登記現住人口數按三段、六歲年齡組分。2016年2月16日取自http://sowf.moi.gov.tw/stat/month/m1-05.xls。

少子化是國家安全警訊【社論】（2011，1月23日）。聯合報，A2版。

日本總務省統計局（2015）。人口推計——平成27年12月報。2016年1月1日取自http://www.stat.go.jp/data/jinsui/pdf/201512.pdf。

日本總務省統計局（2016）。人口推計——平成28年3月報。2016年4月10日取自http://www.stat.go.jp/data/jinsui/pdf/201603.pdf。

王仁濤、李湘雄譯（2001）。M. A. Smyer & S. H. Qualls著。**老化與心理健康**（Aging and mental health）。台北市：弘智文化。

王念蔣（2009）。社區與居家照顧種類介紹。載於王政彥主編（2009）。**健康終老、幸福家園**（15-19）。高雄市：麗文文化。

王政彥（主編）（2009）。**健康終老、幸福家園**。高雄市：麗文文化。

王晶（譯）（2000）。P. G. Peterson著。**老年潮**（Graydawn: How the coming wave will trans from America and the world）。台北市：聯經出版社。

台灣老年學暨老年醫學會（2011）。台灣老年學暨老年醫學會。2011年7月1日，取自 http://www.tagg.org.tw/

田中七重（2007）。日本的高齡教育。載於黃富順（主編），**各國高齡教育**（頁109-136）。台北市：五南。

江亮演（1993）。**老人的社會生活**。台北市：中華日報。

江亮演、余漢儀、葉肅科、黃慶鑽（2005）。**老人與身心障礙福利**。台北縣：空大。

行政院主計處（2006a）。受雇員工動向調查統計結果綜合分析。2011年5月16日，取自 http://www.stat.gov.tw/public/Attachment/512115382571.pdf

行政院主計處（2006b）。健康平均餘命。2011年7月1日，取自http://www.stat.gov.tw/public/Data/671115462371.pdf

行政院勞委會（2007）。高齡社會就業政策白皮書。2011年5月16日，取自http://eapaer.edu.to/e9617/windows.aspx?windows_sn:907

行政院經建會（2007a）。台灣97年至140年人口推計簡報。2011年1月25日，取自http://www.cepd.gov.tw/dn.aspx?uid=1397

行政院經建會（2007b）。所選國家高齡化社會所需時間。2011年1月25日，取自http://www.cepd.gov.tw/index.jsp

行政院經建會（2010）。2010年至2060年台灣人口推計報告。2011年1月25日，取自 http://www.cepd.gov.tw/m1.aspx?sNo=0000455

行政院衛生署國民健康局（2009）。老人健康促進計畫（2009-2012）。台北：行政院衛生署。

吳明烈、李蕙慈、賴弘基（2009）。**2008台閩地區成人教育調查報告**。南投縣：國立暨南大學成人與繼續教育研究所。

吳明烈、楊國德、陳雯萍（2007）。老人教育發展趨勢：教育部推展老人教育五年實施計畫規劃案。台北市：教育部。

宋瑛堂（譯）（2005）。K. Dychtwald著。**搶占2億人市場**（Age Power）。台北市：藍鯨。

李宗派（2004）。老化理論與老人保健（一）。**身心障礙研究，2(1)**，14-29。

李美珍（2009）。社區與居家照顧的資源整合：以實務個案為例。載於王政彥主編（2009）。**健康終老、幸福家園**（20-24）。高雄市：麗文文化。

李增祿（2007）。**社會工作概論**。台北市：巨流。

沙依仁（1996）。**高齡學**。台北市：五南。

周威整（2007）。淺談高齡者離婚教育。**網路社會學通訊，62**。2011年5月15日，取自
　　http://www.nhu.edu.tw/～society/e-j/62/62-35.htm

於慧堅（2004，10月19日）。小時兒皇帝，大了誰當家？中國時報，A3版。

林孟儀（2007）。日本企業搶挖不老『銀』礦。**遠見**，2007.2.1，172-185。

林怡廷（2016）。林萬億：明年讓長照迎頭趕上。**天下雜誌，594**，96-7。

林萬億（2004，10月22日）。誰來照顧老人。中國時報，A4版。

林麗惠（2001）。高齡者參與學習活動與生活滿意度關係之研究。國立中正大學成人及
　　繼續教育研究所博士論文，未出版，嘉義縣。

邱天助（1991）。老年發展及其教育需求。載於教育部社教司主編。**老人教育**（頁181-
　　202）。台北市：師大書苑。

邱天助（2002）。**老年符號與建構：老人研究的社會文化轉折**。台北市：正中書局。

邱天助（2007）。**社會老年學**。高雄市：基礎文化創意有限公司。

長期照顧服務法（2015年6月3日）。

洪敬浤、謝梅芬、吳佩玲、曾增勳（2010，8月17日）。生的少，老的多，銀髮商機
　　多，大商品熱賣。聯合報，A3版。

香港老年學會（2011）。香港老年學會。2011年7月1日，取自http://www.hkag.org/。

孫中英（2010，8月17日）。長命也要好命，月花4萬元，退休要存720萬元。聯合報，
　　A3版。

徐立忠（1996）。老人福利政策之探討與建構。**社區發展**，74，68～78。

徐麗君、蔡文輝（1991）。**老年社會學**。台北市：巨流。

國家發展委員會（2014）。中華民國人口推計。2016年2月12日取自http://www.ndc.gov.
　　tw/Content_List.aspx?n=84223C65B6F94D72。

張東峰、鄭伯壎譯（1981）。R. L. Atkinson等著。**心理學**（Introduction to
　　Psychology）。台北市：桂冠。

張春興（1989）。**張氏心理學辭典**。台北市：東華書局有限公司。

張春興（1991）。**現代心理學**。台北市：東華書局。

張慧英、黃芳菁（2007，12月5日）。家庭崩解，一場無聲的革命。中國時報，F1版。

教育部（2016）。推動高齡自主學習團體終身學習活動試辦計畫。台北市：教育部。

莊方（2008）。高齡社會降臨台灣，掌握7大商機，分食4億大餅。**今週刊，88**，98-
　　103。

陳世昌（2010，8月17日）。日本失落20年，台灣會嗎？聯合報，A3版。

陳免、孫蓉萍（2008）。搶賺銀色財富。**今週刊，88**，89-96。

陳武宗（2009）。老人學發展起源與歷史。載於王政彥（主編），**健康終老、幸福家園**
　　（頁41-53）。高雄市：麗文文化。

陳靜茹（2010，9月18日）。小兒婦產科給付嚴重萎縮。聯合報，A3版。

游麗裡（2015）。台灣高齡志工現況。2016年2月12日取自http://www.cares.org.tw/

files/4200/85/子題4.2--游麗裡老師.pdf。

舒昌榮（2008）。由積極老化觀點論我國因應高齡社會的主要策略：從「人口政策白皮書」談起。**社區發展，122**，215-235。

隋復華（2004a）。老化理論與學習。載於黃富順（主編），**高齡學習**（頁77-92）。台北市：五南。

黃久秦、白惠文、陳毓璟、李昆樺、周鉦翔、黃玟娟、劉立凡、梁翠梅、張江清、劉慧俐等譯（2012）。Nancy R. Hooyman、H. Asuman Kiyak原著。**社會老人學 I：生理與心理取向**（Social gerontology: A multidisciplinary perspective）。台北市：華騰文化。

黃久秦等（2010）。**老人學概論**。台中市：華格那。

黃富順（1991）。**成人心理**。台北縣：國立空中大學。

黃富順（2004a）。高齡社會與高齡教育，載於中華民國成人及終身教育學會（主編），**高齡社會與高齡教育**（頁1-30）。台北市：師大書苑。

黃富順（2004b）。高齡學習活動的發展。載於黃富順（主編）。**高齡學習**（頁21-55）。台北市：五南。

黃富順（2007a）。緒論。載於黃富順主編（2007）。**各國高齡教育**（1-22）。台北市：五南。

黃富順（2007b）。台灣地區的高齡教育。載於黃富順主編（2007）。**各國高齡教育**（23-52）。台北市：五南。

黃富順（2008a）。緒論。載於黃富順（主編）（2008）。**高齡教育學**（頁1-20）。台北市：五南。

黃富順（2008b）。高齡教育的歷史發展。載於黃富順（主編）（2008）。**高齡教育學**（頁21-40）。台北市：五南。

黃富順、林麗惠、吳淑娟（2010）。**全國老年生活幸福感調查研究報告**。新竹市：玄奘大學成人教育及人力發展學系。

黃富順、林麗惠、梁芷瑄（2009）。我國屆齡退休及高齡者學習需求調查研究。玄奘大學成人教育及人力發展學系。

黃富順、陳如山、黃慈（1996）。**成人發展與適應**。台北縣：國立空中大學。

黃錦山（2007）。英國的高齡教育。載於黃富順（主編），**各國高齡教育**（頁79-108）。台北市：五南。

楊國德（2007）。美國的高齡教育。載於黃富順（主編）（2007）。**各國高齡教育**（頁53-78）。台北市：五南。

楊國德（2008a）。高齡教育的生物學基礎。載於黃富順（主編）。**高齡教育學**（頁41-60）。台北市：五南。

楊國德（2008b）。國際高齡教育的重要組織與期刊。載於黃富順主編（2008）。**高齡教育學**（253-274）。台北市：五南。

楊國德（2010）。社會教育。載於國立教育資料館（主編），**中華民國教育年報99**（頁

303-325）。台北市：國立教育資料館。

楊瑪利、黃漢華、林孟儀（2007）。日本人口減少的新時代。遠見，2007.2.1, 145-152。

葉肅科（2000）。社會老年學理論與福利政策應用。**東吳社會學報**，9，77-122。

詹火生（2009）。因應長期照護保險法制規劃檢視『我國長期照顧十年計畫』成效及發展方向。台北市：行政院經濟建設委員會委託研究報告。

賈馥茗（2000）。教育。載於國立編譯館（主編）。**教育大辭書**（頁885-890）。台北市：文學書局。

鄔倉萍主編（1999）。**社會老年學**。北京市：中國人民大學出版社。

劉永祥（2015）。3箭5亮 點政府力扮送子鳥。中國時報（10月15日），A5版。

劉佩修（2005）。未來你要工作50年，活出兩輩子。**商業周刊**，**941**，122-143。

蔡文輝（2008）。社會老人學。台北：五南圖書公司。

蔣宜臻（譯）（2008）。T. Ferriss著。**一週工作4小時，晉身新富族**！（The 4-Hour Workweek）。台北市：平安文化。

衛生福利部（2014）。中華民國102年老人狀況調查報告。2016年2月12日取自www.mohw.gov.tw/cht/DOS/DisplayStatisticFile.aspx?d=47398&s=1。

衛生福利部（2015）。高齡社會白皮書。2016年2月12日取自http://www.ey.gov.tw/News_Content4.aspx?n=0AD1AB287792C301&s=AD43B6E1D7406D7C。

鄭肇楨（1987）。**最新心理學**。台北縣：文帥。

盧希鵬（2009，6月2日）。快樂經濟學：迷你退休，在工作中找快樂。經濟日報。

賴照穎（2010，8月17日）。十年國中生少三成，學校裁，勞動力衰，經濟熱不起來。聯合報，A3版。

戴伯芬（2016，4月15日）。公營日照中心有必要嗎？中國時報，A11版。

鎌田實、 哲夫、秋山弘子、前田展弘（2013）。國立社會保障人口問題研究。2014年12月30日取自http://www.ipss.go.jp/syoushika/tonkei/newes/04/sh240/to.htm。

顏元叔（主編）（2005）。**時代英英—英漢雙語詞典**。台北市：萬人出版社。

魏忻忻（2015）。台灣第1份百歲人瑞大調查，成長率直逼日本。2016年4月10日取自http://vision.udn.com/vision/story/8817/1243148。

羅紹平（2010，8月17日）。婦產科，乾脆開安養院。聯合報，A3版。

關銳（1996）。**老人社會工作實務**。台北市：桂冠。

二、英文部分

Aartsen, M. J., van Tilburg, T. G., Smits, C. H. M., & Knipscheer, C. P. M. (2004), A longitudinal study on the impact of physical and cognitive decline on the personal network in old age. *Journal of Social and Person Relationships*, 21, 249-266.

Achcraft, M. (1989). *Human memory and cognition*. Glenview, IL: Scott, Foresman.

Adams, R. G., & Blieszner, R. (1995). Midlife friendship patterns. In N. Vanzetti & S. Duke

(Eds.), *A lifetime of relationship* (pp. 336-363). San Francisco: Brooks/Cole.

Albert, M. S., Jones, K., Savage, C. R., Berkman, L., Seeman, T., Blager, D., & Rowe, J. W. (1995). Predictors of cognitive change in older person: MacArthur studies of successful aging. *Psychology and Aging, 10*(4), 578-589.

Aldwin, C. M. (1995). The role of stress in aging and adult development. *Adult Development and Aging News*, 23(2), 3.7.16.

Anderson, S. A., Russell, C. S., & Schumm, W. R. (1983). Perceived marital quality and family life-cycle categorises: A further, analysis. *Journal of Marriage and the Family, 45,* 127-139.

Ardelt, M. (2000). Antecedents and effects of wisdom in old age-A longitudinal perspective on aging well. *Research on Aging, 22*(4), 360-394.

Association for Gerontology Education in Social Work. (2011). Welcome to the Association for Gerontology Education in Social Work. Retrieved July, 1, 2011, from http://www.agesocialwork.org/

Association for Gerontology in Higher Education. (2011). Welcome to AGHE. Retrieved July, 1, 2011, from http://www.aghe.org/

Atchley, R. C. (1989). A continuity theory of normal aging. *Gerontology, 29,* 183-190.

Atchley, R. C. (1994). *Social forces and aging (7th ed.).* Belmont, CA: Wadsworth.

Atchley, R. C. (1996). Retirement. In J. E. Birren (Ed.), *Encyclopedia of gerontology: Age, aging and the aged* (pp. 437-449). San Diego: Academic Press.

Atchley, R. C. (2007). Retirement. In J. E. Birren (Ed.), *Encyclopedia of gerontology: Age, aging, and the aged* (2nd ed., Vol. 2, pp. 449-460). Boston: Elsevier Academic Press.

Atchley, R. C., & Miller, S. (1983). Types of elderly couples. In T. H. Brubaker (Ed.), *Family relationships in later life* (pp. 77-90). Beverly Hills, CA: Sage.

Attias-Donfut, C., & Arher, S. (2000). Equity and Solidarity across the generations. In S. Arber & C. Attias-Donfut (Eds.), *Myth of generational conflict: The family and state in aging societies* (pp 1-21). London: Routledge.

Avolio, B. J. (1992). A levels of analysis perspective of aging and work research. In K. W. Schaie & M. P. Lawton (Eds.), *Annual reviews of gerontology and geriatrics* (pp. 239-260). New York: Springer.

Avolio, B. J., Waldman, D. A., & McDaniel, M. A. (1990). Age and work performance in nonmanagerial roles: The effects of experience and occupational type. *Academy of Management Journal, 33,* 407-422.

Baltes, P. B. (1987). Theoretical propositions of life-span developmental psychology: On the dynamics between growth and decline. *Developmental Psychology, 23,* 611-626.

Baltes, P. B. (1993). The aging mind : Potential and limits. *Gerontologist, 33,* 580-594.

Baltes, P. B. (1997). On the incomplete architecture of human ontogeny. *American*

Psychologist, 52, 366-380.

Baltes, P. B., & Smith, J. (1990). The psychology of wisdom and its ontogenesis. In R. J. Sternberg (Eds.), *Wisdom: Its nature, origin and development* (pp. 87-120). New York: Cambridge University Press.

Baltes, P. B., & Staudinger, V. M. (2000). Wisdom: A meta-heuristic (pragmatic) to orchestrate mind and virtue toward excellence. *American Psgchologist, 55*(1), 122-136.

Baltes, P. B., & Willis, S. L. (1982). Plasticity and enhancement of intellectual functioning in old age: Penn State's Adult Development and Project(ADEPT). In F. L. M. Craik & S. E. Trehub (Eds.), *Aging and cognitive psycesses* (pp. 353-389). New York: Plenum Press.

Baltes, P. B., Baltes, M. M. (1990). Psychological perspectives on successful aging: The model of selective optimization with compensation. In P. B. Baltes & M. M. Baltes (Eds.), *Successful aging: Perspectives from the behavioral sciences* (pp. 1-34). Cambridge, UK: Cambridge University Press.

Belsky, J. (1997). *The adult experience*. St. Paul, MN: West Publishing Company.

Beugston, V., Rosenthal, C., & Burton, L. (1996). Paradoxes of families and aging. In R. H. Binstock & L. K. George (Eds.), *Handbook of aging and the social sciences (4th ed)* (pp. 253-282). San Diego: Academic Press.

Birren, J. E., & Renner, V. J. (1983). Health, Behavior and aging. In J. E. Birren, J. M. A. Munnichs, H. Thomare & M. Maurois (Eds.), *Aging: A challenge to science and society* (vol.3. pp.9-35). Oxford: England: Oxford University Press.

Blau, Z. (1961). Social constraints on friendship in old age. *American Sociological Review, 26*, 429-439.

Boehm, J. K., & Lyubomirsky, S. (2009). The promise of sustainable. In S. J. Lopez (Ed.), *Handbook of positive psychology* (pp. 667-677). Oxford: Oxford University Press.

Botwinick, J. (1978). *Aging and behavior*. New York: Springer Publishing.

Botwinick, J. (1984). *Aging and behavior: A comprehensive integration of research finding.* New York: Springer.

Brenda, J. A., Greenwood, J. S., & McCloskey, D. (2010). Exercise as an intervention for the age-related decline in neural metabolic support. *Frontiers in Aging Neuroscience, 2*(30).

Buss, D. M. (2000). *The evolution of happiness. American Psychologist, 55*(1), 15-3。

Butler, R. N. (1963). The life review: An interpretation of reminiscence in the aged. *Psychiatry, 26*, 65-76.

Butler, R. N. (1993). Dispelling ageism: The cross-cutting intervention. *Generation, 17*(2), 75-78.

Butler, R. N. (2000). Butler reviews life review. *Aging Today, 21*(4), 1, 12.

Cameron, P. (1975). Mood as an indicant of happiness: Age, sex, social class, and situational differences. *Journal of Gerontology, 30*, 216-224.

Carstensen, L. L., Gottman, J. M., & Levenson, R. W. (1995). Emotional behavior in long-term marriage. *Psychology and Aging, 10*, 140-149.

Carstensen, L. L., Mikels, J. A., & Mather, M. (2006). Aging and the intersection of cognition, motivation, and emotion. In J. E. Birren & K. W. Schaie (Eds.), *Handbook of the psychology of aging* (6th ed., pp. 343-362). Boston: Elsevier Academic Press.

Carstensen, L. L., Pasupathi, M., Mayr, U., & Nesselroade, J. R. (2000). Emotional experience in everyday life across the adult lifespan. *Journal of Personality and Social Psychology, 79*, 644-650.

Ceci, S. J. (1993). Contextual trends in intellectual development. *Development Review, 13,* 403-435.

Chang, K. (2005, November). Professional. Presentation at the China. National Committee on Aging, Beijing, PRC.

Chase, W. G., & Simon, H. A. (1973). The mind's eye in chess. In W. G. Chase (Ed.), *Visual information processing* (pp. 215-281). San Diego, CA: Academic Press.

Chen, Y. & Persson, A. (2002). Internet use among young and older adults: Relation to psychological well-being. *Educational Gerontology, 28*, 731-744.

Chiriboga, D. A., & Thurnher, M. (1976). Concept of self. In M. L. Wenthal, M. Thurnher & D. Chirihoga (Eds.), *Four stages of life*. San Francisco: Jossey-Bass.

Cicirelli, V. G. (1991). Sibling relationships in adulthood. *Marriage and Family Review, 16(3-4)*, 291-310.

Cicirelli, V. G. (1995). Relationship of psychosocial and background variables to old adults' end-of-life decisions. *Psychology and Aging, 12,* 72-83.

Clarke, E. J., Preston, M., Raksin, J., Bengston, V. L. (1999). Types of conflicts and tensions between older parents and adult children. *Gerontologist, 39*, 261-270.

Cleveland, J. N., & Shore, L. M. (2007). Work and employment: Individual. In J. E. Birren (Ed.), *Encyclopedia of gerontology: Age, aging, and the aged* (2nd ed., pp. 683-694). Boston: Elsevier Academic Press.

Cohen, S. (1996). Psychological stress, immunity, and upper respiratory infections. *Current Directions in Psychological Science, 5*(3), 86-90.

Colcombe, S. J., & Kramer, A. F. (2003). Fitness effects on the cognitive function of older adults: A meta-analytic study. *Psychological Science, 19*, 125-130.

Comijo, H., Van Tilburg, T., Geerlings, S., Jonker, C., Deeg, D. H., van Tilburg, W., & Beekman A. F. (2004). Do severity and duration of depressive symptoms predict cognitive decline in older person? Results of the Longitudinal Aging Study Amsterdam. *Aging, Clinical and Experimental Research, 16*, 226-232.

Connor, J. R. (1997). *Metals and oxidative damage in neurological disorders*. New York: Plenum Press.

Costa, P. T. Jr., McCrae, R. R., Martin, T. A., Oryol, V. E., Senin, I., G., Rukvishnikov, A. A. et al. (1999). Personality development from adolescence through adulthood: Further cross-cultural comparisons of age differences. In V. J. Molfess & D. Molfess (Eds.), *Temperament and personality development across the life span.* Hillsdale, NJ: Erlbaum.

Counnil, A., & Kirkwood, T. B. (2001). If you would live long, choose your parents well. *Trends in Genetics, 17,* 233-235.

Culter, S. J., Hendricks, J. & Guyer, A. (2003). Age differences in home computer availability and use. The Journals of Gerontology. Series B. *Psychological Sciences and Social Sciences, 58,* 271-280.

Czaja, S. J. & Sharit, J. (1993). Age differences in the performance of computer based work as a function of pacing and task complexity. *Psychology and Aging, 8,* 59-67.

Czaja, S. J. (2001). Technological change and the older worker. In J. E. Birren & K. W. Schaie (Eds.), *Handbook of the Psychology of aging* (5th ed., pp. 547-568). San Diego: Academic Press.

Czaja, S. T., & Sharit, J. (1998). Ability performance relationships as a function of age and task experience for a data entry task. *Journal of Experimental Psychology: Appied, 4,* 332-351.

Dale, L. (2001). 'Learning in the third age.' In D. Aspin, J. Chapman, M. Hatton, & Y. Sawano (Eds.), *International handbook of lifelong learning*(777-789). London:Kluwer Academic Publishers..

Davey, J. A. (2002) Active ageing and education in mid and later life. *Ageing and Society, 22,* 95-113.

Davey, J. A. (2002). Active ageing and education in mid and later life. *Ageing and Society, 22,* 95-113.

Deeg, D. J. H., Knipscheer, C. P. M., & Van Tilburg. (Eds.). (1993). *Autonomy and well being in the aging population: Concepts and design of the Longitudinal Aging Study Amsterdam.* Bunnik, Netherlands: Netherlands Institute of Gerontology.

Denney, N., Dew, J., & Kroupa, S. (1995). Perceptions of wisdom: What is wisdom and who has it ? *Journal of Adult Development, 2,* 37-47.

Dennis, N. A., & Cabeza, R. (2008). Neuroirnaging of healthy cognitive aging. In F. E. M. Craik & T. Sathouse (Eds.), *Handbook of cognitive aging, (3rd ed.)* (pp. 1-54). Mahwah, NJ: Erlbaum.

Dixon, R. A., Backman, L., & Nillsson, L. G. (Eds.). (2004). *New frontiers in cognitive aging.* New York: Oxford University Press.

Dowd, J. J. (1975). Aging as exchange: A preface to theory. *Journal of Gerontology, 30(5),* 584-594.

Dowd, J. J. (1985). Exchange rates and old people. *Journal of Gerontology, 35,* 595-602.

Duvall, E. M. (1977). *Marriage and family development (5th ed.).* New York: Harper & Row.

Dykstra, P. A. (1995). Loneliness among the never and formerly married: The importance of supportive friendships and a desire for independence. *Journal of Gerontology: Social Sciences, 50B*(5), S321-S329.

Ebersole, P. & Hess, P. (2007). *Toward healthy aging: Human needs and nursing response* (7th ed.). St Louis, MO: The C. V. Mosby.

Ekerdt, D. J. (1986). The busy ethic: Moral continuity between work and retirement. *Gerontologist, 26*, 239-244.

Ekerdt, D. J., De Viney, S., & Kosloski, K. (1996). Profiling plans for retirement. *Journal of Gerontology: Social Sciences, 51B*, S140-S149.

Elder, G. H. Jr., & Johnson, M. K. (2003). The life course and aging: Challenges, lessons and new directions. In R. A. Settersten, Jr. (Ed.), *Invitation to the life course: Toward new understandings of later life* (pp. 49-81). Amityville, NY: Baywood Publishing Company.

Ellis, A. (1962). *Reason and emotion in psychotherapy*. New York: Lyle Stuart.

Ellis, A., & Velton, E. (1998). *Optimal aging*. Beru, IL: Open Court Publishing.

Epstein, P. K., & Connor, J. R., (1999). Dementia in the elderly: An overview. *Generations, 23*(3), 9-16.

Erber, J. T. (2010). *Aging and older aduldhood*. Malden, MA: John Wiley & Sons Ltd.

Erber, J. T., & Danker, D. C. (1995). Forgetting in the workplace: Attributions and recommendations for young and older employees. *Psychology and Aging, 10*, 565-569.

Erickson, I. K., & Kramer, F. A. (2008). Aerobic exercise effects on Cognitive and neural plasticity in older adults. *British Journal of Sports Medicine, 43*, 22-24.

Erikson, E. H. (1980). *Identity and the lifecycle, reissue*. New York: Norton.

Erikson, E. H. (1982). *The lifecycle completed*. New York: Norton.

Ester, C. L. (1979). *Aging enterprise*. San Francisco: Jossey-Bass.

Federal Interagency Forum on Aging-Related Statistics (2006). *Older Americans 2004: key indicators of well-being*. Washington, D. C: U. S. Government Printing Office.

Feist, J. (1985). *Theories of personality*. New York: Holt, Rinehart & Winston.

Ferraro, K. F. (1989). Widowhood and health. In K. Markides & C. L. Cooper (Eds.), *Aging, stress, social support and health* (pp. 69-89). New York: John Wiley.

Ferraro, K. F. (1997). The gerontological imagination In K. F. Ferraro (Ed.), *Gerontology: Perspectives and issues* (pp. 3-18). New York: Springer Publishing.

Ferraro, K. F. (2001). Aging and Role transitions. In R. H. Binstocls & L. K. George (Eds.), *Handbook of aging and the social sciences* (pp. 313-330). New York: Academic Press.

Ferraro, K. F. (2007). Afterword: The gerontological imagination. In J. M. Wilmoth & K. F. Ferraro (Eds.), *Gerontology: Perspectives and Issues* (pp. 325-342). New York: Springer Publishing Company.

Ferraro, K. F., Mutran, E., & Barresi, C. M. (1984). Widowhood, health, and friendship support in later life. *Journal of Health and Social Behavior, 25,* 245-259.

Field, N. P., Nichols, C., Holen, A., & Horowitz, M. J. (1999). The relation of continuing attachment to adjustment in conjugal bereavement. *Journal of Consulting and clinical psychology, 67,* 212-218.

Fingerman, K. L. (1996). Sources of tension in the aging mother and adult daughter relationship. *Psychology and Aging, 11,* 571-606.

Fleeson, W., & Heckhausen, J. (1997). More or less "me" in past , present, and future: Perceived life-time personality during adulthood. *Psychology and Aging, 12,* 125-136.

Fleeson, W., & Heckhausen, J. (1997). More or less" me" in past, present, and future: perceived lifetime personality during adulthood. *Psychology and Aging, 12*(1), 125-136.

Fredrickson, B. L. (2000). Cultivating positive emotions to optimize health and well-being. Prevention and Treatment, 3. Retrieved April 28, 2011, from http://journals.apa.org. prevention.

Fry, L. C. (1997). Cross-cultural perspectives on aging. In K. F. Ferraro (Ed.), *Gerontology: Perspectives and Issues* (pp. 138-154). New York: Springer Publishing.

Fuller, G. (2007). HR believes older staff offer "lower return on investment" in training, Retrieved May 15, 2011, from http://www.person.neltody.com/Articles/2007/01/16/38880/hr-believes-older-staff-offer-lower-return-on-investment-in.html.

Gatz, M. & Smyer, M. A. (2001). Mental health and aging at the outset of the twenty-first century. In J. E. Birren & K. W. Schaie(Eds.), *Handbook of the psychology of aging* (5th ed., pp.523-544). San Diego, CA: Academic Press.

Gatz, M., Bengtson, V. L., & Blum, M. J. (1990). Caregiving families. In J. E. Birren & K. W. Schaie (Eds.), *Handbook of the psychology of aging* (3rd ed., pp. 405-427). San Diego: Academic Press.

Gendell, M. (2006). *Full-time work rises among U. S.* elderly. Washington, DC: Population Reference Bureau.

Glendenning, F. (Ed.). (1985). *Educational gerontology: International perspectives.* London: Croom Helm.

Gold, D. T. (1989). Sibling relationships in old age: A typology. *International Journal of Aging and Human Development, 28,* 37-51.

Gordon, Gaitz, Scott, (1976). Leisure and lives: Personal expressivity across the life span, In R. H. Binstock & E. Shanas (Eds.), *Handbook of Aging and the Social Sciences,* 310-341. New York: Van Nostrand Reinhold.

Gross, J. J., Carstensen, L. L., Pasupathi, M., Tsai, J., Skorpen, C. G., & Hsu, A. Y. (1997). Emotion and aging: Experience, expression, and control. *Psychology and Aging, 13,* 590-599.

Haight, B. K., Michel, Y., & Hendrix, S. (1998). Life review: Preventing despair in newly relocated nursing home residents: Short-and long term effects. *International Journal of Aging and Human Development, 47,* 119-143.

Hamilton, I. S. (2006). *The Psychology of ageing.* London: Jessica Kingsley Publishers.

Hardy, M. (2006). Older workers. In R. H. Binstock & L. K. George (Eds.), *Handbook of aging and the social sciences* (6th ed.) (pp.201-218). New York: Academic Press.

Harrison, S. (2006). 'Active ageing' key to success of white paper. *Nursing Standard, 20*(24), 15-16.

Hasher, L., & Eacks, R. (1979). Automatic and effortful processes in memory. *Journal of Experimental Psychology: Genercel, 108,* 351-388.

Hassell, B. L., & Perrewe, P. L. (1995). An examination of beliefs about older workers: Do stereotypes still exist? *Journal of Organizational Behavior, 16*(5), 457-468.

Hayslip, B. Jr., & Kaminski, P. L. (2005). Grandparents raising their grandchildren. A review of the literature and suggestions for practice. *Gerontologist, 45,* 262-269.

Hayslip, Jr. B., & Caraway, M. (1989). Cognitive therapy with aged persons: Implications for research design for its implementation and evaluation. *Journal of Cognitive Psychotherapy, 3,* 255-271.

Hayslip, Jr. B., & Chapman, B. P. (2007). Cognitive and affective theories of adult development. In J. A. Blackburn & C. N. Dulnus (Eds.), *Handbook of Gerontology: Evidence-based approaches to theory, practice, and policy.* Hoboken, NJ: John Wiley & Sons.

Hendricks, J., & Achenbaum, W. A. (1999). Historical development of theories of aging. In V. L. Bengston & K. W. Schaie (Eds.), *Handbook of theories of aging* (pp. 21-39). New York: Springer.

Hendrie, H. C. (2001). Exploration of environmental and genetic risk factors for Alzheimer's disease: The value of cross-cultural studies. *Current Directions in Psychological Science, 10*(3), 98-101.

Herzog, A. R., House, J. S., & Morgan, J. N. (1991). Relation of work and retirement to health and well-being in older age. *Psychology and Aging, 6,* 202-211.

Hilt, M. L., & Lipschultz, J. H. (2004). Elderly Americans and the internet: E-mail, TV news, information and entertainment. websites. *Educational Gerontology, 30,* 57-72.

Himes, C. L, & Fang, Y. (2007). Social lives in later life. In J. M. Wilmoth & K. F. Ferraro (Eds.), *Gerontology: Perspectives and Issues* (pp. 289-305). New York: Springer Publishing Company.

Himes, C. L., & Fang, Y. (2007). Social lives in later life. In J. M. Wilmoth & K. F. Ferraro (Eds.), *Gerontology: Perspectives and Issues* (pp. 289-305). New York: Springer Publishing Company.

Hirsch, B., Macpherson, P., & Hardy, M. (2000). Occupational age structure and access for older workers. *Industrial and Labor Relations Review, 42*, 89-99.

Hong Kong and Shanghai Banking Corporation (2005). *Future of retirement: In a world of rising life expectancy.* London: Auther.

Hooyman, N. & Kiyak, H. A. (2010). *Social gerontology: A multidisciplinary perspective (9th ed.).* Upper Saddle River, NJ: Prentice Hall.

Hultsch, D. F, Hertzog, C., Dixon, R. A., & Swall, B. J. (1998). *Memory change in the aged.* New York: Cambridge University Press.

International Association of Gerontology and Geriatrics. (2011). International Association of Gerontology and Geriatrics. Retrieved July, 1, 2011, from http://www.iagg.info/

International Federation on Aging. (2011). About the International Federation on Aging. Retrieved July, 1, 2011, from http://www.ifa-fiv.org/

International Institute on Ageing. (2011). Welcome. Retrieved July, 1, 2011, from http://www.inia.org.mt/aboutus.html

Izard, C. E., Libero, D. Z., Putnam, P., & Haynes, M. O. (1993). Stability of emotion experience and their relations to traits of personality. *Journal of Personality and Social Psychology, 64*, 847-860.

Jahoda, M. (1958). *Current concepts of positive mental health.* New York: Basic Books.

Jarvis, P. (1990). *An international dictionary of adult and continuing education.* London: Routledge.

Johnson, C. L., (1983). Dyadic family relationships and social supports. *Gerontologist, 23*, 377-383.

Johnson, C. L., (1985). The impact of illness on late-life marriages. *Journal of Marriage and the Family, 47*, 165-173.

Jones, C. J., & Meredith, W. (2000). Development paths of psychological health from early adolescence to later adulthood. *Psychology and Aging, 5*, 451-457.

Kaufman, S. R. (1986). *The ageless self: Sources of meaning in later life.* Madison: University of Wisconsin Press.

Kaufman, S. R. (1988). Illness, biography, and the interpretation of self following a stroke. *Journal of Aging Studies, 2*, 217-227.

Keith, P. M., & Schafer, R. B. (1991). *Relationships and well-being over the life stages.* New York: Prager.

Keyes, C. L. M., & Ryff, C. D. (1998). Generativity in adult lives: Social structural contours and quality of life consequences. In D. P. McAdams & E. de St. Aubin (Eds.), *Generativity and adult development* (pp. 227-263). Washington, DC: American Psychological Association.

Kivinick, H. Q., & Sinclair, H. M. (1996). Grandparenthood. In J. E. Birren (Ed.), *Encyclopedia of gerontology: Age, aging, and the aged* (pp. 611-623). San Diego: Academic Press.

Kivnick, H. Q. (1982). *The Meaning of grandparenthood.* Ann Arbor, MI: UMI Rearch.

Klausner, S. C. & Schwarz, A. B. (1985). The aging heart. *Clinical Geriatric Medicine, 1,* 119-141.

Kogan, N. (1990). Personality and aging. In J. E. Birren & K. W. Schaie (Eds.), *Handbook of the psychology of aging* (3rd ed.). (pp. 330-346). San Diego: Academic Press.

Kozma, A., & Stones, M. J. (1983). Predictors of happiness. *Journal of Gerontology, 38,* 626-628.

Lachman, M. E. (1986). Locus of control in aging research: A case of multidimensional and domain-specific assessment. *Psychology and Aging, 1,* 34-40.

Lamdin, L., & Fugate, M. (1997). *Elderlearning: New frontier in an aging society.* Phoenix, Arizona: Oryx Press.

Larson, R. (1978). Thirty years of research on the subjective well-being of the Americans. *Journal of Gerontology, 33,* 109-125.

Laslett, P. (1989). *A fresh map of life: The emergence of the third age.* London: Weidenfield and Nicholson.

Laudenslagr, M. L., Ryan, S. M., Drugan, R. C., Hudson, R. L., & Mainer, S. F. (1983). Coping and immuno suppression: In escapable but not escapable shock suppresses lymphocyte production. *Science, 221,* 568-570.

Lavelee, M. (1997, March 9). On the edge of age discrimination. *The New York Times,* 66-69.

Lawton, M. P., Kleban, M. H., & Dean, J. (1993). Affect and age: Cross-sectional comparisons of structure and prevalence. *Psychology and Aging, 8,* 165-175.

Lazarus, R. S. & Folkman, S. (1984). *Stress, appraisal and coping.* New York: Springer.

Lemme, B. H. (2002). *Development in adulthood (3rd ed.).* Boston: Allyn and Bacon.

Lemme, B. H. (2006). *Development in adulthood.* New York: Pearson Education, Inc.

Li, S. (2002). Connecting the many levels and facets of cognitive aging. *Current Directions in Psychological Science, 11*(1), 38-43.

Lipsey, M. W., & Wilson, D. B. (1993). The efficacy of psychological, educational, and behavioral treatment: Conformation from meta-analysis. *American Psychologist, 48*(12), 1181-1209.

Loehlin, J. C., McCrae, R. R., Costa, P. T. Jr., & John, O. P. (1988). Heritabilities of common and measure specific components of the Big Five personality factors. *Journal of Research in Personality, 32,* 431-453.

Lopata, H. Z. (1973). *Widowhood in an American city.* Cambridge, MA: Schenkman.

Luoh, M. C., & Herzog, A. R. (2002). Individual consequences of volunteer and paid work in old age: Health and mortality. *Journal of Health and Social Behavior, 43,* 490-509.

Mac Rae, H. (1990). Older women and identity maintenance in later life. *Canadian Journal on Aging, 9*(3), 248-267.

Marcini, A. D., & Bonanno, G. A. (2006). Marital closeners, functional disability, and adjustment in later life. *Psychology and Aging, 21*, 600-610.

Marrow-Howell, N. (2006). Volunterrism. In R. Schulz (Ed.), *The encyclopedia of aging* (4th ed). (pp. 1217-1219). New York: Springer.

Marshall, V. W. (1995). Social models of aging. *Canadian Journal of Aging, 14*, 12-34.

Mattessick, P., & Hill, R. (1987). Life cycle and family development. In M. Sussman & S. Steinmetz (Eds.), *Handbook of marriage and the family* (pp. 437-469). New York: Plenum.

McAdams, D. P. (1996). Narrating the self in adulthood. In J. E. Birren, G. M. Kenyon, J. E. Ruth, J. J. F. Schroots, & T. Svensson (Eds.), *Aging and biography: Explorations in adult development* (pp. 131-148). New York: Springer.

McAdams, D. P., & Pals, J. L. (2006). A new big five. *American Psychologist, 61*, 204-217.

McCann, R., & Giles, H. (2002). Ageism in the workplace: A communication perspective. In T. D. Nelson (Ed.), *Ageism: Stereotyping and prejudice against older persons* (pp. 163-199). Cambridge, M. A: MIT Press.

McCrae, R. R., & Costa, P. T. Jr. (1983). Psychological maturity and subjective well-being: Toward new synthesis. *Development Psychology, 19*, 243-248.

McCrae, R. R., & Costa, P. T. Jr. (1997). Personality trait structures as a human universal. *American Psychologist, 52*, 509-516.

McCrae, R. R., Costa, P. T. Jr., de Lima, M. P., Simoes, A., Ostendorf, F., Angleitner, A., et al. (1999). Age differences in personality across the adult life span: Parallels in five cultures. *Developmental Psychology, 35*, 416-477.

McEvoy, G. M., & Cascio, W. F. (1989). Cumulative evidence of the relationship between employee age and job performance. *Journal of Applied Psychology, 74*, 11-17.

Meichenbaum, D. (1977). *Cognitive-behavior modification: An integrative approach.* New York: Plenum Press.

Meichenbaum, D. (1989). *Stress inoculation training.* New York: Pergamon Press.

Mellor, M. J., & Rehr, H. (2005). *Baby boomers: Can my eighties be like my fifties?* New York: Springer.

Michelon, P. (2010). Why brain training helps older drivers. Retrieved March 23, 2011, from http://www.sharpbrains.com/blog/2010/11/10/why-brain-training-helps-olderdrievers/.

Midanik, L. T., Soghikian, K., Runsom, L. J., & Tekawa, I. S. (1995). The effect of retirement on mental health and health behaviors. The Kaiser Permanente retirement study. *Journal of Gerontology: Social Sciences, 50B*, S59-S61.

Minkler, M. (1990). Aging and disability: Behind and beyond the stereotypes. *Journal of Aging Studies, 4*, 246-260.

Moberg, D. O. (1997). Religion and aging. In K. F. Ferraro (Ed.), *Gerontology: Perspectives and issues* (pp. 193-200). New York: Springer Publishing Company.

Montgomery, R. J. V., & Kosloski, K. (1994). A longitudinal analysis of nursing home placement for dependent elders cared for by spouses vs. adult children. *Journal of Gerontology, 49*, S62-S74.

Moody, H. R. (2004) Four scenarios for an aging society. *Hastings Center Report, 24*(5), 32-36.

Mroczek, D. K. (2001). Age and emotion in adulthood. *Current Directions in Psychological Science, 10,* 87-90.

Mroczek, D. K., Sprio, A. III, & Griffin, P. W. (2006). Personality and aging. In J. E. Birren & K. W. Schaie (Eds.), *Handbook of the psychology of aging* (6th ed) (pp. 363-377). Boston: Elsevier Academic Press.

Musick, M. A., Herzog, A. R., & House, J. S. (1999). Volunteering and mortality among older adults: Findings from a national sample. *Journal of Gerontology: Social Sciences, 54B,* S173-S180.

Myles, J. (1989). *Old age and the welfare state.* Lawrence: University of Kansas Press.

Namazi, K. H., & McClintic, M. (2003). Computer use among elderly person in long-term care facilities. *Educational Gerontology, 29,* 535-550.

National Advisory Council On Adult Education. (1980). *Terms, definitions, organizations and councils, associated with adult learning.* Washington, DC: NACAL.

National Council on Aging. (2000). *American perceptions of aging in the 21st century.* Washington, DC: Auther.

Nolen- Hocksema, S. (2001). Gender differences in depression. *Current Directions in Psychological Science, 10*(5), 173-176.

Norman, W. T. (1963). Toward an adequate taxonomy of personality attributes: Replicated factor structure in peer nomination ratings. *Journal of Abnormal and Social Psychology, 66,* 574-583.

Panek, P. E. (1997). The Older worker. In A. D. Fisk & W. A. Rogers (Eds.), *The handbook of human factor and the older adult* (pp. 313-394). San Diego: Academic Press.

Park, C. D., & Huang, C. M. (2010). Culture wires the brain: A Cognitive neuroscience perspective. *Psychological Science, 5*(4), 391-400.

Peck, R. C. (1955). Psychological development in the second half of life. In J. E. Anderson (Ed.), *Psychological aspects of aging.* (pp.44-49). Washington, DC: American Psychological Association.

Peck, R. C. (1968). Psychological developments in the second half of life. In B. L. Neugarten (Ed.), *Middle age and aging* (pp. 88-92). Chicago: University of Chicago Press.

Perlmutter, M. (1998). Cognitive potential throughout life. In J. E. Birren & V. L. Beng-son (Eds.), *Emergent theories of aging* (pp. 247-267). New York: Springer.

Permultter, M., & Hall, E. (1992). *Adult development and aging.* New York: John Wiley & Sons, Inc.

Perry, E. L., Kulik, C. T., & Bourhis, A. C. (1996). Moderating effects of personal and contextual factors in age discrimination. *Journal of Applied Psychology, 81,* 628-647.

Perston, S. H., Hill, M. E., & Drevensted, G. L. (1998). Childhood conditions that predict survival to advanced ages among African Americans. *Social Science and Medicine, 47,* 1231-1246.

Peterson, D. A. (1990). A history of the education of older learners. In R. Sherron & D. B. Lumsden (Eds.), *Introduction to educational gerontology* (pp. 1-21). New York: Hemisphere Publishing Corporation.

Quadagno, J. (2008). *Aging and the life course: An introduction to social gerontology (4th ed.).* Boston: McGraw-Hill.

Quadagno, J. S. (2014). *Aging and the life course: An introduction to social gerontology.* New York: McGraw-Hill.

Qualls, S. H. (1999). Mental health and mental disorders in older adults, In J. C. Cavanaugh & S. K. Whiebourne (Eds.) *Gerontology: An intodisiplinary perspective.* New York: Oxford University Press(pp.305-328).

Quinn, J., Burkhauser, R., Cahill, K., & Weathers, R. (1998). *Microeconometric analysis of retirement decision: United States.* Paris: Organzation for Economic Co-operation and Development.

Quirouette, C., & Gold, D. P. (1992). Spousal characteristics as predictors of well-being in old couples. *International Journal of Aging and Human Development, 34,* 257-269.

Reedy, M. N., Birren, J. E., & Schaie, K. W. (1982). Age and sex differences in satisfying love relationships across life span. *Human Development, 24,* 52-66.

Reitzes, D. C., Mutran, E. J., & Fernandez, M. E. (1996). Does retirement hurt well-being? Factors influencing self-esteem and depression among retires and workers. *Gerontologist, 36,* 649-656.

Reitzes, D. C., Mutran, E. J., & Fernandez, M. E. (1998). The decision to retire: A career perspective. *Social Sciences Quarterly, 79,* 607-619.

Rice, F. P. (1986). *The adult years.* Englewood Cliffs: Prentice-Hall.

Riley, M. W. (1994). Aging and society: Past, present and future. *Gerontologist, 34,* 436-446.

Riley, M. W., Johnson, M., & Foner, A. (1972). *Aging and society: Vol.3. A sociology of age stratification.* New York: Russell Sage Foundation.

Ritchie, K., & Kildea, D. (1995). Is senile dementia "age-related" or "ageing-related" evidence from meta-analysis of dementia prevalence in the oldest old. *Lancet, 346,* 931-934.

Robins, R. W., Trzesniewski, K. H., Tracy, J. L., Gosling, S. D., & Potter, J. (2002). Global self-esteem across the life span. *Psychology and Aging, 17*(3), 423-434.

Ross, G. W., Petrovitch, H., & White, L. R, (1997). Update on dementia. *Generations, 20*(4), 22-27.

Ryff, C. D., Magee, W. J., Kling, K. C., & Wing, E. H. (1999). Forging macro-micro linkages in the study of psychological well-being. In C. D. Ryff & V. W. Marshall (Eds.), *The self and society in aging processes* (pp. 247-278). New York: Springer.

Salthouse, T. A. (1984). Effects of age and skill in typing. *Journal of Experimental Psychology: General, 113*(3), 345-371.

Salthouse, T. A. (1991a). Cognitive facets of aging well. *Generations, 15*(1), 35-38.

Salthouse, T. A. (1991b). *Theoretical perspectives on cognitive aging.* Hillsdale, NJ: Erlbaum.

Salthouse, T. A. (1995). Speed of behavior and its implication for cognition. In E. Birren & K. W. Schaie (Eds.), *Handbook of the psychology of aging* (pp. 400-426). New York: Uan Nostrand Reinhold.

Salthouse, T. A. (1996). The processing-speed theory of adult age differences in cognition. *Psychological Review, 103*(3), 403-428.

Sandmire, D. A. (1999). The physiology and pathology of aging. In W. C. Chop & R. H. Robnett (Eds.), *Gerontology for the health care professional* (pp. 45-105). Philadelphia, PA: F. A. Davis.

Schaie K., & Willis, S. L. (1996). *Adult development and aging.* New York: Harpers Collins College Publishers.

Schaie, K. W. & Willis, S. L. (2002). *Adult development and aging.* Upper Saddle River, NJ: Prentice Hall.

Schaie, K. W. (1990). Intellectual development in adulthood, In J. E. Birren & K. W. Schaie (Eds.), *Handbook of the psychology of aging* (3rd ed.) (pp. 291-309). San Diego, CA: Academic Press.

Schaie, K. W. (1996). *Intellectual development in adulthood: The Seattle Longitudinal Study.* Cambridge, England: Cambridge University Press.

Schaie, K. W. (2004). *Developmental influences on adult intelligence: The Seattle Longitudinal Study.* New York: Oxford University Press.

Schaie, K. W., & Willis, S. L. (2002). *Adult development and aging.* Upper Saddle River, NJ: Prentice Hall.

Schooler, C., & Mulatu, M. S. (2001). The reciprocal effects of leisure time activities and intellectual functioning in older people. A longitudinal analysis. *Psychology and Aging, 16*, 466-482.

Schulz, R. (1985). Emotion and Affect. In J. E. Birren & K. W. Schaie (Eds.), *Handbook of the psychology of aging* (2nd ed.). (pp. 531-543). New York: Van Nostrand Reinhold.

Seligman, M. E. P., & Csikszentmihalyi, M. (2000). Positive psychology: An introduction. *American Psychologist, 55*(1), 5-14.

Serrano, J. P., Latore, J. M., Gatz, M., & Montaneo, J. (2004). Life review therapy using autobiographical retrieval practice for older adults with depressive symptomatology. *Psychology and Aging, 19*(2), 272-277.

Shanas, E. (1979). Social myth as hypothesis: The case of the family relations of older people. *Gerontologist, 19,* 3-19.

Sharit, J., Czaja, S. J., Hernadez, M., Yang. Y., Perdomo, D., Lewis, J. E. et al. (2004). An evaluation of performance by older persons on a simulated telecommunicating task. *Journal of Gerontology: Psychological Sciences, 59B,* p305-p316.

Shimamura, A. P., Berry, J. M., Mangels, J. A., Rusting, C. L., & Jurica, P. J. (1995). Memory and cognitive abilities in university professors: Evidence for successful aging. *Psychological science, 6*(5) 271-277.

Siegler, I. C., & Costa, P. T. Jr. (1985). Health behavior relationships. In J. E. Birren & K. W. Schaie (Eds.), *Handbook of the psychology of aging* (2nd ed.). New York: Van Nostrand Reinhold.

Silverstein, M., & Parker, M. G. (2002). Leisure activities and quality of life among the oldest old in Sweden. *Research on Aging, 24,* 528-547.

Simonton, D. K. (2000). Creativity: Cognitive, personal, developmental, and social aspects. *American Psychologist, 55*(1), 151-158.

Sinnott, T. D. (1994). The future of adult lifespan learning: Learning institutions face change. In J. D. Sinnott (Ed.), *Interdiciplinary handbook of adult lifespan learning* (pp. 449-466). Westport, CT: Greenwood Press.

Snyder, C. R., Harris, C. C., Anderson, J. R., Holleran, S. A., Irving, L., Sigmon, S. T., Yoshinobu, L., Gibb, I., Langelle, C, & Harney, P. (1991). The will and the ways: Development and validation of an individual differences measure of hope. *Journal of Personality and Social Psychology, 60,* 570-585.

Soldg, S., & Vaillant, G. E. (1999). The Big Five personality traits and the life course: A 45-year longitudinal study. *Journal of Research in Personality, 33,* 208-232.

Spirduso, W. W. (1995). *Physical dimension of aging.* Champaign, IL: Human Kinwtics.

Stanley, M. A., Beck, J. G., & Glassco, J. D. (1972). Generalized anxiety in old adults: Treatment with cognitive behavioral and supportive approaches. Behavioral and supportive approaches. *Behavior Therapy, 27,* 565-581.

Sternberg, R. (1985). Cognitive approaches to intelligence. In B. B. Wolman(Ed.). *Handbook of human intelligence: Theories, measurement and applications* (pp. 59-118). New York: Wiley.

Sternberg, R. J. (2001). What is the common thread of creativity? Its dialectical relation to intelligence and wisdom. *American Psychologist, 56*(4), 360-362.

Sterns, A. A. & Sterns, H. L. (2006). Industrial gerontology. In R. Schulz (Ed.), *The encyclopedia of aging* (4th ed.) (pp. 580-581). New York: Springer.

Sterns, A. A., & Sterns, H. L. (1997). Should there be an affirmative action policy for hiring older persons? Yes. In A. E. Scharlach & L. W. Kaye (Eds.), *Controversial issues in aging* (pp. 35-39). Boston: Allyn & Bacon.

Sterns, H. L., & Sterns, A. A. (2006). Industrial gerontology. In R. Schulz (Ed.), *The encyclopedia of aging* (4th ed.) (pp. 580-581). New York: Springr.

Strehler, B. L. (1986). Genetic instability as the primary cause of human aging. *Experimental Gerontology, 21*, 283.

Streib, G. F., & Schneider, C. J. (1971). *Reitrement in American society.* Ithaca, NY: Cornell University Press.

Stuart-Hamilton, I. (Ed.). (2011). *An introduction to gerontology.* New York: Cambridge University Press.

Szinovacz, M. E. (1998). Grandparents today: A demographic profile. *The Gerontologist, 38*, 37-52.

Szinovacz, M. E., & De Viney, S. (1999). The retiree identity: Gender and race differences. *Journal of Gerontology: Social Sciences, 54B*, S207-S218.

Takamura. J. C. (2007). Global challenges for an aging population. In J. A. Blackburn & C. N. Dulmus (Eds.), *Handbook of gerentology: Evidence-based approaches to theory, practice, and policy* (pp. 545-564). Hoboken, NJ: John Wiley & Sons, Inc.

Talbot, L. A., Fleg, J. L., & Metter, E. J. (2003). Secular trends in leisure-time physical activity in men and women across four decades. *Preventive Medicine, 37,* 52-60.

Tayor, S. E. (2002). *The tending instinct: How nurturing is essential to who we and how we live.* New York: Holt.

Thomae, H. (1980). Personality and adjustment to aging. In J. E. Birren & R. B. Sloane (Eds.), *Handbook of mental health and aging.* Englewood Cliffs, NJ: Prentice-Hall.

Thomas, J. L. (1986). Age and sex differences in perceptions of grandparenthood. *Journal of Gerontology, 41,* 417-423.

Thompson, L. W., Coon, D. W., Gallagher-Thompson, D., Sommer, B., & Koin, D. (2001). Comparsion of desipramine and cognitive/ behavioral therapy in the treatment of olderly outpatients with mild to moderate depression. *American Journal of Geriatric Psychiatry, 9,* 223-240.

Thompson, W. E., & Hickey, J. V. (1999). *Society in focus: An introduction to sociology.* New York: Harper Collins College Publishers.

Tirrito. (2003). *Aging in the new millennium: A global view.* Columbia: University of South Carolina Press.

Troll, L. E. (1982). *Continuations: Adult development and aging.* Monterey: Books/Cole.

Troll, L. E., & Bengtson, V. (1982). Intergenerational relations throughout the life span. In B. B.

Wolman (Ed.), *Handbook of developmental psychology* (pp. 890-911). Englewood Cliffs, NJ: Prentice Hall.

Troll, L. E., & Skaff, M. M. (1997). Perceived continuity of self in very old age. *Psychology and Aging, 12*(1), 162-169.

Troll, L. E., & Skaff, M. M. (1997). Perceived continuity of self in very old age. *Psychology and Aging, 12*(1), 162-169.

United Nations Population Fund. (2011). About UNFPA. Retrieved July, 1, 2011, from http:// www.unfpa.org/public/

United Nations. (2000). Report of the Second World Assembly on Aging: Political declaration and Madrid international plan of action on aging. Retrieved March 15, 2011, from www. un.org/esa/socdev/vgeing/waa/a-conf-197-9b.htm

United Nations. (2009). World population ageing 2009. Retrieved Jan, 8, 2011, from http:// www.unpopulation.org.

United Nations. (2011a). Welcome to the United Nations. Retrieved July, 1, 2011, from http:// www.un.org/en/

United Nations. (2011b). Ageing. Retrieved July, 1, 2011, from http://social.un.org/index/ Ageing.aspx

United Nations. (2015a). World population prospects: The 2105 Revision. Retrieved Feb. 12, 2016, http://esa.un.org/unpd/wpp/Publications/Files/Key_Findings_WPP_2015.pdf

United Nations. (2015b). World population ageing 2015. Retrieved Feb. 12, 2016, from http://www.un.org/en/development/desa/population/publications/pdf/ageing/WPA2015_ Highlights.pdf.

Vaillant, G. (1977). *Adaptation to life.* Boston: Little, Brown.

van Solinge, H., & Henkens, K. (2008). Adjustment to and satisfaction with retirement: Two of a kind? *Psychology and Aging, 23*, 422-434.

Vijg, J., & Suh, Y. (2005). Genetics of longevity and aging. *Annual Review of Medicine, 56,* 193-212.

Vinik, B. H., & Ekerdt, D. J. (1991). Reitrement: What happens to husband-wife relationships? *Journal of Geriatric Psychiatry, 24,* 23-40.

Visintaininer, M. A., Volpicelli, J. R., & Seligman, M. E. P. (1982). Tumor rejection in rats after inescapable or escapable. *Science, 216,* 437-439.

Waldman, D. A., & Avolio, B. J. (1986). A meta-analysis of age differences in job performance. *Journal of Applied Psychology, 71,* 33-38.

Walker, A. (2002). A strategy for active ageing. *International Social Security Review, 55*(1), 121-139.

Weiss, R. S., & Bass, S. A. (2002). Introduction. In R. S. Weiss & S. A. Bass (Eds.), *Challengers of the third age: Meaning and purpose in later life* (pp. 3-12). New York:

Oxford University Press.

Wellman, B., & Wortley, S. (1989). Brother's keepers: Situating kinship relations in broader networks of social support. *Sociological Perspectives, 32*, 273-306.

Whitbourne, S. K. (1989). Comments on Lachman's "Personality and aging at the crossroads." In K. W. Schaie & C. Schooler (Eds.), *Social structure and aging: Psychological process* (pp. 191-198). Hillsdale, NJ: Erlbaum.

Whitbourne, S. K. (1999). Physical changes. In J. C. Cavanaugh & S. K. Whitbourne (Eds.), *Gerontology: An interdisiplinary perspective* (pp. 91-122). New York: Oxford University Press.

Whitbourne, S. K. (2007). *Adult development & aging. (3th ed.).* New York: John Wiley & Sons, Inc.

Whitbourne, S. K. (2008). *Adult development and aging: Biopsychosocial perspectives.* New York: John Wiley & Sons.

WHO. (2002). Active ageing: a policy framework. Retrieved July, 1, 2011, from http://whqlibdoc.who.int/hq/2002/WHO_NMH_NPH_02.8.pdf

WHO. (2002). Active ageing: a policy framework. Retrieved July, 1, 2011, from http://whqlibdoc.who.int/hq/2002/WHO_NMH_NPH_02.8.pdf

WHO. (2011). Ageing and life course. Retrieved July, 1, 2011, from http://www.who.int/ageing/en/

Yang, J., McCrae, R. R., & Costa, P. T. Jr. (1988). Adult age differences in personality traits in the United States and the People's Republic of China. *Journal of Gerontology: Psychological Sciences, 53,* 375-383.

Zeiss, A., & Steffen, A. (1996). Behavioral and cognitive behavioral treatments: An overview of social learning. In S. Zarit & B. Knight (Eds.), *A guide to psychotherapy and aging* (pp. 35-60). Washington, DC: American Psychological Association.

索 引

二、人名索引

國家圖書館出版品預行編目資料

高齡學／黃富順、楊國德著. — 二版. —
臺北市：五南, 2016.08
　　面；　　公分.--

ISBN 978-957-11-8609-2（平裝）

1.老人學

544.8　　　　　　　　105006945

1JDC

高齡學

作　　　者 — 黃富順(294.4)　楊國德

發 行 人 — 楊榮川

總 經 理 — 楊士清

總 編 輯 — 楊秀麗

副總編輯 — 陳念祖

責任編輯 — 李敏華

封面設計 — 莫美龍

出 版 者 — 五南圖書出版股份有限公司

地　　　址：106台北市大安區和平東路二段339號4樓

電　　　話：(02)2705-5066　　傳　真：(02)2706-6100

網　　　址：http://www.wunan.com.tw

電子郵件：wunan@wunan.com.tw

劃撥帳號：01068953

戶　　　名：五南圖書出版股份有限公司

法律顧問　林勝安律師事務所　林勝安律師

出版日期　2011年10月初版一刷
　　　　　2014年 2 月初版二刷
　　　　　2016年 8 月二版一刷
　　　　　2020年 9 月二版二刷

定　　　價　新臺幣550元

經典永恆・名著常在

五十週年的獻禮 —— 經典名著文庫

五南，五十年了，半個世紀，人生旅程的一大半，走過來了。
思索著，邁向百年的未來歷程，能為知識界、文化學術界作些什麼？
在速食文化的生態下，有什麼值得讓人雋永品味的？

歷代經典・當今名著，經過時間的洗禮，千錘百鍊，流傳至今，光芒耀人；
不僅使我們能領悟前人的智慧，同時也增深加廣我們思考的深度與視野。
我們決心投入巨資，有計畫的系統梳選，成立「經典名著文庫」，
希望收入古今中外思想性的、充滿睿智與獨見的經典、名著。
這是一項理想性的、永續性的巨大出版工程。
不在意讀者的眾寡，只考慮它的學術價值，力求完整展現先哲思想的軌跡；
為知識界開啟一片智慧之窗，營造一座百花綻放的世界文明公園，
任君遨遊、取菁吸蜜、嘉惠學子！